大清一統志

第十九册

江西（二）

江西（二）

目録

撫州府圖

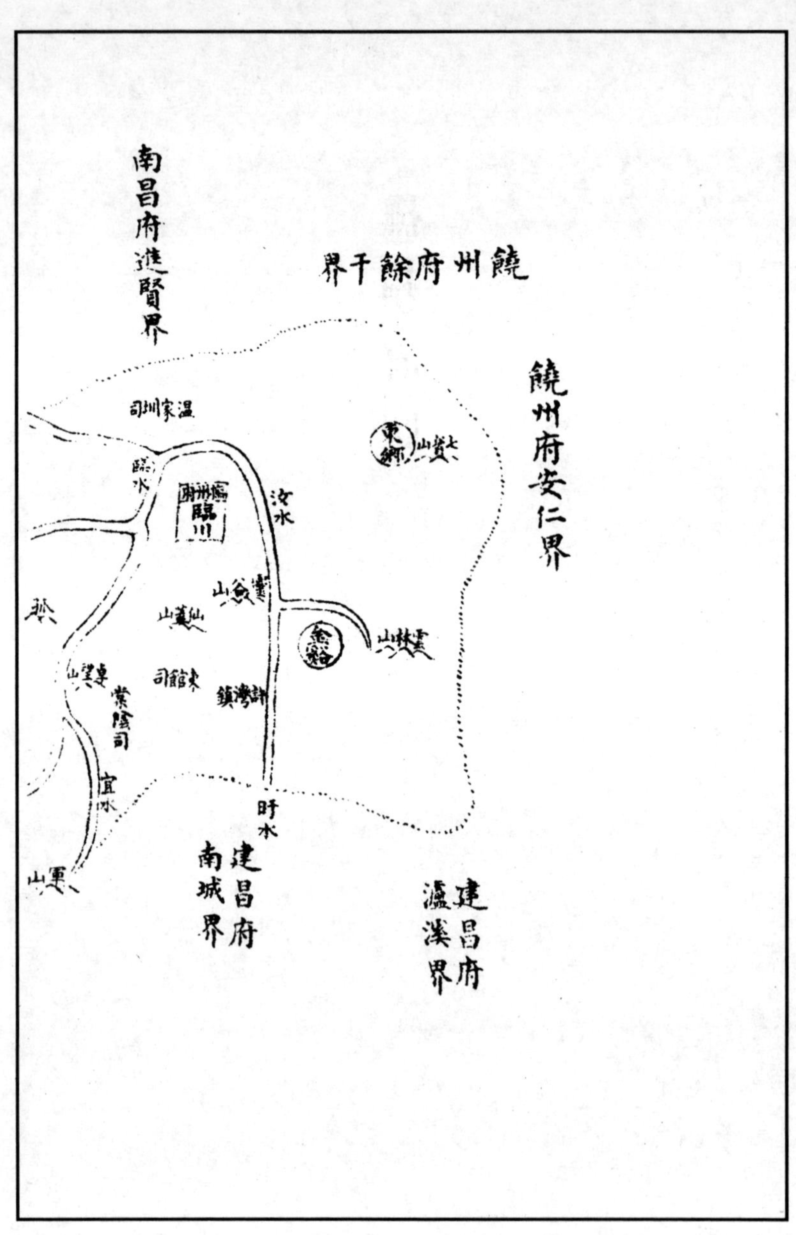
南昌府進賢界
饒州府餘干界
饒州府安仁界
溫家圳司
臨水
臨川府附郭
汝水
東鄉
七寶山
靈谷山
仙蓋山
金谿
雲林山
東館司
許灣鎮
崇陰司
宜水
旴水
建昌府南城界
建昌府瀘溪界

南昌府豐城界
臨江府新淦界
吉安府永豐界
崇仁
樂安
宜黃
大盤山
寶唐水
鳳岡司
寶蓋山
巴山
巴水
招攜鎮司
黃山
黃水
黃土嶺
大樹嶺
寧都州界
建昌府南豐界

撫州府表

	撫州府	臨川縣
秦	九江郡地。	
兩漢	豫章郡地。	臨汝縣 後漢永光八年置，屬豫章郡。
三國	臨川郡 吴太平二年置，治臨汝。	臨汝縣 吴郡治。 西平縣 吴置，屬臨川郡。
晉	臨川郡	臨汝縣 西豐縣 改名。
南北朝	臨川郡 齊徙治南城。陳復置。	臨汝縣 齊屬臨川郡。陳復爲郡治。 西豐縣 定川縣 梁大通二年分置。
隋	臨川郡 開皇初郡廢，置撫州。大業初復爲郡。	臨川縣 開皇九年改名。州治。 開皇九年省。 開皇九年省。
唐	撫州臨川郡 武德五年復置州，屬江南西道。	臨川縣
五代	撫州臨川郡 初屬揚吴，後屬南唐。	臨川縣
宋	撫州臨川郡 屬江南西路。	臨川縣
元	撫州路 至元十四年升路，屬江西行省。	臨川縣 路治。
明	撫州府 初改府，屬江西布政司。	臨川縣 府治。

續表

崇仁縣
南城縣地。後漢臨汝縣地。
新建縣吳太平二年置，屬臨川郡。 西寧縣吳置，屬臨川郡。
新建縣 後省。
新建縣 巴山縣梁置。大同二年兼置巴山郡。太平元年於郡置高州。陳天嘉四年州廢。 西寧縣梁大同二年復置，屬巴山郡。
崇仁縣開皇初廢巴山郡及巴山、新建、西寧三縣，改置，屬臨川郡。
崇仁縣屬撫州。
崇仁縣
崇仁縣
崇仁縣屬撫州路。
崇仁縣屬撫州府。

續表

金谿縣	宜黃縣	樂安縣	東鄉縣
臨汝縣地。	南城縣地。後漢臨汝縣地。		南城、餘干二縣地。後漢臨汝縣地。
	宜黃縣吳太平二年置，屬臨川郡。	安浦縣	
	宜黃縣	安浦縣吳置，屬臨川郡。	
	省入崇仁。	安浦縣	
臨川縣地。		開皇九年省入崇仁。	臨川、餘干二縣地。
	武德五年復置，屬撫州。八年省。		
南唐置金谿場。	南唐置宜黃場。		
金谿縣淳化五年置縣，屬撫州。	宜黃縣開寶三年復置，屬撫州。	樂安縣紹興十九年置，屬撫州。	臨川、金谿、餘干、安仁、進賢等縣地。
金谿縣屬撫州路。	宜黃縣屬撫州路。	樂安縣屬撫州路。	
金谿縣屬撫州府。	宜黃縣屬撫州府。	樂安縣屬撫州府。	東鄉縣正德八年置，屬撫州府。

大清一統志卷三百二十二

撫州府一

在江西省治南二百里。東西距三百七十里，南北距一百五十里。東至饒州府安仁縣界一百二十里，西至臨江府新淦縣界二百五十里，南至建昌府南城縣界九十里，北至南昌府進賢縣界六十里。東南至建昌府瀘溪縣治一百一十里，西南至吉安府治四百五十里，東北至饒州府治四百二十里，西北至南昌府治二百四十里。自府治至京師五千四百八十五里。

分野

天文斗分野，星紀之次。

建置沿革

禹貢揚州之域。春秋時吳境，後屬越。秦屬九江郡。漢爲豫章郡南城縣地。後漢分置臨汝縣。三國吳太平二年，分置臨川郡。晉元康元年，以郡屬江州。劉宋因之。蕭齊屬臨川郡地。時移郡治南城，即今建昌府。梁析新建、西寧置巴山郡。陳因齊復爲臨川郡。隋開皇初廢郡，改置撫州，寰宇記：時總管楊武通奉使安撫，即以「撫」爲州名。以廢巴山郡爲崇仁縣屬之。大業初，復爲臨川郡。唐武德五年，復置撫州。天寶初，復曰臨川郡。乾元初，復曰撫州，屬江南西道。五代楊吴順義元年，升昭武軍節度，後屬南唐。宋仍爲撫州臨川郡，屬江南西路。元至元十四年，升撫州路總管府，隸江西行省。明曰撫州府，屬江西布政使司。本朝因之，屬江西省，領縣六。

臨川縣。附郭。東西距八十五里，南北距一百五十里。東至東鄉縣界四十里，西至崇仁縣界四十五里，南至建昌府南城縣界九十里，北至南昌府進賢縣界六十里。東南至金谿縣界三十里，西南至宜黄縣界六十里，東北至饒州府餘干縣治二百里，西北至南昌府豐城縣治一百五十里。漢豫章郡南城縣地。後漢永元八年，分西北境立臨汝縣，屬豫章郡。三國吴太平二年，置臨川郡治此，於郡南更置西平縣。晉改爲西豐縣。蕭齊徙郡治南城，以臨汝爲屬縣。梁大通二年，又分北境置定川縣。陳復移郡還治臨汝。隋開皇九年，省西豐、定川入臨汝，改曰臨川，爲撫州治。唐復爲撫州治。宋因之。元爲撫州路治。明爲撫州府治。本朝因之。

崇仁縣。在府西一百里。東西距九十里，南北距一百七十五里。東至臨川縣界六十里，西至樂安縣界三十里，南至宜黄縣界一百四十里，北至南昌府豐城縣界三十五里。東南至宜黄縣治八十里，西南至樂安縣治一百三十里，東北至臨川縣界六十里，西北至南昌府豐城縣治一百四十里。漢南城縣地。後漢爲臨汝縣地。三國吴太平二年，分置新建縣，屬臨川郡。晉及宋、齊因之。梁普通三年，分新建置巴山縣。大同二年，又分臨川置巴山郡。太平元年，割置高州，治巴山縣。陳天嘉四年，州廢。隋開皇初，郡廢，併巴山、新建、西寧三縣置崇仁縣，屬臨川郡。唐屬撫州。宋因之。元屬撫州路。明屬撫州府。本朝因之。

金谿縣。在府東南八十里。東西距一百里，南北距九十里。東至廣信府貴溪縣界五十五里，西至臨川縣界四十五里，南至建昌府南城縣界五十里，北至東鄉縣界四十里。東南至建昌府瀘溪縣治一百十里，西南至宜黄縣治一百十里，東北至饒州府安仁縣治一百四十里，西北至臨川縣界四十里。漢臨汝縣地。隋、唐臨川縣地。五代周顯德五年，南唐析臨川縣之上幕鎮立金谿場。宋淳化五年，升爲金谿縣，屬撫州。元屬撫州路。明屬撫州府，本朝因之。

宜黄縣。在府西南一百二十里。東西距一百二十里，南北距一百七十里。東至建昌府南城縣界八十里，西至崇仁縣界四十里，南至建昌府南豐縣界一百二十里，北至臨川縣界五十里。東南至建昌府南豐縣界九十里，西南至寧都州界一百二十里，東北至臨川縣界五十里，西北至崇仁縣治八十里。漢南城縣地。後漢臨汝縣地。三國吴太平二年，分置宜黄縣，屬臨川郡。晉及宋、齊因之。隋省入崇仁。唐武德五年，復置宜黄縣，屬撫州，八年省。南唐立宜黄場。宋開寶三年，升爲縣，仍屬撫州。元屬撫州路。明屬撫州府，本朝因之。

樂安縣。在府西南二百四十里。東西距八十里，南北距二百里。東至崇仁縣界三十里，西至吉安府永豐縣界五十里，南至寧都州界一百二十里，北至南昌府豐城縣界八十里。東南至宜黄縣治一百里，西南至吉安府永豐縣界四十里，東北至崇仁縣治一百五十里，西北至臨江府新淦縣治一百五十里。漢臨汝縣地。三國吴分置安浦縣，屬臨川郡。晉以後因之。隋開皇九年，省入崇仁。宋紹興十九年，割崇仁之西界及吉水、永豐等縣地置樂安縣，屬撫州。元屬撫州路。明屬撫州府，本朝因之。

東鄉縣。在府東八十里。東西距一百里，南北距一百里。東至饒州府安仁縣界四十五里，西至臨川縣界五十五里，南至金谿縣界四十里，北至饒州府餘干縣界六十里。東南至安仁縣界二十里，西南至臨川縣界三十五里，東北至餘干縣治九十五里，西北至南昌府進賢縣治九十里。漢南城、餘干二縣地。後漢臨汝縣地。唐、宋爲臨川、金谿等縣地。明正德八年，析臨川、金谿及饒州府之餘汗、安仁、南昌府之進賢五縣地，置東鄉縣，屬撫州府。本朝因之。

形勢

與兩粤七閩，犬牙其疆。唐獨孤及撫州新亭記。二水繞郭，五峯鎮城。宋州守家坤翁景定志。瀕汝水以爲城，靈谷、銅陵諸峯，環列如屏障。宋謝逸文集序。地方千里，介江湖之表。元虞集撫州譙樓記。

風俗

俗同豫章。隋志。其民樂於耕桑以自足，宋曾鞏擬峴臺記。秀而能文，剛而不屈。宋黄幹喻俗文。獄訟清簡。元撫州推官廳記。

城池

撫州府城。周九里有奇，門四。舊址沿羊角山，明初改築。本朝康熙二年修，乾隆十二年重修。臨川縣附郭。

崇仁縣城。南北二城，北城周四里一百六十六步，南城周四里三百步，門各六，中界寶水，倚以爲濠。明嘉靖四十一年築，本朝乾隆二十七年修。

金谿縣城。周八里，門四。明洪武初重築，本朝乾隆十年修，二十五年重修。

宜黄縣城。周七里八十步，門四。明崇禎五年，增築新城，計擴三百餘丈。本朝乾隆十年修。

樂安縣城。周六里一百六十步，門五。明正德時土築，嘉靖間甃石。本朝康熙十四年修，乾隆二十六年、五十一年重修。

東鄉縣城。周三里二百三十四步，門四，濠廣二丈。明正德間土築，嘉靖四年甃石。本朝康熙二年修，乾隆二十七年重修。

學校

撫州府學。在府治東。宋慶曆四年建，明嘉靖十八年重建。本朝康熙二十三年、五十七年屢修。入學額數二十名。

臨川縣學。在縣治西南。宋咸平初，始建於府治南青雲峯下，明嘉靖十一年遷今所。本朝康熙四年重建，十八年、五十六年屢修。入學額數二十名。

崇仁縣學。在縣治東。宋慶曆三年建，明洪武初重建，本朝康熙四十九年修。入學額數十二名。

金谿縣學。在縣治東。宋皇祐初，始建於縣治南，嘉定二年遷今所。明洪武八年重建，本朝康熙五十三年修。入學額數二十名。

宜黄縣學。在縣治北。宋皇祐初，始建於社稷壇右，紹興二十年改建今所。本朝順治六年、康熙三十七年屢修。入學額數十五名。

樂安縣學。在縣治北。宋紹興二十六年建，明洪武初重建，本朝順治九年、康熙十三年、四十八年、五十八年屢修。入學額數十二名。

東鄉縣學。在縣治東。明正德九年建，本朝康熙元年重建，十七年、三十二年屢修。入學額數十五名。

峩峯書院。在臨川縣青雲峯左，宋嘉定間參政李皖建。

臨汝書院。在臨川縣西南二里。宋淳祐九年，江南西路提舉馮去疾，以朱子嘗臨是邦，立書院祀之。

青雲書院。在臨川縣。本朝乾隆四年建，嘉慶十二年修。

文昌書院。在崇仁縣學宫前，本朝順治年間建。

草廬書院。在崇仁縣東南耆小港。元至元中建，祀吴澄。

邵菴書院。在崇仁縣北。元至正間建，祀虞集。

槐堂書院。在金谿縣治西。宋令陳詠之建，祀陸九齡、九淵兄弟，以陸氏家塾舊額「槐堂」爲名。州守葉夢得記。

柳塘書院。在樂安縣治東，元建。

鼇溪書院。在樂安縣治南。元邑人夏友蘭，少從吴澄遊，讀書於此，因建。皇慶元年，賜額設官，規制與白鹿、鵞湖等。

按：舊志載：崇儒書院，在臨川縣治南。碧澗書院，在臨川縣治銅陵山南。俱宋時建。康齋書院，在崇仁縣治南，明吴與弼講學處。巴山書院，明吴宣建。崇正書院，在金谿縣治西，明嘉靖間知縣馮元鼎建。象山書院，在金谿縣西門外，明嘉靖間知縣程秀民建，祀陸九淵。定菴書院〔一〕，在宜黄縣十九都，宋王革讀書之所。遺安書院，在宜黄縣待貢鄉，宋鄒次陳講學處。今俱廢，謹附記。

户口

原額人丁一十四萬二千三百七十七，今滋生男婦大小共一百五十三萬一千四百九十八名口，計三十六萬八千九百六十八户。又衛所屯軍男婦大小共二萬二千五百二十七名口，計四千三百五十九户。

田賦

田地四萬九千八百一十四頃二十二畝七分有奇，額徵地丁銀二十一萬六千一百五十七兩六錢四分二釐，米八萬三千四百六十四石五斗四升。撫州所屯田在饒州府餘干、安仁二縣，共三十四頃七十一畝一分六釐有奇，額徵地丁銀二百二十八兩七錢七分五釐。

山川

香楠山。在臨川縣治前，亦名香柟，先時山多柟木，因名。府志：城中有五峯，即青雲、逍遥、鹽步、蕭家、天慶五嶺也。青雲嶺在治東南五里，爲五峯之最高，結頂處謂之青雲第一峯。稍東北爲逍遥峯，其鹽步嶺，即香楠之東峯也。舊爲卸鹽場，因名。蕭家嶺，亦名桐林嶺，俗又稱古城嶺，在城南隅。天慶嶺，在治東，爲第五峯，宋有天慶觀，故名。峯之南爲縣治〔二〕。伏而西昂，爲羊角山，府治位焉。左有石筍，出土如羊角，故名。

英巨山。在臨川縣東三十五里。荀伯子臨川記：巖内有石人，坐盤石上，體塵穢則興風，潤則致雨，晴則遍體鮮潔，如玉瑩浄。

靈谷山。在臨川縣東南。寰宇記：在縣東四十三里。山中有石靈像，因以爲名。臨川記云：懸巖半岫，有瀑飛流，分於木末，映日望之如掣練。舊志：英巨東南，諸峯環抱如障，其陽屬金谿，陰屬臨川縣界，大山也。

界山。在臨川縣東南九十里。西連黄沙、白楊諸嶺，東盡潭山、梁安、石峽，南接南城縣界，因名。

雷公山。在臨川縣南。寰宇記：在縣南六十里。上有祠宇，州縣四時致祭。

戚姑山。在臨川縣南四十五里，一名淩雲山。又南十里有繡毬山，以形似名，蜿蜒盤礴，西跨宜黄縣界。北爲高田山，南爲洞原嶺。

仙臨山。在臨川縣西南十五里。

井山。在臨川縣西南二十五里。又南數里爲仙蓋山。諸山之水，皆西注宜黄水。外又有禪和峯，極高鋭。

金石臺山。在臨川縣西十五里，有石峯如臺者五，列於赤岡之外，舊名五虎臺，以形如虎峙也。第一峯獨高，第五峯差小，舊與第四峯連屬，後流水衝嚙，分爲二。色赭者曰金石臺，色白在中流者曰玉石臺。赤岡，在今城西五里。

銅山。在臨川縣西四十里。隋書地理志：臨川有銅山。寰宇記：舊出銅，因號銅山。唐天寶六載，敕改爲峩峯山。縣志：銅山在縣西三十里，或謂之銅陵。其西有峯曰華子岡。踰嶺而北，兩山開闊，諸峯環抱如城。又北二三里曰明山。其東下四五里，有池常沸曰温泉；西下五六里，有池常清冷曰冷泉。昔人謂水有日月之象，故曰明山。

龍會山。在臨川縣西四十里。雙峯聳立，中有四穴如馬蹄出泉，人呼馬蹄泉。其並峙者曰萬歲嶺。宋隆祐太后經此，指問山名，輿人以「萬歲」對，因名。

樟源山。在臨川縣西北三十里，豐城驛道也。石路峻險，元泰定間鑿平，遂成坦途。側有雙黄井。又西二十里曰頓旗山，又西二十里曰雞足山、曰連珠山。

堯山。在臨川縣西北六十里，接豐城縣界。舊名免水山，相傳堯時洪水獨免沉溺而名。唐天寶六載，改今名。

筆架山。在臨川縣北四十里，三峯卓立如筆架。與諸峯連亘環抱，曰金雞城，東鄉、延橋諸水皆經其中而西入大川。其東數里，有峯曰吉嶺。

金山。在臨川縣北四十七里，狀極高鋭。其西二里曰白石山。又西北數里曰峑峩嶺，道通進賢。又北三十里，曰蜉蝣嶺。

仙遊山。在崇仁縣東二里。元時危素嘗作思賢亭於上，謂吴澄也。明時改祀吴與弼。

法水山。在崇仁縣東五十里，博陂水所經。又感應山，在縣東五十五里，有仙壇，爲鄉民雩禜地。

天寶山。在崇仁縣東南三十里。峭拔森聳，爲郡界偉觀。

招仙山。在崇仁縣東南三十五里。茂林脩竹，幽巖曲澗，稱爲「仙窟」。

沸湖山。在崇仁縣東南四十里。相傳唐杜光庭修煉之所，幽勝與招仙相匹。

玉華山。在崇仁縣南十五里，上有玉華仙壇。又蟠龍山，在縣南二十五里。幽蘭山，在縣南四十里。

臨川山。在崇仁縣南。寰宇記：在縣南六十一里。舊名巴山，唐天寶六載，敕改今名。省志：相傳漢時欒巴嘗爲豫章守，治妖民於此，邑人以其名名山，以志不忘。宋紹興中，縣令孫懋避「巴」諱，以巴遷沛相，改名相山。聳隆連亘，周五十里，臨水出此。

寶蓋山。在崇仁縣西南。寰宇記：在縣南一百二十一里。山形如寶蓋，一名華蓋山。上有浮邱先生壇，王、郭二真人上昇之地。縣志：山高二十里，跨崇仁、樂安、宜黄三縣境，巖洞殊勝。下有布水谷，元吴澄嘗隱於此。山麓有黄茅岡，虞集嘗置精舍。

靈興山。在崇仁縣西南五里。突兀中起，有頓挫發舒之勢。

聖寶山。在崇仁縣西南十里。上有仙祠，祠旁有小石如梧實，圓瑩紅潤，俗呼爲仙丹。

芙蓉山。在崇仁縣西南八十里。山形秀麗，高一千五百丈，周三十里，西去樂安縣三十里。有書堂、十洞二水，皆流入寶唐水。

北塔山。在崇仁縣西三里。舊志：縣城西控石塔岡，敦隆端重，爲縣治來脈。又三里曰北塔，其對峙者曰南塔，又西五里曰遥峯，又五里稍高曰三峯，又前最高曰一峯，脈皆自羅山來。

龍巖山。在崇仁縣西二十里。有巨石下覆如宇，高曠可容數百人。

崇仁山。在崇仁縣西北。寰宇記：在縣西四十一里，舊名羅山，唐天寶六載敕改今名。舊志：以晉道士羅文通學仙於此而名。高可十五里，層巒疊嶂，尖若筍列，平若浪行。絶頂有石仙祠，下有池，冬夏不竭。山東有田可二頃，泉涓涓注其間。其右曰石頭嶺，爲縣西北極界。

湖山。在崇仁縣治北。上有湖，廣丈餘，泉自下湧。

櫟山。在崇仁縣北三十里，多櫟樹。又北十里曰禪峯，一名唐山。又北四里曰黄柏嶺，接南昌府豐城縣界。

馬鞍山。在崇仁縣東北三十里。相近有城嶺，相傳初議建縣於此，以土薄而止。

銀山。在金谿縣東二里，唐時嘗出銀礦故名。一名寶山。其西里許有白面塢，蓋南唐時鑿山採銀之所，上有銀坑碑記。

金窟山。在金谿縣東五里。高三百丈，周十五里，與銀山相連。中有石竇，乃舊日採金之所。

應真山。在金谿縣東十里。山勢高聳，下瞰青田水。

雲林山。在金谿縣東四十里。高十五里，周八十里，跨廣信、建昌二府，爲縣之巨鎮。勢極峻峭，上接雲際，故曰雲林。上有三十六峯，其最高者曰出雲峯，宋建炎中，里人鄧雩、傅安潛團鄉社，立砦山下，賊犯境，輒破走之，爲邑保障。又東五里爲白馬山，又名玉馬峯，周四十里。

崖山。在金谿縣東五十里。高十里，周九十里，一名大山。南連雲林，東接貴溪縣琵琶、仙巖、龍虎諸峯。上有三老峯、龍泉、湯洞。

仙山。在金谿縣東南五里，與上幕諸峯相連。

翠雲山。在金谿縣南四里。岡巒環合，林木蔥蒨。上有瀑布水，有躍馬、試茗、鳴玉三泉及月石。

官山。在金谿縣南三十五里，乃縣南第一峯。周十五里，其上四峯如削，下瞰清江。又南有磨刀山，多礪石，故名。相近又有碩山、屏山。又頂山，在縣南五十里。

靈秀山。在金谿縣西南四里。

銅斗山。在金谿縣西南二十五里。周十里，崖壁高峻。其西南對峙者曰芙蓉山，山旁一峯，望之如城，上有池泉。

明山。在金谿縣西南四十里。高五里，周二十里。其頂有井，隨江水清濁，號通江井。

石門山。在金谿縣西南四十里。盱水與清江水合流，環其四面，山屹立中流。

天堂山。在金谿縣西南五十里。周十里，與明山對峙。上有劍井，大旱不竭。

雲霧山。在金谿縣西五十里。最靈秀，一興雲霧，則雨立至。

柘岡山。在金谿縣西六十里，與臨川縣靈谷山相接。上有王安石讀書堂。

疏山。在金谿縣西北五十里。高五里，周二十里。左峯曰桴鼓，右峯曰搴旗，相傳梁周迪起兵處。唐時有何仙舟，隱居讀書於此，因號書山，南唐改爲疏山。其南有明珠峯，周十里，圓尖如珠。

張祉山。在金谿縣東北六十里，接安仁縣界。相傳漢張道陵修道於此。

鳳凰山。在宜黄縣治北隅。高百仞，陡絶難攀。舊名雞籠山，一名鳳臺山。今縣城亦名鳳凰城，以山名也。下有獅子石。

卓望山。在宜黄縣東三里。高二百丈，周十里。

臺山。在宜黄縣東十五里。又東十五里曰湖山，舊有湖，後平。

東華山。在宜黄縣東六十里，與西華、南華、雲華、雲蓋諸山爲縣之望山。

女王城山。在宜黄縣東南二十里，諸峯連抱如城。今訛爲汝陽山。又十里爲南華山。

軍山。在宜黄縣東南百餘里，接南豐縣界，宜水出焉。一名軍峯山。有三仙壇，相近有豐山。

北華山。在宜黄縣南三里，一名禾廩石。又南七里爲雲華山，亦名天馬山。

玉華山。在宜黄縣南十五里，舊名石麓山。三面壁立，唯南一徑可通。上有田二頃，有泉飛瀉曰簾泉。又西南五里有石梁，突起數十丈，横跨兩崖，平廣可容數十人，名曰石碧。旁有滴珠崖、神運倉。

黄山。在宜黄縣南四十里。上有雷公嶺，又有龍潭，導流爲九曲溪，入黄水。又南十五里曰黄源山，以黄水所經而名。又南爲西華山。

梅山。在宜黄縣南六十里。又十里曰雙源嶺，有温泉二派出焉。

曹山。在宜黄縣北三十里。明統志：舊名荷玉山。山巔曰羅漢峯，唐本寂禪師因禮曹溪六祖回此，遂改今名。山前有迴龍亭，其下有三潮泉，昔白眉禪師結菴山中，其水一日三潮云。

雲蓋山。在宜黄縣東北五十里。其嶺高聳，嘗有雲氣盤繞，故名。

象眠山。在樂安縣治東。突起闤闠中，形如眠象，縣之主山也。

載興山。在樂安縣東十里。相近有甑蓋山，皆有水入鼇溪。

鼇頭山。在樂安縣南，亦名武家嶺。山有兩峯，一峯特秀，山麓皆石骨，下瞰溪流，如靈鼇赴海。山半有泉，甚甘洌。

承華山。在樂安縣南十里。又南十里爲中華山，山腰有坪，曰禪和坪。

南曹山。在樂安縣南一百里，遠溪水經此。相近有大龍山，上有龍池。

仕山。在樂安縣西，聳秀與象眠山對峙。

青錢山。在樂安縣西一里。下枕龍江，勢若疊錢，故名。

金華山。在樂安縣西北四十里。形如覆瓢，昔人以其類婺州金華而名。

大盤山。在樂安縣西北七十里。延袤二十里，跨新淦、永豐二縣界。有十二峯，環列如屏。山腰有飛泉，直下數十丈，寶唐水出焉。

杯山。在樂安縣西北八十里。寰宇記：在崇仁縣西南一百四十五里，以山頂如杯爲名。龍義水出此。山北爲界嶺，接豐城縣界。

萬靈山。在樂安縣北二里，爲縣治來脈。又西華山，在縣北十里，有水南入鼇溪。

豐財山。在樂安縣北。寰宇記：在崇仁縣北一百一十九里。本名麻山，唐天寶六載敕改今名。臨川記云：山出黄連、厚朴。縣志：在縣北八十里杯山之東。相近又有主峯山，河源水出此。

七寶山。在東鄉縣東七里。相傳舊産銀鉛，故名。又東南爲積煙山，山半有龍池、瀑布，其南麓即安仁縣界。又東南爲石獅嶺。

螺首山。在東鄉縣東南十里。山首尖圓如螺，縣之鎮山也。一名羅首山。

長林山。在東鄉縣南三里。俯臨通衢，一名庾嶺。其東曰雞公嶺，有尖石出其頂，號雞公石。又東二里爲桂峯。

石筍山。在東鄉縣西南。山巔有石，如筍特出。

槲山。在東鄉縣西北，其北即進賢縣界。

五彩山。在東鄉縣北，其北即餘干縣界。

石獅嶺。在臨川縣南八十里。孤石雄峙，如獅子蹲踞。東接金谿，西通宜黄，路甚崎嶇。明成化中，里人袁大用甃石，遂爲通衢。

紅旗嶺。在崇仁縣東三十五里。嶺有三疊如旗，故名。

孤嶺。在崇仁縣東南六十里，接宜黄縣界。

嶂嶺。在崇仁縣西三十餘里。嶺石嶙峋，綿延里許，若展屏嶂。又十里曰高富嶂，上有虎巖嶂。外爲五虎園，旁去五里曰清涼山。

上幕嶺。在金谿縣東五里，與仙山、卓筆諸峯並列縣東南，如帷幕旋繞，而此嶺爲最高。金谿水出焉。又撫州嶺，在縣東十里。相傳未立縣時，撫、饒於此分界，而嶺屬撫州，故名。

韓婆嶺。在金谿縣南五十里。周四十里，宋鄧雩、傅安潛立砦保障處。

塗嶺。在金谿縣西南五十里。高百仞，周二十里。上有田數十畝，居人數十家。中有坦途，水南下合盱水。

崇峯嶺。在金谿縣西二十里，高七里。又西五里爲百歲峯，又西十里爲白豻嶺。

九紫嶺。在金谿縣西五十里，高二里。又望州嶺，在縣西七十里，接臨川縣界，官路所經。

吉嶺。在金谿縣北四十里，接安仁縣界。

箬嶺。在宜黃縣東南軍山之東，接南城縣界。上多箬竹，可爲箭。漳水出此。

黃土嶺。在宜黃縣南九十里，南麓即寧都州界。黃水出此。

花嶺。在宜黃縣南十里。宋時鄒極居此，自號赤松子，今一名赤松山。有種珠泉、小簾泉。

霍嶺。在宜黃縣西四十里。又孤嶺，在縣西二十里，皆接崇仁縣界。

寶嶺。在樂安縣南八十里。

大樹嶺。在樂安縣南一百二十里。延袤二十餘里，跨寧都、宜黃、永豐三縣界。一名大木嶺。

西嶺。在樂安縣西南三十里。又北嶺，在縣南四十里。兩嶺夾峙，鼇水歷其間。

黃司空嶺。在樂安縣西十里，相傳爲黃法𣰋故居。

桃嶺。在樂安縣西北七十里，接新淦縣界。

大嶺。在樂安縣北十里。驛路所經，地勢險峻，盤迴而上。又上砆嶺，在縣東北十五里，山石光潤圓白，色如碔砆。

金峯嶺。在東鄉縣南十里。縣界之山，此最高大，爲縣治地脈之宗。其南爲方盤峯。又大、小嶺，在縣南二里，二嶺並峙。

其西爲獨秀峯。

吴嶺。在東鄉縣東南。相傳漢時吴芮嘗與車王戰於此〔三〕，因名。上有洗馬池。

會仙嶺。在東鄉縣西南。相近有龍角峯。

巖仙嶺。在東鄉縣西南四十里，下有烏石塘。又冶塘嶺，在縣西北三十里，接進賢縣界。

王仙嶺。在東鄉縣東北。連亘數里，爲縣之障。

接雲峯。在臨川縣南三十五里。

仙桂峯。在臨川縣西北三十里，與龍會山相連。又西北數十里爲櫧山，詳見「豐城」。

梅仙峯。在崇仁縣西南四十餘里巴山之北，相傳漢梅福嘗寓此。又卓旗峯，在縣北二十五里，峭拔如卓旗然。

名揚峯。在金谿縣東四十里，亦自雲林分脈。

梅峯。在金谿縣南十五里。又烏峯，在縣南四十里。皆南城縣鼓樓岡分脈。

卓筆峯。在金谿縣西南二里，與仙山連脈，宛如卓筆。下有硯池。

九峯。在宜黄縣東四十餘里。

鹿角峯。在樂安縣南三十里。羣峯高聳，參差並峙，形如鹿角。

文筆峯。在樂安縣南八十里。尖秀筆卓，與芙蓉、華蓋争勝。

桃花峯。在東鄉縣南十里，普安橋水所經。

白雲峯。在東鄉縣南四十里，南接金谿縣界。

雄嵐峯。在東鄉縣西，舊傳爲王、郭二仙修煉之所，有茶竈丹鑪遺迹。上有靈泉，病者飲之多愈。

帝聖峯。在東鄉縣東北十五里，其北即餘干縣界。山極高峻，登之北瞰鄱湖，南覽龍虎山。又鶴堂峯，在縣東北。

添紫岡。在金谿縣南四十里。平鋪一徑，朝煙暮紫，爲縣勝境。

柏岡。在金谿縣西三十里崇嶺之北。又烏石岡，在縣西四十里。

龍頭岡。在樂安縣西，爲城邑關障。

烏岡。在東鄉縣西南數里。其北爲大富岡，二岡對峙，三港水流其間。

白馬峽。在臨川縣東南八十里。上流受八十一源水，並山峽間。兩山拱合，中闢如門，亦名石門。石壁峆岈，溪流洶湧。南五里曰良安峽，亦名梁安，盱水所經。

龜鳳巖。在崇仁縣南三十五里。兩旁石勢，如龜鳳形，中通一徑，攀援可上。險絶處有石室如斗，今名有石〔四〕。

浮石巖。在崇仁縣東南三十里。三巖鼎立，中貫一溪。南宋時何異闢山莊於此。旁有浮雲洞，深不可入。

黄仙姑巖。在崇仁縣東南四十五里，有泉甘洌。又五里有香城莊、燕洞巖，泉出石罅，白如鍾乳。

龍角巖。在金谿縣東北，山巔有石對峙如龍角。中通一徑，内有石室，曠爽可坐百人。

仙巖。在宜黄縣北五里，宋王安石讀書處。明統志：昔王、郭二仙嘗問道寓此，有朝真石、拂霓洞。

石巖。在樂安縣東南三十里，地名草源。其巖一竅可入，中有屋十八間，可以容數百人，有泉不涸。

雲泉巖。在樂安縣南五十里。高數百丈，周二十里。其頂有浮丘壇石、會仙峯。又燕子巖，在縣南六十里，石穴深廣三五丈，燕巢其中以萬數。

滴油巖。在樂安縣西三十里。

石陂巖。在樂安縣西北三十里。下有大巖出水，春夏瀰漫，不辨涯涘。秋冬水落，石門砑然。其水入寶唐水。

紫元洞。在崇仁縣南華蓋山。明統志：昔浮丘王、郭二仙隱此，中有石屏、石座、石棋局。

黄洞。在金谿縣東二十五里。

白水洞。在樂安縣南六十里。下有龍湫，多怪石。

錦繡谷。在金谿縣治後，宋王安石有詩。

石廩。在臨川縣。寰宇記：在縣東三十九里。狀似倉廩，内可容千斛。臨川記云：廩口開則歲豐，閉則歲儉。

仙人石。在宜黄縣治西，宋提刑鄒極遇仙於此。宋徐圓老、明揭重熙皆有詩。

盱水。在臨川縣東，後稱汝水也。自建昌府南城縣北流入府境，經金谿西石門山，一名石門水。又北入臨川縣界爲汝水，合宜黄、崇仁二縣水，又西北入南昌府界。水經注：盱水出南城縣，西北流經南昌縣南，西注贛水。寰宇記：汝水在臨川縣東北一里，源接盱水，從石門以下，沿流三百二十四里入洪州界，内有湍瀨三十五。府志：盱水入縣南梁安峽，爲汝水。至石門，受金谿、清江諸水，又過夢港以抵府治，由千金陂趨城下，繞城而北，又西受連欅水，又西北合臨水，由金玉臺折而北，過虎頭洲，受黨溪漳原以西、樠山以南之水，至金雞城，受金谿東鄉西注之水，又西北入南昌府界。

夢江水〔一〕。在臨川縣南三十里。源出縣東南四十里之佛迹嶺，西流入盱水。按：隋書地理志臨川有夢水，即此。

臨水。在臨川縣西十里。源出樂安縣西北大盤山，名寶唐水，又名大溪水。東北流至巖陀寨，與巴水合。又東四十里，至官洲，與西寧水合。又左合青水〔六〕，又東經縣治東，至縣東北二十里，與羅山水合。又東北經神前洲，與孤嶺水合。又東北經白鷺洲，入臨川縣界爲臨水。又東北合宜黄水，又經縣北入盱水。按：寰宇記「臨川水，在臨川縣東北五十里。源出定川，沿流十里，與汝水合。本名定水，唐天寶六載敕改臨川水」，其源流道里皆與今臨水不合。諸志皆以巴水爲臨水上源，以巴水所出之巴山，一名臨川山耳。然此水源遠，自當以寶唐爲正源也。

連礬水〔七〕。在臨川縣西北五里。源出長岡，歷仙臨山，會盱水，沿流四十里。水比諸水特重，昔人取以充漏刻。

箭港水。在臨川縣西北八十里，盱水分流，即豐城雲韶水之上源也。每春夏水溢，則舟楫由此西入章江，水淺則舟不能移，俗因謂之小河。

孤嶺水。在崇仁縣東南。源出孤嶺，北流八十里，與大浮山、高峯山、石牛源諸水合流，又五十里北入寶唐水。

博陂水。在崇仁縣東南。自宜黄流經臨川縣，至縣界分爲東西行，合流爲三港口，又與臨水合。

巴水。在崇仁縣西南。寰宇記：巴水源出巴山，沿流合寶唐水。縣志：巴水出臨川山，一名臨水。其山最高，四向之流不一，西北入寶唐，由是寶唐亦兼臨水之名。

西寧水。在崇仁縣西南。寰宇記：在縣西南一百七十里。源出仙蓋鄉，沿流至縣入汝水。縣志：源出華蓋山東北趾，沿流而下，至官洲入寶唐水。又青水，在縣西北，源出七都，東南流入寶唐水。羅山水，在縣西北，源有二：一出暗坑，東流五十里，一出東塔下，沿流八十里。俱入寶唐水。

青田港水。在金谿縣東二十里。源出雲林山，流經黄洞，至黎岔渡合名揚港，入三港。又漸橋水，在縣東四十里。源出三十六峯之下，歷金牛嶺至黎岔渡入青田港。又仙巖港，出貴溪縣之仙巖峯，西入三港。

三港水。在金谿縣東五十里。源出崖山，北流經自蓮港，至黎岔渡合青田港水。又歷田埠港，合仙巖港水。又北經東鄉縣東界，名田埠水。又北至饒州府安仁縣界，合信水。

清江水。在金谿縣西南四十里。源出瀘溪縣界，凡數小港，合流出明山港口，西北流合福水入盱水。其水清冽宜漚楮，故土人造紙，以清江著名。又福水，在縣南十里。源出瀘溪縣界，流經梅峯，至鼓樓岡合清江水。又后車溪水，在縣南四十里。源出韓婆嶺，西北流合清江水。

金谿水。在金谿縣北。源出上幕嶺，東西分流，經疏山入盱水。水色如金，故名。又苦竹水，在縣西北四十五里。赤橋水，在縣西五十里。俱西流入盱水。

宜黄水。在宜黄縣東。本宜、黄二水，宜水源出縣東南軍山，黄水源出縣南黄土嶺，皆北流至縣東合流，名宜黄水。又北入臨川縣界，至縣西合臨水入盱水。寰宇記：宜黄水在宜黄縣東南一百六十三里。源出黄土嶺，沿流合漳水，至西津與汝水同流。縣志：宜水源出軍峯，合小溪，崎嶇屈曲，會雙溪小圳、鄢源小圳，過薦元渡及吴坊洲，與漳水二支合。至棠陰爲清湖潭，至丁家洲與黄水合。黄水自黄土嶺十里出落馬徑，二十里出東坡，至縣南二十里鄧坊，與魚牙山小溪合。又過馬停橋合小鹿圳，至縣東門外與宜水合。是爲宜黄水。繞城又東北與曹水合，又經諸灘渡，至縣北六十里搗港灘入臨川縣界，受禪和、仙蓋諸源之水，過上頓渡、龔家灘入臨水。

漳水。在宜黄縣東南。有二源，皆出箬嶺。一經楓林、蛟源至薦元渡，一自漳源至吴坊洲，俱左入宜水。

曹水。在宜黄縣北。源出崇仁縣東南雙坑，流入縣界，又東經縣北，遶鳳山後入宜黄水。

書堂水。在樂安縣東。源出芙蓉山，西流由石陂書堂受小陂以下之水，至李河埠入寶唐水。又十洞水，亦出芙蓉山，自十洞出小陂，會紅畬、沙港、康村諸水，亦至李河埠入寶唐水。

遠溪水。在樂安縣南。源出南曹山曹溪，北流合徐莊、嚴塘、前團三水，至烏江入大溪水。徐莊水，源出大樹嶺，自徐莊引流，合大根竹水入遠溪。嚴塘水，源出大龍山。前團水，源出鹿角峯。下流皆入遠溪。

大溪水。在樂安縣南二十里。源出華蓋山，西流合羅山蘴陂水，至烏江渡與遠溪水合，又至員陂入鼇溪水。

鼇溪水。在樂安縣南。源出芙蓉山，西流三十里與西華山水合。又至東郭，與載興、甑蓋二山水合，名爲鼇溪。由鼇石而下數丈，名無聲水，其水正當縣門，沙底極平，雖湍激而沙不能壅，凝如不流，故名。又西過鎮安橋，折而東流，又西至櫸林，與鼇源、仙人、井田諸水合。又西南經西嶺、北嶺之峽，至員陂與大溪合。又至永豐縣，合湖平水而入於贛江。

湖平水。在樂安縣南六十里。源出文筆峯，自雲水峽三十里至湖平，合善和及池頭、羅陂諸水，至永豐郭入鼇溪。

河源水。在樂安縣北。源出主峯山，由河源流至袁坊，合朱源水。又經戴坊、廖坊至石梘，入寶唐水。

殷坊水。在樂安縣北。源出杯山，由殷坊流經廉坊、龔坊。又龍義水，亦出杯山，流經田下。皆入寶唐水。

太平橋水。在東鄉縣東。源出庚嶺之左，流經太平橋，至烏岡入三港口水。又金橋水，源出縣南煞坑。普安橋水，源出庚嶺。下流俱入三港。

花山港水。在東鄉縣東南。源出螺首峯，南流至郎橋，與金峯東麓之水合，皆入三港。

延橋水。在東鄉縣西南。源有二，一出金谿縣北金窟山，一出查堆浮羅橋。至下車橋合流至齊岡渡，名齊岡水。又西北流入縣界，至新陂入三港。又浯溪水，源出梅坑山。流經縣西南，爲浯溪。烏株橋水，源出段坑。下流皆入延橋水。

黄塘墟水。在東鄉縣北。源出雄嵐峯，流爲黄塘陂，下流爲廉陂，入三港。

潤溪水。在東鄉縣北六十里。其源有三：一自鶴堂峯南流而北，一自贊王嶺西流而東，一自餘干縣李梅峯東流而西。三水皆自巖前陂合流，北下爲潤溪，至餘干族湖入龍窟河。

三港口水。在東鄉縣東北。源有三：一出珠坑、庚嶺、雞公嶺之間，一出竹山峽入寒陂，一出雄嵐峯左，經洞泉觀、西平、龍義而來。三水交會於縣城東北，名三港口。又西歷珠山下，至新陂，與延橋水合。又西經臨川縣界金雞城，入盱水。按：此別是一水，非金谿之三港水也。

南湖。在臨川縣西南二里，一名南塘。相傳南唐親藩李景達守郡時創，延廣數百畝。府城三面環河，惟西南爲山麓，浚湖於此，受東南諸源之水，霖雨不溢，暵旱有瀦。宋天聖中，郡守朱正辭表爲放生池，置斗門以均蓄洩。今湮廢。

龍潭。在崇仁縣，凡四：羅山、湖山、芙蓉山、華蓋山皆有。

梅仙潭。在樂安縣南五十里。

黄金瀨。在崇仁縣東二十里。下有潭，深莫可測。

龍西漈。在崇仁縣西南。兩山聳峙，中通一渠，遠接相山，泉隨石瀉，下注爲龍潭，可濟歲旱。

虎頭洲。在臨川縣北三十里，東接龍步灣。

墨龍池。在府學大成殿前池中。韓子蒼雜記：忽時水黑，有物出鳴，似蜥蜴，謂之墨龍。此物每見，士之試於有司者，得人必多，率以此爲驗。

靈運池。在臨川縣東四十里，距靈谷山二里許。池在山巔，謝靈運爲臨川内史，日遊於此。

化龍池。在崇仁縣治北。明統志：宋樂史家池。池旁有巨蟒，鱗甲爪距如金。一日風雨大作，化龍而去，史登科正此日，以是得名。

雙龍池。在樂安縣南七十里。

鏡香池。在樂安縣治西。舊有蓮池，久漸湮廢，宋淳熙十二年，邑令趙善恭芟穢疏塞，建清樂亭於其上，取李白「荷花鏡裏香」句名池。

温泉。在臨川縣西三十二里。寰宇記：廣六十步，疾者浴之多愈。

玉香泉。在金谿縣東四十里，其泉甘香。

五星泉。在金谿縣南十里，一名靈泉。自石眼噴出，纍纍如撒珠。

黄蜂泉。在金谿縣西三十里。井寬不盈畝，而泉脈多於蜂房，灌田約百頃。

三龍井。在金谿縣東五十里。

仙人井。在樂安縣平湖岡上，水可引以灌田。

古蹟

臨汝故城。在臨川縣西。後漢永元八年，分南城縣置，屬豫章郡。隋改曰臨川，唐寶應中徙今治。舊唐書地理志：後漢置臨汝縣。吴置臨川郡，歷南朝不改。隋平陳，改臨川郡爲撫州，仍改臨汝爲臨川郡。州、郡所理皆此縣。曹學佺名勝志：汝水西、臨水東，有平陸曰赤岡，古州治也。上有古城。唐寶應中，太守王圓，始自赤岡移治於連礬小溪之西陲。宋家坤翁修城記：臨汝者，謂治在臨汝中，相傳赤岡乃其故址。郡乘言王圓徙西陲，中和末，危全諷又徙今治，非也。全諷特因圓之舊加築而無所徙。縣志：赤岡，在今城西五里城西寺之西南。

西豐故城。在臨川縣西南。寰宇記：吴太平二年，以臨汝縣爲郡，於郡南更置西平縣，晉改西豐。隋開皇九年，併入臨川。縣志：西豐故城，在縣西南五十里，今呼爲遊城。

定川故城。在臨川縣北。寰宇記：梁大通二年，分臨川縣境置定川縣。隋開皇九年，併入臨川。縣志：定川城，一名母城，在今縣北雷坊。

宜黄故城。在今宜黄縣東，三國吴置。宋書州郡志：臨川郡，領宜黄縣，吴立。寰宇記：梁大同二年，立宜黄縣於宜黄水側，以水爲名。隋開皇九年廢，入崇仁。乾德六年，李煜割崇仁縣之仙桂、崇賢、待賢三鄉，復立宜黄縣。九域志：開寶三年，以宜黄場升爲縣。縣志：縣初置於水東，或言水西，形勢尤佳。邑人胥仕隆因捐其故宅爲縣，即黄填鎮也。又於舊治建故縣廟以鎮之。今水東百花洲有小廟名故縣，蓋其遺址。按：宜黄本吴置，而寰宇記言梁立，云隋開皇九年省，而隋志不載，多與史書不同。又寰宇記言乾德六年置縣，而九域志作開寶三年，當是乾德中置場，開寶中置縣也。

樂安故城。在今樂安縣北，舊名古塘。本崇仁也。宋紹興十九年，割崇仁之天授、樂安、忠義三鄉，永豐之雲蓋一鄉創縣，後還雲蓋鄉隸永豐。縣志：縣初置於古塘，在今縣北，後徙詹墟，本嚴城市，宋景祐進士詹鎬爲崇仁簿，家於此，故名詹墟。

巴山舊城。在崇仁縣西南。梁普通三年，分新建縣置巴山縣。大同二年，兼置巴山郡。太平元年，分江州之巴山、臨川、安城、豫章四郡，置高州。陳天嘉四年，州廢。光大初，郡廢。隋開皇九年，縣廢，入崇仁。隋書地理志：崇仁縣，梁置巴山郡，領大豐、新安、巴山、新建、興平、豐城、西寧七縣。平陳，郡縣並廢，以置縣焉。寰宇記：廢巴山縣，在崇仁縣西南三十一里，以巴山爲名。

東鄉舊城。在今東鄉縣南長林山下。明宣德中，守臣以臨川東界去縣遼遠，議建縣於長林，不果。至正德八年，始析臨川之長壽、移風、遵化、延壽、安寧、崇德六鄉，金谿之延福鄉，餘干之習泰鄉，安仁之雲錦鄉，進賢之崇信鄉，置東鄉縣。兵備副使胡永清以長林非要地，徙於孝岡，即今治也。

新建廢縣。在崇仁縣西南。三國吴置，屬臨川郡，晉、宋、齊因之。梁改屬巴山郡。隋平陳廢，入崇仁。寰宇記：在縣西南九十五里。

安浦廢縣。在樂安縣西南。三國吴置，屬臨川郡，晉、宋、齊因之，隋省。寰宇記：在崇仁縣西南二百六十里。吴太平二年置，以安浦村爲名。隋開皇九年，併入崇仁。縣志：在今縣西南六十里。

西寧舊縣。在崇仁縣南。三國吴置，以西寧水爲名，屬臨川郡。晉因之，後廢。梁大同二年復置，屬巴山郡。隋平陳廢，入崇仁。寰宇記：在縣南六十三里。

工塘城。在臨川縣東南四十里。府志：梁末，周迪起兵臨川，築城於工塘。今湮。

述陂城。在臨川縣西十五里。府志：唐武德五年，刺史周法猛築述陂，置陂上山田百餘畝，爲永久修陂之費。今與小港、華家、徐陂相連，並列爲五陂。

上城、下城。在崇仁縣東。二城相距五里許，平岡迤邐。上城有墟市，不詳所始。

洛城。在金谿縣西十里，梁末周迪起兵臨川時所築也。又有上城、下城，在縣東南七十里，相傳亦迪所築。

珊城。在金谿縣西南四十里，相傳南唐後主時所築。今有珊城渡。

神運城。在樂安縣南八十里。明統志：相傳唐羅僕射領兵逐寇至此，夜有神助其築城。遺迹尚存。

銀監。在金谿縣治内。寰宇記：在宜黄縣東南一百二十里，本臨川之上幕鎮。其山岡出銀礦，唐朝嘗爲銀監，基址猶存。至周顯德五年，析臨川近鎮一鄉，併取饒州餘干白馬一鄉，立金谿場，置鑪以烹銀礦。文獻通考：宋淳化五年，升金谿場爲縣。

按：宋史地理志作開寶五年升縣，誤。

王羲之故宅。在臨川縣東南。臨川記：羲之嘗爲臨川内史，置宅於郡城東高陂，名曰新城。旁臨迴溪，特據層阜，其地爽塏，山川如畫。寰宇記：在臨川縣東南三里，舊井及墨池猶存。每重九日，郡守從事多遊於此，因立亭曰茱萸。隋開皇十二年，於此置九仙觀，尋又爲寺，並廢。

王安石故宅。在臨川縣治東，後以爲祠。

繙經臺。在臨川縣東南。唐顏真卿記：撫州城東南四里爲繙經臺，宋謝康樂於此繙譯涅槃經。寰宇記：在臨川縣北四里。唐大曆四年，於臺北立寶應寺。

擬峴臺。在臨川縣東鹽步嶺。宋嘉祐二年，知撫州裴材建，曾鞏有記。

魏夫人壇。在臨川縣。寰宇記：在臨川縣西北六里二百步。夫人名華存，任城人，晉司徒舒之女。少讀老莊，年二十四，父母抑而嫁之，歸太保掾劉文。文卒，夫人避俗江南，遂止臨川西，立壇修道。成帝咸和九年，化形而去。壇南有九曲池。唐睿宗使葉法善祭醮，仍於壇西置洞靈觀。顏真卿撰碑詳其事。

見山閣。在府治。宋通判施邈建，王安石有記。

御書閣。有二。一在崇仁縣南，宋李劉建，以藏宋理宗御筆。一在宜黄縣學，亦宋建。

瀛洲亭。在府治西金柅園西，景物爲一州之冠。

玉茗亭。在府治，宋時建。明統志：亭下有花名玉茗，如山茶而色白，黄心緑萼，人以比揚州之瓊花。宋、元名人多賦詠之。

青雲亭。在臨川縣學後青雲峯上。明統志：宋嘉祐末，邑令謝卿材宴是亭，有「登亭先得會青雲」之句，遂名。

南阜亭。在崇仁縣南二里。元虞集嘗作樂府一曲。

飲歸亭。在金谿縣治，宋曾鞏有記。

碧澗亭。在金谿縣后車里。元里人何茂甫建，吴澄有詩。

忠孝堂。在府治。宋守張滉建，繪晉太傅王祥、唐刺史顏真卿像祀焉。

逸老堂。在樂安縣南六十里，元吴澄有詩。

思軒。在通判治北，宋曾鞏有記。

三山小隱。在崇仁縣南十五里。名勝志：宋尚書何異建山莊三，曰浮石，曰巖石，曰玲瓏。合而名之曰三山小隱。

玉田。在崇仁縣南三十里玉田觀，相傳蕭子雲種玉處。

樂氏義莊。在宜黄縣西四十里。宋時樂史自崇仁徙居宜黄，於此置義田數千畝，以贍族人。

金柅園。在府治西，宋家坤翁有記。

拙齋。在府治北，宋朱子有記。

鄒極别墅。在宜黄縣南塗黄嶺下，宋提刑鄒極隱居於此。旁有玉井，嘗有道士自稱吕姓，來輒索酒，飲醉，假枕眠，極以珊瑚枕與之，戲擲地而碎，袖往井中浣濯復完，隨於井上書「玉斧泉」三字。

拏雲館。在宜黄縣西十里。宋嘉祐間，邑人杜子野建鹿岡書院於此，王安石嘗師事之，其受業處名拏雲館。

梭山老圃。在金谿縣北三十里，宋陸九韶讀書講學之所。元大德間，於此建書院以祀之，程鉅夫記。

關隘

懷仁關。在樂安縣東北六十里，接崇仁縣界。有關亭，今爲鋪。

東館巡司。在臨川縣西六十里。本朝嘉慶十六年，改青泥巡司置。

温家圳巡司。在臨川縣北長樂鄉。

鳳岡墟巡司。在崇仁縣十四都。明隆慶二年，置周防巡司，本朝乾隆三十年，移駐坑埠，四十三年又移此。又有丁坊、河亭二巡司，皆明洪武二年置，十四年裁。

棠陰巡司。在宜黄縣東二十里。本朝乾隆三十二年，由止馬市移駐於此。又有上勝巡司，今廢。

招攜鎮巡司。在樂安縣南。明初置龍義巡司，本朝乾隆三十年，移駐於此。又南平巡司，在縣西北，明宣德十年置，尋廢。又望仙巡司，在縣南，亦明初置，今裁。

航步鎮。在臨川縣南五十里。明洪武初，置税課局於此，今裁。

許灣鎮。在金谿縣西六十里。本朝乾隆三十二年，移縣丞駐此。

白玗鎮。在東鄉縣東四十五里。路出安仁之中道，舊置巡司，今廢。又古燦巡司，在縣西北十里。横山巡司，在縣東北十五里。俱明初置，屬臨川縣，分縣後並廢。

平塘鎮。在東鄉縣西四十里。元置税課局於此，明正德五年廢。今爲平塘鋪。

華山營。在樂安縣南。又麻嶺營，在縣北。皆明崇禎初置，今廢。

湖平砦。在宜黄縣東四十里。又龍滐砦，在縣南九十里。

羊羅砦。在樂安縣東十里。五峯巍然，其中三峯平坦，有巖可居。又王橋砦，在縣東南五十里。

曾田砦。在樂安縣南十五里，宋時置巡司於此。又烏麻砦，在縣南六十里烏麻巖上，巖高五里，有泉可飲千人。

同湖砦。在樂安縣南八十里。縣志：湖平、龍嶺、南山、洪源、麻塘五砦相連。相近又有雲峯寨，跨永豐縣界。

招攜砦。在樂安縣南。宋紹興三年，郡守黄炳置以禦寇，兼置巡司。明崇禎初，亦置招攜砦於水東洲上。

摇籃砦。在樂安縣西北七十里。高五里，可容千人。

嚴陀砦。在樂安縣東北六十里，與懷仁關相近。

東館市。在臨川縣南六十里，元置税課局於此。明初又置公館，後俱廢。

棠陰市。在宜黄縣東二十里。有楓林、螺阜、桃屏三峯如削，有大溪曰查浦，有泉下流曰漣溪。

孔家驛。在臨川縣東，本朝康熙十六年裁，又有遞軍所，亦置孔家渡，今裁。

清源驛。在臨川縣北六十里，東北接饒州府安仁縣界。輿程記：清源驛北六十里爲謝家埠，又四十里爲柘林，又三十里爲八字腦，又六十里即康山也。又清遠驛，在縣北六十里，宋置，久廢。

江陽驛。在崇仁縣治東。又羅山驛，在縣南。豐安驛，在縣東六十里。梅檀驛，在縣西南六十里。三山驛，在縣西一百里。皆久廢。

石門驛。在金谿縣西四十里，水驛也。上通盱江，下連臨汝。明王守仁建，久廢。

津梁

文昌橋。在臨川縣東門外，跨盱水。宋嘉泰中建，本朝康熙三年修，十五年重修。

吕橋。在臨川縣南四十里。明統志：因吕洞賓經此，故名。

黄塘橋。在臨川縣西北連礬水口。

孝義橋。在臨川縣北五里。

飛仙橋。在崇仁縣東二里。

黄洲橋。在崇仁縣治東南，爲郡西往來之通道。宋嘉祐中，建浮梁，名平政橋，後易曰巨濟。淳祐中改創石橋，長數十丈。咸淳間，文天祥改今名。

化龍橋。在崇仁縣治北。

郭石陂橋。在金谿縣南十五里，爲撫、信孔道。

后車橋。在金谿縣南四十里，亦屬孔道。

壽安橋。在金谿縣西五十里。

貫虹橋。在宜黄縣東門外。明萬曆中知縣馮舜臣建，自爲記。

馬停橋。在宜黄縣南崇賢鄉，跨馬停溪水。其水自雷坊小麓，斜入黄水。

迎恩橋。在宜黄縣北鳳山前，元吴澄有記。

鼇溪橋。在樂安縣西南。

石橋。在樂安縣西四十里。其石高砮如橋，橋側有動石可運轉。

石磯橋。在樂安縣三十八都。於石上鑿槽，引水灌田千餘畝。

金鼇橋。在樂安縣城嚮治門外，爲合邑通衢。本朝乾隆三十八年建。

太平橋。在東鄉縣南門外。

九子橋。在東鄉縣東南長林，宋建。

麻溪橋。在東鄉縣南十五里，道通金谿。

延橋。在東鄉縣西南三十里，接臨川縣界。宋建。

石頭渡。在臨川縣東南二十里，汝水所經。東岸有蝦蟆石。

吴家渡。在臨川縣北二里，盱水所經。臨川縣界官渡凡七，曰瑶湖，曰黄塘，曰雲山，曰梅洲，曰永豐，曰辜家，而吴家渡尤爲要津。

清江渡。在金谿縣出紙處。

黄獅渡。在金谿縣南四十里。

石門渡。在金谿縣西四十里。盱水與清江合流經此，爲四達之衢。又梁安渡，亦在縣西，皆接臨川縣界。

隄堰

文昌堰。在臨川縣東盱水之滸。

千金陂。在臨川縣東南。省志：汝水自盱來達於瑶湖，斜直孔家渡。地平土疏，唐時初决一口，其後支港横溢，正道湮淤。上元中，守臣建華陂以遏支流。大曆中，刺史顔真卿繼築，名土塍陂。貞元中，刺史戴叔倫繼築，名冷泉陂。咸通九年，刺史李渤甃冷泉故基，凡九百七十餘丈，又於其上横截汝水，置千金陂，南北百二十五丈。自此水復改道，西過南塘橋口，匯連礬之流，東西四鄉之間，灌田各數千頃。宋嘉祐四年，謝卿材知臨川〔八〕，修築千金等九陂。熙寧中，知縣事謝洞又修之。紹興中，郡民王姓者獨修之。嘉熙中，州守趙師都别鑿一渠〔九〕，引水至擬峴臺下，功未竟。淳祐十一年，州守葉夢得築陂長三百丈，浚渠廣二十丈。自元及明，陂復大決，萬曆中，知府古之賢甃石隄，鑄鐵犀而爲之銘。本朝康熙二十七年修。

博陂。在臨川縣西南五十里，跨崇仁縣界。引宜黄水，灌田六十三頃有奇。

清塘。在臨川縣北七十里曾氏世居。環羣山而匯衆水，灌溉甚廣。

陵墓

南北朝　陳

黄法𣰰墓。在崇仁縣西南巴山。

唐

羅隱墓。在樂安縣南羅家潭。

宋

晏殊墓。在臨川縣北沙河。

聶昌墓。在臨川縣招賢鄉雷公嶺。

吴沆墓。在崇仁縣茶山。沆隱居環溪，卒葬此。

羅點墓。在崇仁縣蛇坑。

何異墓。在崇仁縣東南浮石山莊。

樂史墓。在崇仁縣西南官山東林。

陸九淵墓。在金谿縣東延福鄉。

鄒極墓。在宜黄縣北玉田寺後。

陸九齡墓。在東鄉縣萬石塘。

東吴先生墓。在東鄉縣新田村，改稱吴儀墓。

陸九韶墓。在東鄉縣東南螺首山南麓。

元

揭傒斯墓。在臨川縣富城鄉。

吴澄墓。在崇仁縣東神頓坑。

虞集墓。在崇仁縣南門官路旁。初葬澤源，後徙此。

虞磐墓。在崇仁縣禮賢鄉。

明

吴與弼墓。在崇仁縣羅源岡。

羅玘墓。在金谿縣南頂山。

譚綸墓。在宜黄縣南十五里崇賢鄉。

董裕墓。在樂安縣招攜鹿源。

五傑墓。在樂安縣。明崇禎五年，汀、韶流寇入樂安，有義士陳球六、張俊五、陳香四、唐大老、羅興華五人，陷陣死之。邑人哀而合葬之，號五傑墓。巡撫解學龍爲文祭之。

校勘記

〔一〕定菴書院 「菴」，乾隆志卷二四六撫州府學校(下同卷簡稱乾隆志)同，雍正江西通志卷二一書院作「安」。

〔二〕峯之南爲縣治 「治」，原脱，乾隆志同，據讀書方輿紀要卷八六江西撫州府補。按，此條全襲讀書方輿紀要。

〔三〕相傳漢時吴芮嘗與車王戰於此 「車王」，乾隆志、明一統志卷五〇饒州府同，讀書方輿紀要卷八五江西三安仁縣吴嶺條作「東越王」。

〔四〕今名有石 「有石」，乾隆志同，其意未明，讀書方輿紀要卷八六江西崇仁縣華蓋山條作「广石」。

〔五〕夢江水　「江」，明一統志卷五四撫州府山川同。乾隆志、雍正江西通志卷一〇山川及讀史方輿紀要卷八六江西四作「港」。

〔六〕又左合青水　「青」，原作「清」，據乾隆志改。按，本志下文西寧水條所附青水，即此，亦不從水旁。

〔七〕連礬水　乾隆志、雍正江西通志山川同，明一統志卷五四撫州府山川、讀書方輿紀要卷八六江西四及太平寰宇記卷一一〇江南西道撫州皆作「樊」。

〔八〕謝卿材知臨川　「材」，原作「才」，據本卷上文及乾隆志改。

〔九〕州守趙師鄀別鑿一渠　「鄀」，原作「郡」，據乾隆志及雍正江西通志卷一五水利改。

大清一統志卷三百二十三

撫州府二

祠廟

顏魯公祠。在府治，祀唐顏真卿。宋曾鞏、張栻皆有記。

謝康樂祠。在府治，祀宋謝靈運。

朱文公祠。在府學。

三陸先生祠。在府學西。淳祐中州守葉夢得建，祀陸九齡、九韶、九淵。又有祠，在金谿縣學右。

三賢祠。在臨川縣學。宋建，祀縣令劉彌正、黄幹，主簿京鏜。

黄文肅公祠。在臨川縣學左，祀宋縣令黄幹。

曾文定祠。在臨川縣南三里，祀宋曾鞏，元虞集記。

五賢祠。在臨川縣南三里。明建，祀宋陸九淵、元吴澄、明吴與弼、陳九川、吴悌。本朝康熙十年，移建於府學後。

欒巴祠。在崇仁縣巴山。

吴文正公祠。在崇仁縣迎恩橋左。明弘治中建，祀元吴澄。

吴康齋祠。在崇仁縣昭清觀故址。明嘉靖中建，賜額「崇儒」。

虞邵菴祠。在崇仁縣南門外。明建，祀元虞集。

忠勇祠。在崇仁縣治南六十五里，祀宋令蘇緘。

烈孝祠。在樂安縣城南隅。明進士詹崇、妻潘氏、子詹迪，以陷賊赴井死，正德中敕建祀之。

七烈祠。在東鄉縣，祀明正德初死節陳忠妻周氏等七人。

博陂廟。在府城西南五十里。明統志：昔游茂洪仕唐爲南豐令，道經其地，教民鑿渠引水以灌田。鄉人德之，遂祀焉。

黄司空廟。在崇仁縣七都，祀黄法㲉。

二孝女廟。在金谿縣東二里，祀唐葛祐二女。

寺觀

天安萬壽寺。在府治東，五代時楊英建。

寶應寺。在府治南，有謝靈運繙經臺，唐顔真卿、白居易俱有記。今爲縣學。

北景德寺。在府治東北。宋曾鞏、王安石於此題名，謝逸有記。

廣壽寺。在臨川縣城東隅，古永安寺，後改今名。規制宏敞，爲一郡冠。

明水寺。在臨川縣西三十里，唐建。有石雙立，號石門闕，夾道多古松。開池種蓮，號「十里松風」、「九曲蓮池」。

東林寺。在崇仁縣北，宋建。即樂史讀書之所。

翠雲寺。在金谿縣南四里，唐建。宋王安石、陸九韶皆有題詠。

疏山寺。在金谿縣西北五十里，唐何仙舟隱此，中和中始建寺。中有白雲閣、一覽亭。

寶積寺。在宜黄縣北三十里。本名荷玉觀，唐僧本寂駐錫處。宋改今名。

白土寺。在宜黄縣北待賢鄉，隋建。唐爲普慧慈應禪師道場。

禄源寺。在樂安縣北，宋建。

祥符觀。在臨川縣城東隅擬峴臺側，隋創。南唐昇元中，甘露降於仙壇松上，因改甘露觀。宋大中祥符中重建，更今名。

明真觀。在臨川縣南三十里，隋建。有唐顔真卿銘。

洞靈觀。在臨川縣西六里，有魏夫人壇。唐睿宗命道士葉法善醮於壇西，建此觀奉之。

梅仙觀。在臨川縣東北六十里，相傳漢梅福寓此。宋白玉蟾有詩。

昭清觀。在崇仁縣東二里，晉王、郭嘗遊處。元吴澄有記。

妙常觀。在宜黄縣南九十里，漢李洞仙修煉飛舉之地。有煉丹井、朝斗壇、望仙峯，又有龍池，能出雲雨。宋宣和中賜額。

招仙觀。在樂安縣南門外，宋建。

名宦

晋

王羲之。臨沂人。爲臨川内史。

南北朝　宋

荀伯子。潁川潁陰人。臨川内史，在郡作臨川記六卷。

謝靈運。陳郡陽夏人。文帝時臨川内史。

齊

何昌寓〔一〕。廬江灊人。永明初臨川内史。歷郡清白，士君子多稱之。

梁

到洽。彭城武原人。天監中臨川内史，在郡稱職。

殷鈞。陳郡長平人。天監中臨川内史。閉閤卧治，而百姓化其德，刦盗皆奔出境。嘗擒劫帥，不加拷掠，但和顔誚責。劫帥稽顙乞改過，即命遣之，後遂爲善人。

蕭子雲。蘭陵人。大通中，爲臨川内史。在郡以和理稱，民吏悦之。

陳

駱牙。吴興臨安人。世宗時，以平周迪功，遷冠軍將軍、臨川内史。

隋

張奫。清和人。高祖時，爲撫州刺史，有能名。

唐

周法猛。武德中撫州刺史。建述陂，引渠溉田二百餘頃。

顔真卿。京兆萬年人。大曆中撫州刺史。修塍築陂，以溉民田，民甚便之。

杜佑。京兆萬年人。大曆中撫州刺史。

戴叔倫。潤州金壇人。德宗時撫州刺史。民歲争灌溉，爲作均水法，俗便利之。耕餉歲廣，獄無繫囚，詔書褒美。

宋

和嶸。開封浚儀人。雍熙初，知崇仁縣，江南轉運楊緘以其才幹奏。

王彬。光州固始人。淳化中，知撫州。州民李甲、饒英，恃財武斷鄉曲，縣莫能治。彬按治甲，索其家，得所藏兵械，又得服器有龍鳳飾，坐大逆棄市。并按英嘗强取人孥，配嶺南，州里肅然。

周執羔。信州弋陽人。宣和初，調宜黄丞。時四境俶擾，潰卒相挻爲變，令大恐，不知所爲。執羔諭以禍福，皆斂手聽命。既又誅其黨，執首謀者斬以徇。邑人德之。

謝諤。新喻人。紹興中，樂安多盜，監司檄諤攝尉。條二十策，大約使其徒相糾，而以信賞隨之，盜果解散。金渝盟，諸軍往來境上。選行縣事，有治辦聲。

劉汝翼。紹興中爲撫州守。餉兵不匱，及勸誘賑糴流離，轉一官。

張孝祥。歷陽烏江人。紹興中，知撫州。年未三十，涖事精确，老於州縣者所不能及。

林大中。婺州永康人。淳熙中，知金谿縣。郡督輸賦急，大中請寬其期，不聽，納誥敕，投劾而歸。

趙善譽。宗室子。淳熙中，知臨川縣。縣嘗豫借民賦，善譽按籍徵催，以時辦集，遂罷豫借。

黄幹。福州閩縣人。寧宗時，知臨川縣。歲旱，勸糴、捕蝗極其力。

范應鈴。豐城人。寧宗時，知崇仁縣，始至，明約束，信期會，正紀綱，曉諭吏民，使知所趨避，然後罷鄉吏之需供，校版籍之欺蔽。夙興，冠裳聽訟，發摘如神。真德秀表其堂曰對越。

羅必元。隆興進賢人。嘉定中，調崇仁丞，復攝司法。郡士曾極題金陵行宫龍屏，忤丞相史彌遠，謫道州，解吏窘極甚。必元釋其縛，使之善達。

劉應龍。高安人。理宗時，知崇仁縣。淮西失守，江西諸州有殘破者，縣佐貳聞變先遁，應龍固守不去。

劉子薦。吉州安福人。寶慶中，爲撫州司録。有愬王應亨毆死荷擔黄九者，獄成矣，子薦疑而駁之。俄烈風迅雷闢獄户，裂吏楔，殺人者實孔目馮汝能也，獄遂白。事聞，頒諭天下之爲理官者。

趙時煥。宗室子。淳祐中，知撫州。時馬步旗軍甚悍，時煥節制之，迄去無敢譁者。增置貢院，修復文昌堰。寶祐二年，復以朝奉大夫來提舉常平，以臨川新增山税病民，奏減其半。

徐霖。衢州西安人。淳祐中，知撫州。祠先賢，寬租賦，賑饑民，誅悍將，一月而政舉化行。以言去，士民遮道不能行。

黄震。慈谿人。咸淳八年，撫州饑，起震知州事。單車疾馳，至則大書「閉糴者籍，强糴者斬」揭於市，米價日損。轉運司下州糴米七萬石，震曰：「民生蹶矣，豈宜重困！」以設官田三莊所入應之。修復朱子祠，樹晏元獻里門，復風雷祀。勸民種麥，禁競渡，焚三百餘艘，用其丁鐵，創軍營五百間。

黄申。井研人。德祐中樂安縣丞，廉謹有治聲。元兵拔撫州，索降狀，樂安令率其僚聯署以上，申獨抗不往。令遣人强輿致之，申陽死，令無如之何。翼日遁去，隱巴山以終。

元

楊景行。吉安太和州人。延祐中，撫州路總管府推官。發奸摘伏，郡無冤獄。金谿縣民陶甲，厚積而凶險，嘗屢誣陷其縣長吏，罷去之，由是官吏不敢詰治。景行至，以法痛繩之，徙五百里外。豪僧雲住，發人冢墓取財物，事覺，官吏受賄緩其獄。景行即按之，治之如法。豪猾斂迹，良民獲安。

秦起宗。廣平深水人。文宗時，撫州路總管。至官，有司供張甚盛，亟使歸之。宜黃、樂安常租外，帶耕没官田，田薄賦重，倍於正數。起宗請於行省，以時估折價，民始不病。

明

王昪。龍溪人。宣德初，擇廷臣二十五人爲郡守，昪以大理寺正出知撫州府，以政績著。在郡九載，部民乞留，增秩還任。

王宇。祥符人。景泰初，知撫州府。爲政簡静，而鋤强遏奸，凛不可犯，一境大治。

李祥。天順中知崇仁縣。常俸外，一毫無取於民，修造不擾，賑濟有方。

周瑛。莆田人。成化中，知撫州府。以文事飭吏治，尤勵風節，安静不擾。

李鳳。崑山人。正德中金谿典史。宸濠反，東鄉賊起，鳳奮勇率民兵禦賊，死之。

蔡元偉。晉江人。嘉靖中爲府同知，署樂安縣事。流賊數千，焚掠鄰邑。樂安故無城，元偉急簡丁壯，據險設守，賊聞不敢犯。時獄舍久傾，會天暑疫作，元偉欲新其獄，乃縱囚歸家，獄成，囚俱自至。後署崇仁縣事，亦無城，賊突至，元偉勒兵出戰，斬馘數十，賊懼引去。

陸大受。武進人。萬曆中，知撫州府。剛正不阿，下吏皆憚之。以前在大理持梃擊一案，追論去官。

本朝

孫世蓋。興縣人。順治初，知崇仁縣。大盜羅漢七聚衆萬餘，前令將勦之，謀洩遇害。世蓋至，佯怯請降，誘其魁，密計事，設飲而誅之。明日率鄉勇搗其巢，餘黨悉遁。

汪基遠。黄岡人。順治中，知東鄉縣。值土寇攻城，親督兵出戰，死之。贈僉事。

汪士奇。黄岡人。順治丁亥進士，知東鄉縣。甲寅寇亂，縣與閩接壤，士奇團練鄉勇，保障孤城。城外閩兵四掠，男婦被執者數千，士奇冒險設機，罄歸所掠。

人物

南北朝　陳

周敷。臨川人。膽力勁果，輕財重士。侯景之亂，梁王侯避難流寓，皆往依之。武帝受禪，王琳據有上流，余孝頃與琳黨共圍周迪，敷助迪擒孝頃等。王琳平，授豫章太守。天嘉二年，周迪反，從吴明徹攻破之，遷南豫州刺史。迪收餘衆襲東興，文帝遣都督章昭達征迪，敷從軍至定川縣。迪紿敷求還朝，欲立盟，敷許之，方登壇，爲迪所害。

黄法𣰰。巴山人。勁捷有膽力，步行日三百里，距躍三丈。侯景之亂，太守賀詡下江州，法𣰰兼知郡事。武帝入援建業，命周文育屯於西昌，法𣰰遣兵助文育，侯景黨于慶來襲新淦，敗之。太平元年，割四郡置高州，以法𣰰爲刺史，鎮巴山。周迪反，又與吴明徹討平迪於工塘。廢帝北伐，以法𣰰爲都督，大破齊軍。以功封義陽郡公，卒贈司空。

宋

樂史。宜黄人。太宗時，上書言事，擢著作佐郎，知陵州，召爲三館編修，累官至職方員外郎。雍熙三年，獻所著書四百餘卷，悉藏之秘府。又有太平寰宇記二百卷，及己所著仙洞集百卷。子黄目，咸平中上章言邊事，累官給事中，有集五十卷。又撰學海搜奇録、聖朝郡國志。

晏殊。臨川人。景德初，張知白安撫江西，以神童薦之。帝召與進士並試廷中，殊援筆立成。命直史館，遷左庶子，帝每訪以事，已答奏，輒并稿封上，帝重其慎密。章獻皇后權聽政，宰相欲獨見奏事，殊建言羣臣奏事，太后垂簾聽之，皆毋得見，議遂定。知應天府，延范仲淹教授生徒，天下興學自殊始。遷刑部尚書，兼御史中丞。陝西方用兵，請罷内臣監軍，又請出宫中長物助邊費。進同中書門下平章事。殊平居好賢，范仲淹、孔道輔皆出其門。及爲相，仲淹與韓琦、富弼皆進用。性剛簡，奉養清儉。文章贍麗，尤工詩，有集二百四十卷，及刪次梁陳以後名臣述作爲集選一百卷。

侯叔獻。宜黄人。少卓犖有大志。慶曆進士。調開封府雍丘尉，屢獲巨盜。當遷秩，叔獻曰：「殺人求賞，非所欲也。」歷官至都水監，遷兵部員外郎，均有異績。以勤感疾，卒於揚州之光山寺，年五十四。神宗聞之，輟朝一日，賻其家。

王安石。臨川人。少好讀書，一過目終身不忘，屬文動筆如飛，見者皆服其精妙。擢進士上第，議論高奇，能以博辯濟其説。果於自用，慨然有矯世變俗之志。神宗時，累拜觀文殿大學士，封荆國公。著有臨川集。

王安禮。安石弟。神宗時，以崇文院校書遷直集賢院，出知潤州、湖州，召爲開封府判官，訪以天下事，帝甚嚮納。彗星見，上疏言大臣乘權射利，足以干陰陽而召星變，帝嘉歎。進翰林院學士，知開封府，事至立斷，未三月，囚繫皆空。太史言民墓多迫京城，不利國嗣，詔悉改卜，無慮數十萬計，安禮諫而罷。元豐中，拜尚書左丞，加資政殿學士。

王安國。安禮弟。幼敏悟，未嘗從學，而文詞天成。熙寧初，韓絳薦其才行，召試，賜及第，除西京國子教授。官滿賜對，神宗問：「安石秉政，外論謂何？」對曰：「恨知人不明，聚斂太急爾。」神宗默然不悦。授崇文院校書，改秘閣校理，屢以新法力諫安石。深惡吕惠卿之奸，惠卿銜之，因鄭俠事，陷安國坐奪官。

鄒極。宜黄人。治平進士，歷官有政績。元祐初，除提點江南西路刑獄，適廣東妖賊岑操反，圍新州，經略張昇卿遣童政、郭昭昇討之。政等沿途殺人，百姓訴冤，朝廷使傅燮體察，燮變亂事情，於是蘇軾、王覿、呂陶相繼論奏。詔極於處州置院按罪，政伏誅，昭昇決配沙門島，其不畏强禦如此。年四十九，遂致仕，紹聖初復徵不起。所著有宜川文集三十卷。

鄧考甫。臨川人。第進士，累官奉議郎，提點開封府界河渠，坐事去官。元符末，詔求直言，考甫時年八十一，上言熙寧而下，奸臣疊起，欺世誤國。蔡京嫉之，謂爲謗訕宗廟，削籍。所論述有卜世大寶龜、伊周素蘊、義命雜著、太平策要。

謝逸。臨川人。博學工詩文。所著有溪堂集二十卷。從弟邁，亦能詩，時稱「二謝」。

汪革。臨川人。紹興中進士，分教長沙。呂希哲見之，以比黄憲、茅容。蔡京當國，革曰：「吾異時不願附奸臣傳也。」不就。常謂人：「常嚼得菜根，則百事可做。」著有青溪類稿、論語直解。淳熙中祠於學。弟莘，亦以文名於時。

聶昌。臨川人。大觀進士，累官同知樞密院。進陳捍敵之策，帝壯之。金人再議和，詔昌報聘，昌泣曰：「臣本欲爲國戰守，議和非臣志也。」行至絳州，絳人不奉詔，遂見殺。贈觀文殿大學士，謚忠愍。

王棣。安石族孫。大觀中，爲顯謨閣待制，知開封府。金人寇澶淵，城陷遇害。

崔縱。臨川人。政和進士，累官承議郎。二帝北行，將遣使通問，縱毅然請行，授試工部尚書。比至，以大義責金人，請還二帝。金人怒，徙之窮荒。縱不少屈，竟握節以死。

吴沆。崇仁人。幼孤，事母孝，博通經史。政和中，與弟澥獻書於朝，不用。隱環溪，著易論語發微、老子解、環溪集。郡縣學皆祠之。

歐陽澈。崇仁人。靖康初，應制條弊政，陳安邊禦敵十策，復采朝廷闕失、政令乖違，爲保邦御俗之方、去蠹國殘民之賊者十事，已復論列十事，爲三巨軸。厩卒辭不能舉，州將爲選力士，荷之以行。會金人大入，澈聞，徒步走行在。高宗即位，伏闕上封事，極詆大臣，遂見殺。所著飄然集六卷，會稽胡衍刻之。豐城范應鈴爲立祠學中。

鄧雱。金谿人。建炎之亂，郡檄雱爲都統領，以同邑傅安潛副之。楊次山軍叛，遣王世雄攻郡，與戰城南，斬首千餘。桂中立掠饒州，雱援勦奏捷。苗傅攻建昌，聞雱至，宵遁。楊惟中亂，雱慷慨受命，俘之。又敗王九二於貴溪，平李端仁於宜黄，繫潘達於仙巖。謝枋得爲作忠義社傳。

李浩。臨川人。早有文稱。紹興中進士，歷太常主簿。自秦檜用事，塞言路，浩與王十朋等相繼言事，聞者興起。權吏部郎中，水災，詔條時政闕失，浩指論近臣，反覆數千言。除大理卿，請以兩淮廢地，條畫屯營，爲恢復根本。權吏部侍郎，時政府怙寵竊柄，浩入，謀嗾去之。浩天資質直，言切時弊，立朝慨然以時事爲己任。

晏敦復。殊之曾孫，學於程伊川。第進士，紹興初，歷官權吏部侍郎。請謁不行，銓綜平允。除給事中，居省兩月，論駁凡二十四事。金遣使來，秦檜力贊屈己之説，敦復同張燾上疏争之。檜使諭曰：「能曲從，兩府地旦夕可至。」敦復曰：「吾薑桂之性，到老愈辣，請勿言。」卒不能屈。

吴曾。崇仁人。高宗時，獻所著書，累官吏部郎中。後知嚴州，致仕。著有君臣論、負暄策、毛詩辨疑、左傳發揮、新唐書糾繆、得閒文集、待試詞學，及千一策、南征北伐編年、南北事類、能改齋漫録幾二百卷，悉收入秘府。

何異。崇仁人。紹興中進士，歷監察御史，遷右正言。光宗遜於定省，異屢疏諫，不報。匄外，授湖南轉運判官。以太常卿召權禮部侍郎，忤韓侂胄，出知夔州。異以夔民土狹食少，立循環通濟倉。嘉定元年，召爲刑部侍郎，上封事，言「多方稱提，不如縮造楮幣；阜通商米，不如寬關市之征」。異有詩名，所著月湖詩集行世。

陸九齡。金谿人。父賀，以學行爲里人所宗。秦檜當國，無道程氏學者，九齡獨尊其説。從父兄講學，悉通陰陽、星曆、五行、卜筮之説。乾道中，爲興國軍教授，會茶寇剽廬陵，舊有義社以備寇，衆請以九齡主之，郡倚爲重。興國俗儉嗇而鮮知學，九齡勸綏引翼，士類興起，治家有法，鄉人化之。與弟九淵相爲師友，學者號「二陸」。

陸九韶。九齡弟。其學淵粹，居山中，晝之言行，夜必書之。累世義居，最長者爲家長，一家聽命焉，子弟分任家事。九韶以訓誡之詞爲韻語，晨興，家長率衆子弟謁先祠，擊鼓誦其詞，使列聽之。所著有梭山文集、家制、州郡圖。

陸九淵。九齡弟。生三四歲，問其父：「天地何所窮際？」父笑而不答。遂深思至忘寢食。乾道中進士，以薦除國子正。慨然有感於復讎之義，因輪對，遂陳五論，帝稱善。還鄉，學者輻輳，稱象山先生。光宗即位，知荆門軍。丞相周必大稱荆門之政爲躬行之效。嘗與朱子會鵞湖，論辯多不合。及朱子守南康，九淵訪之，與至白鹿洞，爲講君子喻義章，聽者泣下，朱子以爲切中學者之病。

劉迂。宜黄人。隱居不仕。文章敏贍，自成一家，諸子百家之書，無不精究。年八十餘卒。有漫堂文集。

黄希。宜黄人。博學嗜古，有詩名，號師心先生。以乾道二年進士，知永新縣，嘗作春風堂於縣治，楊誠齋爲之記。與鄱陽二洪爲文字交。有補註杜詩，未成而卒，子鶴復增益之。有集名北窗寓言。

傅子雲。金谿人。出陸九淵之門。九淵出守荆門，使子雲居象山精舍，從遊日衆。著有易傳、論語集傳、學庸解、孟子指義、離騷經解。郡守葉夢得以子雲配祀三陸。

羅點。崇仁人。淳熙中進士，累遷校書郎，兼國史院編修。歲旱，詔求言，點上封事。爲皇孫教授，摭古事勸誡，爲鑑古録以進。遷兵部尚書。光宗不朝重華宫，點與侍從同列奏請過宫者，凡三十五疏，自上奏者又十六章。寧宗立，拜端明殿學士，簽書樞密院。卒，謚文恭。

鄒非熊。宜黄人。淳熙進士，歷官至廣東提刑，所至均有異績。非熊少受業於黄希，文章典雅，著述浩富。卒後，曲江祀名宦，本邑祀鄉賢。

危積。臨川人。孝宗時，爲臨安府教授，倪思薦之，語人曰：「吾得此一士，可以報國矣。」歷諸王宫教授，請改創宗子學，立課試法如兩學，從之。升著作郎，應詔直言。出知漳州，爲義冢三，作龍江書院，奏罷無名錢五千緡。稹性至孝，真德秀登從班，舉稹自代，没爲銘其墓。著有異齋集。諸經有講義集解，又輯先賢奏議曰玉府、曰藥山。弟和，開禧中知德興，有惠政，著有蟾塘文集。

陸持之。九淵子。七歲能爲文。九淵授徒象山，學者數百人，有未達，持之爲敷繹之。韓侂胄將用兵，持之憂時不懌，著書十篇，名赘説。豫章建東湖書院，連帥以書幣强起持之長之。理宗即位，差幹辦浙西安撫司，以疾請致仕。著有易提綱、諸經雜説。

徐圓老。宜黄人，紹定進士。淳祐初，仕秘書少監，兼國史編修、實録院檢討。致仕還鄉，復徵不起，學者稱爲高齋先生。

陳元桂。撫州人。淳祐中進士，累官知臨江軍。元兵至臨江，元桂力疾登城，坐北門督戰，矢石如雨，吏卒勸之避，不從。師至，瞠目叱駡，遂死之。贈寶章閣待制，立廟北門，謚正節。

吴泳。崇仁人。景定中鄉舉。德祐元年，元兵至，不屈遇害。

吴名揚。金谿人。咸淳七年進士。德祐元年，文天祥起兵贛州，率諸郡豪傑踴躍赴義，積錢粟備軍需，意氣感激，傾動一時。辟禮、兵架閣。空坑之敗，以部曲歸里，遂不復出。

楊掞。臨川人。少能詞賦。參淮閫杜杲幕，治法征謀，多咨於掞。安豐被兵，掞以奇策解圍。制置使孟珙辟於幕，常用其策，呼爲小子房。後登第，以戰功升三官。

何時。樂安人。知興國縣。文天祥起兵，辟署帥府機宜。吉州下，時脱身歸鄉里。天祥開府南劍，時起兵趨興國接引，聚兵復崇仁縣。未幾元軍奄至，兵敗，削髮爲僧，竄迹嶺南，賣卜自給，自號堅白道人。

李天勇。臨川人。從謝枋得學，爲人尚節義。德祐初，元將武良弼攻饒州，枋得檄天勇援之，統壯士兼行，與良弼大戰於樂湖坪。衆寡不敵，同張孝忠死之。

元

危復之。臨川人。博覽羣書，尤邃於易。元初累以幣徵之，不起，隱於紫霞山，從學者衆。及卒，門人私謚貞白先生。

吴澄。崇仁人。生五歲，日誦千餘言。既長，於經傳皆通，用力聖賢之學。元明善嘗問澄奥義，歎曰：「與吴先生言，如探淵海。」至大初，爲國子監司業，遷翰林院學士。泰定元年，開經筵，澄爲講官。修英宗實録，命總其事。實録成，即移疾，詔加資善大夫。澄答問亹亹，以斯文自任，四方之士負笈來學，不下千數百人。暇即著書，於易、書、春秋、禮記，各有纂言。作學基、學統二篇，校定皇極經世書，又校正老、莊、太玄經、樂律、八陣圖，及郭璞葬書。所居草屋，程鉅夫題曰「草廬」，故稱草廬先生。

虞集。崇仁人。仁宗時，授翰林待制，兼國史院編修。帝常歎曰：「儒者皆用矣，惟虞伯生未顯擢耳。」英宗朝，累官奎章閣學士，纂修經世大典。集宏才博識，一時大典册咸出其手。有所述作，必以帝王之道，從容諷切。承顧問，及古今政治得失，尤委曲盡言。學既該博，而究極本源，研精討微，心解神契。早歲與弟槃，同闢書室，左書陶淵明詩曰陶庵，右書邵堯夫詩曰邵庵，故世稱邵庵先生。所著有道園學古集。弟槃，累官湘鄉州判官，治巫黨之亂，人皆驚伏。詩、書、春秋，皆有論著，而春秋尤善。爲人方正，雖集亦嚴憚之。

何中。樂安人。少穎拔，以古學自任。家有藏書萬卷，手自校讐。程鉅夫、元明善、姚燧、王構、吴澄、揭徯斯皆推服之。至順二年，行省平章全約爾珠聘爲龍興郡學師。著有易類象二卷、書傳補遺十卷、通鑑綱目測海三卷、知非堂藁十七卷。「全約爾珠」舊作「全岳柱」，今改正。

孫轍。臨川人，其先金陵人。幼孤，母蔡教之，知警策自樹立。比長，學行純篤，問業者日盛。與人言，一以孝弟忠信爲本，辭氣温和，聞者莫不感悟。部使者、長吏以下造焉，接之以禮，言不及官府。江西行省特以遺逸舉轍一人。吳澄序其集曰：「所謂仁義之人，其言藹如。」其見稱許如此。

吳定翁。臨川人。清修文雅，與孫轍齊名，而最善爲詩。方伯、牧守、部使者，辟薦相望，終身不爲動。嘗曰：「士無求用於世，惟求無愧於人。」世以爲名言。

吳當。澄之孫。精通經史百家。澄殁，從澄遊者，悉就當卒業。至正中，歷國子助教，豫修宋、遼、金三史，累遷翰林直學士。江南兵起，特授江西廉訪使，招捕諸郡。當由浙入閩，至建昌界，招安孫塔，擒殄李三。進攻南豐，渠兇鄭天瑞遁走，鄭原自刎。與黄昭夾攻撫州，復崇仁、宜黄，建、撫悉定。陳友諒陷江西，隱吉水之谷坪，著有周禮纂言及學言稿。

吳裕。金谿人。至正進士，授吉安路永新州同知。壬辰兵變，糾鄉人防禦有法。以書抵憲使韓準，戒其無論首馘功，以恣妄殺，準納其言。父母殁後，隱居不仕，葺茅爲屋，數日始一舉炊。常誦太白詩自勵曰：「夷齊是何人，獨守西山餓。」

黄紹。臨川人。博學有操守。至正中，爲靖安縣尹。壬辰兵變，戢鄉兵爲守禦計，屢挫賊鋒。糧盡爲賊所圍，正冠危坐，大罵而死。

黄㝷〔二〕。金谿人。博學明經，善屬文，尤長於詩。至正中，歷官國史院編修。京城破，㝷嘆曰：「吾以儒致身，累蒙國恩，今縱無我戮，何面目見天下士乎！」遂赴井死。

姜碩。樂安人。累官禮部員外郎。至正中，奉詔自海道入楚，招安陳友諒。至邵武，遇僞指揮康宗碩，諭以禍福，賊怒，碩大罵之，爲所害。贈禮部侍郎，謚忠烈。

明

熊鼎。臨川人。元末舉於鄉，長龍溪書院。陳友諒屢脅之，不應。洪武改元，以鼎爲浙江按察司僉事。台、温自方氏竊據，僞官悍將二百人，橫甚，鼎盡遷之江、淮間。尋改山東，奏罷不職有司數十輩。多爾濟巴勒率部落内附，改鼎岐寧衛經歷。既至，知寇僞降，密疏論之，帝遣中使趙成召鼎。寇果叛，鼎責以大義，駡之，遂與成俱被殺。帝聞悼惜，立祠致祭。「多爾濟巴勒」舊作「朶兒只班」，今改正。

吴伯宗。金谿人。父儀，博極羣書，尤精春秋，學者稱東吴先生。伯宗洪武初廷對第一，授禮部員外郎，與修大明日曆。胡惟庸用事，伯宗性剛直，惟庸銜之，中傷以事，謫居鳳陽。上書論時政，因言惟庸專恣不法，不宜獨任，詞甚剴切。帝召還，歷翰林典籍。帝製十題命賦，援筆立就，詞旨峻潔，帝稱才子。後進武英殿大學士。所著有南宫、使交、成均、玉堂四集。

涂幾。宜黄人。文辭高雅，性高抗，不與時輩俯仰。元末，避兵臨川之竹山。洪武初，嘗擬進時事策，會有疾卒。所著有東遊集、涂子類藁。祀鄉賢。

喻德昭。臨川人。洪武初，父以無田徙鳳陽，德昭方六歲，俾所親育之。年十四，詣鳳陽求父母不得，遂絶酒肉，間關十年，得父於漢中屯所，而母已殁。乃扶父歸，及卒廬墓，殁於墓旁。

黄清。宜黄人。洪武中，以歲貢廷試。太祖以其風儀魁偉，宣近陛與言，大悦，尋擢御史，多所獻替。藍玉謀不軌，株連至萬六千人。清上言波及者衆，願從罪疑欽恤之意，上怒趣誅之。後三日覽清疏，赦諸坐者，詔恤其家。

吕文質。宜黄人。少穎異，博綜羣書。永樂進士，選庶吉士，改吏科給事中。以端方鯁介忤權貴，調磁州判，卒於官。所著有玉溪文集。

王英。金谿人。永樂中選庶吉士，掌機密文字，與修太祖實録。扈帝北征，問以方略，英曰：「天威親征，彼必遠遁，願勿窮追。」仁宗即位，歷右春坊大學士，乞歸省。宣宗立，還朝，時海内晏安，天子雅意文章，每欲談論文藝，禮接優渥。正統初，擢南京禮部尚書。英端凝持重，歷任四朝，朝廷大制作多出其手。卒，謚文忠〔三〕。所著有泉坡集〔四〕。

董子莊。樂安人。好學敦行。成祖時，由茂名知縣，召修永樂大典。擢國子司業，嚴重善教。遷趙府長史，王多行不義，子莊隨事規諫，不爲苟容。

聶大年。臨川人。博學善詩古文。宣德末，薦授仁和訓導。母卒歸葬，哀感行路，里人列其母子賢行上之，詔旌其門。後薦入翰林。

單宇。臨川人。正統進士，除嵊縣知縣。服除待銓，適英宗北狩，宇憤中官監軍，諸將不得進止，疏請盡罷之，以重將權，景帝不納。宇好學有文名，三爲縣，咸以慈惠聞。所著有菊坡叢話。

吴與弼。崇仁人。年十九，見伊洛淵源録，慨然嚮慕，遂罷舉子業，盡讀四子、五經、洛閩諸書，不下樓者數年。中歲家益貧，四方來學者約己分少，飲食教誨不倦。天順元年，遣行人賜璽書徵赴闕，授左諭德，召見文華殿。以疾辭，不許，留兩月，稱疾篤，放還。所著日録，自言平生所得。胡居仁、陳獻章皆出其門。世稱康齋先生。

胡九韶。崇仁人。少從吴與弼學，刻苦自勵，動循規矩，與弼器之。諸生從遊者，恒令先見九韶。及與弼卒，門人多轉師之。

吴昊。臨川人。精於曆象。成化中爲監正，每天象有異，必直書以奏。又言元授時曆起至元辛巳，今已二百一十年，與歲行差三度餘矣，及今不改，恐漸疏謬。詔下禮部議，如其説，鑄爲新儀，經緯皆與天合。正德初，進太常寺卿。

江珏。金谿人。弘治進士，歷刑部員外郎。武宗南巡，首倡十三司連名疏諫。上怒，罰跪午門三日，廷杖革職。世宗即位，首詔褒之。

陳九川。臨川人。正德進士，授太常博士。武宗南巡，與舒芬、夏良勝、萬潮連疏諫止，午門荷校五日，杖五十，除名。世宗即位，起爲主客司郎中，正貢獻名物，節犒賞費數萬。羣小陰中之，下詔獄，謫戍，遇赦復官。致仕後周流講學名山，卒祀學宫。

所著有明水先生集。

劉最。崇仁人。正德進士，除禮科給事中。世宗議定策功，大行封拜，最疏止之。中官崔文以禱祠事誘帝，最極言其非，出爲廣德州判。尋逮獄，謫戍邵武，後赦還。

黄直。金谿人。遊太學，諫武宗南巡。嘉靖中登進士，疏陳勤治保躬四事，授漳州推官。疏請豫建太子，繫錦衣獄，後帝感悟釋之。編修楊名以劾權貴被逮，直抗疏救之，并劾邵元節等左道惑民。帝怒，廷杖，謫戍，明年赦免。學者稱卓峯先生。

吴悌。金谿人。嘉靖進士，歷樂安、宣城知縣，擢御史，視鹽兩淮，按河南，皆有聲。嚴嵩擅政，引疾家居垂二十年。嵩敗起官，累遷至南京大理卿，與吴嶽、胡松、毛愷稱「南都四君子」。隆慶初，就遷刑部侍郎，卒。悌學宗守仁，而清修果介，反躬自得爲多。萬曆中，贈禮部尚書，謚文莊。子仁度，萬曆進士，爲中書舍人，抗疏争三王並封。歷撫山西，砥廉隅，與魏允貞齊名。天啓時，累擢工部左侍郎，以忤魏忠賢致仕。

黄鉦。宜黄人。嘉靖進士，司河南汝寧理，以讞決無所狥，擢南比部主事。忤權貴，左遷高郵州同，歷任泰州，轉山東濱州。平賦緩徵，發粟招逋，深濠峻城，簡兵衛民，人以擬渤海龔遂。尋遷寧國府，謝職歸。入高才山，治攝生術，一夕沐浴而卒。所著有應山集、法律管見、元風問難等書。

譚綸。宜黄人。嘉靖進士，歷台州知府，屢破倭，進海道副使。所向有功，加參政。會憂去，以薦起復，將浙兵討平饒平賊林朝曦。擢右僉都御史，巡撫福建，與戚繼光大破倭賊，境内悉定。歷撫陝西、四川，總督兩廣，朝廷倚以辦賊，遇警輒調。隆慶中，進兵部左侍郎，總督薊遼保定，邊備大飭，以功進兵部尚書。卒贈太子太保，謚襄敏。綸終始兵事，垂三十年。嘗戰酣，刃血漬腕，累沃乃脱。與繼光共事齊名，稱譚戚。

舒化。臨川人。嘉靖進士，授衡州府推官。隆慶初，遷刑科給事中。時帝任宦官，旨多從中下，又令廠衛密察部院政事，化疏陳其害，事竟寢。忤高拱，出爲陜西參政，致仕。萬曆初，拜刑部尚書，用法平允。卒贈太子少保，謚莊僖。

陳文燧。臨川人。嘉靖進士，授御史，首疏正諸臣從祀、條陳時宜十二疏〔五〕。巡大同，糾代藩横肆，并疏互市誤國計。移巡雲南，督撫籍征儂妄殺報功者甚衆，復株連無辜。文燧悉平反之，設義塚，收葬幾四十萬。滇獄囚四百人，奉旨決處，止決四人，不稱旨，外謫。歷參政，拂衣歸。

周孔教。臨川人。萬曆進士，爲御史。倭寇朝鮮，朝議封之，孔教上言：「倭情不封固變，封亦變，惟有守朝鮮爲上策。朝鮮失則遼陽危，遼陽危則京師震矣。」後皆如其言。歷右僉都御史，巡撫應天。時蘇州大饑，孔教極力賑之，民感其惠。

徐良傅。臨川人。嘉靖戊戌進士，爲武進令，有廉聲。擢吏科給事中。榆林總鎮張珩，求入爲户部尚書，以張經代之，良傅疏言：「秋冬虜方大舉，珩當留鎮，不得請代。」宰相夏言有所風，不受，銜之，遂以論前選郎高簡事，斥爲民。辛酉太白食月，方家居，爲書告大吏備非常，不聽。秋，程鄉、漳泉賊大至，連破三縣，都御史胡松卒用良傅策，檄民豪鄭翦韭以奇計平之。良傅爲文效班固、韓愈，及門多俊彦，臨川湯顯祖尤著。

湯顯祖。臨川人。少善屬文。萬曆初，張居正聞顯祖及沈懋學名，命諸子延致之，顯祖謝弗往，懋學遂與居正子嗣修偕及第。顯祖至十一年，始成進士，授南京太常博士，遷禮部主事。十八年，以星變責言官欺蔽，顯祖上疏謂：「陛下威福之柄，潛爲輔臣所竊，故言官向背之情，亦爲默移。前十年之政，張居正剛而多欲，羣私人囂然壞之；後十年之政，申時行柔而多欲，羣私人靡然壞之。乞戒諭輔臣，省愆悔過。」帝怒，謫徐聞典史，稍遷遂昌知縣。上計京師，奪官，家居二十年卒。著有玉茗堂集。

吴道南。崇仁人。萬曆中進士及第，授編修。歷禮部侍郎，攝部事。遇事有執，明達政體。數以災異進讜言，請追謚建文朝忠臣。朝鮮貢使歸，請市火藥，執不予。土魯番貢玉，請勿納。累遷刑部尚書，兼東閣大學士，慎密有守，不爲詭隨。後以典試事，爲言官所攻，力求去。卒，贈少保，謚文恪。著有日講録、巴山草、曙谷集及奏議、語録諸書。

謝廷讚。金谿人。父相，爲安東知縣，多善政。廷讚舉萬曆進士，未授官即極論礦税之害。旋授刑部主事，疏陳簡輔臣、選臺省、撤礦税、速册立、信詔令諸事，跪伏文華門候命，帝怒，斥爲民。天啓中，贈尚寶卿。著有玉馬軒、步丘草、緑屋、遊霞、繼亭等集。兄廷諒，舉進士，爲南京刑部主事。嘗劾閣臣李廷機、王錫爵、沈一貫等，官終順慶知府。著有清輝館帶檇編、起東草、縫掖集。

徐澄。崇仁人。家貧，稱貸以養父母。嘗曰：「債可償，親年不可待也。」及遭喪廬墓，有白雀白烏之異。

詹爾達。樂安人。萬曆進士，爲湖南兵備。勦武陵、藍山之寇，平四川藺酋，遷大名道。平鄒滕間白蓮妖盗，擢光禄卿。以劾魏璫閒住。崇禎初，以兵部侍郎起用，辭終養不起。

朱欽相。臨川人。萬曆進士，擢吏科給事中。熹宗時，侯震暘論客氏，欽相抗疏繼之，帝怒，放歸。後復官巡撫福建，討賊楊六、蔡三、鍾六等有功。旋以忤魏忠賢除名。

鄧來鸞。宜黄人。萬曆進士，歷官皆有政績。銓南京刑部主事，進階本部郎。會蜀寇熾，荆楚震動，部議武昌非來鸞不能鎮守。至郡興利除害，百姓安堵。以勞瘁疾作，乞致仕。

邱兆麟。臨川人。萬曆進士，授御史。時遼事方急，經略募川貴土兵爲援。兆麟上言，援兵有三患，俄而土司果叛，以不用兆麟之言爲悔。熹宗初，行内操，兆麟切諫，以爲分外營之職掌，授中貴以兵柄，害不可言。崇禎初，爲河南巡撫，去大猾數十人，諸政畢飭。尤盡心獄事，閲册二千一百八十有奇，所列矜疑、開釋至二百二十有奇。著有樂餘園、水暄亭、玉書庭集六十餘卷。

吴之仁。臨川人。萬曆進士，授御史。魏忠賢有兄雙樓，恣睢於市，之仁縛而笞之，京師肅然。巡邊，彈總兵王威等不少徇。忠賢矯詔勒閒住。崇禎初，累遷湖廣布政，聞自成陷京師，不食死。兄之甲，督學浙江，試士兼詔誥詩賦，英俊彙征，文風一變。

傅朝佑。臨川人。幼有孝行，師事鄒元標。天啓進士。崇禎初，授兵科給事中，疏劾首輔周延儒，忤旨切責。遷工科，疏陳當務十二事，後又疏論温體仁六大罪，帝怒除名，下吏按治。踰月，體仁亦罷，中官杜勳令朝佑請罪，從中助之復職，朝佑不從。十一年，國事益棘，乃從獄中上疏，語過激，廷杖六十，卒。所著有英巨集。

詹爾選。樂安人。崇禎進士，擢御史。大學士錢士升以争李璡請括富户疏被責，乞休去，爾選疏争之。帝震怒，召見武英殿詰之，聲色俱厲，廷臣在旁皆震懾，而爾選詞氣不撓。諸大臣力救，乃削籍歸。福王時，起故官，未上，羣小用事，憚爾選鯁直，令補外僚，遂不出。

湯開遠。顯祖子。崇禎五年，由舉人爲河南推官。帝惡廷臣玩愒，持法過嚴，開遠上疏極諫。河南流賊大熾，開遠監左良玉軍，躬擐甲胄，屢致克捷。帝以天下用兵，意頗重武，督、撫失事多逮繫，而大將率姑息。開遠復上疏極論，帝大怒，削籍解京訊治。左良玉偕將士七十餘人，合奏乞留，巡按金光辰亦備列其功狀，乃命戴罪辦賊。討平舞陽大盗楊四等，擢按察僉事。時賊大擾江北，開遠數有功，巡按史可法薦其治行卓異，進秩副使。十三年，與總兵黄得功等大破革裏眼諸賊，以勞瘁卒於官。贈太僕少卿。

艾南英。東鄉人。與同郡章世純、羅萬藻、陳際泰以興起斯文爲任，世稱「章羅陳艾」。天啓四年舉於鄉。考官檢討丁乾學、給事中郝士膏發策詆魏忠賢，南英對策亦有譏刺語，忠賢怒，削考官籍，停南英三科。崇禎初，詔許會試，卒不第，而文日有名。唐王時，授御史，卒。有天傭子集。

章世純。臨川人。天啓舉人。凡天文、律曆、五行、禽遁、陰陽、星卜之言，一見皆能剖其淵微，摘其疵謬。授翰林孔目，條上兵事，極言禁旅邊鎮及召募客兵之弊。出爲柳州知府，聞京師變，悲憤而卒。所著有治平要略、章子留書、章柳州集。

羅萬藻。臨川人。天啓中，舉於鄉。崇禎時，倪元璐以賢良方正薦，不赴。授上杭知縣，練鄉兵，招撫劇盗，一方以安。所著有小千園集。

陳際泰。臨川人。家貧不能從師，自力於學。爲文敏甚，一日可二三十首，經史百家，無不淹貫。崇禎中進士，官行人。所著有四書正義、五經讀、太乙山房稿。

揭重熙。臨川人。崇禎中，以五經中鄉會試，時稱異才。授福寧知州。福王時，遷吏部主事。後隨永明王招士兵聚保，兵敗，被執殉節。本朝乾隆四十一年，賜謚忠烈。

曾亨應。臨川人。父棟，福建布政使。亨應崇禎進士，歷文選司主事。南都覆，命弟和應奉父入閩，已隨永寧王招士兵收復建昌。大兵至，執之，並執其子筠。筠受刑先死，釋亨應，屢諭之降，不答，被戮。和應既奉父入閩，閩地失，避之肇慶，又失。乃拜辭其父，投井死。先是棟弟栻，爲蒲圻知縣，死難。栻兄益，爲貴州僉事，亦死難。人稱「曾氏五節」。本朝乾隆四十一年，賜亨應、栻俱謚烈愍，益謚節愍。

陳其赤。崇仁人。崇禎進士，歷西安知府，有吏能。遷兵備副使，轄成都。獻賊陷城，其赤投百花潭死，家人同死者四十九人。

李大覺。金谿人。崇禎末，由鄉舉知穀城，兼署襄陽。獻賊破城，繫印於肘，縊死堂上。同邑人黎民安爲遊擊，率所部力戰，矢盡被執，抗罵而死。本朝乾隆四十一年，賜大覺謚節愍，民安謚烈愍。

徐應芳。臨川人。崇禎末，爲臨清判官。大兵破城，死之。本朝乾隆四十一年，入祀忠義祠。

王士和。金谿人。崇禎中舉於鄉。南都既覆，入閩爲延平知府。俄警報疊至，士和曰：「吾雖一月郡守，當與城存亡。」正衣冠，閉户投繯死。本朝乾隆四十一年，賜謚節愍。

徐日泰。金谿人。崇禎末，以鄉舉爲偃師知縣。李自成陷城，日泰大罵不屈，爲賊臠割，迄死罵不絶聲。本朝乾隆四十一年，賜謚烈愍。

本朝

江琳。金谿諸生。順治五年，金聲桓叛，瀘寇乘機搆亂，所至焚掠，琳、母俱被執。琳傾資求活母，力竭未厭，遂殺琳。琳女七歲，見父死，以石擊賊中額，賊怒並殺之。

張朝國。金谿人。順治中，知松溪縣。時兵燹後，民多散處，井邑一空。朝國招集流亡，咸歸復業。後鄭西兵起，遇害。

李來泰。臨川人。順治進士，授工部主事。出督江南學政，飭學政十二事，一時公明稱最。尋督蘇松常鎮漕儲，兼巡視漕河，嚴汰陋規，申明官兑之法。以博學宏詞徵，授翰林侍講。所著有蓮龕集。

游東昇。臨川人。順治進士。聞母變，兼程歸，以未視含殮爲恨，哀毁遂不起。性介特，復好赴人緩急。里人陷寃獄，將鬻妻以賂吏，立爲表白其事。

張應勝。臨川人。康熙中，知廣西北流縣。孫延齡叛，應勝調集鄉勇守禦，守備常某開西門出降。應勝出南門督戰，爲賊所害。

劉嘉猷。金谿人。康熙中，知侯官縣。耿精忠叛，力拒僞命，被害。事聞，贈僉事。

蘇汝霖。金谿人。順治壬辰進士，由金華府同知致仕歸家。康熙十四年十月，爲賊朱統錩所得，不從被殺。乾隆二十九年，入祀昭忠祠。

李紱。臨川人。博學能文。康熙戊子，以五經舉鄉試第一。己丑成進士，由翰林歷官巡撫廣西、直隸總督，遷工部侍郎，尋以奉使黔粵清理土司事落職。乾隆元年，起詹事府詹事，終内閣學士。所著有穆堂初稿、穆堂續稿。

原良。樂安人。少工制舉業，已而篤志聖賢之學，研精覃思，每窮一理，或有未融，常至達旦不寐。嘗謂「慎獨二字，正微危分界，人禽關頭」，提撕省察，用力數十年。年八十餘，猶孜孜好學。所著有三山存業十編、步蒿草二十四卷、桑稠彙紀三卷、詩集六卷。

藍千秋。宜黄人。雍正三年，以詔舉充明史館纂修。乾隆元年，任盛京户部員外郎。謝職歸里，行李蕭然，鑿池築室，顔曰東塘，曰：「吾老於此中矣。」所著有户部集二十八卷。

黄宫球。宜黄人。行孝著聞，乾隆二年旌。

管愷。臨川人。順治進士，官編修。品行端凝，文思淵博，簡居詞苑，奉職無愆。入祀鄉賢祠。

吴天璧。臨川人。康熙進士，知房山縣。潔己愛民，痛革陋規，設義學，擇師分教而月課之，自是文風一振。卒於官，房人斂資送之歸里，入祀鄉賢祠。

流寓

三國　吴

丁奉。廬江安豐人。孫晧時爲大司馬，有毁之者，晧徙奉家於臨川。

晉

郭翻。武昌人，家於臨川。不交世事，惟以釣獵爲娱。居貧無業，欲墾荒田，先立表題，經年無主然後乃作。稻將熟，有認之者，悉推與之，士庶咸敬貴焉。咸康末，歸武昌省墳墓，庾翼躬往造翻船中，欲强起之，竟不能屈。

宋

韓駒。井鹽人。紹興五年，卒於撫州。

許忻。襄邑人。高宗時，乞外補，謫居撫州。

張澂。舒州人。官尚書右丞。建炎南渡後，寓居臨川。著有淡巖文集。

元

虞汲。蜀人。仕宋爲黄岡尉。宋亡，僑居崇仁，與吴澄爲友，澄稱其文清而醇。後以翰林院編修致仕。妻楊氏，宋國子祭酒楊文仲女，通語、孟、春秋。生二子集、槃，人謂其學多成於母云。

明

陳迪。宣城人。祖宥賢，明初從征有功，調撫州百户，因家焉。迪爲郡學教授，以薦除編修。建文初，累官至禮部尚書、太子少保。文皇即位，迪抗聲不屈，與子鳳山、丹山等六人磔於市。蒼頭侯來保拾其遺骸歸葬，妻管氏縊死。本朝乾隆四十一年，賜謚忠烈，鳳山等入祀忠義祠。

列女

唐

蕭孝女。父歷，爲撫州長史。女年十六，父母俱卒，與女弟皆毁貌，載二喪歸。貧不能給舟直，至宣州戰馬山，舟人委柩去。蕭結廬水濱，與婢穿土而葬，朝夕哀臨，有馴烏、縞兔、菌芝之瑞。喪滿不釋衰，人高其行。或請婚，女曰：「有能爲我致二柩葬故里者，請許之。」高安尉楊含爲載二喪歸，葬畢，蕭乃釋服適楊氏。

葛氏二女。寶曆中，金谿尚未立縣，常設場冶金。父葛祐爲吏，以課不給，繫獄。二女憤之，赴爐而死。事聞，父得釋，冶場亦罷。

宋

王令妻吴氏。臨川人，江寧録事參軍吴賁女。年二十四歸令，不一年令卒，有遺腹女。兄欲嫁之，號泣弗許。歸老母家，田桑以事兄嫂，荆布者三十二年。後在黄池陂獨居，歲率農夫千餘人修治隄堰，利及一方，人咸廩教令。子弟有不率者，攜櫝楚求治之。詔賜粟帛，以壽終。

徐氏女。崇仁人。建炎初，王世雄叛，犯崇仁。徐年甫笄，有容色，賊得之，抗聲罵曰：「身可死，不可辱。」賊怒，剜剔臠割，罵不絶口而死。

晏氏女。臨川人，相國殊曾孫女。父孝廣爲揚州尉，建炎中，北兵南下城破，孝廣殉難。女年十五，有美色，統帥欲娶之，女延頸求死，被殺。

涂端友妻陳氏。臨川人。紹興中盜至，驅入黄山寺，逼之不從，幽之屋壁。族黨齎金帛贖歸，女曰：「貞女不出閨閣，今被驅至此，何面目登涂氏堂？」駡賊而死。

王生妻梁氏。臨川人。于歸僅數月，會元兵至，與夫俱被掠。軍帥欲污之，紿曰：「夫在不忍爲也。」帥以金帛與其夫遣之，并與一矢以却後兵。婦度去遠，駡賊死。

楊某妻李氏。樂安人。德祐中，元兵至，李避於郊，爲賊所獲。逼之，且懼以死，李抗駡曰：「吾豈以死爲懼哉！」遂遇害。

元

曾氏二女。金谿人，進士曾周南之妹與女也。寇至，驅使行，及澗水，二女偕溺而死。

張孟敬妻黄氏。名安貞，樂安人。孟敬統兵勦寇，屢敗欲自殺。安貞曰：「君義不屈，我豈受污以辱父母及君耶？請先殺我。」孟敬刃之，乃自殺。

吴泰發妻黄氏。名嗣真，金谿黄以權女。性莊静好學。泰發客死三衢，迎其喪，爲文以祭，其詞悲悽激烈。時年二十七，親教二子。大德中郡上其事於朝，下所司旌其門，復其家。

周九成妻鄧氏。崇仁人。至元中盜起，徙居郡城。城陷，奔匿草中，被執欲辱之，駡賊被殺。

葛繹妻鄧氏。名貞定，金谿人。二十而寡。至正中鄉寇至，鄧竄林間，逢盜欲污之。鄧駡曰：「我儒家婦，宜急殺。」遂被害。

陳介妻程氏。名瓊，金谿人，鄞縣刑部尚書程徐女。至正中，京城破，與母金氏俱赴井死。

曾氏三女。樂安人，父希仁。女俱未嫁，至正中寇至，三女同請於母萬曰：「時事至此，度不能免，苟或失身，上負父母，何以爲人？願自裁。」母許之。母女四人俱縊死。

詹氏女。名端貞，樂安人。年十五許聘陳回，未幾回死，詹截髮垢面以自誓。父母潛通媒妁，遂自縊死。

楊氏女。崇仁人。至正中賊入其家，引索縛之。祖母吳與賊争，賊揮刃傷其右臂。隣族争以金帛贖之，女哭曰：「祖母以我故受傷，我縱生天地間何益？」乃自縊死，時年十五。

虞世雄妻袁氏。金谿人。聞兵至，投河死。

艾子高妻李氏。臨川人。苗兵猝至，李與夫潛逃，遺子於寢，復入取兒，被兵執。欲污之，大罵不屈死。

明

饒仲高妻黄氏。名季貞，崇仁人。仲高死，黄年二十四，父欲嫁之。黄曰：「使吾兄弟或亡，其外父奪父新婦以嫁，父豈欲乎？吾夫雖早亡，舅姑幸無恙，願忍饑寒以奉二人，不可違禮再適。」欲自縊。父知不可强，從之。

曾延伯妻李氏。樂安人。夫死，撫孤守節。父母欲奪其志，弗從，乃折杏一枝插堦下，祝曰：「婦節與杏爲榮枯。」其從子鑑登第。年及百齡，杏益茂，人稱爲「靈杏」。

周足妻劉氏。金谿人。足死，剪髮納棺中。及葬畢，遂服毒死。

陳孝女。名細秀，金谿人。父暄病劇〔六〕，女年十四，禱天求代。或言軍峯山懸崖千仞，舍身墜崖，禱無不應。女偕祖往禱，既登崖，躍而投之。祖意其已死，攀緣而下，視之肢體如故。歸則父已愈矣。

聶氏女。名妙真，樂安人。年十五，納同邑王所聘，未嫁而所亡。聶聞訃，涕泣欲往吊，父母不可。聶曰：「兒雖未入王門，既已許之，不可再適。」遂自縊死。

龔斅妻許氏。金谿人。斅家貧，客蜀三十年。舅姑垂老，許孝事之。姑廢視，又手足痺，許躬進飲食，背負以行。舅姑俱八十五而終，竭力營葬。許七十三而卒。

鄒春妻王氏。名喜玉，金谿人。年二十餘夫亡，歷三載，里有謀聘者。王聞之，乃閉户沐浴更衣，自縊死。

羅沐八妻李氏。崇仁人，生一子。沐八行商，覆舟死，訃至，日夕悲泣。撫子至三歲，曰：「吾可托矣。」遂付孤於舅姑，投井死。

羅夢先妻周氏。崇仁人。歸羅二載，夫卒。葬畢，以家事白於舅姑，閉門自縊。

邱洺疇妻熊氏。樂安人。夫亡無子。舅姑且歿，哭曰：「妾不幸至此，尚何用生爲！」乃自縊以殉。正統中，同臨川聶同文妻胡氏旌表。

胥氏、李氏。俱臨川人。胥許字超氏子，李乃胥廷儉妻，胥之嫂也。姑嫂俱年十七。正德中東鄉盜起，二女走避，羣盜追之，至舍旁湖畔，相攜投湖而死。

黃立夫妻詹氏。樂安人。正德中，流寇犯邑，執詹與其子去。行至杏村井，乃紿賊求水，密謂其子曰：「記母在此井。」遂投之。賊退，收其尸，面如生。時同縣傅愈銘妻易氏，詹崇妻潘氏，俱以駡賊遇害。

劉氏女。名錦娘，樂安劉希仁女。許聘陳澗，澗病卒。錦娘欲歸臨，母謂未嫁不可往，即密服毒死。

陳忠妻周氏。東鄉人。正德中，知縣龍誥督兵捕盜，忠率族人爲之助，賊遂攻其族。族衆悉力捍禦，賊焚其室，力不能格。周謂忠曰：「事急矣，宜爲生計，勿以我爲累。」乃悉釵環金貲與忠，促其急走，忠遂潰圍出。賊見周欲執之，周大駡，投於沼。嫂王氏、揭氏，弟婦張氏、饒氏、王氏，姪女金玉，俱溺水死。正德中，奉詔旌表，曰「七烈」。

李貫五妻張氏。東鄉人。家甚貧，悉賣奩裝以養舅姑。正德中盜起，夫婦被執。張紿賊放夫還，備金來贖，賊信之。度夫遠去，遂大駡被殺。同縣聶宗實妻胡氏、妾王氏，梁伯一妻晏氏，梁元五妻周氏，吴欽賢妻曾氏，歐蓋十妻陳氏，王白二妻何氏，王白九妻李氏，全式二妻陳氏，全式三妻萬氏，俱遇賊不辱死。

曾氏女。名婁英，樂安人。許字張宏鐸，未嫁，聞姑及夫病，遂告歸養姑。姑甫卒，夫亦病篤，竭力奉侍。半載夫亡，遂自縊。

戴氏女。名新喜，樂安人。許字曾氏子。未歸夫死，戴自縊以殉，父母救甦。後聞議改適，竟自盡。又楊光斗妻曾氏，年二十七，夫病革，先自經。張洪振妻李氏，歸張兩月，夫卒自經。

吴蓋八妻李氏。名秀，宜黄人。嘉靖中，夫死於寇。李被擄，忿駡卧地，齧舌噀血賊面，死於亂刃，鄉人爲建祠。同縣吴蓋七妻李氏，李發二妻袁氏，俱被寇執不辱死。

陳氏女。名殊秀，崇仁陳叔利女。嘉靖中，流賊破邑，殊秀被執，投陂中死，時年十八。又劉胄監侍婢陳雪梅，亦爲寇執，投水死。

黄庭實妻陳氏。臨川人。事姑至孝。姑卒於京，扶柩南歸，陳屢哭絶。夢其姑曰：「玉河吾與汝相遇也。」及天津登舟，問夫水名，夫對以玉河，陳即赴河死。天津萬艘，無不哀之，爲立孝婦祠。

王霈妻邱氏。臨川人。早寡，無子守節。舅欲嫁之，邱自縊。事聞旌表。

吴邁妻周氏。金谿人。歸吴數年而邁卒，守節，事舅姑以孝聞。後以兵亂投沼死。

何璇妻李氏。東鄉人。璇客死，父迫之嫁，遂以簪入耳内，手自拳之，至没復拔出，血濺如注。姑覺，呼家人救，則已死矣。同縣鄒士興妻楊氏，早寡，伯氏欲奪其志，即削髮剌睛，守節以終。

劉逵妻管氏。臨川人。閩兵至，管被執，詈駡，寸傷而亡。子年十三，并殉。逵痛婦子俱亡，不踰月亦卒。

郭由謙妻聶氏。樂安人。流寇掠縣，聶被執，欲污之，乘間投井死。

廖文鑑妻李氏。宜黄人。少寡，撫孤守節，壽百有二歲。

王朝佑妻袁氏。東鄉人。早寡守節，壽百有四歲。

本朝

劉亮妻艾氏。臨川人。年十六適劉，舉家避兵，亮送母管先行，中途被掠，管投井死。亮被驅至南昌遇害，舅數日亦亡。氏喪葬如禮，爲夫立後，植節無他。後有與亮同時被掠者，冒爲亮歸，族人莫辨其僞。氏叱家人縛送官，窮治之。年八十餘卒。

李應第妻黄氏。臨川人。夫亡，守節撫孤，孝養舅姑，喪葬盡禮，皆出十指所辦。年七十有二卒。

羅璟妻陳氏。臨川人。璟遇虎驚仆，家人掖之歸，數日而死。陳出百金招善獵者，索虎殺之柩前，祭其夫。苦節自守，年八十有三卒。

陳元良妻游氏。崇仁人。年二十二夫殁，勤紡績，孝養孀姑。食不給，已枵腹彌日。既而子克成立，進肥甘，屏不御，惟勗以勤儉，無忘兩世孀居而已。

陳其諤妻王氏。金谿人。年十二，隨母避亂鹹塘。兵將及，自投藕池。水淺不没，手握污泥爲坎，深透藕根始死。

唐國祚妻范氏。臨川人。夫亡守節。同縣李元佐妻許氏，晁子宣妻李氏，花紹生妻舒氏，方善予妻程氏，李大貴妻傅氏〔七〕，李宗詔妻徐氏，陳元順妻舒氏，傅舟資妻韓氏，陳洪祚妻楊氏，吴子爵妻羅氏，李炌妻丁氏，李熊妻饒氏，覃秩生妻郭氏，陳洪範妻胥氏，熊少堂妻黄氏，晁作牧妻周氏，晁作仁妻鄒氏，晁北燕妻李氏，夏尚文妻鄒氏，葉喜生妻周氏，張越凡妻楊氏，周嗣茂妻陳氏，支于璠妻李氏，馮映辰妻孔氏，余豐萬妻張氏，管學漢妻游氏，馮崧妻李氏〔八〕，梅子奇妻吴氏，羅秉祚妻游氏，丁登瀛妻江氏，吴錫侯妻羅氏，鄒大楊妻吕氏，黄曾矩妻曾氏，江紫雲妻韓氏，江道智妻陳氏，李秀妻曾氏，汪敘謨妻鄭氏，周秀一妻許氏，李學洵妻黎氏，王載元妻李氏，李敬義妻晁氏，黄國英妻章氏，熊景瞻妻馮氏，羅興彦妻詹氏，婁書升妻鄧氏，熊學翰妻陳氏，龔克輝妻汪氏，熊雲表妻徐氏，徐良璧妻艾氏，鄧席珇妻劉氏，許衛贍妻吴氏，陳孔彬妻易氏，許應峴妻吴氏，傅振宇妻何氏，傅集宇妻劉氏，朱允璜妻李氏，張允年妻龔氏，李承宗妻熊氏，馮樹聲妻高氏，余崇妻陳氏，周邦接妻許氏，饒衛臣妻汪氏，華鏞妻陳氏，胡大謨妻上官氏，黄勝魁妻魏氏，烈婦魏星友妻饒氏，劉勝隴妻陳氏，鄒成祖妻車氏，朱錫三妻饒氏，貞女游氏，鄭孚中未婚妻全氏，李氏，黄氏，王朝奇未婚妻黄氏，均乾隆年間旌。

饒成德妻劉氏。崇仁人。夫亡守節。同縣方册妻劉氏，李本立妻徐氏，劉自佳妻許氏，黄爾居妻劉氏，楊兆焯妻袁氏，楊文昭妻王氏，陳洪道妻劉氏，劉成瀾妻鄧氏，劉章妻黄氏，陳瑛圻妻游氏，陳敏達妻黄氏，方良臣妻張氏，鄧維周妻游氏，陳邦綸妻羅氏〔九〕，李元鎮妻陳氏，方棟妻鄧氏，黎梓材妻聶氏，陳邦襲妻彭氏〔一〇〕，余文禮妻袁氏，方時傑妻劉氏，陳兆麟妻游氏，李公覆妻汪氏，陳兆鶴妻吴氏，陳嘉謨妻李氏，劉我任妻戴氏，楊如鳳妻方氏〔一一〕，楊冠妻劉氏，黄志寵妻陳氏，陳歸龍妻黄氏，鄧天祥妻馮氏，陳萬欽妻袁氏，張之璪妻黄氏，謝淮妻黄氏，張錫妻鄒氏，周繼顔妻劉氏，周綉妻劉氏，袁廷佐妻劉氏，周詩妻章氏〔一二〕，阮庭澄妻饒氏，陳孟震妻曾氏，甘學前妻何氏〔一三〕，甘學志妻何氏，章志二妻許氏，吴升行妻余氏，全秉彝妻鄧氏〔一四〕，李不瑕妻黎氏，謝栻妻羅氏，劉天考妻曹氏，袁兆梧妻余氏，余淇九妻鄧氏，元思齊妻甘氏，周福德妻李氏，楊承松妻周氏，陳秉鑰妻黄氏，黎淑才妻包氏，許貴保妻吴氏，陳彦縉妻謝氏，烈婦黄文人妻羅氏，吴維嶽妻陳氏，陳恩德妻楊氏，均乾隆年間旌。

陶洪元妻蔡氏。金谿人。夫亡守節。同縣唐介期妻吴氏，官燕期妻方氏，傅惟五妻周氏，周惟寧妻陳氏〔一五〕，周勵次妻蘇氏，邱宗文妻傅氏，謝聖若妻徐氏，何乃瀾妻黄氏，胡可正妻戴氏，黄克舉妻鄭氏，李仲英妻周氏，王陞妻李氏，鄒聲顯妻吴氏，李映辰妻劉氏，黄瓊佩妻張氏，吴郎五妻李氏，李熙春妻周氏，王啓元妻周氏，王先甲妻吴氏，馮啓秀妻敖氏，唐孫藻妻周氏，唐士麟妻王氏〔一六〕，吴方三妻龔氏，鄧燧登妻王氏，周元育妻劉氏，周天被妻胡氏，劉琦甫妻楊氏，李能妻吴氏，蔡叔宣妻王氏，陳琢瑕妻鄧氏，全輔伯妻余氏，李雲章妻黄氏，饒士旦妻吴氏，龔忠泰妻吴氏，鄭汝蘭妻鄧氏，朱君瑞妻吴氏，王卓卿妻吴氏，黄士騰妻許氏，李士麟妻周氏，周孟祥妻吴氏，周伯謙妻吴氏，黄應雷妻龔氏，黄國才妻余氏，車念之妻吴氏，孔興京妻陳氏，張文彦妻饒氏，蕭珩妻馮氏，鄔世綱妻蕭氏，曾應斗妻謝氏，戴來臨妻武氏，謝丹書妻蔡氏，王景義妻鄔氏，王國安妻陳氏，王國勳妻蘇氏，陸民表妻王氏，車仲仁妻李氏，蔡熙俊妻王氏，丁成萬妻車氏，黄亦宫妻劉氏，鄭應元妻吴氏，舉人王騮繼妻石氏，烈婦王平章妻許氏，貞女許氏，江燦德未婚妻蔣氏，均乾隆年間旌。

洪成六妻應氏。宜黄人。夫亡守節。同縣張東白妻羅氏，李大昇妻杜氏，洪君球妻鄒氏，黄賢宗妻歐陽氏，黄濤妻鄒氏，應文浩妻歐陽氏，吴良謨妻應氏，吴雲客妻湯氏，余受妻曾氏，吴啓象妻楊氏，吴啓鵬妻羅氏，白文定妻曹氏，應天坦妻鄒氏〔一七〕，鄒標妻吴氏，歐陽逢詔妻鄒氏，黄友蘭妻盧氏，歐陽時鳴妻徐氏，李尚義妻鄒氏，曹以珈妻陳氏，符其仁妻鄒氏，陳時震妻涂氏，吴從先妻鄧氏，譚國泰妻劉氏，洪文岳妻應氏，歐陽子福妻洪氏，應乾佐妻羅氏，徐新晁妻陳氏，歐陽可喜妻鄒氏，歐陽可容妻鄒氏，李大用妻鄭氏，劉又明妻吴氏，鄒明通妻李氏，熊丙遠妻鄒氏，陳宏任妻周氏，施士彦妻胥氏，葉文廣妻鄒氏，陳廷迪妻李氏，李時乘妻劉氏，許啓盛妻黄氏，應桃妻鄒氏，許逢元妻黄氏，鄒人鏞妻黄氏，黄之紀妻胥氏，符其義妻鄧氏，鄒振紱妻劉氏，歐陽燦妻黄氏，許天球妻羅氏，席仲瀾妻張氏，李文杜妻傅氏，鄧集新妻胡氏，黄雲彩妾鄭氏，韓錫爵妻周氏，鄒文度妻羅氏，黄覽妻傅氏，歐陽大正妻吴氏，鄒文逵妻吴氏，吴龍圖妻周氏，黄援妻吴氏，劉克賀妻鄒氏，周式福妻胡氏，陳儀型妻黄氏，艾冒鑑妻洪氏，應樹妻歐陽氏，吳際遇妻李氏，應文瀚妻韓氏，吳際運妻李氏，黃志學妻傅氏，譚天錫妻曾氏，邱尚貞妻鄧氏，席登妻李氏，黃江露妻廖氏，黃輝星妻鄒氏，劉永祿妻鄧氏，廖世維妻馮氏，周元彩妻鄭氏，應克峻妻黃氏，張麟仕妻余氏，鄒觀蓮妻李氏，寧秀鳳妻李氏，黃昌蕃妻鄒氏，廖世組妻湯氏，張長庚妻鄧氏，李大奇妻劉氏，洪振鐸妻鄒氏，吳濱妻熊氏，洪文諧妻施氏，黃長庚妻鄧氏，歐陽紳妻李氏，黃雲鳳妻鄒氏，李時彥妻鄧氏，應文何妻鄒氏，黃家履妻鄧氏，黃圖瑞妻鄒氏，黃夢齡妻熊氏，余瀾妻婁氏，曾貢王妻徐氏，曾允明妻周氏，吳紹賢妻胡氏，洪鋌妻鄒氏，歐陽振國妻胡氏，江士梅妻徐氏，余克紹妻鄭氏，李尚才妻黃氏，鄒明發妻熊氏，韓鳳騰妻嚴氏，余學沔妻饒氏，封峻妻梅氏，烈女鄒明證女鄒氏，均乾隆年間旌。

詹仕亨妻曹氏。樂安人。夫亡守節。同縣胡維上妻涂氏，董廷麟妻詹氏，胡心武妻曾氏，蔡文宗妻楊氏，熊國嶸妻郭氏，董培先妻何氏，吳其昌妻黃氏，詹吉士妻陳氏，董啓心妻張氏，游天英妻温氏，胡瑞光妻上官氏，譚凝善妻鄧氏，鄧志保妻劉氏，康捷生妻熊氏，丁啓昌妻潘氏，管思霖妻黃氏，黃至大妻曾氏，譚天錫妻曾氏，余永斝妻康氏，余承蕃妻游氏，李承茂妻文氏，陳郡南妻曾氏，羅興祖妻廖氏，詹令煓妻管氏，邱芳妻王氏，曾繼賢妻黃氏，何克安妻胡氏，蕭和暢妻曾氏，黃亨珍妻陳氏，黃岐鳴妻丁氏，吳汝萊妻詹氏，詹啓宸妻顏氏，郭昌齡妻黃氏，曾嘉茂妻陳氏，楊華璋妻董氏，黃一瑞妻鄒氏〔一八〕，游上晟妻管氏，黃厚寧妻陳氏〔一九〕，黃瑞崙妻蕭氏，陳濟美妻曾氏，詹天祚妻曾氏，鄒恩注妻何氏〔二〇〕，鄭士恒妻黃氏，何仲佑妻周氏，曾有祿妻余氏，張士英妻詹氏，王烈六妻曾氏，曾子質妻楊氏，游公奇妻陳氏，黃天瑞妻游氏，張承選妻楊氏，胡世容妻游氏，何樹謨妻詹氏，曾日豐妻王氏，曾如連妻樂氏，曾芳集妻黃氏，胡鍾靈妻詹氏，烈婦劉幅六妻鄧氏，均乾隆年間旌。

樂逵妻饒氏。東鄉人。夫亡守節。同縣王朝弼妻白氏，樂遴妻胡氏，胡熷妻李氏，鄧誦妻饒氏，陳崟妻張氏，樂胄妻吳氏，王文煒妻周氏，上官偕妻饒氏，鍾定治妻屠氏，周烈士妻樂氏，均乾隆年間旌。

張良祚妻胡氏。臨川人。夫亡守節。同縣朱孟房妻陸氏，陳孝先妻王氏，李秉仁妻駱氏，袁星若妻吳氏，王奕安妻廖氏，吳日華妻王氏，黃遇隆妻萬氏，湯德祥妻何氏，徐奏均妻黃氏，楊永若妻揭氏，吳衍經妻張氏，李枝春妻吳氏，陳邦基妻吳氏，熊元征妻周氏，李遷喬妻朱氏，王賓妻黃氏，管崇昭妻萬氏，陳肇魁妻韓氏，游咸和妻鄧氏，鄧鴻圖妻周氏，萬象賢妻華氏，傅琳妻劉氏，李犆妻晁氏，李仕墀妻聶氏，李左墀妻晁氏，江希頤妻黃氏，均嘉慶年間旌。

黃瑾一妻方氏。崇仁人。夫亡守節。同縣李迪良妻劉氏，陳寬融妻黃氏，陳恩滚妻黃氏，監生方上章妻鄧氏，劉暢妻陳氏，儒童方瑛妻楊氏，甘立澄妻夏氏，生員陳芝蘭妻蔡氏，吳曰煥妻章氏，謝玉樹妻劉氏，烈婦甘思軾妻劉氏，均嘉慶年間旌。

張振瑋妻饒氏。金谿人。夫亡守節。同縣喻國茂妻何氏，李榮武妻喻氏，喻大用妻車氏，喻越清妻車氏，李永泰妻何氏，李道周妻王氏，李掄元妻陳氏，謝德山妻胡氏，王訏謨妻蘇氏，黃鼎昌妻周氏，王震瀛妻汪氏，王化行妻劉氏，李充庭妻楊氏，王振亭妻陳氏，黃克昌妻彭氏，黃德三妻李氏，徐謙行妻佘氏，張祖齡妻江氏，謝錫純妻楊氏，李旦持妻佘氏，朱聯芳妻王氏，黃宏毅妻龔氏，聶英明妻黃氏，危春占妻王氏，楊祖培繼妻吳氏，王漢蜚妻張氏，周任予妻劉氏，王鳴岡妻江氏，陳偉吾妻鄭氏，烈女蔡氏，貞女鄭氏，李氏，均嘉慶年間旌。

張瑞妻徐氏。宜黃人。夫亡守節。同縣張比辰妻黃氏，黃學颺妻周氏，許經邦妻歐陽氏，李維儒妻鄧氏，梅仰涇妻鄒氏，紀廷寀妻常氏，劉鉽妻陳氏，應郁芬妻黃氏，鄧峻極妻王氏，吳琮妻鄧氏，鄧熙鵠妻陳氏，羅中紋妻吳氏，鄒文應妻熊氏，黃紹功妻謝氏，鄒謙受妻吳氏，鄒文應妻吳氏，鄒際標妻邱氏，李尚信妻鄒氏，李仁棟妻張氏，吳傳徽妻胥氏，佘乘時妻鄒氏，鄒煥妻佘氏，黃沙青妻楊氏，鄒茂妻佘氏，烈女鄧朝棟未婚妻鄒氏，均嘉慶年間旌。

董聖海妻王氏。樂安人。夫亡守節。同縣楊耀祖妻張氏，黃天苑妻曾氏，王學惺妻何氏，陳盛昌妻曾氏，闕其章妻吳氏，詹承隆妻董氏，詹朝瑞妻喻氏，陳應拔妻劉氏，陳應掄妻胡氏，陳學禮妻詹氏，黃昌坍妻楊氏，管聯鑣妻游氏，詹以鋑妻何氏，王學禊妻吳氏，烈婦羅臨春妻丁氏，均嘉慶年間旌。

饒及厚妻張氏。東鄉人。夫亡守節。同縣周定先妻夏氏，嵇長青妻艾氏，李成義妻王氏，劉廷烈妻王氏，均嘉慶年間旌。

仙釋

唐

黄令微。臨川女子。少好道，風神卓異，天然絶粒。年十二，度爲天慶觀女道士。至八十，面如處子，屧履而行，奔馬不及。開元九年上昇。宋元符二年，封妙遠真人。

本寂。泉州莆田人，姓黄氏。咸通初，洞山价坐道場，往來請益。後密印所解，乃辭洞山，住撫州曹山後，居荷玉山。天復中示寂，謚元證大師，墖曰福圓。本朝雍正十二年，加封寶藏元證禪師。

宋

慕喆。臨川人，姓聞氏。母夢神僧授以寶鏡，及生，白光照室。祝髮於南豐之永安，後謁翠巖可真，與言大悟。可真入寂，乃往潙山，每粥飯放參，常自役作，不眠者四十年。紹聖初，往智海院，哲宗召見延和殿，稱旨。及示寂，書偈曰：「昨夜三更，風雷忽作。雲散長空，前溪月落。」有舍利塔，在汴城東。

妙明。臨川人，姓胡氏，號無相。常面壁静坐，遂頓悟。能詩文，名公多與之交。陸九淵一日講易，問無相理會得否？應聲曰：「三畫未分消息露，六爻纔動錯商量。」晚年結庵常清觀之西，趺坐而化。

明

張中。臨川人。少遇異人，授以太極數學，談禍福奇中。好戴鐵冠，人呼爲鐵冠道人。明太祖下豫章，鄧愈薦中，召至問曰：「余定豫章，兵不血刃，生民自此蘇息否？」曰：「未也。旦夕此地當流血，廬舍焚燬殆盡。」及指揮康泰反，一如中言。鄱湖之戰，陳友諒中流矢死，兩軍皆未覺。密奏曰：「友諒死矣。請遣死囚，持祭文往哭之，則彼氣奪，而吾事濟矣。」從之，降其衆五萬。居都下數年，一日無故自投於大中橋水，求其屍不獲。建文時，復見於金陵，歌曰：「莫逐燕，逐燕自高飛，高飛上帝畿。」遂有靖難之事。後不知所終。

土產

絲布。唐書地理志：撫州土貢。

葛。唐書地理志：撫州土貢。明統志：各縣出。省志：崇仁縣出。

苧布。省志：金谿縣出。

竹箭。唐書地理志：撫州土貢。

朱橘。唐書地理志：撫州土貢。

柘木。寰宇記：撫州貢。

椑侯柹。省志：金谿縣出。潘岳閒居賦所稱「梁侯烏椑之柹」，即此。

黄精。省志：金谿崖山最多。

菖蒲。省志：生石山，九節者佳，亦不常有。

紙。寰宇記：撫州貢。祝穆方輿勝覽：金谿清江渡出紙劄。省志：清江紙，金谿出。又捭紙，崇仁出。宋人墨刻，用捭紙者貴，今絶無矣。按：舊志載唐書地理志：撫州貢金。省志：宋置場，在臨川縣西四十里。又唐書地理志：臨川有銀。寰宇記：金谿出銀礦。明統志：臨川縣出銅。省志：宋時嘗設監鑄錢。又明統志：臨川縣出鐵。省志：宋乾道間，置東山鐵場。今並廢，謹附記。

校勘記

〔一〕何昌寓　「寓」，原作「寓」，據乾隆志卷二四七撫州府名宦（下同卷簡稱乾隆志）及南齊書卷四三何昌寓傳改。

〔二〕黄昪　「昪」，原作「㫚」，據乾隆志及元史卷一九六黄昪傳改。下同。

〔三〕卒謚文忠　「文忠」，乾隆志同，明史卷一五二王英傳作「文安」。按，萬曆野獲編卷一三禮部「改謚」條謂「王英卒謚文安，後改文忠」，二統志蓋據此。

〔四〕所著有泉坡集　「坡」，原作「波」，據乾隆志及明詩綜卷二〇王英改。按，王英號泉坡，故以名集。

〔五〕首疏正諸臣從祀條陳時宜十二疏　「祀」，原作「事」，乾隆志同，據雍正江西通志卷八二人物改。

〔六〕父暄病劇　「暄」，乾隆志及雍正江西通志卷一〇〇列女俱作「瑄」，疑此誤。

〔七〕李大貴妻傅氏　「大」，乾隆志作「天」。

〔八〕馮崧妻李氏　「馮」，乾隆志作「徐」。

〔九〕陳邦綸妻羅氏　「邦」，乾隆志作「拜」。

〔一〇〕陳邦襲妻彭氏　「邦」，乾隆志作「拜」。

〔一一〕楊如鳳妻方氏　「方」，乾隆志作「汪」。

〔一二〕周詩妻章氏　「章」，乾隆志作「張」。

〔一三〕甘學前妻何氏　「前」，乾隆志作「全」。

〔一四〕全秉彝妻鄧氏　「秉」，原作「東」，據乾隆志改。

〔一五〕周惟寧妻陳氏　「寧」，原作「安」，據乾隆志改。按，本志避清宣宗諱改字也。

〔一六〕唐士麟妻王氏　「麟」，乾隆志作「麒」。

〔一七〕應天坦妻鄒氏　「坦」，乾隆志作「垣」，疑是。

〔一八〕黄一瑞妻鄒氏　「瑞」，乾隆志作「端」。

〔一九〕黄厚寧妻陳氏　「寧」，原作「安」，據乾隆志改。按，本志避清宣宗諱改字也。

〔二〇〕鄒恩注妻何氏　「注」，乾隆志作「汪」，疑是。

臨江府圖

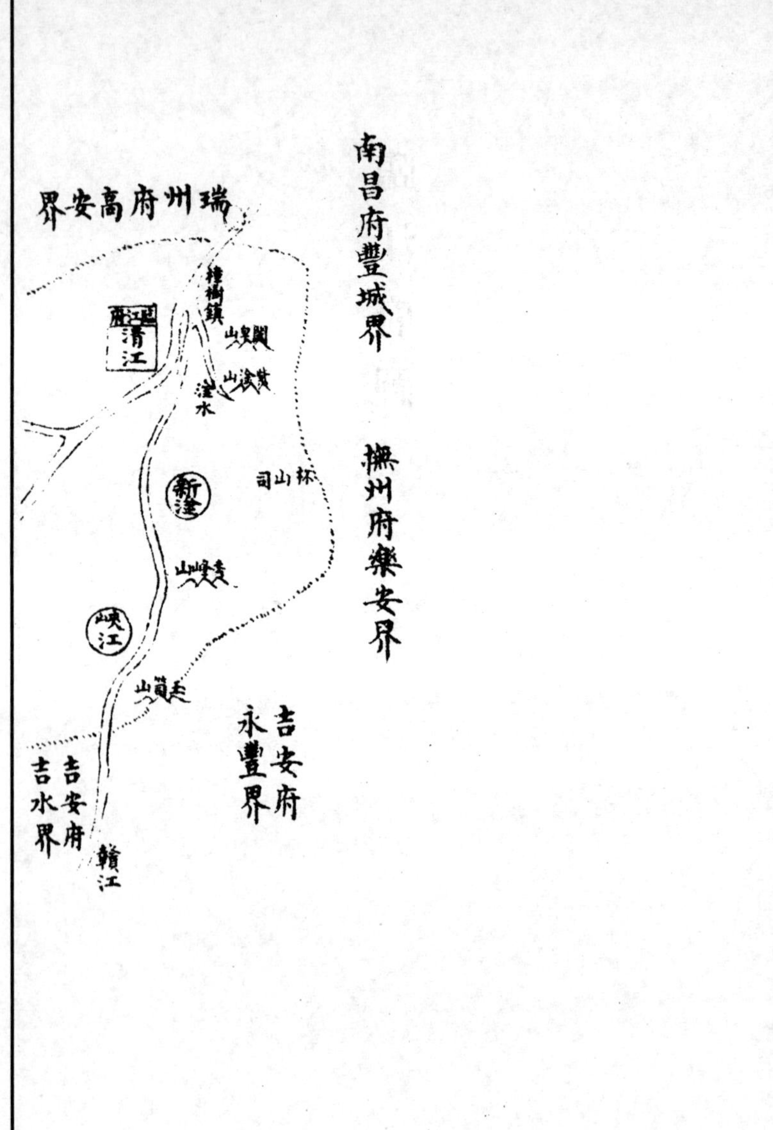
南昌府豐城界
撫州府樂安界
瑞州府高安府界
清江
新淦
峽江
吉安府永豐界
吉安府吉水界
贛江
淦水

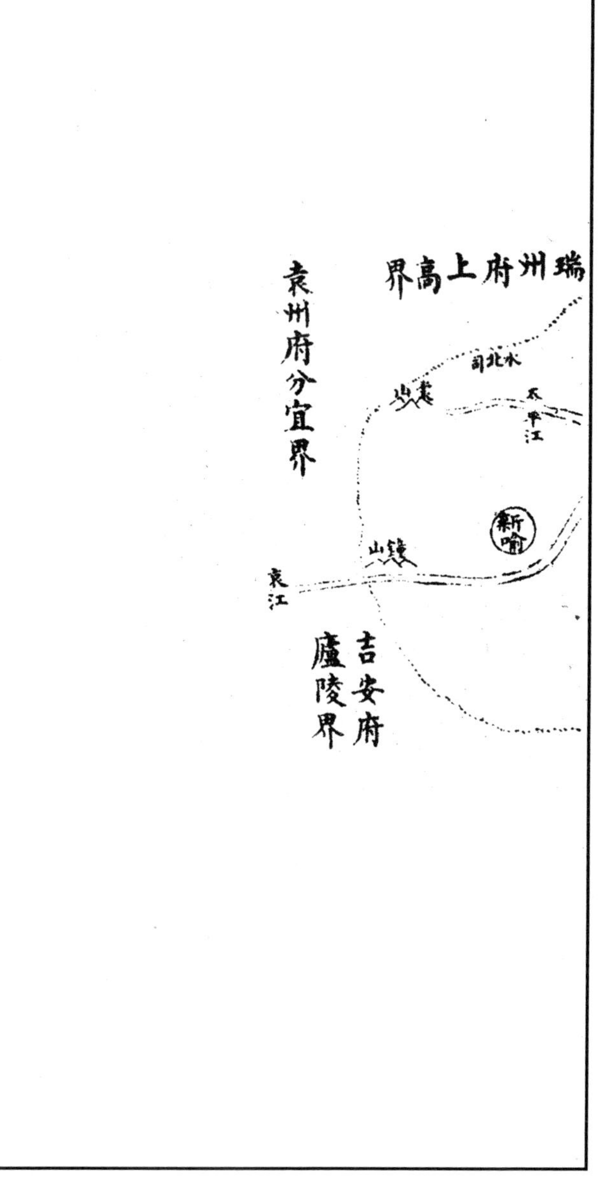
瑞州府上高界
袁州府分宜界
吉安府
廬陵界
新喻
袁江

臨江府表

	臨江府	清江縣
秦	九江郡地。	
兩漢	豫章郡南部都尉治。	新淦縣屬豫章郡，爲都尉治。 漢平縣後漢中平中置，屬豫章郡。
三國		新淦縣 吴平縣吴改名。
晉		新淦縣 吴平縣
南北朝		新淦縣 吴平縣
隋	廬陵郡地。	後廢。 開皇十一年省入宜春。
唐	吉州地。	
五代	筠州地。	清江縣南唐昇元元年置，屬洪州。保大十年改屬筠州。
宋	臨江軍淳化三年置，治清江，屬江南西路。	清江縣軍治。
元	臨江路至元十四年升路，屬江西行省。	清江縣路治。
明	臨江府洪武九年改府，屬江西布政司。	清江縣府治。

續表

	新淦縣	新喻縣	峽江縣
	新淦縣地。	宜春縣地。	新淦縣地。
		新渝縣吴置，屬安成郡。	巴丘縣吴置，屬廬陵郡。
		新渝縣	巴丘縣
		新渝縣	巴丘縣
	新淦縣開皇十一年移置，屬廬陵郡。	新渝縣開皇初屬袁州。大業初屬宜春郡。	省入新淦。
始平縣武德五年置。七年省。	新淦縣屬吉州。	新喻縣屬袁州。天寶後改「渝」爲「喻」。	
	新淦縣	新喻縣	
	新淦縣屬臨江軍。	新喻縣屬臨江軍。	
	新淦州元貞元年升州，屬臨江路。	新喻州元貞元年升州，屬臨江路。	
	新淦縣洪武初仍爲縣，屬臨江府。	新喻縣洪武初仍爲縣，屬臨江府。	峽江縣嘉靖五年置，屬臨江府。

大清一統志卷三百二十四

臨江府

在江西省治西南二百二十里。東西距二百三十里，南北距二百六十里。東至南昌府豐城縣界八十里，西至袁州府分宜縣界一百五十里，南至吉安府吉水縣界一百七十里，北至瑞州府高安縣界三十里。東南至撫州府樂安縣治二百里，西南至吉安府廬陵縣界一百九十里，東北至豐城縣界一百里，西北至瑞州府上高縣界七十里。自府治至京師五千二百三十五里。

分野

天文斗分野，星紀之次。

建置沿革

禹貢揚州之域。春秋屬吴，戰國屬楚。秦爲九江郡地。漢置新淦縣，屬豫章郡，爲南部都尉治。後漢以後爲豫章郡地。隋爲廬陵郡地。唐爲吉州地。五代南唐置清江縣，屬筠州。宋淳化三年，始置臨江軍，屬江南西路。元至元十四年，升爲臨江路，隸江西行省。明洪武元年，改曰臨江府，屬江西布政使司。本朝因之，屬江西省，領縣四。

清江縣。附郭。東西距一百三十三里，南北距五十五里。東至南昌府豐城縣界八十里，西至新喻縣界五十三里，南至新淦縣界二十五里，北至瑞州府高安縣界三十里。東南至新淦縣界二十里，西南至新喻縣治一百十五里，東北至南昌府豐城縣治一百三十里，西北至瑞州府上高縣治一百三十里。漢置新淦縣，屬豫章郡，爲都尉治。後漢以後因之。隋徙廢爲新淦縣地。南唐昇元元年，始置清江縣，屬洪州。保大十年，改屬筠州。宋淳化三年，於縣置臨江軍。元爲臨江路治。明爲臨江府治。本朝因之。

新淦縣。在府東南六十五里。東西距一百里，南北距七十里。東至撫州府樂安縣界八十里，西至新喻縣界二十里，南至峽江縣界三十里，北至清江縣界四十里。東南至撫州府樂安縣治一百三十里，西南至峽江縣治八十里，東北至南昌府豐城縣治九十里，西北至清江縣治六十五里。本漢豫章郡新淦縣地。隋開皇十一年，移置新淦縣屬廬陵郡。唐屬吉州。宋淳化三年，屬臨江軍。元屬臨江路。元貞元年，升爲州，屬臨江路。明洪武初，仍爲縣，屬臨江府。本朝因之。

新喻縣。在府西南一百二十里。東西距一百三十里，南北距一百五十里。東至新淦縣界七十里，西至袁州府分宜縣界六十里，南至吉安府廬陵縣界七十里，北至瑞州府上高縣界八十里。東南至峽江縣治九十里，西南至袁州府治二百三十里，東北至清江縣界八十里，西北至瑞州府上高縣治一百十里。漢豫章郡宜春縣地。三國吴孫晧析置新渝縣，屬安成郡。晉以後因之。隋開皇初，屬袁州。大業初，屬宜春郡。唐曰新喻，屬袁州。宋淳化三年，屬臨江軍。元元貞元年，升爲州，屬臨江路。明洪武初，仍爲縣，屬臨江府。本朝因之。

峽江縣。在府南一百三十里。東西距七十里，南北距九十里。東至吉安府永豐縣界四十里，西至新喻縣界三十里，南至吉安府吉水縣界四十里，北至新淦縣界五十里。東南至吉安府永豐縣治一百四十里，西南至吉安府治二百里，東北至新淦縣治八十里，西北至新喻縣治九十里。漢新淦縣地。三國吴分置巴丘縣，屬廬陵郡。晉以後因之。隋省入新淦縣。明嘉靖五年，分置峽江縣，屬臨江府。本朝因之。

形勢

當南粤、虔、吉舟車四會之衝。南唐吴鸞建清江縣議。北有蒙山，南臨渝水。明統志。扼嶺襟潭，掖袁控瑞。通閩、粤，帶虔、吉，形勝足恃。明郭子章郡邑表説。

風俗

君子尚禮崇德，小人勤力知分。明統志。風俗淳厚，文物雅飭。在楚越之間，謂之樂土。明敖英清江縣題名記。

城池

臨江府城。周八里二百五十四步，門十，濠廣一丈五尺。宋淳化初土築，明正德中甃甎。本朝順治八年重築，康熙六年修，乾隆二十五年重修。清江縣附郭。

新淦縣城。周四里八十六步，門七，濠廣六丈。明正德中築，本朝順治、康熙年間相繼修葺，乾隆二十七年重修。

新喻縣城。周五里一百三十步，門七。明正德中因舊址土築，嘉靖中甃甎。本朝康熙初重築，乾隆十年修。

峽江縣城。周三里三百步有奇，門四。明嘉靖五年創築，本朝乾隆十二年修。

學校

臨江府學。在府治東南。舊在府治南，瀕江，明嘉靖中遷今所。本朝順治、康熙年間相繼修葺。入學額數二十名。

清江縣學。在府城東門外。舊在縣治東北，宋嘉定中建，明萬曆中遷今所。後燬，本朝順治、康熙年間重修。入學額數二十名。

新淦縣學。在縣治東南。明洪武初，因舊址重建，本朝順治、康熙年間相繼修葺。入學額數十二名。

新喻縣學。在縣治南虎瞰山。宋崇寧中建，元末燬，明洪武初重建，本朝順治、康熙年間相繼修葺。入學額數十二名。

峽江縣學。在縣治東百餘步。明嘉靖五年建，崇禎中改建於按察司行署。本朝順治年間仍還舊址。入學額數十二名。

樂育書院。在府治東南。本朝順治八年建。

明經書院。在府學旁。明隆慶中建。

雲巖書院。在府城西。本朝康熙二年建。

龍岡書院。在府城西章山之麓。本朝康熙六年建。

蕭江書院。在清江縣治南。本朝順治八年建。

章山書院。在府城章山之麓。本朝嘉慶二十二年，知府朱淥建。

高峯書院。在新淦縣治東，宋建。明隆慶中，改建儒學，内爲勉齋祠。本朝康熙四年，移建惜陰書院舊址。

惜陰書院。舊在新淦縣治東一里，晉陶侃讀書處。明成化中建書院。本朝康熙元年，改建縣之北門外。

金川書院。在新淦縣治東北，明正德中建。祀練安。按：舊志載，清江書院，在清江縣治東，宋建。金鳳書院，在金鳳洲，宋國子司業黎立武建。仰高書院、薌林書院，並明嘉靖中建。明宗書院，明崇禎中建。今俱廢，謹附記。

户口

原額人丁五萬六千二百八，今滋生男婦大小共一百二十七萬八百四十二名口，計二十五萬二千八百三十六户。又前左衛屯軍男婦大小共八千三百六十八名口，計一千四百七十六户。

田賦

田地二萬八千八百九十六頃四十一畝四釐有奇，額徵地丁銀一十五萬六千九百五十九兩四錢七分，米九萬二千七百二十二石六斗八升八合。

山川

白牛岡山。在清江縣東三里，山勢平坦如卧牛。上有雷祠，俗呼雷廟嶺。

紫淦山。在清江縣東四十里。周二十餘里，高數十丈。淦水經其下，相映作金紫色。寰宇記作子淦山。

閤皂山。在清江縣東六十里。連亘二百餘里，跨樂安、新淦、豐城三縣地。其形如閤，色如皂，有峯六、嶺四、巖二、原五，其餘泉石池塘之勝參差不一。道書以爲三十三福地。

瑞筠山。在清江縣南，濱江。周五里，山勢崚嶒，狀如龍之昂首，郡城枕其上。唐僖宗時，嘗産瑞竹，因名。

龍岡山。在清江縣南十里，爲驛路所經。

棲梧山。在清江縣西南三十里，綿亘數里。山前瀨河有石，曰「河皋石」，相傳周瑜常憩此。今呼其處爲河皋寨。

章山。在清江縣西。晉時有章昉隱此，因名。南連瑞筠，北接白牛諸山，郡城之西，皆枕山麓，蓋郡之鎮山也。一名富壽岡。

銀嶂山。在清江縣北七十里。特立如嶂，周十里，上多白石，色爛如銀。或曰舊嘗産銀。

夏山。在清江縣東北六十里。周十餘里，峯巒高聳。有泉名枕石潭，溉田數百畝。

東山。在新淦縣東二里。

豐城山。在新淦縣東五十里，周百里。舊名百丈山，唐天寶六載改今名。

伏泉山。在新淦縣東七十里。上有泉飛空而下。舊名石泉山，唐天寶中改今名。

溢山。在新淦縣東六十里。山有十二峯，高十里，雲出則雨。

茅山。在新淦縣東南四十里。下有龍潭，將雨則興雲霧。

楓岡山。在新淦縣南十里。上有古寨，相傳唐末彭玗拒楊行密於此。有瀑布西注，遠望如白虹。

秀峯山。在新淦縣南二十里，俗名南雷山。相連有雙峯、席帽等峯。盤踞甚廣，峯巖洞壑，不可悉數。

大羅山。在新淦縣南三十二里，上嘗出雲。下有甘泉，可禱雨。

小廬山。在新淦縣東北八十里。周百里，南接樂安，北抵豐城縣界。上有石池，朗然如鏡。又有石泉，分飛瀑四道，匯於山麓，溉田甚廣。

石屋山。在新淦縣東北七十餘里。有石巖如屋，廣三丈許。

周山。在新喻縣東南四十里。

虎瞰山。在新喻縣治南。屹臨渝水，勢如虎踞。

三山。在新喻縣南三十里。其東爲鐘形山，南有周桐嶺，西有佛臺，三峯並峙，儼如卓筆。又貞華山，亦在縣南三十里，一名薩陽山。

鼎山。在新喻縣南五十里，接峽江縣界。尖聳千餘丈，一名頂山。山巔有泉，冬夏不竭，睦宦水出焉。

鐘山。在新喻縣西六十里，與袁州分宜縣接界。裴子野宋略：晉永嘉元年，廬陵洪水，有鐘自三峽流出，驗銘乃秦時樂器，以此得名。隋時欲於新喻設鐘山府，其名本此。

銅山。在新喻縣西北三十里。舊産銅礦，唐置官場，宋罷。

雲岑山。在新喻縣治北。層疊盤迴，其勢如雲。一名來山。相近有玉几山，一名登高嶺。

瑪瑙山。在新喻縣北六十里。脈自璜緌嶺來，至是一峯突起，其色赤白相間。其巔有真武雷壇，山之陰有香鑪峯，圓秀不羣。

鵠山。在新喻縣北六十里，下有雙井。

蒙山。在新喻縣北七十里。盤踞百餘里，與瑞州府上高縣接界。巉巖奇秀，周百餘里，郡西境之望山也。上有曹王洞，極深邃，方廣三四丈。

南障山。在峽江縣東南十五里。綿亘數十里，爲縣南屏障。

玉笥山。在峽江縣東南四十里。隋書地理志：新淦縣有玉笥山。舊志：舊名羣玉峯，相傳漢武帝元封五年，行巡南部，受上清籙於羣玉之山。見有玉箱如笥，委壇中，忽失去，因改今名。道書以爲第三十七洞天。有三十二峯、二十四壇、十二臺、六洞、十一亭、七源、二塢、四谷、三十六澗，其餘潭石宅井坡嶺，名迹不可悉數。元揭傒斯萬壽承天宮碑云：天下稱名山，在大江之西者有三，曰匡廬，曰閤皂，曰玉笥，而玉笥尤爲天下絶境。

郁木山。在峽江縣東南二十里，有郁洞，道書以爲第八福地。蓋玉笥之支山也。

刀劍山。在峽江縣治南半里。山石巉巖峭峻，故名。

鳳凰山。在峽江縣治西。脈自盧陵界東來，至此連亘環峙，如鳳張兩翼。城跨其脊，縣治倚焉。

寶林山。在峽江縣西二十里。羣岫環擁，竹樹陰森。

鐵雷山。在峽江縣北三里，即古巴丘鎮山也。

蘆嶺。在新淦縣東三十里。山蹊峻隘，其上建亭。又麻嶺，在縣東八十里，接樂安縣界。樂門嶺，在縣東南四十五里，接永豐縣界。

澄嶺。在新淦縣北八十里，有泉清澈，東北接豐城縣界。

柵嶺。在新喻縣南二十里，雙峯夾水，對峙如列柵。又谷陂嶺，在縣南十里，其勢蹲伏，連綿數里。中有澗水，長流不竭。

橫琴嶺。在新喻縣西三十里，舊常產鐵鑛。

蟠龍嶺。在新喻縣北十里。脈自仰天岡來，起伏蜿蜒，勢如龍蟠。山谷空曠，有石泉清冷，溉田可數千頃。

三層嶺。在新喻縣北四十里。山勢蜿蜒十餘里，至是突爲圓岡，有高下三級。又璜緌嶺，亦在縣北四十里。郡志作璜頭嶺。

圓嶺。在新喻縣北五十里。羣峯蒼翠，如玉之雕刻，亦名雕琅嶺。其南爲雲霧山。其北延袤而最高者，爲大袤嶺。

石牛嶺。在峽江縣南十里。上有雨潭、風潭、火潭，禱雨輒應。

都督嶺。在峽江縣西七里。相傳周瑜鎮巴丘時，嘗屯兵於此。下有七里洞。

大嶺。在峽江縣西三十五里，與吉水縣接界。

佛嶺。在峽江縣西，與新喻縣接界。黃川水出焉。

白嶺。在峽江縣東北百里。高百丈，與永豐縣接界。

綿嶺。在峽江縣東北百里。

仙女峯。在新淦縣東南七十里，又名嚴穆山。

葛仙峯。在新淦縣西二十里。

天柱峯。有二。一在新淦縣東北二十五里，兩峯並起，名大天柱、小天柱。一在新喻縣南三十里。

百丈峯。在新喻縣東七十里。其南爲新淦境，北爲新喻境。高入雲表，蜿蜒盤亘。寰宇記：頂闊百丈，因名。上有葛仙井，井畔有廟。

唫峯。在新喻縣北四十里，與璜縤嶺對峙。山下有泉曰唫泉。

七層峯。在峽江縣東北六十里。七峯連絡，觀音巖在焉。

龍岡。在清江縣城南十里，當驛路。王象之輿地紀勝：有赤土如環者二，相去數丈，父老相傳曰「龍眼」，掘之則雨，雨過則如初。

茱萸岡。在新淦縣北五里，上産茱萸。

仰天岡。在新喻縣西北十五里，高峻若屏。山腰有石澗石橋。上有仰天池，泉甘，歲旱不竭。

湖九洞。在新喻縣西北三十里。山産銀鑛，明萬曆中遣内監開採，尋罷。

贛江。在府城東。自吉安府吉水縣流入峽江縣，經城南，又東北經新淦縣西，又北流入清江縣界。至縣北合袁水，又北入南昌府豐城縣界。水經注：贛水東北逕石陽縣西，又東北逕漢平縣南，又東北逕新淦縣西，牽水、淦水注之，又北逕南昌縣西。清江縣志：贛江舊自縣南十里萬石洲南折而西，與袁水會，名爲清江，繞城而北。明成化末，贛水北衝蛇溪，不復西折，止有横河一線，與袁江相吐納。直至城北二十里，二水復合，水勢益大，時有衝齧之患。又十里經清江鎮，入豐城縣界，是爲劒江。

袁江。在府城南。自袁州分宜縣流入新喻縣界，又東入清江縣界。古名南水，亦名牽水，又名渝水。漢書地理志：宜春縣南水，東至新淦入湖漢。水經注：牽水西逕宜春縣，又東逕吳平縣，又東逕新淦縣，注於豫章水。寰宇記：袁水在新喻縣南五十步，西至一灘計長二里，其地峻險，號五浪灘。灘頭立五浪館。新喻縣志：渝川入縣境，亦名秀江，凡九十九灣、八十八灘。至縣前澄澈如練，稍東有一巨洲，屹峙中流，盤迴百餘畝。清江縣志：舊自縣南十里與贛水合。自贛水衝蛇溪，於是縣獨臨袁江，至縣東北二十里，復合於贛江。

太平江。在清江縣西三十五里。源出新喻縣北蒙山之陽，東南流五十里入渝水。又潁江，在新喻縣東北八十里，源亦出蒙山陽，有八十四源，合流經清江縣界合太平江。

長宣江。在新喻縣東四十里。源出璜縱嶺，南流三十里入渝水。又小江，在縣東二十里。汋江，在縣東三十里〔一〕。俱北流入渝水。

淦水。在清江縣東南三十里。源出縣東南離嶺，經紫淦山出洋湖至清江鎮，會蛇溪水入贛江。漢新淦縣以此名。

蕭水。在清江縣西五里。源出棲梧山，及縣西之烏塘，合流爲蕭水。繞城西北，復東北流，經清江鎮入贛江。中有蕭灘。

湄湘水。在新淦縣南一里。源出縣東三十里高嶺，經縣南門外惠政橋入贛江，曰南河口。又峯岡秀水，在縣南十里，源出縣東北瀑布，下七里陂〔二〕，南流合桂湖，亦達惠政橋入江。

泥江水〔三〕。在新淦縣南十里，一名泥溪。源出撫州樂安縣界，西北流入境，會三小水，下流入贛江。又縣東有堂公橋溪水，源出石陂頭。縣東北有石溪水，源出小廬山，一名金水。俱流入贛江。

藍陂溪水。在新淦縣西南八里。源出百丈峯，流入贛江。又逆口溪水、坑口溪水、坑東溪水，俱在縣西十里許，分流入贛江。

金灘水。在新淦縣西三十里。源出百丈峯，北流經新喻縣界，至牛尾洲入袁江。

八合陂水。在新喻縣東南四十里。源出羅湖，北流入渝水。

睦宦水。在新喻縣南二里。源出鼎山，北流二十里入渝水。又臨川水，在縣南五十里，亦北流入渝水。

同水。在新喻縣西南八十里。自分宜縣同村闊嶺東流入縣界，又南流經黄源一百八十里，入吉安府安福縣界，達於贛江。

板陂水。在新喻縣西四十里。自分宜縣流入，又三十里入渝水。又畫江，在縣西南，源出縣西黄輔村，流入渝水。

距河水。在新喻縣東北。源出分宜縣同村，有二源至距村合流，又南流三十里合渝水。

甘流水。在峽江縣東一百里。自樂安縣流入，會玉笥、太平諸水，出新淦縣泥江口達贛江。

黄金水。在峽江縣南三十里。自新喻東流入境，九十里達贛江。又縣南有躧石水，自吉水縣界流經圓嶺。又洞下水，亦自吉水縣流經石洞。又豐田水，自廬陵縣來，西北流經豐田洲。俱會黄金水入贛江。

亭頭水。在峽江縣西三里。源出七里洞，環抱城北，經大安橋，東入贛江。又暮膳水，在縣南五里，源出石牛嶺，經黄花橋東流出峽。

潖水。在峽江縣北二十里。自新喻縣界來，東流六十里入贛江，亦名烏口。又有象水，亦自新喻界來，東流入江。又縣北有潭塘水、仁和水、蓮花塘水〔四〕，皆東北流入江。

玉澗水。在峽江縣東北。源出玉笥山，迴互紆曲，爲三十六洞之一。下流入贛江。

蛇溪。在清江縣東十里。源自永泰市北五里，分江水爲溪，流三十里，復與江合。明成化末，贛水北衝蛇溪，遂成大川。俗名銅鑼江。

沈香溪。在清江縣東五十里，即閤皂山水也。山之左界水流合淦水，右界水經清江鎮南八九里折而東，紆迴入豐城縣界，至小港口入江。

桂湖。在新淦縣南門外，一名倉池。

萬石洲。在清江縣南十里。贛水環其東，袁江經其西。四面濱水，平廣肥饒，歲收常倍，因名。府志：洲接新淦縣界，橫廣十里，縱二十餘里。

游家洲。在清江縣南十里。袁江西來北折，洲在其右，與萬石洲相望。一名雙洲。又余家洲，在清江鎮上流江中，綿亘十里許，蛇溪遶其内，土可樹藝。一名祝家洲。

大洋洲。在新淦縣北四十里贛江中，近清江縣界。

虎跑井。在府治東。明統志：唐魯季文廬母墓，每患汲江水遠，忽有虎於廬側跑地得泉，人以爲孝感。

劉仙井。在新淦縣南十里峯岡山。明統志：舊傳仙人劉守真鍊丹井。其泉清甘，病者飲之可愈。

古蹟

新淦故城。在清江縣東北。漢置，爲豫章都尉治。隋始移置今新淦縣，而故城廢。寰宇記：廢新淦縣，在今新淦縣北一百二十里。隋開皇十年移於今理。臨江府志：新淦故城，在清江鎮，即今樟樹鎮也。

新喻故城。在今新喻縣南。三國吴析宜春縣地置，唐遷今治。唐書地理志：新喻，本作「渝」，天寶後相承作「喻」。元和志：本因渝水爲名，今曰新喻，因聲變也。寰宇記：隋平陳，廢新喻爲吴平縣，屬洪州。大業中，廢吴平，再立新喻縣，在龍池墅。唐武德初，安撫使李大亮析置西吴州，七年廢，復新喻縣。縣志：龍池墅城，在今縣南三里。隋大業八年遷距村，在今縣西北五十里。唐初，嘗置吴州，亦名吴州城。麟德元年，遷治龍池墅。大曆八年，又遷治虎瞰山北，即今治也。按：寰宇記所言，隋、唐志皆不載。又今晉志作新諭，宋書州郡志作新喻，據唐書、元和志，則前此皆作「渝」，天寶後始作「喻」，蓋「諭」即「渝」字之訛也。

巴丘故城。在峽江縣北。縣志：巴丘故城，在新淦縣南八十里。三國吴分石陽縣置巴丘縣，屬廬陵郡。吴志：孫策定豫章，留周瑜鎮巴丘，即此。晉以後因之。隋開皇中，并入新淦縣。明初置峽江巡司，去新淦闊絶，危谿峻嶺，巨盜出没不常。嘉靖五年，守臣錢琦始建議析新淦六鄉立縣，仍因峽江之名，拓巡司故址爲治所，北去巴丘城一里許，即今縣也。

吴平廢縣。在清江縣西。後漢中平中，置漢平縣，屬豫章郡。三國吴改爲吴平縣，晉以後因之。隋開皇十一年，廢入宜春。寰宇記：廢吴平縣，在新喻縣東一百里。按：清江縣志有吴城，在縣西三十里，即吴平也。

始平廢縣。在清江縣。唐武德五年置，七年廢。縣志：始平縣，宋時割屬清江。今清江縣棲梧山下玉虚觀，古始平縣也。

富國城。在清江縣東南十五里，相傳南唐貯糧處。又牛頭城，在縣東三十里。廬城，在縣東北五里。樊城，在縣西北三十里。建置俱未詳。

瓦城。在清江縣東北四十里。相傳五代時鄉豪築以自保處。

制置城。今新淦縣治。本古市南村，隋遷縣。五代時，楊行密建制置院於此。寰宇記：隋開皇十年，以新淦縣屬吉州。縣令李子樂以去州懸遠，請移市南村，即今縣治。舊志：唐嘗置虔吉五州巡檢司於新淦。梁開平四年，楊吴既得吉州，欲遂圖虔州，用嚴可求之策，以新淦爲都制置使治所，置兵城守，故亦名爲制置城。

泥溪城。在新淦縣南，臨江。梁末蕭勃起兵廣州，遣將歐陽頠屯豫章之苦竹灘，陳將周文育襲據芉韶，頠大駭，退入泥溪，即此。寰宇記：泥溪城，在縣南四十里。

監軍城。在新淦縣西十里，地名城口。楊吴建制置院於新淦，又渡江而西置臨軍營，因築此城。宋紹定間廢。

監梁館。在新喻縣虎瞰山巔。唐大曆八年，徙縣治移置於此。今爲縣學。

練安故宅。在新淦縣東山，祖墓及母夫人塚俱在焉。羅洪先記：其先本新淦東山人，父伯尚遷三洲，安復居淦城。

孔丘明宅。在峽江縣玉笥山。明統志：秦孔丘明奉母學道於此。又梅福宅，亦在玉笥山。

近江樓。在府城東南，濱江。宋守魏廷玉建，以朱子詩有「征驂聊駐近江樓」之句爲名，内祀朱子及黄幹、張洽。

一覽樓。在府城内富壽岡東。一峯名金星堆，宋時建樓其上，最高勝處。

雲章樓。在新喻縣南一里。宋孝宗在東宫，蕭燧爲侍讀，後登極，以中興起居注、玉枕蘭亭賜之。其子尚書逵作樓以貯。

經史閣。在舊府學内。宋侍郎向子諲建，以藏經史。胡銓有記。

水閣。在新喻縣治西。宋李諮建，陳堯佐有詩。

黄欒館。在新淦縣南二十里綿嶺上。唐權德輿過此，有詩。

讀書堂。有三。一在清江縣西十五里，晉豫章人吴猛建。一在府城内，唐盧肇讀書於此。一在閤皂山，南唐宋齊丘讀書處。

維崧堂。在府治内。明統志：宋天禧中，王益爲軍判官，其子安石生此，後人因名其堂曰維崧堂。

五賢堂。在府學講堂西，祀宋劉敞、劉攽、孔文仲、武仲、平仲。

戲魚堂。在新淦縣東二里東山之下，宋劉次莊建。名勝志：東山有永壽寺，宋元祐間，殿中侍御史長沙劉次莊謫居於此，自號戲魚翁，摹淳化禁中帖十卷，刻石置堂中。

浩然堂。在新喻縣南。宋處士吳叔元建，黄庭堅書額，蘇轍記。

化梭亭。在府東北三十里清江鎮。明統志：晉陶侃漁於雷澤，得織梭，掛壁間，一日雷電，梭化爲龍去。後人因作亭於陶母墓側。洪武初重修，張九韶記。

碧嶂亭。在府治圃中，宋建。

吸川亭。在府治内。宋時判官廳，面大江。

雙秀亭。在新淦縣黄金鄉。明統志：宋時有鄧氏二子，長曰佑，擢童子科，次曰佶，登三禮科。時人築亭江上，額曰雙秀，朱嚴爲記。

兩耆亭。在新喻縣西。宋朱子守長沙，道經於此，與謝諤相晤，後人作亭以表之。

秀江亭。在新喻縣南，瀕江。宋隱士吳叔元建，黄庭堅有詩。

緑陰亭。在新喻縣學右，俯瞰袁水。唐盧肇、袁皓皆有詩。

景疏亭。在新喻縣西十里。宋歐陽國華致仕歸，景慕二疏而作。

讀書臺。有二。一在新淦縣東一里，晉陶侃讀書處。一在新喻縣西六十里，唐盧肇讀書處。

九仙臺。在峽江縣玉笥山，宋黄庭堅有詩。

風義堡。在清江縣西。明統志：唐末，清江婦魯氏者，抱長子、攜幼子走避寇。寇怪其不抱幼，婦曰：「幼子妾所生，長子前室所生。夫亡時，令妾善視前室子故爾。」寇異而厚遺之。後人因名其地曰風義堡。

劉氏墨莊。在清江縣境。明統志：宋劉清之五世祖式既殁，而家無餘貲，有書數千卷。夫人陳氏指以語諸子曰：「此乃父所謂『墨莊』也。」中更變亂，書散不存，至清之之父，悉力營聚，始復其書。朱子爲之記。

關隘

蘆頭隘。在新淦縣東三十里，爲縣要阨。

樂門嶺隘。在新淦縣東南四十五里，路通永豐縣界。

圓沙坳隘。在新淦縣西十八里。又西五里爲山管峽，俱接新喻縣界。又洞口，在縣西二十里。又西爲石嶺，接峽江縣界。

杯山巡司。在新淦縣東六十里，地名城上。宋紹興中設巡司，尋廢。明洪武初復設，萬曆中移建縣東之藍橋，崇禎中復還舊所。本朝因之。

水北墟巡司。在新喻縣北八十里。明初置，本朝因之。

清江鎮。在清江縣東北三十里，亦名樟樹鎮，即故新淦縣址。東北去豐城縣七十里，爲南北津要。明洪武三年，置巡司。本朝乾隆三十年裁，移府通判駐此。四十三年，又移府照磨駐此。又舊有樟樹營都司，乾隆三十五年改爲臨江營，移駐府城。

員僚寨。在清江縣西南六十里，接新喻、高安兩縣界。相傳隋曹王皋所立〔五〕。

鄧克明寨。在新淦縣東四十里，克明據撫州時所築。

楓岡寨。在新淦縣南五里，唐吉州刺史彭玗立。又縣東南四十里有羊角寨。

白羊寨。在新淦縣東北四十里白羊嶺下，周二十里。又縣東五十里有陳家寨。

寶歷寨。在新淦縣東北四十里，一名金城，周三十里。

沙坑寨。在峽江縣東北。明初常遇春討熊天瑞於贛州，至臨江，平沙坑、麻嶺、牛皮諸山寨，即此。

永泰市。在清江縣東南十五里。九域志：縣有永泰鎮。即此。

太平市。在清江縣西南三十里。元置巡司，明初裁。

蕭灘驛。舊在府城東南萬勝門外。明萬曆中，遷於城東北廣濟門外，今裁。又金鳳驛，元時置於金鳳州，明初省。又清江遞運所，在城東南清波門外，明初置，今裁。

金川驛。舊在新淦縣西北界埠，宋嘉泰中建。明嘉靖中，改建於治北半里金水亭，今裁。

羅溪驛。舊在新喻縣東十五里羅坊市。明初置，嘉靖中，移建縣東門外，後復遷璜緱嶺下。今廢。

玉峽驛。在峽江縣治南峽江之濱，明初與峽江巡司同置。北去新淦縣金川驛八十里。今裁。

津梁

問津橋。在府學東。

虎川橋。在府治東。

清風橋。在府治西。

蕭洲橋。在清江縣西四里。

曲水橋。在清江縣北三十里，接高安縣界。有曲水公館，其水自西北來，折而東北，故名。

望仙橋。在新淦縣治東。

湄湘橋。在新淦縣東二十五里。

楓落橋。在新淦縣東六十里。

惠政橋。在新淦縣南門外。長二十一丈，闊二丈八尺，上有亭。宋紹定時建。

通濟橋。在新喻縣東三里，爲往來孔道。上有通濟橋市。

暇豫橋。在新喻縣東二十五里。

雷公橋。在峽江縣西一里。舊名萊公橋，以寇準謫潮州經此名。

鑼江渡。在清江縣東十里。

隄堰

梅家畬隄。在府城東，當袁贛之衝。明嘉靖初築。

白公隄。在清江縣東北，舊名土橋壋。其地各都分與南昌之豐城、瑞州之高安接壤，沿江百餘里，土田窪下，以隄爲命。本朝康熙五十六年，巡撫白潢捐金修築，計長二里有奇，闊二十丈。

陵墓

三國　吴

聶友墓。在清江縣東。豫章記：在故新淦縣南十里。

彭軀年墓。在清江縣南十里。

何昌言墓。在新淦縣泥江下弦地。

宋

章穎墓。在新喻縣西南三江之原。

明

張九韶墓。在清江縣西三里。

金幼孜墓。在新淦縣南八十里，今屬峽江縣。

張固墓。在新喻縣北三十里。

傅瀚墓。在新喻縣北鳳臺山。

祠廟

褒忠祠。在府城朝天門外。宋建，祀知臨江軍陳元桂。明正德間，以宋清江令趙孟濟配。嘉靖中，增祀宋死事知臨江軍鮑廉、泰和歐陽鐸及里人龔守愚。

文丞相祠。在府學右。明建，祀宋文天祥。

練忠貞祠。在府城東北，祀明練安。又有自靖祠，在峽江縣鳳凰山，亦祀安。

黄勉齋祠。在新淦縣治東，祀宋令黄幹。

先賢祠。在新淦縣學宫左，祀宋李諮、劉敞、劉攽、蕭固、楊獬、李大有、蕭燧、謝諤、章穎、嚴時亨凡十人。

雙忠祠。舊在新淦縣南門，祀唐張巡、許遠。宋紹興中，遷新興寺前。

晏公廟。在清江縣樟樹鎮。明統志：舊傳本鎮人，名戍仔，元初爲文錦局堂長，尸解，有靈顯於江湖。明封平浪侯。

英祐侯廟。在新淦縣北大洋洲，祀宋邑人蕭伯軒，及其子叔祥、孫天任。明成化中，封英祐侯。

周瑜廟。在峽江縣北二里。古巴丘地，相傳瑜墓亦在其側。

寺觀

天安寺。在府治南。唐韋宙征南蠻，道經蕭灘，夜見江中有光，命漁者入水，得鐵佛像五。凱旋日，奏立興化寺。宋曰報恩，元改今名。

慧力寺。在清江縣南二里瀕江，即唐歐陽處士宅。寺創南唐，盛於宋，明洪武間重修。有蘇軾金剛經碑，今存其半。

重興寺。在新淦縣治東，舊名建興。本朝康熙中重建，改今名。

崇慶寺。在新喻縣西門外。隋建，號唐興寺，宋改今名。明洪武初重建。

崇真觀。在清江縣閤皂山。舊名靈仙館，宋政和中改今名，後燬。

祥符觀。在新淦縣治西南。舊名太虛，唐改沖真，宋改今名。內有晉許旌陽煉藥井。

紫霞宫。在府城内。晉建，爲紫霞堂，元改爲宫。

承天宫。在峽江縣東玉笥山。唐建，宋真宗改今名。

名宦

三國　吴

周瑜。廬江人。建安中，孫策定豫章、廬陵，瑜留鎮巴丘，有惠政。

宋

龐籍。武城人。爲言官，彈劾無所避。坐貶知臨江軍，治有聲。

吕大防。藍田人。熙寧中，以太常博士知臨江軍。

林沖之。莆田人，徽宗時，出守臨江。會漕司議廣東海艖數數，諸路以守令豐殺爲殿最。時儈多蕩産，民亦苦病。沖之措置有方，夙弊盡革。靖康間，以主客郎中介陳過庭使金，同被執，抗節不屈死。

李樸。興國人，知清江縣。止其帥孫竑以文具勤王，不若發常賦助邊。破漕使鄭良引真臘取安南之計，以息邊患。

張運。貴溪人。紹興間，爲新淦丞。縣新被兵，令不職，撫諭使劾罷之，以運攝縣事。撥煨燼，考版籍，正租賦，數月之間，弊除而民定。

黄榦。福州閩縣人。嘉定間，辟爲臨川令，改知新淦縣。吏民習知臨川之政皆善，不令而行。

王伯大。福州人。嘉定中知臨江軍。歲饑，賑荒有法。

馬光祖。金華人。寶慶中，調新喻主簿，有能名。

朱貔孫。浮梁人。淳祐中，授臨江軍教授。丞相史嵩之聞其名，欲致之館下，以禄未及親辭。

陳元桂。臨川人。淳祐中，知臨江軍。開慶元年，元兵至，元桂力疾，登城督戰。矢石如雨，力不能敵，遂死之，縣其首於敵樓。越四日方殮，顔色如生。贈寶章閣待制，謚正節。

鮑廉。德祐初，知臨江軍〔六〕。歲乙亥，元將巴顔阿珠下九江，分兵攻臨江。或勸之去，廉曰：「城亡與亡，可遁乎？」被執，不屈死。「巴顔阿珠」舊作「伯顔阿朮」，今改正。

明

吴宗周。宣城人。弘治中，知臨江府，首重師儒，爲學舍，聚生徒講習。數年，民知禮讓，郡中稱治。

徐問。武進人。弘治中，調臨江府。民病水潦，爲築隄防七十二，治甚有名。

戴德孺。臨海人。正德中，遷臨江知府。宸濠反，遣使來收府印，德孺斬之，與家人誓曰：「脱有急，若輩沈池中，吾不負國也。」即日戒嚴，與都御史王守仁共滅宸濠。以憂去，世宗以德孺馭軍最整，獨增三秩。

王泰。慈谿人。正德中，知清江縣。舊以里甲值日，科取無度，泰至，除十之七。建倉備饑，財力不取於民。卒於官，無以爲殮，知府戴德孺經理其喪，士民哀之。

本朝

于鵬翰。文登人。順治中，知峽江縣。縣當閩粤之衝，軍馬絡繹，鵬翰捐貲募夫，民乃不擾。力請蠲荒徭，而市所乘馬給民牛種。二年，民歸業者萬計。

喻成龍。奉天正藍旗人。康熙二十六年，知臨江府。時漕米解户多累，率破産，成龍令悉領於官，百姓便之。尤鼓舞學校，購經籍數千卷，置尊經閣，以授學者。所表章忠節爲多。

李濤。德州衛人。康熙二十八年，由編修知臨江府。巨盜張茂生沿江剽刦爲害，縛至通衢，立斃之。清江姦胥收民税，持權衡，以機械暗移輕重，濤過縣門，叱吏突至其處，得姦狀，伏法。復酌定引鹽價值，除其耗，及里民歲供册籍之費不貲者，民尤便之。

人物

漢

孔恂。新淦人，爲揚州别駕從事。車前舊有屏星，如刺史車曲翳儀式。時刺史行部發去日晏，刺史怒，欲去别駕車屏星，恂曰：「明使君傳車自發晚，而欲撤去屏星，毀國舊儀，此不可行。别駕可去，屏星不可省。」即投傳去。刺史追辭謝請，不肯還。

宋

李諮。新喻人。幼有至性，父出其母，諮日夜號泣，父憐而還其母。舉進士，真宗曰：「是能安其親者。」擢第三人。仁宗時，拜諫議大夫，累官户部侍郎。諮性明辨，周知世務，其處煩猝，常若閒暇，吏不敢欺。在樞府專務革濫賞，抑僥倖，人以爲稱職。卒贈右僕射，謚憲成。

蕭貫。新喻人。俊邁能文，尚氣概。舉進士甲科，仁宗初，出爲京東轉運使。時提舉劉舜卿，善捕盜，恃功不法，前使畏其凶悍，莫敢治。貫發之，廢爲民。遷刑部員外郎，降知饒州。其隣郡有寃抑者，咸曰：「得饒州蕭使君，事當白矣。」遷兵部，召試知制誥，未及試而卒。貫臨事敢爲，不苟合於時。有文集二十卷。

劉敞。新喻人。慶曆進士，歷右正言、知制誥。奉使契丹，素知山川道徑及異獸形狀，遼人嘆服。嘉祐祫享，羣臣上尊號，敞言歲來頗有災異，正當寅畏天命，深自抑損，豈可於此時以虚名爲累。帝遂不受。後改集賢院學士，判西京御史臺。敞學問淵博，爲文敏贍，歐陽修每於書有所疑，折簡來問，揮筆答之，修服其博。長於春秋，爲書四十五卷行於時。著有公是先生集七十五卷。

劉攽。敞弟，與兄同登進士。熙寧中，知太常禮院。吕惠卿爲考官，列阿時者高等，戇直者反居下，攽覆考，悉反之。又貽書論王安石新法不便，斥通判泰州，尋知曹州。曹爲盜區，重法不能止，攽曰：「民不畏死，奈何以死懼之。」至則治尚寬平，盜亦衰息。哲宗初，入爲祕書少監，拜中書舍人。攽邃於史學，豫司馬光修資治通鑑，專職漢史。又作東漢刊誤，爲人所稱。著有公非先生集六十卷。

蕭注。新喻人，磊落喜言兵。舉慶曆進士，攝廣州番禺令。儂智高圍州數月，方舟數百，攻城南，勢危甚。注自圍中出，募壯士三千人，乘大船集上流，因颶風縱火焚賊舟，破其衆。即日發縣門，納援兵，城中人始有生意。擢禮賓副使、廣南駐泊都監。賊還據邕管，注挺身入蠻中，施結恩信。以功知邕州。智高走大理國，母與二弟悉擒送闕下。復募死士入大理，取智高，函首歸獻。熙寧初知桂州，圖招徠之策，會罷歸，卒於道。

孔文仲。新喻人。刻苦問學，號博洽。舉進士，調餘杭尉，再轉台州推官。熙寧初，范鎮以制舉薦，對策九千餘言，力論王安石新法，僅得國子直講。元祐初，遷禮部員外郎，擢左諫議大夫，疏論青苗、免役、保甲、保馬、茶鹽之法爲遺蠹留蠹。改中書舍人，卒，士大夫哭之皆失聲。蘇軾扶其柩曰：「世方嘉軟熟而惡峥嶸，求勁直如經父者，今無有矣。」有文集五十卷。

孔武仲。文仲弟，舉進士甲科。居喪，毁瘠特甚，右肱爲不舉。元祐初，歷國子司業，論科舉之弊，詆王氏學。累遷禮部侍郎，坐元祐黨奪職。所著詩書論語説、金華講義等書百餘卷。

孔平仲。武仲弟，登進士。吕公著薦爲集賢校理。紹聖中，亦坐黨籍，再謫惠州。徽宗立，召爲金部郎中，尋罷。平仲長於史學，著良史事證諸書傳於世。

劉奉世。敞之子。天資簡重，有法度。中進士第，元祐時拜樞密直學士。章惇當國，乞免去。紹聖初，以端明殿學士知成都府，尋謫居郴州，再貶隰州團練副使。徽宗立，盡還其官。崇寧初，再奪職。政和中，復端明殿學士，卒。奉世尚安静，嘗曰：「家世惟知事君，内省不愧，得喪常理也。譬如寒暑加人，雖善攝生者，不能無病，正須安以處之。」

李邈。清江人，唐宰相適之之後。以父任爲太廟齋郎，通判河間府，忤蔡京、童貫免官。久之知嚴州，代還，密教貫陰佐遼以圖金人，貫不能用。及貫收復燕山，邈嘆曰：「禍自兹始矣。」出爲河北西路制置使，拜青州觀察使，仍知府事。金兵至，城被圍，相持四旬，城破，巷戰不克。斡里雅布脅邈拜，不拜，乃拘於燕山府，命邈降。邈憤詆毁，金人擱其口，猶吮血噀之，遂遇害。將死，顏色不變，南向再拜，端坐就戮。贈招化軍節度使，謚忠壯。「斡里雅布」舊作「斡離不」，今改正。

向子諲。臨江人，敏中玄孫。宣和間，累官京畿轉運副使。建炎初，金兵至亳州，約日索戰，諸道畏縮不進。時康王次濟州，子諲獻金帛及本司錢穀之在濟州者，以助軍費。張邦昌僭位，使其甥劉達齎手書來，子諲不啓封焚之，繫達於獄。遷直龍圖閣，尋罷。以素爲李綱所善，故黄潛善斥之。後除户部侍郎，以徽猷閣直學士知平江府，忤秦檜致仕。退閒十五年，自號所居曰薌林。

蕭燧。臨江軍人。高祖固，皇祐初爲廣西轉運使，知儂智高凶狡，條上羈縻之策於樞府，不果用，智高後果叛。燧生而穎異，幼能屬文。紹興中擢進士第，授平江府觀察推官。時秦檜當國，其黨密告燧，秋試必主文漕臺，丞相有子，欲屬公。燧怒曰：「初仕敢欺心耶！」檜懷之，調静江府察推而歸。淳熙初，累遷國子司業，除左司諫。時宦官甘昪之客胡與可、都承旨王抃之族叔秬，皆持節於外，有所憑依，無善狀，燧皆奏罷之。擢右諫議大夫，尋出知嚴州，移知婺州，皆有治聲。累官參知政事，卒謚正肅。子逵，登淳熙進士，官至太常。

謝諤。新喻人。紹興進士，攝樂安尉。樂安多盜，諤條二十策，大要使其徒相糾，而以信賞隨之，羣盜果解散。選行縣事，改吉州録事參軍，知分宜縣，所至有聲。擢監察御史，奏減分宜華亭月樁錢，上所創義役法一書，詔行於諸路，民以爲便。光宗立，擢工部尚書，請祠而歸。卒贈通議大夫。諤初居縣南之竹坡，名其燕坐曰艮齋，人稱艮齋先生。所著有聖學淵源録、孝史、艮齋集、經解講義、諫垣奏議諸書，共九十餘卷。

劉清之。臨江人。紹興進士，調萬安丞，知宜黄縣。周必大薦之於孝宗，召對，首論民困兵驕，大臣退托，小臣苟媮，又言用人四事，論皆切摯。改太常主簿，通判鄂州，改衡州。光宗即位，起知袁州而疾作，猶貽書執政論國事。初，清之欲應博學宏詞科，及見朱子，盡取所習焚之，慨然志於義理之學。吕伯恭、張栻皆神交心契，汪應辰、李燾亦敬慕之。母不逮養，展閲手澤，涕泗交頤。宗族有流寓者，皆迎養之，嘗序范仲淹義莊規矩，勸大家隨力行之，參取先儒禮書，定爲祭禮。所著曾子内外雜篇、訓蒙新書、外書、戒子通録、墨莊總録、祭儀、時令書、續説苑、文集、農書。

徐夢莘。臨江人。紹興進士，累官知賓州，以前議鹽法罷官。夢莘恬於榮進，網羅舊聞，會萃同異，自政和海上之盟訖紹興完顏亮之斃，上下一十五年，爲三朝北盟會編三百五十卷。帝聞而嘉之，擢直秘閣。平生所著集補、會録、讀書記志、集醫録、集仙録，皆以儒學冠之。弟得之，字思叔，淳熙進士，以通直郎致仕，安貧樂分，著左氏國紀，作具敝篋筆略、鼓吹詞、郴江志、史記年記。從子天麟，開禧進士，官終廣西運判，所至興學明教，有惠政。著西漢會要、漢兵本末、西漢地理疏、山經凡百餘卷。

章穎。臨江人。以兼經中鄉薦。孝宗立，爲萬言書附驛以聞，召爲太學録，遷太常博士。光宗初，除左司諫，屢疏請上問安重華宮。寧宗即位，擢兵部侍郎，乞降詔宣諭趙汝愚，無聽其去。御史劾穎阿黨，罷，後除集英殿修撰，遷禮部尚書，丐祠。穎操履端直，生平風節，窮達不移。方黨論之興，朱子嘗遺以書曰：「世道反覆，已足流涕，而握其事者，怒猶未已。然宗社有靈，公論未泯，異日必有任是責者，非公誰望耶？」卒贈光禄大夫，謚文肅。

彭龜年。清江人。七歲而孤，及長，得程氏易讀之，至忘寢食。登乾道進士，歷祕書郎、起居舍人，極諫光宗不朝重華宮而幸玉津園。紹熙五年，壽皇不豫，疾寢革，龜年連疏，伏地叩額，血漬甃甓，請即日過宮。寧宗立，除吏部侍郎，條數韓侂胄之姦，以焕章閣待制致仕。龜年學識正大，議論簡直，善惡是非，辨析甚嚴，其愛君憂國之忱、先見之識、敢言之氣，皆人所難。贈寶謨閣直學士，謚忠肅。著經解、祭儀、五致録、奏議、外制。

曾三復。臨江人。乾道進士。紹興初，歷監察御史，進起居舍人，兼權刑部侍郎，致仕。性耿介，恥奔競，故位不速進。在臺餘二年，持論不隨不激。其没也，士論惜之。

曾三聘。新淦人。乾道進士，累遷軍器監主簿。光宗不朝重華宮而欲幸玉津園，三聘疏言：「今人心既離，大亂將作，陛下安意肆志而弗聞，萬一敵人諜知，馳一介之使，問安北宮，何以答之？」及壽皇病革，復上疏，言恐不幸有狂夫姦人託忠憤以動衆，悔之何及？帝意爲動。寧宗立，兼考功郎，會韓侂胄爲相，指爲趙汝愚腹心，追兩官。侂胄誅，諸賢相繼召用，三聘禄不及，終不自言。嘉熙間，特贈三官〔七〕，直龍圖閣，賜謚忠節。

張洽。清江人。從朱子學，自六經傳註而下，皆究其指歸。朱子謂黄榦曰：「斯道之傳，如二三君者，不數人也。」時行社倉法，洽請於縣，貸常平米二百石，建倉里中，六年而歸其本於官，鄉人利之。嘉定元年中第，授松滋尉，改袁州司理參軍，尋知永新縣，復通判池州，皆有善政。袁甫提點江東刑獄，聘爲白鹿書院長。端平初，除直秘閣，致仕。洽少用力於敬，以「主一」名齋，平居不異常人，至義所當爲，則勇不可奪。閒居不言朝事，或因災變，輒顰蹙不樂，聞一君子進用，士大夫直言，則喜見顏色。所著春秋集注集傳、左氏蒙求、續通鑑長編事略、歷代地理沿革表及文集。

元

范桲。清江人。早孤，母熊氏守志，長而教之。桲克自樹立，無苟賤意，持身廉正，不可干以私。吴澄以道學自任，少許可，嘗曰：「若亨父，可謂特立獨行之士。」爲文志其墓，以東漢諸君子擬之。

黄璸。臨江人。父延祐間之京師，璸既長，聞父置妾居永平，往省，父殁已三年矣。庶母聞其至，盡挾其貲更嫁，拒不見璸。璸哭語人曰：「吾來爲省父也，不幸父殁，思奉其柩歸窆之，莫知其墓。得見庶母示以葬所，死不恨。」久之聞庶母居海濱，亟裹糧往，往拒不納。庶母之弟憐之，與偕至永平屬縣樂亭求墓，又弗得。哭禱於神，一夕夢老父以杖指葬處，明日就其弟求之，庶母之弟曰：「真是已，殮時有某物可驗也。」啓朽棺，得父骨以歸。

周自强。新喻人。以文法推擇爲吏。泰定間，廣西峒傜反，自强往説以禍福，中其要害，酋立罷兵納款。超授廣西兩江道宣慰司都事，歷義烏縣尹。周知民情，而性度寬厚，不爲刻深，民畏且愛，部使者數以廉能譽於朝。爲江州路總管，致仕。

杜本。清江人。博學善屬文。浙江行省丞相呼喇珠，得其所上救荒策，大奇之，薦於武宗，被召至京。未幾，歸隱武夷山中。文宗即位，以幣徵不起。至正中，右丞相托克托以隱士薦，稱疾固辭。本湛静寡欲，無疾言遽色，與人交尤篤於義，有貧無以養親、無貲以爲學者，皆濟之。平居書册未嘗釋手，天文、地理、曆律、度數，靡不通究。著四經表義、六書通編、十原等書，學者俱稱爲清碧先生。「呼喇珠」舊作「忽剌朮」，「托克托」舊作「脱脱」，今改正。

明

梁寅。新喻人。世業農，家貧，自力於學，淹貫五經百氏。辟集慶路訓導，以親老辭歸。太祖徵天下名儒修述禮樂，寅就徵，已六十餘矣。在禮局中，討論精審，諸儒皆推服。書成，賜金幣，將授官，以老病辭還，結廬石門山。四方多士從學，稱石門先生。

趙壎。新喻人。洪武初將修元史，命宋濂、王禕爲總裁官，徵山林遺逸之士爲纂修官，壎與焉。書成，賜賚遣歸，而順帝朝猶未備，乃命歐陽佑等往北平采其遺事，重開史局，仍以濂、禕總裁，徵四方文學士爲纂修。先後兩局並與，壎一人而已。書成，諸儒多授官，壎不授。尋召修日曆，授翰林編修，命與宋濂同職史館，濂兄事之。出爲靖江王府長史，卒。

曾魯。新淦人。七歲暗誦五經，稍長，日取三史記之，尋及其餘，凡數千年制度沿革，無不能言者。洪武初，召修元史，書成，留編禮書，授禮部主事。常遇春薨，高麗王遣使來祭，黄帕文不著洪武年號，魯讓曰：「納貢稱藩而不奉正朔，君臣義安在！」使者謝，易去。安南陳叔明篡位，懼討，遣使入貢以覘朝廷意。魯取副封視之，詰使者曰：「前王曰煃，今何驟更名？」使者具言其實，帝命却其貢。由是器重，即日超拜禮部侍郎。尋引疾歸，未抵家而卒。淳安徐尊生嘗曰：「南京有博士二人，以舌爲筆者曾得之，以筆爲舌者宋景濂也。」

練安。新淦人。洪武十八年廷試第二，授修撰。丁母艱，力行古禮。累遷工部侍郎。建文初，與方孝孺特見信用，改吏部左侍郎，以賢否進退爲己任，拜御史大夫。燕師起，李景隆北征，屢敗召還，安執數其罪，請誅之，不聽，憤激叩首曰：「壞陛下事者，此賊也。臣備員執法，不能爲朝廷除賣國之姦，死有餘罪。」因大哭求死，帝爲罷朝。燕王即位，執安至，語不遜，遂磔死，族其家，媢戚俱逮戍邊。從子大亨，時官嘉定知縣，聞變，同妻赴劉家河死。安善文章，其遺文曰金川玉屑集。福王時贈太保，謚忠貞。本朝乾隆四十一年，賜謚忠肅。

徐子權。新淦人。洪武十八年進士，官刑部主事。聞練安死，慟哭賦詩，自經死。福王時，贈光禄卿。謚忠愍。本朝乾隆四十一年，賜謚節愍。

謝子襄。新淦人。永樂中處州知府。郡有虎患，歲旱蝗，禱於神，大雨三日，蝗盡死，虎亦遁去。叛卒吴米據山谷爲亂，朝廷發兵討之，一郡洶洶。子襄力止軍毋出，而自以計掩捕之，獲其魁，餘悉解散。歷官三十年，不以家累自隨。

金幼孜。新淦人。永樂初翰林檢討，與解縉等同直文淵閣，累遷諭德兼侍講，從幸北京。帝北征，所過山川要害，輒命記之，有旨屬起草，據鞍立就，自後出塞必扈從。遷翰林學士，尋拜文淵閣大學士。仁宗立，進户部右侍郎，尋加太子少保，兼武英殿大學士，專典内制。賜繩愆糾繆銀章，諭政有闕失，密疏奏聞，用此爲識。洪熙初，遷禮部尚書，兼官如故。命與楊士奇、楊榮等會讞囚，幼孜善律法，多平反。後爲總裁官，修兩朝實録。宣德時卒，贈少保，謚文靖。

黎恬。清江人。天性孝友，儀度端凝。永樂進士，授御史。三殿災，詔求直言，上疏斥大臣不法，出知交阯南靈州。尋以楊士奇薦，擢諭德，與修宣宗實録，進講經筵。以展墓歸卒。著觀過稿。

胡器。新淦人。由國子生爲泉州知府，有善政。詔修永樂大典，士民泣送，書成，詔還任。尋推貴州按察使，寬而有法，民夷愛之。

張固。新喻人。宣德進士。正統初，授刑科給事中，號敢言。帝將北征，偕同官疏諫，不從。景泰初，遷大理寺少卿，鎮守四川建昌，督捕山東盗，所至謹於其職。英宗復辟，固卒，帝追念其忠，遣行人劉炤諭祭，蔭一孫。

傅瀚。新喻人。天順進士，選庶吉士，授檢討，遷諭德，直講東宫。弘治中，累官禮部尚書。保定獻白鵲，疏斥之。巡撫熊翀以縣民所得白玉璽來獻，瀚言帝王受命，在德不在璽。京師星變，請躬行節儉以先天下，又言光禄寺供億之濫，帝悉嘉納。卒贈太子太保，謚文穆。

彭綱。清江人。成化進士，授武選司主事，遷員外郎，上封事劾妖僧繼曉。出知汝州，鑿渠引水，灌田數千畝，世爲民利。擢僉事，遷雲南提學副使，以明公稱。著有雲田集。

涂楨。新淦人。成化進士，初爲江陰知縣。正德初，巡鹽長蘆，劉瑾縱其黨侵奪商利，楨據法裁之。還朝，遇瑾長揖，瑾怒，矯旨下詔獄。江陰人在都下者，謀賂瑾解之，楨喟然曰：「死耳，豈污父老哉。」竟勿許。遂杖三十，戍肅州，創重，死獄中。瑾誅，復官賜祭。

干顯偲。新淦人。六歲失怙，踰年，求父像，時拜且哭。家貧，事母能盡養，及卒，水漿不入口者數日。比葬，廬墓所，虎馴其側，人咸異之。正德三年旌表。子鳳，領弘治甲子鄉薦，授高淳、合肥教諭，誨諸子敦實行，清約有古人風。遷知桃源縣，命下而卒，無以爲殮。正德間，督學僉事邵鋭既祠於鄉賢，仍書孝廉以表其宅。

張文。新喻人。弘治進士，授給事中。中官李興請備元夕燈火，文切諫，命減之。出覈湖廣、貴州軍儲，會普安米魯作亂，條上邊計數事。劾巡撫錢鉞、總兵曹愷喪師失律，報可，復劾外戚慶雲侯周壽罪，帝不問，然心知其直。一時言路倚之爲重。正德時多弊政，文先後率同官極諫，至奉嚴旨，執奏如初。未幾，卒於官。

張芹。新淦人。弘治進士。正德中擢御史，疏劾李東陽以顧命大臣不能救逆瑾之亂，及寧夏平，又欲冒功受賞，乞賜罷斥，詔奪俸三月。帝嘗馳馬墜失，上疏切諫，出爲徽州知府，終浙江右布政使。

宿進。峽江人。正德進士，歷刑部員外郎。奏列六事。一言忤逆瑾死者，如許天錫、周鑰輩，暨中官王岳等，並宜加恤；一請斥附瑾大臣王敞輩，察治内侍中餘黨，餘四事俱切時政。帝怒，廷杖爲民。世宗立，贈光禄少卿。

胡璉〔八〕。新喻人。正德進士，歷刑部郎中。初諫武宗南巡，受杖。嘉靖初，以伏闕争大禮，再受杖，創死。穆宗立，贈太常少卿。

曾櫻。峽江人。萬曆進士，授工部主事，歷遷常州知府。織造中官李實，迫知府行屬禮，櫻獨如故。天啓中，高攀龍、繆昌期、李應昇被逮，櫻助昌期、應昇貲，而經紀攀龍死後事。毛士龍、孫慎行坐忤魏忠賢，當戍，皆緩庇之。崇禎初，以參政分守漳南。九蓮山賊犯上杭，募壯士擊殲之。改湖廣按察使，分守湖南。時賊已殘十餘州，櫻薦蘇州同知晏日曙、歸德推官萬元吉，兩人方坐事，以櫻言署用，一方遂安。遷山東右布政，累擢南京工部右侍郎，乞假歸。唐王時，以薦起工部尚書、東閣大學士，掌吏部。福州破，櫻自縊死。本朝乾隆四十一年，賜謚忠節。

施天德。新喻人。萬曆進士，爲武選郎中，三疏諫熹宗内操，再疏詆魏忠賢。廷辨三案甚力，崔、魏嫉之，出觀察淮徐，以疾歸。逆璫矯旨勘問，謫戍死。崇禎初，給諫薛國光疏請卹，詔贈大理卿。

郭裕。清江人。崇禎中鄉薦，知棗陽縣。張獻忠兵至，左良玉屯近邑，裕單騎邀與共禦，賊却去。十五年冬，李自成犯襄陽，賊將劉福攻棗陽，裕發砲石，擊傷甚衆。賊憤攻益力，城陷，裕身被數槊，大罵，賊支解之，闔門遇害。本朝乾隆四十一年，賜謚忠烈。

楊廷麟。清江人。崇禎進士，授編修。京師戒嚴，疏劾兵部尚書楊嗣昌恃款忘備。嗣昌欲假軍機殺之，詭薦廷麟知兵，改職方主事，贊畫盧象昇軍。及廷麟督餉真定，而象昇戰死，嗣昌欲中以危法，帝察其無罪，貶秩外調。都城失守，廷麟慟哭，募兵勤王。福王召之，而宗室朱統𨮁，誣廷麟召健兒有不軌謀，因散所募兵。南都破，江西都郡僅存贛州，唐王手書加廷麟吏部右侍郎，與國子祭酒劉同升督師吉安、臨江，尋入贛，招峒蠻四營降之。大兵圍贛，與萬元吉共守，城破，督士民拒戰，久之力不支，赴水而死。本朝乾隆四十一年，賜謚忠節。

萬發祥。新喻人。崇禎進士，改庶吉士。京師陷，發祥絶粒飲藥不死，聞馬世奇、吴麟徵殉節，徑哭之，被執。賊脅之降，搒掠亡完膚，臨以刃，不爲動。賊敗，得間歸，在贛州與楊廷麟、萬元吉等同死。本朝乾隆四十一年，賜謚烈愍。

胡若坦。峽江諸生。崇禎間流寇至邑，若坦奉母奔避，母年老行遲，爲賊獲被殺。若坦呼號慟哭，乘間奪賊刃，與賊格不勝，賊劓若坦耳，昏仆地。復醒起立，又與賊搏，且搏且駡，遂被害。

本朝

邊勳。峽江人。少從施閏章講學於吉州。康熙中舉於鄉。平生質直，言行一出於至誠。著集蓼山房詩、古文雜著四卷。

施聖揆。新喻人。十歲喪母，擗踊絶食，終喪盡禮如成人。事父，雖貧必覔甘脆奉膳，及殁，廬墓三年，有白鶴飛繞悲鳴。又繪二親像，每食必薦，出告反面，年七十餘，事之如一日。雍正八年，旌其門。

曾寅。清江人。順治庚子鄉試第一，康熙進士，由庶吉士爲山西道御史，多所建白。累官至陝西甘山道副使，宣布威惠，邊人懷之。以老告歸，入祀鄉賢祠。

傅克生。清江人。康熙進士，歷知瀘溪、武康等縣，以振興文教爲務。聖祖仁皇帝南巡，大吏以循良上聞，特賜額「清慎勤」褒異之。擢禮部主事，致仕，囊無餘物，惟購書數百卷而已。卒，入祀鄉賢祠。

楊錫紱。清江人。雍正丁未進士，授吏部主事，累官廣西、湖南巡撫，禮部尚書，漕運總督。性恬淡，聲色貨利，一無所好。歷任封疆，清操自矢。屬吏有片長，亟於嘉獎，故人得盡其才，事因以辦。晉太子太保，卒于官。謚勤慤，入祀鄉賢祠。

晏維旭。新喻廩生。躬循榘矱，學溯淵源。門内孝友，人化其行。助邑令清釐田畝，俾賦役得均，一介不取，人稱廉士。以子斯盛官，封通奉大夫，入祀鄉賢祠。

流寓

宋

王覿。如皋人。徽宗即位，以龍圖閣學士罷，主管太平觀，安置臨江軍。

劉次莊。長沙人。元祐間殿中侍御史，謫新淦。卜居東山，自號戲魚翁，至今傳戲魚堂淳化帖云。

趙孟濟。宗室子。本居汴，寓居清江。德祐中，郡檄攝衛城邑，元兵攻城，孟濟與總統丁應明登樓椎鼓，以張虚聲，元兵越境去。以功受清江令。明年，元兵大至，城陷死之。丁應明與孟濟同里，先殁於陣。

列女

晉

陶侃母湛氏。豫章新淦人。侃早孤貧，爲縣吏。鄱陽孝廉范逵，嘗過侃，時倉卒無以待賓，其母乃截髮，得雙髮以易酒肴。樂飲極歡，雖僕從亦過所望。逵稱美之，遂薦侃。

宋

歐陽希文妻廖氏。新喻人。紹興三年春，盜起建昌，過臨江。希文與妻扶其母傅走山中，爲賊所追，廖以身蔽姑，使希文負之逃。賊執廖，廖正色叱之，賊斷其耳與臂，猶曰：「爾輩叛逆至此，我死，爾輩亦不久屠戮！」語絶而仆。鄉人義而葬之，號廖節婦墓。

歐陽昌邦妻嚴氏。新喻人。素嫻於禮，處娣姒最爲和順。姒汪氏先卒，未葬而嚴得疾，臨終，謂其夫曰：「我與姒睦，死得合葬無恨。」姻族難之，昌邦曰：「吾將以風天下妯娌之不和者，自我作古可也。」遂合葬赤石岡，題曰妯娌阡。

鄒迪母楊氏。新淦人。涉獵書籍，略知大指。蚤失父，事母以孝。既嫁，生迪，教之不以恩克義。迪九歲以文顯，有司稱神童。呂祖謙志楊墓曰：「賢淑媲陶母。」

張氏女。新淦人。年十六，母疾二月治弗愈，一日望北焚香祝天，以刀開右肋，取肝如指大以食母，母頓愈，女亦無恙，人以爲孝感云。

元

劉氏女。名懿文，新淦人。字趙國祥子，未嫁夫卒。父將以女他適，女曰：「曩許趙氏，義不可再。」竟投井死。鄉人名其里曰懿文鄉。

吳輗妻黎氏。新喻人。爲賊所執，義不受辱，投井死。

范氏。清江人，桴孫女。博通經史，洪武初召爲女史，授孺人，爲宫中姆師。一日高后問：「前代何后最賢？家法何代最正？」對曰：「唯趙宋諸后爲最。」命録進，更誦聽之。詔賜歸，老於家。

張均海妻袁氏。新喻人。均海試官浙右，以母梁年踰八旬，不得省視，歸袁於家。而梁嬰風疾，伏枕月餘，袁刲股食之，疾即愈。石門梁寅爲文以志。

皮氏女。名能貞，清江人。幼字新喻諸生符敬，及笄，敬卒，卧泣數日。父母欲奪之，乃密以衾履遺敬父母曰：「妾受符氏聘，雖未歸，其義惟均，恐早晚不諱，無以自明。」是夕自縊死。

張元璽妻袁氏。新淦人。年十八，歸元璽。越三歲夫死，家貧無子，父母欲奪其志。匍匐齧芻曰：「芻食，獸類也，得無以獸畜我乎？」自是衆不復言，侍養舅姑以終。元璽弟元芳妻龍氏，元鳳妻邊氏，俱早寡。三人始終相持，勵節不變。

黄體堅妻陳氏。新淦人。幼納黄聘，後體堅謫吏金陵，父母欲絶之。陳曰：「吾命也。」遂遣歸。體堅以詿誤被戮，陳累訴不得白，徒步收其屍瘞之，自縊柩側。

蕭惟學妻袁氏。峽江人。姑爲虎噬，袁奔救擊虎，負姑歸。虎躡其後，噬袁而死。

鄒濟泰妻簡氏。新喻人。年二十一而寡，父母欲令改嫁，簡誓死不從。服除，復强之，簡持刀向木主，哭斷二指，示不再適。父母乃止。

李厚載妻彭氏。新淦人。年十七歸李，二十而寡。父母欲奪之，誓言從一而終，婦人之義，遂以鍼刺毁一目，紡績以教遺孤。弘治間詔旌。

熊斐妻彭氏。清江人。正德中，華林賊入城，彭被執不辱，死之。督學李夢陽聞於朝，命立石旌表。時同縣劉清渭妻熊氏，劉清澈妻邵氏，鄧介妻易氏，劉淮妻翁氏，陳廷瓚女及其嫂杜氏，俱遇華林賊，義不受辱而死。

唐戊妻陳氏。新淦人。正德中縣被寇，陳扶姑出避。賊追及，欲犯之，陳厲聲罵賊，抱子女投水死。小姑及女奴二，相繼溺水。

廖伯爵妻楊氏。峽江人。年二十一而寡，父母將爲改適，楊自縊不得死，復斷左手指以明志，苦節四十餘年。

陳氏女。峽江人，陳富三女。年十九〔九〕，流賊刦之不從，投水死。同縣袁量超妻劉氏，罵賊而死。

饒思明妻孫氏。新淦人。思明病革，謂孫：「年少無子，盍他適？」孫痛哭，即自縊。越七日而思明卒。

傅玉聲妻趙氏。宋宗室裔女，適新喻傅玉聲。玉聲代兄玉良謫死通州，趙損容飾，甘貧守節。時室有孤燕，亦數十年不易處，鄉里皆奇之。

曾景昭妻鄧氏。新淦人。嘉靖中被盜，欲辱之，鄧罵不屈死。

李佑七妻周氏。新喻人。佑七溺於水，周奔哭江濱欲殉。一夕沐浴殮服，女秀知之，牽抱不忍離，夜半並投隣池死。御史鄭本立爲建坊立祠。

熊鵬妻龔氏。清江人。嘉靖中，賊寇肆掠，龔抱稚子被執，罵賊不屈，母子被殺。同縣羅某妻陳氏，黄某妻廖氏，俱詈賊死。

陳氏女。新淦人。流寇焚掠，陳被執不從，投水死。同縣王有爵妻黎氏，名蘭蕙，遇寇，投福塘水死。

陳廷爙妻鄧氏。新淦人。夫亡守節。貧未及葬，會隣火，鄧痛哭伏棺，誓與俱焚，火頓熄。壽至九十。

陳光奎妻何氏。清江人。爲左兵所掠，以石破額，血被面，兵刃之仆地。一夕蘇，襁褓中兒尚在，匍匐抵家。家人驚泣，何以兒授姑曰：「三世單傳，善視之，婦從此訣矣。」姑解之，何曰：「吾被掠，義當死，不死誰知吾心者？」竟自縊。里人祠之。

聶士偉妻吴氏。名玉貞，清江人。早寡，撫二子一女守節。崇禎末兵亂，吴倉卒抱子女匿複壁中，兵以刀劫使出，不從，舉火焚之俱燼。時年二十九。

鄭禄壽妻張氏。清江人。明季兵亂，張被執，死之。同縣楊長卿妻熊氏，亦抱子投水死。

胡文燦妻楊氏。峽江人。崇禎末獻賊兵至，見執，罵賊死。

胡若均妻曾氏。峽江人。崇禎末寇至，與若均同被執，將殺若均。曾曰：「幸無殺吾夫，但殺我，死無憾也。」以身覆夫，受刃死。賊義之，爲釋若均。有司榜其門曰節烈。

廖伯鐸妻吴氏。新淦人。流寇肆掠，執吴欲辱之，罵賊不從，斃於刃。

本朝

楊泗清妻彭氏。清江人。順治五年，金聲桓叛，掠臨江，驅彭行。彭罵不絶聲，至橋上，奮躍投水。其父母哀痛，酹酒於橋以祀之，俄屍躍出，容色如生。

吴氏女。峽江人，吴璧女。順治初寇至，璧遇害，女撫屍哭欲絶。賊驅之行，厲聲曰：「吾恨不能殺汝，乃從汝耶！」賊怒殺之。

何用和妻吴氏。新喻人。年二十三，用和疾且革，吴方娠，屬之曰：「吾家必當有後，汝能爲我成其志乎？」吴許諾。用和卒，明年子生。有利其資者，謀强嫁之，吴以死自勵，卒不能動。年八十有二，按臣請旌之。

劉正妻羅氏。峽江人。夫早卒，奉姑撫孤，苦節七十餘年。雍正五年旌。

熊汝莊妻聶氏。清江人。夫亡守節。同縣楊增碧妻黄氏，黄子鴻妻聶氏，聶宣讚妻周氏，聶掄妻黄氏〔一〇〕，王淑定妻張氏，聶惟卿妻祝氏，聶繼顯妻傅氏，楊暄妻陳氏〔一一〕，楊皦妻張氏，張錫旭妻徐氏，舉人楊有浤妻熊氏，郭中橋妻傅氏，盧驊然妻黄氏，楊兆蘭妻聶氏，烈婦敖容六妻敖氏，均乾隆年間旌。

孫廷瑜妻鄧氏。新淦人。夫亡守節。同縣羅偉妻黄氏，傅如巍妻陳氏，廖文汴妻龔氏，王師安妻董氏，均乾隆年間旌。

敖廷採妻簡氏。新喻人。夫亡守節。同縣傅廷煥妻黄氏，傅九齡妻簡氏，胡聖瑞妻廖氏，周汝觀妻胡氏，傅士丙妻杜氏，歐陽明照妻廖氏，張聖錫妻嚴氏，段高十妻胡氏，胡可拔妻鍾氏，廖起元妻劉氏，廖起龍妻萬氏，李儒妻戴氏，胡秉枝妻傅氏，均乾隆年間旌。

李師泌妻蕭氏。峽江人。夫亡守節。同縣杜宸妻沈氏，邱望舜妻蕭氏，杜儼妻婁氏，廖驤妻宋氏，邊世璟妻胡氏，邊大垂妻李氏，胡一瀟妻李氏，陳應銘妻廖氏，陳學文妻唐氏，謝又安妻吴氏，龍游妻姚氏，孔應模妻劉氏〔一二〕，陳訓妻楊氏，黄士毅妻宋氏，邊大坑妻李氏〔一三〕，陳如平妻王氏，胡之蛟妻章氏，胡光宗妻鄧氏，張亦蘧妻曾氏，袁繼輻妻陳氏，伍世光妻李氏，陶士騏妻蕭氏，孔毓華妻李氏，王遇臨妻李氏，謝伯睿妾李氏，謝亦安妻鄧氏，張利遠妻李氏，潘而信妻黄氏，朱日躋妻郭氏，吴榮禮妻李氏，劉樸君妻廖氏，劉先拔妻嚴氏，蕭騰鰲妻金氏，廖永瓊妻李氏，廖鴻飛妻劉氏，邊世介妻周氏，金堅妻宋氏，宋昌望妻袁氏，金文煥妻陳氏，蕭燾妻歐陽氏，袁錫名妻邊氏，張穎尚妻陶氏，張士宏妻陳氏，胡錦龍妻廖氏，廖德樞妻李氏，廖炳選妻婁氏，金學濤妻胡氏，吴泰詔妻錢氏，金楷妻張氏〔一四〕，毛天傅妻鄒氏，金學濂妻晏氏，鄒學清妻習氏，袁友鶴妻廖氏〔一五〕，李達才妻胡氏，彭仁衢妻羅氏，袁超俊妻廖氏，唐巨波妻蕭氏，張元寬妻陳氏，李執玉妻邊氏，邊祚琳妻李氏，邊祚朗妻羅氏〔一六〕，謝宏創妻彭氏，席顯經妻彭氏，王錫培妻胡氏，張乾亮妻丁氏，袁發崑妻邊氏，邊永定妻羅氏，郭繼宗妻姚氏，謝大鋒妻姚氏，陳光宏妻蕭氏，習經綸妻唐氏，習傅賢妻張氏，均乾隆年間旌。

龔鯨南妻楊氏。清江人。夫亡守節。同縣龔竿妻皮氏，徐漸元妻楊氏，聶繼旺妻傅氏，楊懋怡妻郭氏，傅廷縉妻楊氏，熊元芳妻盧氏，楊爲龍妻張氏，生員陳學沆妻蕭氏，闕泰妻羅氏，劉昭緯妻孫氏，劉德珍妻楊氏，劉仕富妻謝氏，張光祖妻楊氏，羅允棟妻彭氏，楊學煇妻傅氏，均嘉慶年間旌。

張燦妻龍氏。新淦人。夫亡守節。同縣張式模妻劉氏，黄敦素妻陳氏，李又茂妻謝氏，鄒夢日妻劉氏，李學廉妻王氏，均嘉慶年間旌。

周翼政妻李氏。新喻人。夫亡守節。同縣鄒元芳妻嚴氏，阮近鰲妻伍氏，胡思濬妻鄧氏，龔金綬妻艾氏，劉翊友妻傅氏，方于錫妻劉氏，温士旦妻張氏，晏繩顯妻熊氏，張如鶯妻晏氏，均嘉慶年間旌。

張漢淑妻程氏。峽江人。夫亡守節。同縣姚懋猷妻謝氏，廖祖韓妻邊氏，郭占逵妻陳氏，吴大元妻鄭氏，謝波妻習氏，廖士佐妻劉氏，曾動妻邱氏，張曉霞妻李氏，蕭瀚妻鄧氏，習佳桐妻陳氏，邊啓條妻張氏，邊祚濬妻金氏，王元良妻邊氏，習朝楨妻黄氏，均嘉慶年間旌。

仙釋

秦

孔丘明。秦時與駱法通等十人避亂玉笥山中修煉，有老人授以銅鉢，貯魚十尾，曰：「善視之。」遂於洞天後鑿池畜之，化爲龍。久之道成，九人乘龍上昇，惟何紫霄漫遊不與，隱居山洞爲地仙。或曰紫霄姓鄧。

漢

葛孝先。建安中，遊閤皂山，嘗于東峯作卧雲庵修煉。一夕衣冠入室，卧而氣絶。越三日夜半，忽大風起，發屋折木，有聲如雷，燭盡滅。良久風止，失其所在。

晉

許遜。南昌人。爲旌陽令，棄官遠遊，經清江之根湖，樂其山水之勝，遂煉丹于此。道成蜕去。

吴猛。字世雲。幼時遇異人丁義，遂精道術。嘗渡江，風濤大作，猛以白羽扇畫水而渡。過清江之青龍潤，愛其絶勝，建讀書堂居焉。

王朔。一名王長史，方平裔孫。居棲梧山，許遜嘗過其家，授以修煉之術。遜飛昇時，遺以香茅一根，使植之，謂久服則甘能養肉，辛能養節，苦能養氣，鹹能養骨，滑能養膚，酸能養筋，和以苦酒，可以長生。今玉虚觀尚有遺種。

南北朝　梁

杜曇永。號元老，有道術。天監中，攜門人司門員外郎錢文詠乘舟載家，南上玉笥山，搆清真宫。蕭子雲助錢百萬成之，自爲記，書之于壁。武帝賜號金闕先生。後于太白峯頂上昇。

蕭子雲。蘭陵人。仕梁爲黄門侍郎，棄官修道。雲遊至玉笥山，師事杜元君，遂仙去。

土産

絹。宋志：臨江軍貢。

紵布。明統志：各縣出。

葛布。明統志：各縣出。

柑。明統志：各縣出。

銀杏。明統志：各縣出。

煤炭。

柏子。省志：臨江府出。

按：舊志載明統志：新喻縣銅山，舊有銅鑛，唐大曆後置場，宋罷，久廢不採。謹附記。

校勘記

〔一〕汋江在縣東三十里　「汋」，乾隆志卷二四八臨江府山川作「洶」，似當作「灼」。按，隆慶臨江府志卷三山川新喻縣有灼江水，雍正江西通志卷一四水利有灼江、穎江、長宣江，字皆作「灼」。

〔二〕下七里陂　「陂」，原作「坡」，據乾隆志及雍正江西通志卷九山川改。

〔三〕泥江水　「泥」，原作「沂」，據乾隆志及雍正江西通志卷九山川改。

〔四〕蓮花塘水　「塘」，乾隆志作「潭」。

〔五〕相傳隋曹王臯所立　乾隆志同，雍正江西通志卷三九古蹟、隆慶臨江府志卷一三雜志古蹟無「臯」字。按，此條疑皆有誤。考隋史，皇子無封曹王者。而唐代有李臯，乃唐太宗之孫，天寶十一載嗣封曹王，建中三年爲江南西道節度使，討李希烈叛軍屢有功，或爲其人。則「隋」當爲「唐」字之誤。

〔六〕德祐初知臨江軍　「祐」，原作「佑」，據乾隆志改。

〔七〕嘉熙間特贈三官　「熙」，原作「熹」，乾隆志同，據宋史卷四二三曾三聘傳改。

〔八〕胡璉　「璉」，原作「連」，據乾隆志及明史卷一九二胡璉傳改。

〔九〕年十九　「十」，原作「二」，據乾隆志及本志書例改。

〔一〇〕聶掄妻黃氏　乾隆志「掄」下有「元」字，疑本志脱。

〔一一〕楊晅妻陳氏　「晅」，乾隆志作「晅」。

〔一二〕孔應模妻劉氏　「模」，乾隆志作「謨」。

〔一三〕邊大坃妻李氏　「坃」，原作「坑」，據乾隆志改。

〔一四〕金楷妻張氏　「楷」，乾隆志作「偕」。

〔一五〕袁友鶴妻廖氏　「友」，原作「有」，據乾隆志改。

〔一六〕邊祚朗妻羅氏　「朗」，乾隆志作「琅」。

瑞州府圖

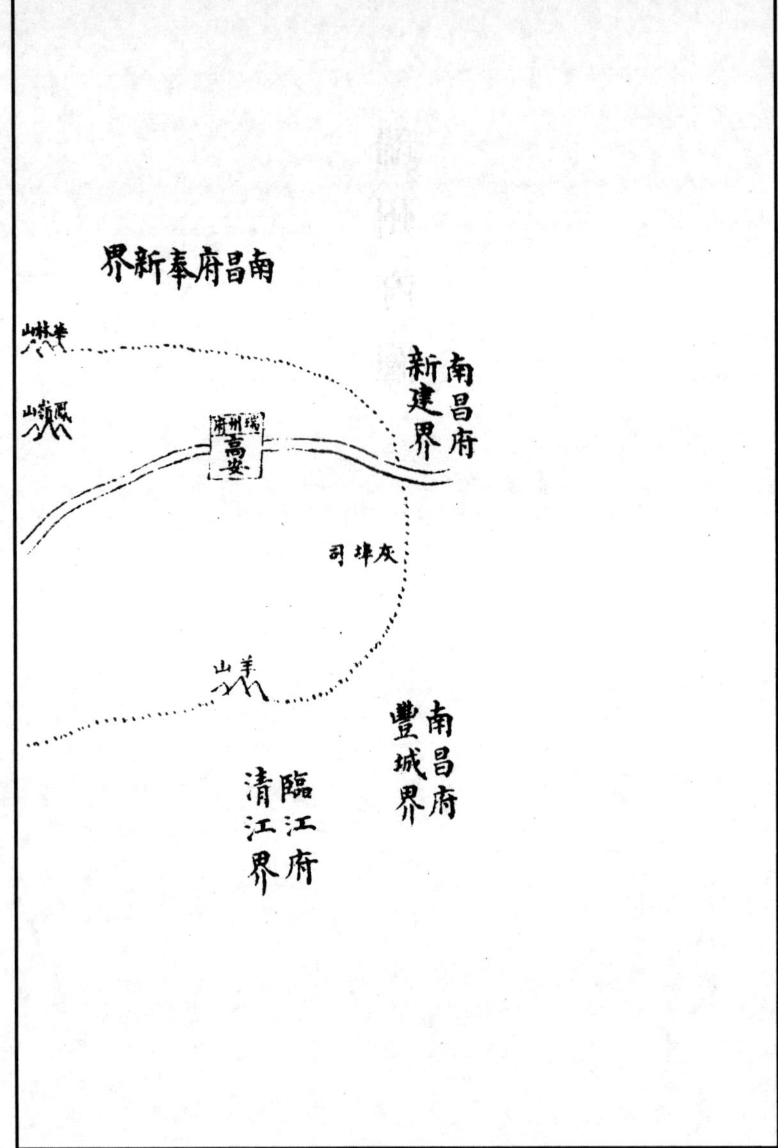
南昌府奉新界
峯林山
鳳嶺山
瑞州府
高安
南昌府新建界
灰埠司
羊山
南昌府豐城界
臨江府清江界

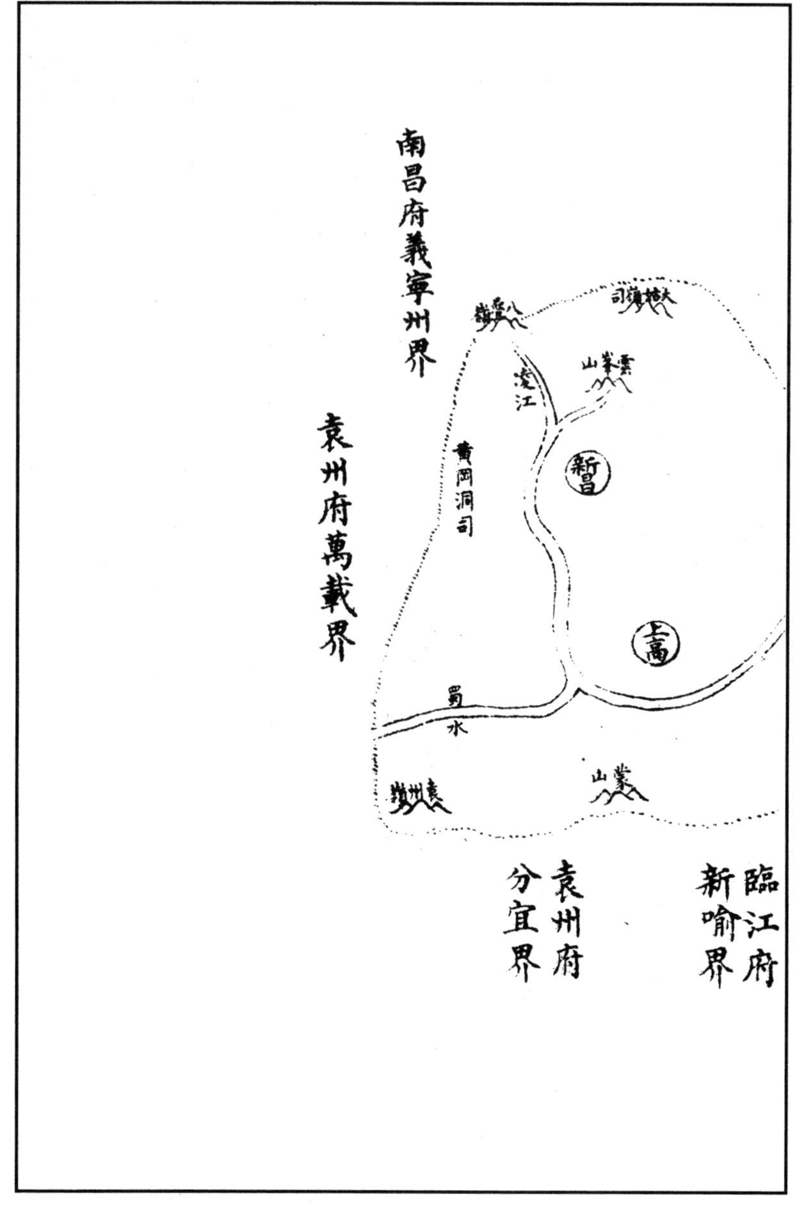
南昌府義寧州界
袁州府萬載界
新昌
上高
黄岡洞司
蜀水
蒙山
袁州府分宜界
臨江府新喻界

瑞州府表

	瑞州府	高安縣	上高縣
秦	九江郡地。		
兩漢	豫章郡地。	建城縣屬豫章郡。	建城縣地。後漢中平中置上蔡縣，屬豫章郡。
三國		建城縣	上蔡縣
晉		建城縣	望蔡縣太康元年改名。
南北朝		建城縣	望蔡縣
隋		建城縣	省入建城。
唐	武德五年置靖州。七年改米州，又改筠州。八年廢。	高安縣武德五年改名，爲州治。八年屬洪州。 華陽縣武德五年析置。八年省。	武德五年復置，屬靖州。八年省。
五代	筠州南唐保大十年復置，治高安。	高安縣州治。	上高縣南唐保大十年改置，屬筠州。
宋	瑞州寶慶初改名，屬江南西路。	高安縣州治。	上高縣屬瑞州。
元	瑞州路至元十四年升路，屬江西行省。	高安縣路治。	上高縣屬瑞州路。
明	瑞州府洪武二年改府，屬江西布政司。	高安縣府治。	上高縣屬瑞州府。

續表

新昌縣
建城縣地。
宜豐縣吴置，屬豫章郡。
宜豐縣
宋省。
武德五年復置，屬靖州。八年省入高安。陽樂縣武德五年置，屬靖州。八年省入高安。
新昌縣太平興國六年改置，屬瑞州。
新昌州元貞元年升州，屬瑞州路。
新昌縣洪武初仍爲縣，屬瑞州府。

大清一統志卷三百二十五

瑞州府

在江西省治西南一百二十里。東西距二百三十五里，南北距九十五里。東至南昌府新建縣界五十五里，西至袁州府萬載縣界一百八十里，南至臨江府清江縣界六十里，北至南昌府奉新縣界三十五里。東南至南昌府豐城縣界九十五里，西南至袁州府分宜縣治二百四十里，東北至南康府建昌縣治二百里，西北至南昌府義寧州界二百二十里。自府治至京師四千九百六十五里。

分野

天文斗分野，星紀之次。

建置沿革

禹貢揚州之域。春秋屬吴，戰國屬楚。秦屬九江郡。漢置建城縣，屬豫章郡。後漢、晉、宋、齊至隋因之。唐武德五年，改縣爲高安，置靖州。七年，改曰米州，又改筠州。八年州廢，屬洪州。南唐保大十年，復置筠州。宋屬江南西路。寶慶初，改曰瑞州。避理宗嫌名也。元曰瑞州路，屬江西行省。明洪武二年，改爲瑞州府，屬江西布政使司。本朝因之，屬江西省，領縣三。

高安縣。附郭。東西距八十里，南北距九十五里。東至南昌府豐城縣界三十五里，西至新昌縣界四十五里，南至臨江府清江縣界六十里，北至南昌府奉新縣界三十五里。東南至南昌府豐城縣治九十五里，西南至上高縣治一百里，東北至南昌府新建縣治一百八十里，西北至南昌府義寧州治三百里〔一〕。漢置建城縣，屬豫章郡，後漢至隋因之。唐武德五年，改曰高安，爲靖州治，尋爲筠州治。八年州廢，縣屬洪州。南唐時，復爲筠州治。宋爲瑞州治。元爲瑞州路治。明爲瑞州府治，本朝因之。

上高縣。在府西南一百里。東西距一百五十五里，南北距四十五里。東至高安縣界六十五里，西至袁州府萬載縣界九十里，南至臨江府新喻縣界三十里，北至新昌縣界十五里。東南至臨江府清江縣治一百三十里，西南至袁州府分宜縣治一百四十里，東北至高安縣治一百里，西北至新昌縣治四十里。本漢建城縣地。後漢中平中置上蔡縣，屬豫章郡。晉太康元年，改曰望蔡縣，仍屬豫章郡。宋、齊以後因之。隋開皇九年，省入建城縣。唐武德五年，復置望蔡縣，屬靖州，八年復廢。南唐保大十年，改置上高縣，屬筠州。宋屬瑞州。元屬瑞州路。明屬瑞州府，本朝因之。

新昌縣。在府西一百二十里。東西距一百三十五里，南北距一百十里。東至高安縣界七十五里，西至袁州府萬載縣界六十里，南至高安縣界三十里，北至南昌府義寧州界八十里。東南至上高縣治四十里，西南至袁州府萬載縣治一百十里，東北至南昌府奉新縣治一百四十里，西北至義寧州治二百里。本漢建城縣地。三國吴析置宜豐縣，屬豫章郡。晉因之。宋初廢。唐武德五年，復置宜豐縣，屬靖州。八年廢入高安縣。宋太平興國六年，改置新昌縣，屬筠州，後屬瑞州。元元貞元年，升爲州，屬瑞州路。明洪武初，仍爲縣，屬瑞州府，本朝因之。

形勢

大江之西，其地僻絶。宋曾鞏筠州學記。郡居溪山之間，四方舟車之所不由。宋蘇轍聖壽院記。負鳳山，面錦水，斷崖深壑，宛若洞府。蜀江志。

風俗

吏民樸野。聖壽院記。不嚚於訟。宋黄庭堅江西道院賦。君子知務本，小民勤稼穡。府志。

城池

瑞州府城。南、北兩城。北城周六里八十八步，門五，濠長八百丈。南城周八里三百四十六步，門六，濠長八百六十七丈，跨錦江。明正德中因舊址築，本朝康熙二年增修，乾隆十二年、二十四年重修。高安縣附郭。

上高縣城。周六里六十四步，門五，外有濠。明嘉靖末石築，本朝康熙三年修。

新昌縣城。周五里，門四，外有濠。明成化中即舊址重築。本朝康熙三年修，乾隆二十四年重修。

學校

瑞州府學。在府治西半里許。宋紹興二十一年建，元末燬，明洪武中重建。本朝康熙年間修。入學額數二十名。

高安縣學。在縣治東。明洪武四年遷建，本朝順治、康熙年間增修。入學額數二十名。

上高縣學。在縣治西。宋元豐中建，明末圮，本朝康熙年間重建。入學額數十二名。

新昌縣學。在縣治北鳳凰臺下。明成化十八年遷建，本朝順治、康熙年間相繼增修。入學額數十五名。

筠陽書院。在府城南。宋元豐中，蘇轍謫筠州，兄軾便道視之，寓此。明正德八年建爲書院，明末廢。本朝康熙九年，知府劉登科重建。

鳳儀書院。在府城東。本朝乾隆二十五年建。

近聖書院。在上高縣。本朝乾隆十二年建。

文昌書院。在新昌縣治東。本朝康熙年間，知縣黄啓運建。　按：舊志載：桂巖書院，在高安縣調露鄉，唐幸南容建，宋幸元龍修，周益公書額。樂善書院，在府治西，宋知州王淹建，祀趙不黯〔二〕。文溪書院，在新豐鄉，宋陳仲微建。西澗書院，在府治西鳳凰山左，宋知州張輅建，祀劉渙。正德書院，在上高縣南三十五里，元提舉姜榮建，吴澄記。石溪書院，在新昌縣，元提舉胡俊孚建。今俱廢，謹附記。

户口

原額人丁八萬五千八百二十一，今滋生男婦大小共一百一萬八千三百六十七名口，計十八萬九千二十八户。又前左衛屯軍男婦大小共一萬二千五百四十八名口，計八百六十户。

田賦

田地三萬六千八百八頃五十一畝五分有奇，額徵地丁銀八萬四千二百九十一兩二錢四分，米六萬九千一百八十五石九斗八合。

山川

碧落山。在府治後。下臨井邑，盡在目中。一名鳳凰山，相傳唐武德時，應智頊刺郡，鳳凰集此，故名。山右有五龍岡，前臨蜀水，有李八百洞，一名速仙洞。又有春洞，每立春日，則陽氣吹灰出外。

大愚山。在府城東南朝陽門外。山麓有真如寺，宋吕祖儉安置高安，寓寺中，因號大愚叟。又馬鞍山，在府東南二十五里，與南昌府豐城縣接界。

荷山。在高安縣南二十五里，中有池，多紅蓮。山巔有仙壇二，下有棲霞觀。前爲琴嶺，有仙人井，大旱不涸。

鈞山。在高安縣南三十里，上多奇石古松。山北有劉恕讀書堂遺址。

羊山。在高安縣南四十里，亦名石灰嶺。寰宇記引永初山川記云：建城縣西有羊山，山上有然石，黄白而理麤，以水灌之，便熱若石灰。舊志：高安縣有石灰嶺，産篁竹，唐因改州爲筠州。

敗伏山。在高安縣南一百里。寰宇記：相傳陳武帝勝敵轉戰至此山，又破敗伏軍，因以爲號。

龍化山。在府城西南上蔡門外。

遼山。在高安縣西南四十里，下有宋齊丘故宅。又西南二十里有青山，與臨江府清江縣接界。

蓮花山。在高安縣西四十二里。

西龍山。在高安縣西四十五里，蜿蜒起伏如龍。或作雞籠山。

鳳嶺山。在高安縣西七十里，嶺勢峻拔，遠望如鳳。相近有飛霞山，世傳晉吴猛煉丹處。又上高縣西七里亦有鳳嶺山，相傳唐時應智頊刺靖州，數年中鳳屢見於此。

龍珠山。在高安縣西北五十里，有圓石如珠。

白雲山。在高安縣西北七十里。又名浮樓山。山下有超果寺，寺東、西兩澗皆有瀑布。

白鶴山。在高安縣西北七十里。上有白鶴觀。

高胡山。在高安縣西北七十里。山頂有仙壇，多竹木。

華林山。在高安縣西北八十里，周迴百里，半入奉新縣境。上有元秀峯，相近有主嶺、南北嶺、三寶嶺，皆山勢危峻。明正德中官軍討華林賊，分屯於此。

謝山。在高安縣西北一百里。奇峯怪石，甲於羣山。

米山。在高安縣北二十五里。其高平處名米嶺，四面流泉，土地膏沃，生禾香茂，爲米精美，唐武德中因以名州。西麓有潭，極深險。

鏡山。在上高縣東二里。三峯對峙，端圓如鏡。中有徑可通人行，鏡溪出此。又東五里有屏山，勢連亘如屏障。

龍頭山。在上高縣南二十里壋溪。

寶雲山。在上高縣南二十五里，巉巗岌嶪，靄翠瓏璁。稍南爲靈峯山。

蒙山。在上高縣南三十五里。高五百丈，周百四十里，峭壁横險，喬木千尋，常有烟霧蒙蔽其上。有多寶、雞籠等峯。宋慶元間，嘗産銀鉛，故峯名多寶，并置蒙山務於下，後廢。

末山。在上高縣西南八十里。周迴十里，聳峙天末，因名。

柘湖山。在上高縣西五里。山下坦夷，蜀江水漲，瀰漫如湖。又石潭山，亦在縣西五里。山下潭中有石，名龍門石，當灣溪水口。

小水山。在上高縣西八里。西南與天嶺相接，横亘七八里，起伏如浪。

桃源山。在上高縣西二十里，巋然如屏，多花木。其西爲西嶺，三峯聳拔，狀如筆架。南有天嶺，行者若登天然。北有大王嶺，石峯插天。

鐵索山。在上高縣西二十里，山形有九十九支。東爲黄潭，深莫測，相傳下有龍窟。

櫟頭山。在上高縣西一百里，接萬載縣界。

顧城山。在上高縣西北十五里，有古軍營遺址。

萬石蒼山。在上高縣西北七十里水口，其石紫而光潤。縣境四源十坑之水，皆瀦於石蒼之下，外有圓峯十餘如貫珠。

安山。在上高縣北十五里。相近有白馬山。

靈源山。在新昌縣東六十里，宋姚勉家其下。

尉山。有二。一在新昌縣東七十五里，接高安縣界，舊傳梅福隱此。一在縣西北七十里。

緑秀山。在新昌縣南二十里。爲縣城之案，亦名案山。

石臺山。在新昌縣南二十里。上有清涼院，宋蘇軾、蘇轍嘗遊此，有詩。

三峯山。在新昌縣西五里，與縣治前鹽嶺相接。又螺山，在縣西十里。

章平山。在新昌縣西北三十里。瀑泉穿石，飛雪數仞。其山有潭，深窈莫測。

雲溪山。在新昌縣西北三十五里，一名雲峯。又西十里有白雲山。

黄岡山。在新昌縣西北八十里。高七百丈，磅礴聳秀，爲縣境諸山之冠。

八疊山。在新昌縣西北九十里，與義寧州接界。山形盤鬱，疊嶂縱横，斷而復續，因名。

五峯山。在新昌縣西北一百里，有歸雲、積翠、羅漢、月桂、拂巖五峯，俱稱幽勝。

黄蘗山。在新昌縣西北一百里，一名鷲峯山。泉石奇勝，唐宣宗嘗與僧觀瀑布於此。

鳳凰山。在新昌縣北三十里。

吉祥山。在新昌縣北五十里。一名瑞雲山。唐悟本禪師居此。中有泉曰聰明泉，又有吉祥院。

拏山。在新昌縣東北三十里。山形高聳，勢若拏雲。

清潭嶺。在高安縣東南三十里。

曦嶺。在高安縣西南三十里，其高可望日出。又縣西南二十五里有楓嶺，五十里有虎迹嶺，六十五里有多寶嶺。

湖碑嶺。在高安縣西北五十里。又李家嶺，在縣西北六十里，下有石洞。

山湖嶺。在上高縣南五里，相連者爲大官山烏峯。又縣南靈峯山側有銅釘嶺，一名銅精嶺。又南五里爲寶珠嶺，與蒙山相連。

袁州嶺。在上高縣西南九十里末山南，嶺外即宜春縣界。

浮樓嶺。在上高縣西南一百里末山西。山峯秀拔，如樓浮於水，故名。又末山相近有謝君嶺，高數百仞，周十二里，接萬載縣界。又乾陀嶺，在縣西南萬載縣界，益樂水發源其下。

仁源嶺。在上高縣西十二里，石陂水發源於此。

石嵩嶺。在上高縣西六十里，有奇石聳如嵩嶽。相近有蓬萊嶺。又黄鳳嶺，在縣西九十里。

禮架嶺。在上高縣西北六十里。高峻多石，有洞甚深闊。

敖嶺。在上高縣北三里，又名敖峯，即鏡山最高處。相傳敖真人得道之所。

鹽嶺。在新昌縣西南二里，高出羣山。下瞰邑市，鱗鱗然可數。

蓮香嶺。在新昌縣西六十里，亦名連鄉，與萬載縣接界。

黄茆嶺。在新昌縣北二十里，盤踞甚廣。絶頂鑿石通道。

分鄉嶺。在新昌縣西北一百里，嶺脊與義寧州分界。

大姑嶺。在新昌縣北八十里，與八疊山相連。高二百丈，周三十里。

西嶺。在新昌縣東北六十里。其勢東向，兀起蹲伏，如翔舞狀，亦名拜龍山。又北嶺，在縣東北七十里，峯巒萬疊，中有飛瀑。

員嶠峯。在高安縣南八十里，其南即清江縣界。

九峯。在上高縣西四十五里末山之東北。其峯有九，曰香鑪、翠霞、蒼玉、芙蓉、天竺、峩眉、清流、雲未、飛雲，皆奇聳峻拔。其東有靈龜洞，後有羅漢洞。

折桂峯。在新昌縣東二里，奇石聳秀。俗名火燄山，歲多火災，後平其頂，改今名。

舉子岡。在上高縣西六十里。唐進士易重居此。

旺賢岡。在上高縣北二里。一名黄田岡。

蒙山洞。在上高縣南蒙山。王象之輿地紀勝：有上、下兩洞，上洞不可遊，下洞廣函丈，深不可究，中有石佛、石僧、石獅子座、羅漢座等類。又有石立巖間，上下無所附，謂之無根石。

四溪洞。在上高縣南百里，深數里，後有穴可出。

慈光洞。在上高縣西四十里。緣梯而下，始有門可入。相近有鄧敖洞，相傳鄧、敖二真人於此修煉。

仙聖洞。在上高縣西五十里。中有石佛、石鐘等類。九峰踞其巔，奇秀峻拔，莫可名狀。

九宜洞。在新昌縣西北鹽溪中。中有靈石，自成峯巒。

周隱洞。在新昌縣北二十里。一名桃花洞，又名雷孚洞。

顧淵石。在新昌縣東南三十里淩江口。危石磷峋，俯踞蜀江，下有深淵。

蜀江。在府治北。一名濁水，今曰錦江。源出袁州府萬載縣界，東流至上高縣淩江口合新昌鹽溪，又東經縣南入高安縣界，歷郡城中而東出，又東至新建縣界入章江。漢書地理志：建城縣蜀水，東至南昌入湖漢。水經注：濁水出康樂縣，又東逕望蔡縣，又東逕建城縣，又東至南昌縣入贛水。寰宇記：蜀水在高安縣北三里，東流五百九十里，與章水合。耆老傳云：許遜爲蜀旌陽令，有奇術，晉末人皆疾癘，多往蜀詣遜請救。遜與器水，投入上流，疾者飲之無不愈，邑人敬其神異，故以蜀水爲名。府志：錦江自府西南折而東注，貫府南、北城，中分一支入南城爲市河，設三閘以爲防衛。

棠浦江。在新昌縣東四十里太平鄉。諸水所匯，經上高縣界，出安塘河口，入蜀江。

淩江。在新昌縣南。一名鹽溪，又名若耶溪。源出縣西北義寧州界八疊山，東流經縣西會藤江，又東至縣南三十里淩江口入上高縣界，折而南，入蜀江。又藤江，在縣北三十里，源出雲峯諸山，數道合流，亂石林立，僅通一道，南流入淩江。

芳塘江。在新昌縣西四十里，源出黄蘖山。又有長神江，在縣西七十里，東流合焉，由楊木港口入蜀江（三）。

隱泉水。在高安縣南三十里鈞山東北。泉沸涌出於平田，自三十六陂流出曲水橋，入清江縣界，合於贛水。按：舊志云流入清江縣界，入蜀江。誤，今改正。

曲水。在高安縣南六十里。源出上高縣蒙山，流出潦滸口，東入贛江。其勢迴環縈曲，故名。

龍口水。在高安縣西南六十里，一名談口水。源出蛟湖，北流至花園埠，入蜀江。又縣南三十七里，有鐘口水，源出荷山。

縣西南五十里有龍溪水，俱北流入蜀江。

華陽水。在高安縣西南七十五里。源出臨江府新喻縣界，東北流入蜀江。又私溪水，在縣西四十里，自新昌縣流入。湧橋水，在縣西北二十里。縣北又有斷水、龍陂水，皆流入蜀江。

鳴水。在高安縣西北六十里。發源山谷中，北流入奉新縣界，合龍溪諸水爲奉新江。碧澗飛流，空谷振響，因名。

南港水。在上高縣東十里，源出印塘。又石洪港，亦在縣東十里，俱東流入蜀江。又潭埠橋水，在縣南六里，北流入蜀江。

界埠會水。在上高縣東南二十五里。發源纏盤山，東北流，有小溪來會之，合流入蜀江。又城溪，亦在縣東南二十五里，源出寶雲嶺，東北流入蜀江。

益樂水。在上高縣西南一百二十里。自乾陀嶺發源，東北流至紫府口入蜀江，灌田甚廣，亦名石曹坑水。又縣西南八十里有小溪水，發源浮樓嶺，東流入蜀江。縣西八十里有黄田岡水，發源萬載縣界，南流入蜀江。

斜水口。在上高縣西十里。發源蒙山，北流合末山九峯諸水，歷深村、斜陂入蜀江。

白竹港水。在上高縣西北四十里。源出新昌縣高嶺，南流入蜀江。又縣西北六十里有小水，源出萬載縣煙竹嶺，南流入蜀江。

六口水。在上高縣北十里。西流復折而南，至六口入蜀江。

章舍水。在上高縣東北三十里。源出新昌縣黨田塘浦，南流入蜀江。

小斜川。在新昌縣西南二里，縈迴曲折，入於鹽溪。

市溪。在府治南城内，一名市河。分蜀江之水，自西北隅靖安門入城中，迤邐而東，出城東南朝陽門，復會於江。歲久湮塞，明正德中，重濬建閘。本朝康熙年間復濬。

務農溪。在高安縣東三十里。源出新建縣界，至郡城南流入蜀江。

鏡溪。在上高縣東三里。發源鏡山，南流東折至石家渡入蜀江。又沙溪，在縣東北十里，東流合石洪橋水入蜀江。

敖溪。在新昌縣東十里。又縣東三十里有澄溪、樵溪，六十里有靈源溪，七十里有宜豐溪，東南二十里有清水溪，縣西四十里有德溪，五十里有蓮溪，縣北四十里有儒溪、洑溪、西噪溪，下流皆入於蜀江。

茶溪。在新昌縣東三十五里。源出分鄉嶺，流入上高縣界，入蜀江。又縣東有枯竹溪，東流出縣東七十里湖城橋，入高安縣界，合私溪，亦曰湖城溪。

清湖。在高安縣東十五里，其水四時瑩澈。又平湖，在縣南十五里。珠湖，在縣南十八里。藥湖，在縣西南二十五里，相傳吕仙嘗棄藥湖中，故名。下流皆入蜀江。

濯湖。在新昌縣東二里。其水獨清，亦名白澤湖，中多芙渠。東北二里有北湖，遇旱不涸。

幸龍王潭。在府治西五里。深不可測，旱禱輒應。

樟樹潭。在上高縣治西。淵静澄澈，莫窮其底。

鮎魚洲。在高安縣東二十五里，當錦江水口之衝。中流突起，竹木縈迴，爲縣之勝。

鸕鷀洲。在上高縣治東南，當蜀江水口。又月沙洲，在縣東二里上有塔。仙姑洲，在縣西六十里。縣境又有八疊洲，皆在蜀江中。

福陂。在上高縣東南。其下流分爲尹陂、黄陂、雲陂，俱受蒙山下流，汪洋湛碧。支溝穿繞林屋，有武陵九曲之勢。溉田一千五百餘畝，歲旱不涸。

均陂。在上高縣南。其水源出末山，灌田二十一頃，下流出兩江口。

鳳池。在府治東鳳凰山旁。宋時於池上建澄碧亭。

劍池。在府治後圃，相傳仙人李八百淬劍於此。又新昌縣北七十里亦有劍池，相傳晉許遜磨劍處。

星落池。在新昌縣南三十里。相傳有星墜地成池，旱不涸，潦不盈。

蒙巖洞泉。在上高縣南三十里蒙山脊，溉田甚廣。

瀑布泉。在上高縣南四十里蒙山。泉分二派，一注爲橫峯塘，一注爲蕉塘。又分四口，溉山前田，餘流入新喻縣之清湖。

潤溪泉。在上高縣西南五十里。平地湧出，方半畝餘，四時俱湛然清澈。下流成溪，可通小舟，灌田百餘頃。

普潤泉。在上高縣西十五里章岡，今名貫珠泉。出自石竇，莫窮其源，經行地中，繚繞穿兩山間，循石崖爲平池，方廣丈餘。下流爲山湖橋水，東北流會元豐橋水，至餘東五里入蜀江。

六口泉。在上高縣西北十里。平地湧出，泉有六口。又神腦泉，在縣西潮坑，自鴉磯石流出。內有龍潭，水冷如冰，與普潤泉通。又武泉，在縣北十里。

五色泉。在新昌縣西十里，土人謂之乳泉，酌之五色鮮瑩。

古蹟

建城故城。今高安縣治。漢置縣，武帝元光四年，封長沙定王子拾爲侯邑。至唐改曰高安。元和志：縣東至洪州一百五十里。寰宇記引雷次宗豫章記云：漢高帝六年置，以其創建城邑，故曰建城。唐武德五年，避隱太子諱，改爲高安。按：今漢志表作建成，後漢志以下皆作建城，據寰宇記作「城」爲是。

宜豐故城。在新昌縣北。三國吴析建城縣地置。劉宋初廢，唐初復置，尋又廢。宋初始改置新昌。太平寰宇記：新昌縣在筠州西北一百八十里，本高安縣管古宜豐縣地鹽步鎮。太平興國六年，分高安縣太平等六鄉置新昌縣。縣志：宜豐故城，在今縣北三十里。按：寰宇記有廢豐城縣，在筠州西百五十里天寶鄉，當即宜豐之訛。

華陽廢縣。在高安縣西。唐武德五年，析高安縣地置，屬靖州，尋屬筠州。八年，與州俱廢。寰宇記：華陽縣城，在筠州西四十里。

上蔡廢縣。在上高縣西。寰宇記：後漢靈帝析建城置上蔡縣。輿地記云：汝南上蔡人分徙於此。晉太康元年，以上蔡人思本土，改爲望蔡縣。隋開皇九年廢。舊志：上高縣，本古上蔡縣，唐中和中，鍾傳以其地在高安上游，因立上高鎮。天祐四年，淮南將李師周等戍守於此。南唐昇元中，改鎮爲場，尋升爲縣，移今治。

陽樂廢縣。在新昌縣東。唐武德五年置，屬靖州，八年省入高安。寰宇記：陽樂縣城在筠州西北八十里義鈞鄉。吴大帝時，始於上蔡縣管分置。明統志：在新昌縣東二十里。按：吴之陽樂即晉、宋康樂縣，在今袁州府萬載縣界。此自唐初所置，非孫吴故縣也。

雲棚城。在高安縣北三十里。又斷水橋城，在縣北五里。隋大業末，蕭銑、林士弘攻掠江西，土人應智頊拒賊於華林山，築城召義兵，保安此土。二城即其故址。

米城。在上高縣西北十五里顧城山下，唐末淮南所置戍守處。

江西道院。在府治内。宋元祐中，郡守柳平建，黄庭堅爲賦。後蘇詡爲郡守重修，周必大有記。

蒙山務。在上高縣南四十里蒙山南麓。宋慶元中置，爲採銀鉛之所，後以鑛絶廢。

陶淵明故里。在新昌縣東二十五里，有讀書室、洗墨池。

梅子真宅。在高安縣西五十里。

鍾傳宅。在上高縣西五十里，今爲九峯寺。

晏殊宅。在新昌縣東四十里。宋晏殊高祖墉居此，墉子延昌徙臨川，殊幼時，其父嘗携歸此宅。旁有堆，殊嘗戲其上，及貴，人呼爲相公堆。

秀文樓。在府學内。宋建，取黄庭堅賦「士大夫多秀而文」之義。

登春樓。在府城南。

賞心樓。在上高縣治南，宋建。

齊雲樓。在上高縣治西。宋嘉定中建，後改爲税務廳。

碧落堂。在府治後碧落山巔。宋建，後燬，文天祥復建。楊萬里有詩。

明秀堂。在府城東，下瞰蜀江。宋建。

讀書堂。在高安縣南十里，宋劉恕讀書於此。

翠樾亭。在府治，亦名半山。宋蘇轍有詩。

披仙亭。在府治。蘇轍亦有詩。

偃松亭。在舊州宅。宋陸游有偃松詩。

秀春亭。在府治。又有松風亭，俱宋文天祥建。

塵外亭。在高安縣治。宋建，倪思書額，沈樞有詩。

流化亭。在上高縣治前蜀江上，宋人多有題詠。

瑞芝亭。在新昌縣治内。明統志：宋知縣邵叶視事三月〔四〕，靈芝五色，生於便坐之室。黄庭堅爲作記。

困菴。在府治後鳳凰山右。宋郡守毛維瞻建，蘇轍、楊萬里有詩。

東軒。在府治東舊貢院。宋蘇轍監筠州酒稅，假部使者廨以居，就聽事堂之東爲軒，種杉二本，竹百個，爲休息之所，自爲記。後兄軾自黄移汝，取道筠州訪轍，留東軒十日而去。

西軒。在府治東大愚山，宋吕祖儉安置筠州時寓此。

待月軒。在府治東大愚山。宋蘇轍謫筠州，舟過南康廬阜，訪隱者，舉日月以喻性理，因悟其説。至筠作待月軒以自省，并記其事。

蔡東郭南園。在新昌縣治南。明統志：宋蔡子飛棲隱之所，黄庭堅有記。

關隘

灰埠巡司。在高安縣東南三十里，本朝乾隆四十三年設。

大姑嶺巡司。在新昌縣北大姑嶺上，路通義寧州，與八疊山相連。宋設巡司，元末廢，明洪武三年復置。今因之。

黄岡洞巡司。在新昌縣西六十里黄岡。元大德間，置巡司於縣西四十里方塘，後廢。明萬曆四年，置定江巡司於此，今改名。

陰岡嶺鎮。在高安縣南六十里。明初置巡司，本朝順治十二年裁。

離婁橋鎮。在上高縣西七十五里，舊有巡司。又縣西四十里，有麻塘巡司，即元麻塘務，今俱廢。

古陽寨。在新昌縣北六十里，山勢深峻。元末，土人毛忠吾聚民屯此，以拒紅巾。明正德中，以華林賊警，設兵戍守，後廢。

路口驛。在上高縣西五十里。宋置，久廢。

仁壽驛。在新昌縣治西。又鹽步驛，在縣治東，俱宋建，元廢。

津梁

仁濟橋。在府治東。宋淳祐中建，名惠政。元大德中重修，改名，趙孟頫記。本朝康熙六年重建。

錦江浮橋。在府治前。楊吴始建，在今橋上流，宋咸淳中徙此。當南北之衝，每水溢岸輒圮，明正德中加築石隄。

株橋。在府城東朝陽門外，蜀水經此入江。

平政橋。在上高縣治西，跨蜀江上。舊名通濟，宋開禧中易名浮虹，後更名望仙。嘉熙中徙縣前，易名濟川。元至治初，復徙縣西。明初改名平政。本朝康熙中復圮，乃徙而東，從以往來不便，復還舊所。

離婁橋。在上高縣西七十五里，爲縣衆橋之冠。

惠政橋。在新昌縣西門外，宋建，當溪流之衝，市郭之會。本朝康熙二年重建。

瑞芝橋。在新昌縣東二十五里，元至大中建。

隄堰

喻方隄。在高安縣二都，明崇禎間築。

大泊隄。在高安縣東岡腦，西抵平湖。附近居民修築之。

萬碩壋。在高安縣四十一都。灌田數百畝，歲久傾圮。本朝順治十一年修。

陵墓

南北朝　宋

謝靈運墓。在高安縣南二里。

唐

幸南容墓。在高安縣西七十里。

廖洪墓。在高安縣南石橋。

五代　南唐

沈彬墓。在高安縣西北五十里。

宋

劉涣墓。在高安縣北五里。一云在星子縣少府嶺。

吕祖儉墓。在府城朝陽門外。

姚勉墓。在新昌縣靈源山。

明

吴山墓。在新昌縣螺佛菴。

鄒維璉墓〔五〕。在新昌縣北四十里。

吴甘來墓。在新昌縣斈源。

祠廟

三劉祠。在府治東，祀宋劉涣及其子恕、孫羲仲。

三賢祠。在府治南，祀宋余靖、蘇轍、楊萬里。

七賢祠。在府治南筠陽書院内，祀宋周、二程、張、朱五子及陸九淵，明王守仁。

陶靖節祠。在府治後碧落山。宋咸淳中文天祥建。後人并祀天祥及明劉基，爲三先生祠。

節愍祠。在府治後洪山寺故址。明正德八年建，祀副使周憲及其子幹，并祀蕭亮、姚一桂、鄺勳等戰死華林者。後增祀高安主簿袁瑶及子鳳翔。

四賢祠。在高安縣治南，祀宋蘇軾、蘇轍、黄庭堅、米芾。

旌忠祠。在新昌縣治左。明末建，祀吴甘來。本朝順治四年，奉敕重建，賜祭田七十畝。

梅子真祠。在新昌縣東七十里。宋開禧中建，祀梅福。

三閭廟。在府城東三里，祀楚屈原。

二賢廟。在高安縣西六十里，祀唐應智頊、幸南容。華林山亦有應智頊廟。

望蔡公廟。在上高縣西三十里。相傳晉時謝琰以討苻堅功封望蔡公〔六〕，故鄉人祀之。

靈椿廟。在新昌縣主簿廨東。宋太平興國中建，祀蔡嵩、蔡岑。

寺觀

太平興國寺。在府治南。唐建，名觀音院，宋改今名。

禪那寺。在府城南鳴鳳坊。唐建。

真如寺。在府治東南。宋建，以大愚叟吕祖儉寓此，亦名大愚寺。蘇軾兄弟遊此皆有詩。本朝康熙五年重建。

龍居寺。在上高縣西四十五里。隋建，唐大曆中重興，施肩吾書碑。

清涼寺。在新昌縣南二十五里。隋建。唐咸通中，智演禪師駐錫於此。

净覺寺。在新昌縣西北五峯山。劉宋武帝建，唐柳公權書額。今名五峯寺。

黄蘗寺。在新昌縣西北一百二十里。唐名靈鷲，爲斷際禪師希運道場，即宣宗與僧聯句處。宋紹興中，賜名報恩廣孝寺。明崇禎中重建。

洞山寺。在新昌縣東北五十里太平鄉。即普利寺，唐大中時良价禪師建。舊有宋太宗、仁宗御書飛白草字，及經傳等六十卷，并鍾傳鐵釜文、楊行密銅鐘。元末燬，明重建，本朝康熙八年修。

玄妙觀。在府城朝天坊。唐天寶中建，本朝康熙年間修。

元陽觀。在府治後。府志：蜀人李八百妹明香真人沖舉於此，唐天寶中，即其地爲觀。

玉晨觀。在高安縣東七里，晉黄仁覽朝斗煉丹淬劍之地。俗呼黄仙觀。

集仙觀。在高安縣西南四十五里。有許旌陽手植古柏三株，及丹井。

昇元觀。在高安縣西來賓鄉。有許旌陽仙壇，嘗生瑞竹。

浮雲觀。在高安縣西北華林山。明統志：唐孫志諒於元秀峯創室修行，人見其上常有雲氣，因名。

真祐觀。在上高縣西。宋建，本朝康熙三年修。

五雲觀。在新昌縣北三十里，許旌陽嘗遊此。前有仙人石迹橋。

佑聖觀。在新昌縣東北。宋建。

元道觀。在新昌縣東北六十里。東有雲峯壇、仙石迹、龍潭，及許、葛二仙橋。

浄慈院。在高安縣西南六十里，宋劉涣故里也。

香山院。在上高縣西八十里浮樓嶺東。唐建。

吉祥院。在新昌縣北五十里。唐建。

名宦

宋

周堯卿。道州永明人〔七〕。天聖中，知高安縣。提點楊紘入境，有被刑耕苗者，詢其故，對曰：「貧以利故，爲人直其枉。

令不我欺，而我欺之，又何怨？」紘以所聞薦之。

余靖。曲江人。范仲淹貶饒州，靖言恐鉗天下口，不可。落職，監筠州酒稅。

蘇轍。眉山人。元豐中謫監筠州鹽酒稅。哲宗時，再謫筠州居住。

李懷道。元豐中，知上高縣，始建學宫。不踰年，執經而至者數十百人。爲政不苛而民肅。

蕭服。廬陵人。知高安縣。尉獲凶盜，獄具矣，服審其辭疑之，且視其刀室不與刃合。頃之而殺人者得，因蓋平民也。

程全。北海人。建炎中爲筠州都監，金人攻江西，守臣遁，全攝州事。有盜祝生者來攻，全拒之，兵少力罷，盜執之，刳其腹而去。

張堯佐。永安人。爲筠州推官。吉州有道士與商人夜飲，商人暴死，道士懼而遁，爲邏者所獲，捕繫百餘人。轉運使命堯佐覆治，盡得其冤。

徐應龍。淳熙中，知高安縣。吕祖儉以言事謫死高安，應龍經紀其喪，且爲文誄之。有勸之避禍者，應龍曰：「吕君吾所敬，雖緣此獲譴，亦所願也。」朱子貽書，稱其義風凜然。

楊萬里。吉水人。孝宗時，出知筠州。

唐璘。古田人。嘉定中，調瑞州學教授。用白鹿洞教法，崇禮讓，後文藝，士翕然知嚮。

陳登。三山人。淳祐中，知新昌縣，踰年，政平訟理，民立祠祀之。

曾塤。紹興人。開慶中，爲瑞州録事參軍，以郡命行縣賑恤饑民，值元兵至見執，誘以利，不從，死之。

元

張珪。歸德人。爲高安縣尹，有異政。擢江西檢校，拜南臺御史。

明

宋以方。靖州人。正德中，知瑞州府。時華林大盜甫平，瘡痍未復，以方悉心撫字，吏民愛之。宸濠逆謀既萌，而瑞故無城郭，以方築城繕守，募兵三千，日夕訓練。宸濠深忌之，迫鎮守劾繫南昌獄。宸濠反，破獄出以方，脅之降，不可，械舟中與俱行，至黄石磯，斬之祭江。其子崇學，求遺骸不得，乃殮衣冠歸葬。嘉靖中，詔贈光禄卿，立嘉忠祠瑞州以祀之。

袁瑶。山東成山衛人。正德中，爲高安主簿。建昌賊徐九齡等，聚衆醴源洞，勢甚熾。瑶帥兵分剿，力戰，死於陣。贈知縣，從祀節愍祠。

胡堯元。蒲圻人。正德中，遷瑞州通判。宸濠謀逆，堯元兑運吴城鎮，戴笠步歸，練兵爲討賊計。逆黨李儀賓，自上高轉掠至郡，堯元率敢死士擒之石鼓潭，宸濠氣阻。以功擢本府知府，尋遷廣西左參政。瀕行，老少泣留者數萬人。

王以旂。江寧人。正德中，知上高縣。華林賊方熾，以旂訓鄉兵禦之，賊不敢犯。

袁斌。鄞縣人。任江西參將。奉新土賊李肅七等掠瑞州，斌奮勦矢盡，没於陣。

本朝

易道沛。漢陽人。順治初，知上高縣。歲飢，捐俸買穀以賑，復申請蠲浮糧萬九千餘石，減乏丁萬四千有奇，士民懷之。

黄運啓。昌邑人。康熙初，知新昌縣。時山寇竊發，運啓集義勇爲勦守計，乘間入其巢勦之。邑賦浮於田，力請奏免。民立祠祀焉。

林運鑑。文昌人。康熙中，知高安縣。躬親勸稼，建學舍，集諸生誦讀，置田廩之。葬無主後者萬餘冢。

人物

唐

宋練。高安人。爲長沙掾。四世同居，以孝行聞。咸通中，觀察使裴休上其行誼，詔旌門，賜束帛。

廖洪。筠州人。父母卒，捧土爲墳，結草廬墓，有青蛇、白獸來止廬側。咸通中，表其門。按唐書孝友總傳，以廖洪爲萬載人。考南唐時始分高安縣地置萬載縣，屬筠州，唐時無萬載縣，史家從後書之耳。

宋

易延慶。筠州上高人。父贇，仕南唐至雄州刺史。周師克淮南，贇歸朝，授道州刺史，延慶亦授大名府兵曹參軍，後知臨淮縣。乾德末，贇卒，葬臨淮，延慶居喪摧毁，廬於墓側。手植松柏數百本。旦出守墓，夕歸侍母，墓生玉芝十八莖。州將表其事，徵之，以母老不就。母卒復廬墓數年。母嗜栗，延慶樹二栗墓側，成連理。後知瑞州，卒。子綸，大中祥符元年及第。

蔡嵩。鹽步鎮人。與弟岑議曰：「鎮去高安之西百里而遥，其林壑盤紆，川原迴遠，且南與蒙山爲隣，不置縣，恐非所以便民而戕姦也，願竭力以佐公家費。」遂相率以聞于州。州請于朝，太平興國中，乃置新昌縣，用資保障。後人義其所爲，立祠祀之。

劉恕。筠州人。父渙爲潁上令，以剛直不能事上官，棄去。家於廬山之陽。恕少穎悟，未冠舉進士，詔講試經義皆第一，遂賜第。調鉅鹿主簿、和川令，發强擿伏，一時能吏不及。恕篤好史學，司馬光編資治通鑑，遇紛錯難治者，輒以委恕，考證差謬，最爲精詳。王安石欲引寘三司條例，恕以不習金穀爲辭，因言宜恢張堯舜之道以佐明主，不應以財利爲先。安石變色，不少屈。尋以親老告歸。著十國紀年四十二卷、通鑑外紀十卷。

龔端。新昌人。元符進士。靖康中，極論時事之失，除將作監。時金師大入，以端爲河東路奉使參議官。京畿戒嚴，憂恚成病，及聞兩宫北狩，憤惋而卒。

幸元龍。高安人。慶元進士，通判郢州，忤史彌遠，劾致仕。紹定中，京師災，元龍自家上封事，論「彌遠竊威福，願戮其首，籍其家以謝天下，然後斷臣首以謝彌遠，則災自弭矣」。子溥，嘉定進士，廉介有父風。

幸當時。元龍弟。授光化軍司户。襄帥趙范檄往唐州，時武守郭勝叛，當時不從，被殺。事聞，贈京秩，官其一子。

陳仲微。高安人。嘉泰進士，歷江西提點刑獄，忤賈似道罷。久之，起太府丞。時國勢危甚，仲微上封事，言失襄之罪，不專在於庸閫疲將孩兵，君相當分受其責，詞極激切。出爲江東提點刑獄。德祐初，遷秘書監。益王立，拜吏部尚書。厓山兵敗，走南安卒。

劉應龍。高安人。嘉熙進士。景定時，提舉常平，以救荒功，遷知隆興府，兼江西轉運副使，奏免和糴二十萬石。擢權户部侍郎，以直言忤賈似道，出知建寧府。南海寇作，爲廣東經略安撫使。寇聞應龍至，遁去，南海大治。德祐初，遷江西兵馬鈐轄、青海軍節度使，力辭，隱九峯。子元高，亦舉進士，知侯官縣，殁。洪天錫歎曰：「朝廷失一御史矣。」

胡仲雲。高安人。入太學，率諸生上書，論罷京尹余晦。蔡適爲祭酒，仲雲與弟仲霖師之，盡得朱氏之學。寶祐登進士，時丁大全用事，欲鈎致以館職，不就。以江萬里薦，除太學正，忤賈似道，出倅臨江。歷樞密院編修官、攝尚書右司，後以母憂去。

李長庚。新昌人。調湘潭丞。元兵至，同官皆遁，長庚獨攜諸司印居守，被執不屈，死之。

姚勉。新昌人。寶祐中進士第一。時太學生有因論丁大全被逐者，勉上言：「斥逐學宮之士，以禁天下之言，此蔡京、秦檜所爲。」遂歸。及吴潛入相，召爲校書郎。帝過東宫，勉講否卦，因指斥權姦，忤賈似道，似道使孫附鳳劾之，免歸。

元

李明德。上高人。讀書有志操，孝行篤至。至正時，亂兵陷袁州，掠上高，執其父，欲殺之。明德泣告曰：「子豈不能代父乎？願勿害我父也。」兵遂殺明德而免其父。

吴起孫。高安人。九世同居。至正中，表爲義門。

毛忠吾。新昌人。至正中，紅巾賊陷新昌，張子忠、李子鈞克復州治。越五日，復陷，子忠駡賊死。忠吾保逍遥山，招郭克敬合兵援州治，復之。未幾，歐陽祥復陷上高，忠吾退守古陽寨。七年間，大小百餘戰皆捷，州境賴以保全。

明

陳鑑。高安人。宣德進士，擢御史，出按順天。極言京師風俗澆漓，章下所司，格不行，改按貴州。麓川思機發自大軍再征，竄窟，屢乞通貢，王振不許，復大舉遠征。時雲貴軍民疲敝，苗乘機煽動。鑑抗章言賊酋遠遁，不爲邊患，宜專責雲南守臣相機勦滅，無遠勞禁旅。振大怒，欲囚之，改雲南參議，使招賊，已又令兵部劾之，逮繫獄。景帝時，赦授河南參議，致仕歸卒。

袁彬。新昌人。正統中，以錦衣校尉扈駕北征。及帝蒙塵，從官奔散，獨彬隨侍左右，夜則與帝同寢，天寒恒以脅温帝足。

居漠北期年，猶骨肉也。天順復辟，累擢指揮使掌衛事，以平曹欽功，進都督指揮僉事。時門達恃寵，勢傾朝野，廷臣多下之，彬獨不爲屈。達誣以罪，鍛鍊成獄，賴漆工楊塤訟冤得解，調南京錦衣衛閒住。及達得罪，召彬復職官，終前軍都督。

傅興。高安人。性至孝。父疾，感夢，乃徒跣百里外，得撫州絶嶺古井水調藥，服之而愈。祖母曹氏爲華林賊所掠，渡水往救，賊用巨鐙壓之，鐙忽斷，賊驚異，釋之。事聞，詔表其門。

謝麟。高安人。正德中，華林賊刦其家，麟負母以避。追且迫，家人速之走，麟曰：「母在，顧棄之，可乎？」既而賊執其母，麟奮奪之，母得免，麟爲所殺。

吴山。高安人。嘉靖中進士及第，累官太子太傅、禮部尚書。嚴嵩子世蕃，介大學士李本，欲與爲婚，不可。裕、景二邸並建，國本未定，帝忽諭禮部，具景王之藩儀。嵩知帝激於郭希顔疏，欲覘人心，諷山留王，山立具儀以奏，王竟之藩。後當日食，微陰不見，帝喜，嵩趨部急賀。山仰首曰：「日方虧，將誰欺耶！」救護如常儀。帝怒，責山賣直，詔致仕。穆宗即位，召爲南京禮部尚書，堅辭不赴。卒贈少保，謚文端。

范儁。高安人。萬曆進士，歷御史。帝久不視朝，儁陳時政十事，言甚剴切。先是慈寧宮災，給事中鄒元標疏六事，忤帝意，而儁疏適入，帝怒，將各予杖。是夜大雷雨，明日朝天門外水三尺餘，帝怒稍解，乃斥爲民。自是屢薦不起，里居數十年卒。

朱崇遂。高安人。萬曆中，郡饑疫，破産賙恤，免流亡者二千餘家。撫按將疏於朝，力辭。早歲艱嗣，鄉人共爲禱，遂連舉二子，皆有文譽。

朱吾弼。高安人。萬曆進士，授御史，奏請建國本，簡閣臣，補言官，罷礦税。又以雷震皇陵，極言「孝敬疏於郊廟，惕勵弛於朝講，土木盛於宫苑，榛蕪遍於殿庭，羣小横於中外，正士困於囹圄，閭閻以礦税竭，郵傳以輸輓疲，流亡以水旱增，郡縣以徵求困，公卿不能補牘，臺諫無從引裾，不可不深察」。遂爲沈一貫所惡，移疾去。召爲大理右丞，累遷南京太僕卿。

陳邦瞻。高安人。萬曆進士，歷右副都御史，巡撫廣西。土官黃德勳弟德隆叛，襲破上林，邦瞻請討。會光宗嗣位，即擢總督軍務，移師討擒之。海寇林莘老嘯聚萬餘人，侵掠海濱，邦瞻扼之，不得逞。咼夷築室青州，奸民與通，侵内地，邦瞻燔其巢。召拜兵部左侍郎。天啓初，疏言客氏，忤旨譙讓。尋兼户、工二部侍郎，專理軍需。卒贈尚書。邦瞻好學，敦風節，服官三十年，吏議不及。

鄒維璉。新昌人。萬曆進士，天啓時爲職方郎中，極論債帥之弊，譏切中官。吏部尚書趙南星知其賢，調稽勳郎中。楊璉劾魏忠賢，被旨切責，維璉抗疏繼之。及南星去國，維璉亦放歸。後削籍，復搆入汪文言獄，戍貴州。崇禎初，起南京通政參議，累遷右僉都御史，代熊文燦巡撫福建。海寇劉香猖獗，擊破之。紅夷陷厦門，發水陸進援，焚其舟，連戰銅山，敗去。在事二年，勞績甚著，敘功召拜兵部右侍郎，遘疾不赴。卒於家。

吴甘來。新昌人。與兄泰來同舉鄉試。崇禎初，甘來成進士，後三年，泰來亦成進士。甘來擢刑科給事中，抗直敢言，累遷户科都給事中。賊薄都城，兄泰來已官禮部員外，甘來屬歸事母，而已誓必死。城陷，作絶命詞，正衣冠北向拜，投繯死。福王時，贈太常卿，謚忠節。本朝乾隆四十一年，賜謚莊介。

陳泰來。新昌人。崇禎進士，擢户科給事中。都城戒嚴，自請假兵一萬，肅清輦轂。帝壯之，改兵科，出視諸軍戰守方略。至軍中，奏界嶺失事狀，劾副將柏承鎮論死。遷吏科，乞假歸。唐王時，擢右僉都御史。李自成敗走武昌，其部下散掠新昌，泰來大破之。後與上高舉人曹志明等起兵，俱敗死。本朝乾隆四十一年，賜謚忠節。

本朝

劉欽鄰。新昌人。順治進士，知廣西富川縣。吴三桂叛，廣西帥脇州縣應之，欽鄰獨守孤城。陷被執，賊誘以官爵，不屈，賦絶命詩自盡。事聞，贈太僕卿。

黄鼎彝。上高人。性孝友剛方。順治二年，江西平，首倡瑞屬諸生，呈乞汰減浮糧，永甦重困。舉廉能，署袁州推官。袁城空無人，揭榜招集，民皆歸舍安業。旋加監紀，督兵平寇。叙功將擢用，不赴，家居，以理學經濟訓誨後進。著有周易四書金鍼。卒祀鄉賢。

毛逵。新昌人。順治進士，歷官文選郎中。性安淡泊，茹苦自甘，知有國而不知有身，以憂勤卒於官。祀鄉賢。

朱軾。高安人。康熙甲戌進士，授庶吉士，改知潛江縣。入爲刑部主事，累遷至通政使，巡撫浙江。雍正初，擢左都御史，入直上書房，尋授文華殿大學士。時興營田水利，以軾視事，凡設施籌畫，悉合地宜。乾隆初，疏言直省大吏，爭以開墾爲功，實就熟田加增税額，虚報升科，小民不勝苦累，請清查核實以革厥弊。又言法吏多逞鍛鍊之長，希著明斷之號，宜加警黜。吏治焕然一新。卒謚文端，入祀賢良祠。遺疏謂理財以斥浮言爲要，用人以辨邪正爲先，語極懇至。所著有周易注解、儀禮節略、春秋詳解、歷代名臣、名儒、循吏傳、輶車録、廣惠編諸書。

朱極光。高安人。幼孤家貧，事母甚孝。爲人寬厚，雖犯不校。敬宗祀，恤貧族，修塚墓之無主而圮，及道路梁筏之傾壞者，以篤行著於鄉。

徐日暄。高安人。康熙進士，選庶吉士，累官至國子祭酒。在成均七年，整飭科條，甄奬人才，不遺餘力。歷與順天、山西鄉試，一秉公慎，號稱得人。性至孝，痛父母殁，寓居書「停雲」二字，以誌永思。著有停雲齋集、敬齋稿行世。卒祀鄉賢。

毛渾。新昌拔貢，仕至思南知府。居官因俗布化，政簡刑清，爲養爲教，無不贍舉。致政卒，祀鄉賢。

毛懋諫。新昌人。克敦孝弟，志切匡時。立義學義田，士林依賴之。經傳子史，無不精貫。卒祀鄉賢。

漆扶助。新昌人。雍正五年，親身營田，議叙第一。官至普洱知府，以母老乞養，改知浙江金華府。扶助誼篤綱常，才優幹濟。卒祀鄉賢。

熊迎龍。新昌人。孝行著聞。與同縣胡祖武、監生蔡孫薦、生員陳觀光，均乾隆年間旌。

劉大成。新昌人。居鄉廉直，事繼母以孝聞。由進士知湖北竹山縣。嘉慶元年，教匪滋事，率兵捍禦。竹山故無城，賊勢日張，兵寡不敵，乃嘆曰：「吾官斯土，與爲存亡，分也。」旋正衣冠，佩印綬，自縊。事聞，贈知州，謚忠節，廕一子恩騎尉。

袁鳳翔。新昌廩生，孝行著聞。與同縣職員鄒恩名、蔡啓沃，貢生劉應嘉，武生熊廷，職員鄒世濬，均嘉慶年間旌。

流寓

宋

滕元發。東陽人。以翰林侍讀學士言新法之害，貶居筠州。或以爲復有後命，元發談笑自若，曰：「天知吾直，上知吾直，吾何憂哉？」

呂祖儉。婺州人，祖謙弟。以薦除藉田令。寧宗時，韓侂胄用事，正言李沐論罷趙汝愚，祖儉上封事極論之，安置韶州。遇赦量移高安，三年卒，詔令歸葬。祖儉在謫所讀書窮理，賣藥以自給。嘗言：「因摧折失其素履者，固不足言，因世變而意氣有所加損，亦私心也。」著大愚集。

列女

元

李馬兒妻袁氏。瑞州人。李病殁，袁年十九，誓不再嫁以養舅姑。有王成者，聞袁有姿色，挾勢欲娶之。袁曰：「吾有死而已。」遂往夫墓痛哭，縊死樹下。

張立試妻高氏。高安人。紅巾之亂，賊欲辱之，高詈不絶口，至風源投廖家井而死。

明

張榮一妻蕭氏。高安人。年二十七，孀居。正德時爲華林賊所執，駡曰：「我誓不爲賊狗所辱。」乃斬之數斷。同縣黎玉亮妻殷氏，孀居十年，賊脅以刃，不屈投河，賊刺其胷背以死。熊武六妻胡氏，駡賊不從，賊剖之。況夔妻廖氏，名足貞，賊執之不受辱，削其鼻、斫其額而死。朱丑四妻熊氏，駡賊而死。黄曖妻辛氏投塘，賊連砍數刃而死。朱治一妻梁氏，名應貞，賊擁之行，堅撲淖中不起，賊殺之。俱題旌，祀貞烈祠。按：舊志載：姜榮妾竇氏，名善惠，京師人。榮通判瑞州。正德中，華林賊猝至，榮以印屬竇，急出募兵，竇埋印於池塘。城破被執，時有盛老者亦被虜，竇紿賊釋之，密令白印於榮。盛老去，强行至花塢村，乘間投井死。榮得印，募兵四至，繕修城池，屹成保障。知府鄺璠上其事，詔旌曰貞烈，建祠祀之。謹附記。

朱應恢妻胡氏。高安人。年十九喪夫，撫遺腹子，歷三十七年。華林賊經其居，走匿，爲所執，駡曰：「我四十年老寡婦也，賊奴敢爾耶？」賊怒，斬首分身而去。

熊烈女。名貴貞，高安人，少而艷。華林賊經其居，女投河。賊追至河中執之，女捽賊入深潭，旁賊來援，女并曳溺之。越三日，三屍浮江下，女執賊衣髮尚未釋手。詔旌其門。

王恪妻黄氏。高安人。華林賊亂，隨恪渡河。恪遇兵，黄以身冒夫，被刃而死，恪得免。立坊旌節。

聶端冕妻丁氏。上高人。爲華林賊所執，不肯行，挾至黄耈嶺殺之，時年二十七。同縣廖啓仁妻王氏，亦死其地。人稱雙節嶺。

晏廷相妻李氏。名敏貞，上高人。爲華林賊所執，紿以取金自贖，逸入牀下憤駡，賊叢槊殺之。

易氏女。高安人。許字南昌儀賓楊漳子鐶。鐶早卒，女聞訃，墜樓幾死。泣請於母，欲歸楊，母以未親迎辭，乃柬其姑迎之。女麻衣徒跣登舟，至則拜夫木主，行合巹禮如生時。次日舉奠，以首觸棺，瀕死，姑嚴防之。女卒乘間自經。事聞，賜祭，旌其閭。

黄雲齊妻鍾氏。名妙節，上高人。夫亡守節，壽百歲。

王彦常妻朱氏。新昌人。年二十四夫亡，撫孤守節，壽九十一而終。

羅中權妻余氏。新昌人。年二十五夫亡，撫孤守節，壽九十，見五世孫。

李九華妻劉氏。新昌人。崇禎中，九華官井陘兵備，駐獲鹿縣，劉隨任。是年賊迫獲鹿，劉守死不去。城陷，少子亮投井死，劉與第三子亮俱投烈焰死。招魂歸葬，吴甘來表其墓。

本朝

諶日昇妻陳氏。高安人。順治初爲金聲桓遊兵所獲，欲污之，氏詈不絶口，賊怒剸之。

況紹修妻鄭氏。上高人。順治初倭賊陷城，鄭抱女隨老嫗避北門，爲賊所執。欲犯，詬不從，遂殺其女，詬益厲。賊怒，褫其衣，抉目以死。

李簡慶妻劉氏。新昌人。順治初寇亂，先紉其内衣，防猝變。及被執，不辱，斃於刃。

焦遇春妻黄氏。高安人。壽百歲。康熙年間旌。

劉守發妻吴氏。新昌人。順治初爲寇所掠，至里門外潭水深處，躍入水中，厲聲罵賊死。雍正六年旌。

梁文英妻陳氏。高安人。夫亡守節。同縣姜汝淮妻曾氏，劉發房妻梁氏，吴杰妻李氏，陳文炳妻諶氏，吴朝宇妻羅氏，陳守功妻宋氏，蕭吾槐妻李氏，胡世德妻黄氏，徐大吾妻易氏，黄瑞禄妻鄧氏，徐永命妻唐氏，江采葵妻陳氏〔八〕，戴懿明妻朱氏，梅百盛妻彭氏，朱澍妻何氏，主事何郁妻吴氏，陳必輔妻姚氏，高賢妻吴氏，朱國相妻王氏，劉泗清妻諶氏，黄燕瑞妻朱氏，諶友瑎妻劉氏，鄭道行妻郭氏，梅繼盛妻陳氏，傅代仙妻周氏，范用栩妻陳氏，謝謨講妻孫氏，沈世英妻歐陽氏，吴成鑄妻何氏，武舉褚遠新妻諶氏，傅代福妻陳氏，朱國器妻李氏，幸琳妻童氏，徐慶長妻鄭氏，均乾隆年間旌。

黄德明妻戴氏。上高人。夫亡守節，四十餘年不出户庭，雖至戚子姪，罕覯其面者。同縣黄于象妻陳氏，嚴廷瓚妻黄氏，黄光翔妻傅氏，任慶妻況氏，均乾隆年間旌。

李伯奇妻胡氏。新昌人。伯奇素貧，力學，以勞瘵終。氏年二十四，矢志撫孤，備嘗艱苦。歲荒啜水窮餓，鄉里或賙之，皆不受。壽九十餘。同縣熊應臣妻鄒氏，毛天駟妻幸氏，熊善寵妻蔡氏，胡天位妻鄢氏〔九〕，鄒鍾祥妻李氏〔一〇〕，易書妻劉氏，劉英妻蕭氏，劉式妻蔡氏，胡廷俊妻漆氏，劉應滐妻甯氏，劉璣妻張氏，陳楚高妻劉氏，胡迪民妻蔡氏，胡世捷妻蔡氏，胡捷登妻李氏，劉鈔世妻鄔氏，李秉憲妻蔡氏，胡世校妻閔氏，熊章妻胡氏，吴達澄妻劉氏，姚爲庫妻龔氏，劉炯世妻胡氏，趙德焕妻易氏，熊拔妻漆氏，李英妻周氏，劉維宿妻鄒氏，漆啓仁妻蔡氏，傅廷相妻陳氏，李維斐妻毛氏，李景綱妻謝氏，毛仰聖妻陳氏，蔡維翰妻熊氏，劉樹勳妻吴氏，毛天鳳妻冷氏，吴民端妻李氏，劉敷成妻蔡氏，張崇映妻陳氏，熊克妻蔡氏，晏彰任妻周氏，鄒揆祖妻陳氏，熊繡崇妻張氏，劉紋士妻萬氏，戴懋德妻熊氏，熊學洵妻毛氏，傅彪妻藍氏，邢珊妻熊氏，劉應儀妻羅氏，劉崇芳妻胡氏，熊文景妻朱氏，蔡禾順妻羅氏，漆日杜妻戴氏，廖英豪妻陳氏，蔡湘妻漆氏，胡敏妻熊氏，鄒櫎祖妻劉氏，蔡雩龍妻傅氏，胡成紹妻羅氏，張大榮妻毛氏，劉騰蛟妻蔡氏，陳型文妻劉氏，劉大榮妻張氏，劉祖興妻張氏，任貺學妻李氏，高宗探妻毛氏，鄒世偉妻劉氏，劉應妻吴氏，冷貞倫妻張氏，吴達恒妻鄒氏，劉靖世妻蔡氏，張烽成妻龔氏，熊濤景妻漆氏，冷安易妻張氏，烈婦晏封妻袁氏，貞女廖氏，均乾隆年間旌。

陳紀週妻鄧氏。高安人。夫亡守節。同縣冷志孝妻況氏，陳高茂妻熊氏，幸守仁妻鄭氏，何大興妻幸氏，張允焕妻冷氏，楊輯瑞妻何氏，朱淳熙妻涂氏，傅子佐妻陳氏，武生龔倚妻李氏，彭永安妻汪氏，均嘉慶年間旌。

陶明德妻章氏。上高人。夫亡守節。同平羅縣丞冷嵩齡妾趙氏，盧來鳳妻江氏，杜文江妻朱氏，鄭際亨妻李氏，胡廷詩妻潘氏，嚴繼述妻李氏，黄永慶妻李氏，鄭集錦妻趙氏，均嘉慶年間旌。

彭燝妻伍氏。新昌人。夫亡守節。同縣劉秉蘭妻蔡氏，劉秉珍妻郭氏，劉鉉芳妻漆氏，張啓代妻李氏，張啓基妻朱氏，漆緝美妻李氏，劉開甲妻廖氏，劉楟芳妻陳氏，劉大發妻蔡氏，漆纉美妻李氏，熊善香妻易氏，劉絪芳妻黄氏，高承奎妻劉氏，胡可徵妻劉氏，毛受禧妻廖氏，高元銓妻龔氏，蔡有柏妻劉氏，毛宗譽妻胡氏，胡世珍妻鄢氏，熊崇瓊妻李氏，李福啓妻徐氏，彭遴仁妻劉氏，熊秉毅妾彭氏，劉恕妻胡氏，熊善映妻朱氏，胡久源妻蔡氏，熊鳴瑞妻陳氏，黄任傑妻羅氏，彭行俟妻盧氏，陳會檜妻張氏，吴洪懿妻漆氏，陳伯慶妻吕氏，謝崇汪妻陳氏，熊志巨妻江氏，熊楚材妻蔡氏，趙嚄吉妻席氏，蔡松亭妻劉氏，張啓閥妻李氏，朱廷颺妻李氏，熊探崇妻劉氏，鄒挺立妻李氏，李森清妻朱氏，張彬成妻席氏、妾張氏，毛大中妻熊氏，熊福全妻蔡氏，彭行佟妻劉氏，廩生盧峯繼妻蔡氏，熊快景妻劉氏，冷向榮妻席氏，劉大鈂妻熊氏，劉耀芳妻陳氏，胡開朗妻蔡氏，漆香盛妻袁氏，劉綵士妻鄔氏，胡天迎妻曾氏，周學海妻陶氏，貞女漆耀徵未婚妻胡氏，均嘉慶年間旌。

仙釋

晉

黄仁覽。建城人。有道術。嘗爲青州從事，每夕取竹杖噀水化龍，騎之歸省，旦復騎去。後舉家上仙。里人於騎杖處立廟祀之。

李明香。蜀人，李八百之妹。初修道於華林山之元秀峯，後於峯南六十里五龍岡設壇醮祭，道成沖舉。

丁義。建城人。精醫術，嘗以神方授吴猛。義女名秀英，鍊丹於白鶴山，猛女彩鸞嘗就學焉。及仙去，後人於其地置崇元觀。今石圃中有丹井。

唐

良价。會稽俞氏子。年二十一，詣嵩山具戒遊方，首謁南泉，次參潙山。後造雲巖問無情説法，因過水睹影，大悟前指。大中末，於新豐山接引後學，號洞山宗。本朝雍正十二年，敕封淨覺悟本禪師。

幸潭。高安人。遇異人授秘術。卒後鄉人遇之於汴，寄書語之曰：「城北道旁古木，吾家也，叩之必應。」人如其言，果有二童子出，一丈夫繼之，宛如汴中所見。或謂其委蜕仙也。

宋

趙吉。高安丐者，敝衣蓬髮，好飲酒，自言生一百二十七年矣，人皆謂之狂。元豐三年，見蘇轍曰：「君好道而不得其要，陽不降，陰不升，故肉多浮。吾教君挽水以溉百骸，諸疾可去。」後居興國死。蜀僧法震至雲安，見一丐者曰：「吾姓趙，頃於黃州識蘇公，爲我謝之。」子由大驚，發其葬，惟一杖及兩脛在。

德洪。一名慧洪，新昌彭氏子。嘗釋註金剛、楞嚴、圓覺、法華四經。博通儒書，尤工詩。韓子蒼宰分寧，館之雲巖寺，寺僧三百，各抒一幅紙求詩，握筆立就。所著合論易傳、僧寶智澄傳、林間録、天厨禁臠、冷齋夜話、甘露集等書。

土產

茶。寰宇記：筠州產黎源茶。

紵。宋史地理志：筠州貢紵。府志：府境績苧皮爲布，曰苧布。又有省布、腰機、遍紗等名。又新昌山谷間產葛。

紙。省志：有青紙，三縣皆出。又竹紙，即古之陟釐，有老大、中大、羅端、曬紙等名。出新昌。

南燭子。寰宇記：筠州產南燭子，南燭花出調露。

紫竹。明統志：小而勁直，府境出。

牛尾狸。寰宇記：筠州產牛尾狸、黃雀兒鮓。按：舊志載明統志上高縣產銀、石青、石碌、黃丹。今俱無，謹附記。

校勘記

〔一〕「東南至南昌府豐城縣治九十五里」至「西北至南昌府義寧州治三百里」 四「治」字，乾隆志卷二五一瑞州府建置沿革（下同卷簡稱乾隆志）均作「界」。下文上高縣、新昌縣東南至西北四至同。按，本志沿襲乾隆志，未知何以改「界」爲「治」。

〔二〕祀趙不黯 「不」，原作「石」，乾隆志同。考明一統志卷五七瑞州府書院樂善書院條僅言「宋郡守王淹以郡中宗姓實繁，乃創書院，置田以教育宗子之孤幼者」，未言附祀者。又考雍正江西通志卷七一人物，瑞州府有趙不黯者，「字稷臣，高安人，宋太宗六世孫，寶慶二年入祀樂善書院」，與明一統志「教育宗子之孤幼者」事理相合。則「趙石黯」乃「趙不黯」之誤也，因據改。

〔三〕由楊木港口入蜀江 「江」，原作「水」，據乾隆志及上文改。

〔四〕宋知縣邵叶視事三月 「叶」，原作「什」，乾隆志同，據明一統志卷五七瑞州府宫室改。按，雍正江西通志卷六〇名宦有邵叶小傳，云「晉陵人。元祐間宰新昌縣，視事三月，五色芝十二本生於室中，黄山谷爲之記」。

〔五〕鄒維璉墓 「璉」，原作「漣」，據乾隆志改。按，鄒維璉新昌人，明史卷二三五有傳。

〔六〕相傳晉時謝琰以討苻堅功封望蔡公 「琰」，原作「炎」，據乾隆志改。按，本志避清宣宗諱改字也。

〔七〕道州永明人 「永」，原作「水」，據乾隆志及宋史卷四三二周堯卿傳改。

〔八〕江采葵妻陳氏 「葵」，原作「蔡」，據乾隆志改。按，同治瑞州府志卷一六列女志亦作「葵」，是也。

〔九〕胡天位妻鄢氏 「鄢」，乾隆志作「鄔」。

〔一〇〕鄒鍾祥妻李氏 「鍾祥」，乾隆志作「祥鍾」。

袁州府圖

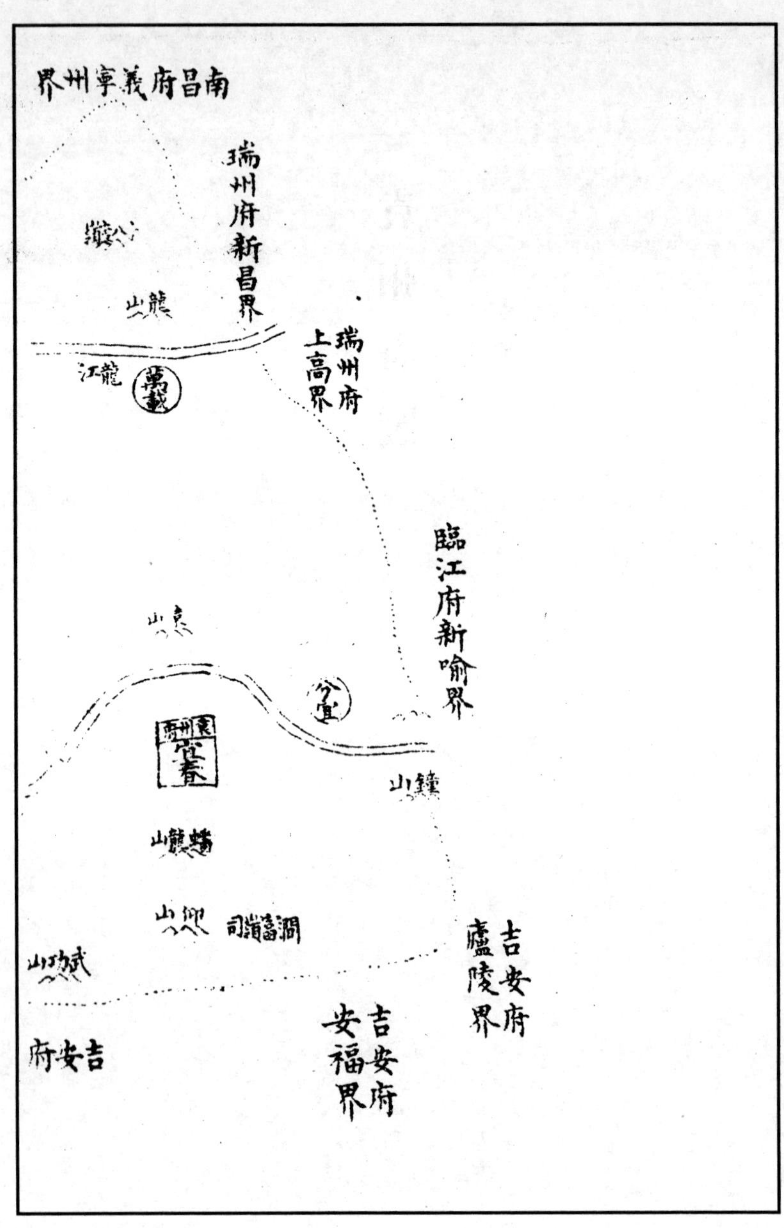
南昌府義寧州界
瑞州府新昌界
瑞州府上高界
萬載
龍江
臨江府新喻界
袁州府
宜春
鍾山
吉安府盧陵界
吉安府安福界
吉安府

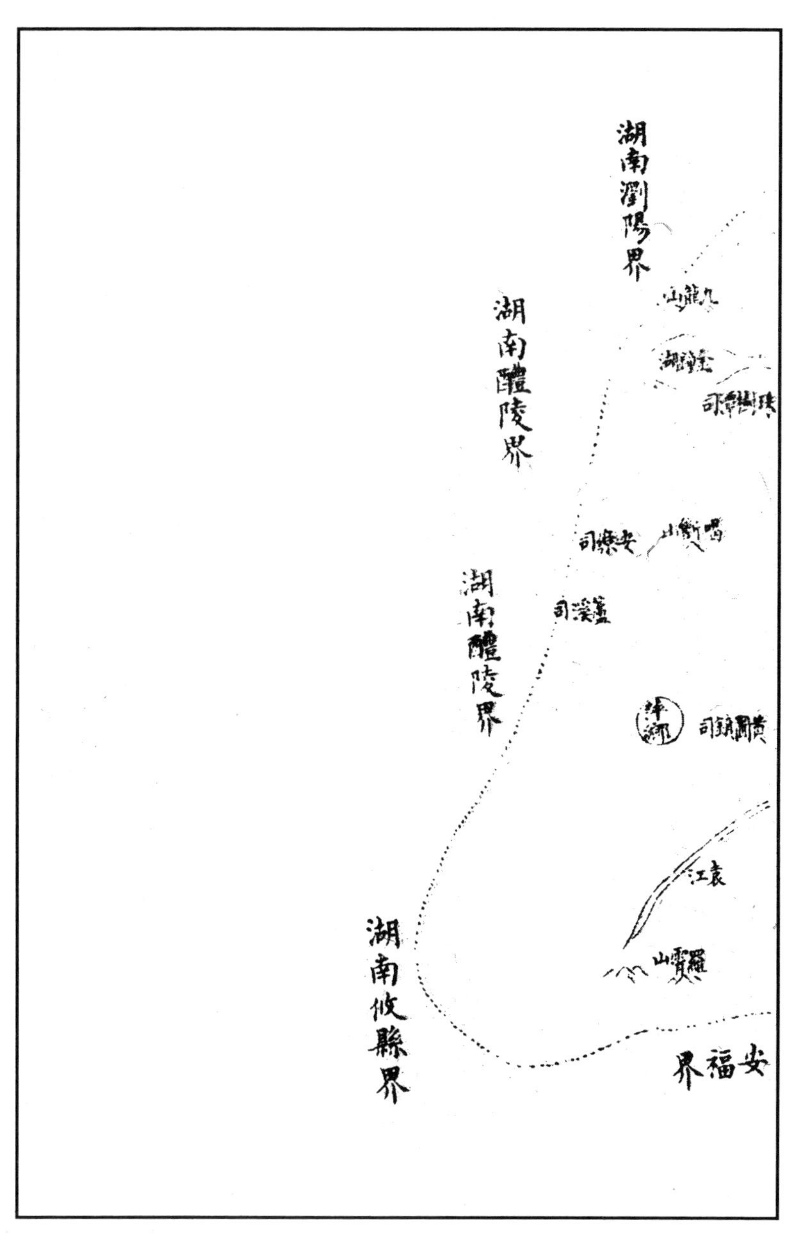
湖南瀏陽界
九龍山
湖南醴陵界
安樂司
蘆溪司
湖南醴陵界
萍鄉
黃圖鎮司
袁江
羅霄山
湖南攸縣界
安福界

袁州府表

	袁州府	宜春縣	分宜縣
秦	九江郡地。	宜春縣屬豫章郡。	
兩漢	豫章郡地。	宜春縣屬豫章郡。	宜春縣地。
三國	吴爲安成郡地。	宜春縣吴寶鼎二年屬安成郡。	
晉		宜陽縣太康中改名。	
南北朝		宜陽縣	
隋	宜春郡開皇十一年置袁州，治宜春。大業初改郡。	宜春縣初爲州治。開皇十八年復故名。大業初爲郡治。	
唐	袁州宜春郡武德四年復置州，屬江南西道。	宜春縣州治。	
五代	袁州宜春郡初屬揚吴，後屬南唐。	宜春縣州治。	
宋	袁州宜春郡屬江南西路。	宜春縣	分宜縣雍熙初析置，屬袁州。
元	袁州路初隸湖南行省。至元十九年升路，屬江西行省。	宜春縣路治。	分宜縣屬袁州路。
明	袁州府初改府，屬江西布政司。	宜春縣府治。	分宜縣屬袁州府。

續表

萍鄉縣	萬載縣
宜春縣地。	建城縣地。
萍鄉縣吴寶鼎二年置，屬安成郡。	陽樂縣吴黄武中置，屬豫章郡。
萍鄉縣	康樂縣太康元年改名。
萍鄉縣	康樂縣
萍鄉縣屬宜春郡。	省。
萍鄉縣屬袁州。	
萍鄉縣	萬載縣南唐保大十年置，屬筠州。
萍鄉縣	萬載縣開寶八年屬袁州。宣和三年改曰建成。紹興二年復故。
萍鄉州元貞元年升州，屬袁州路。	萬載縣屬袁州路。
萍鄉縣洪武初仍爲縣，屬袁州府。	萬載縣屬袁州府。

大清一統志卷三百二十六

袁州府

在江西省治西少南四百里。東西距二百九十里，南北距二百一十里。東至臨江府新喻縣界一百里，西至湖南長沙府醴陵縣界一百九十里，南至吉安府安福縣界六十里，北至瑞州府新昌縣界一百五十里。東南至吉安府治二百四十里〔一〕，西南至湖南長沙府攸縣界二百五十里，東北至瑞州府上高縣治二百里，西北至湖南長沙府瀏陽縣治二百八十里。自府治至京師六千七十五里。

分野

天文斗分野，星紀之次。

建置沿革

禹貢揚州之域。春秋屬吴，戰國屬楚。秦屬九江郡。漢置宜春縣，屬豫章郡。後漢因之。三國吴屬安成郡。晉、宋以後因之。隋平陳，始置袁州，寰宇記：隋平陳後，土人文盛擁衆自守，開皇十年平之。

十一年置袁州，因袁山爲名。大業初，改爲宜春郡〔二〕。隋末，林士弘、蕭銑相繼有其地。唐武德四年，復曰袁州。天寶初，曰宜春郡。乾元初，復曰袁州，屬江南西道。五代初屬楊吴，後屬南唐。宋亦曰袁州宜春郡，屬江南西路。元初隸湖南行省。至元十九年，曰袁州路，隸江西行省。明初曰袁州府，屬江西布政使司。本朝因之，屬江西省，領縣四。

宜春縣。附郭。東西距九十里，南北距一百三十里。東至分宜縣界四十里，西至萍鄉縣界五十里，南至吉安府安福縣界六十里，北至萬載縣界七十里。東南至分宜縣界五十里，西南至吉安府安福縣界六十里，東北至萬載縣界八十里，西北至萍鄉縣界一百二十里。漢置宜春縣，屬豫章郡。後漢因之。三國吴寶鼎二年，改屬安成郡。晉太康中改曰宜陽。宋、齊以後因之。隋初爲袁州治，開皇十八年復曰宜春。大業初，爲宜春郡治。唐復爲袁州治，宋因之。元爲袁州路治。明爲袁州府治，本朝因之。

分宜縣。在府東八十里。東西距六十里，南北距一百五十五里。東至臨江府新喻縣界二十里，西至宜春縣界四十里，南至吉安府安福縣界五十里，北至瑞州府上高縣界一百五里。東南至吉安府廬陵縣界五十里，西南至宜春縣界一百里，東北至瑞州府上高縣界一百里，西北至宜春縣界九十里。漢宜春縣地。宋雍熙初，析置分宜縣，屬袁州。元屬袁州路。明屬袁州府，本朝因之。

萍鄉縣。在府西一百四十里。東西距一百五十里，南北距一百八十里。東至宜春縣界九十里，西至湖南長沙府醴陵縣界六十里，南至吉安府安福縣界八十里，北至湖南長沙府瀏陽縣界一百里。東南至吉安府安福縣界百二十里〔三〕，西南至湖南長沙府攸縣界一百十里，東北至宜春縣界九十里，西北至湖南長沙府醴陵縣界九十里。漢宜春縣地。三國吴寶鼎二年，析置萍鄉縣，屬安成郡。晉及宋、齊以後因之。隋改屬宜春郡。唐屬袁州，宋因之。元元貞元年，升爲州，屬袁州路。明洪武二年，仍爲縣，屬袁州府。本朝因之。

萬載縣。在府北九十里。東西距一百四十五里，南北距一百九十五里。東至瑞州府上高縣界十五里，西至湖南長沙府瀏陽縣界一百三十里，南至宜春縣界十五里，北至南昌府義寧州界一百八十里。東南至分宜縣界十五里，西南至宜春縣界九十里，東北至瑞州府新昌縣界六十里，西北至湖南長沙府瀏陽縣界一百二十里。漢豫章郡建城縣地。三國吴黄武中，析置陽樂縣，屬豫章郡。晉太康元年，改曰康樂。宋、齊以後因之。隋省。五代南唐保大十年，置萬載縣，屬筠州。宋開寶八年，改屬袁州。宣和三年，改曰建成。紹興二年，復曰萬載。元屬袁州路。明屬袁州府，本朝因之。

形勢

秀水東奔，萍川西注。唐袁皓詩。山水秀麗。寰宇記。江右奥區。王象之輿地紀勝。當湖漢之孔道，作吴楚之疆圉。明申時行記。

風俗

州小地狹，賦稅及時。唐韓愈袁州謝表。藝文儒術爲盛。杜佑通典。士夫秀而文，細民險而健。宋黄庭堅道院賦。地接湖湘，俗雜吴楚。宋楊侃郡廳記。士力學而知廉恥，民樂善而好儉嗇。宋阮閎無訟堂記。務本力農，志定用約。元虞集記。

城池

袁州府城。周八里有奇，門四，北枕秀江，三面濬濠。唐武德中因舊址築，後屢拓築。明洪武初增築，本朝順治三年修，康熙三年、乾隆十二年、二十五年重修。宜春縣附郭。

分宜縣城。周二里二百二十四步，門五。明正德七年創築，嘉靖中改築。本朝康熙年間修，乾隆二十五年重修。

萍鄉縣城。周五里三十六步，門五。明正德中土築，萬曆中甃石增築。本朝康熙二年修，乾隆二十五年、三十七年、嘉慶二十三年重修。

萬載縣城。周六里，門七。明正德時土築，萬曆間甃甎。本朝康熙三年修，二十一年、乾隆九年重修。

學校

袁州府學。在府治東。唐天寶五年，刺史房琯始建於城南。南唐保大十年，移郡治西南，宋皇祐五年遷今所。本朝康熙五年修。入學額數二十名。

宜春縣學。在袁山門外秀山北。舊在縣治西，宋淳熙間遷今所。明洪武中重建，本朝屢經修葺。入學額數十二名。

分宜縣學。在縣治東。宋初建於縣西五里，後屢遷。端平初，徙建今所，咸熙中，又遷安仁驛，明初復遷舊址。本朝康熙四年重建。入學額數十五名。

萍鄉縣學。在縣西隅。唐武德間建，在縣東南，後屢遷。明嘉靖中，始遷今所。本朝順治十年重建，康熙年間修。入學額數十二名。

萬載縣學。在縣治東。宋崇寧間建，明初重建。本朝順治十三年增修，康熙年間重修。入學原額十二名，嘉慶十年增四名。

高士書院。在府城北外廂學宫之右。明萬曆癸巳，提學錢櫃建。

南軒書院。在府城東湖上。宋端平中建，祀張栻。元至元間修，虞集有記。案：舊志載：鈐岡書院，在分宜縣西門外，宋建，祀周、張、二程、朱五子。宗濂書院，在萍鄉縣東蘆溪鎮，宋建，祀周子。濂溪書院，在萍鄉縣治南，明建。胡安定書院，在萍鄉縣東二里，安定讀書之所。張巖書院，在萬載縣西，元建，祀宋周、程、張、邵、司馬六君子，虞集爲記。今俱廢。謹附記。

户口

原額人丁三萬六千三百三十八，今滋生男婦大小共七十六萬八千五十六名口，計十六萬三千六百二十九户。又衛所屯軍男婦大小共一萬六千九百三十九名口，計二千七百九户。

田賦

田地二萬三千六百八十七頃八十二畝一分有奇，額徵地丁銀九萬二千三十兩五錢八分一釐，米八千二十五石五斗六升三勺。袁州衛屯田在府屬四縣，共二百八頃六十二畝一分有奇，額徵地丁銀一千九百五十二兩九錢六分三釐。

山川

震山。在宜春縣東十里，亦名馬鞍山。下有巖，幽晦深險。唐盧肇記：山本名呼岡，在城東方，望之若冠冕。同麓異峯，四首相屬，兩仰成形，如畫震卦，因易其名。西北有石室，臨溪之涘。邑人彭搆雲嘗釣巖下，寶應中詔徵不就，時太守名其巖曰徵君釣臺。

雕山。在宜春縣東二十里。高百丈，周二十里。

湖岡山。在宜春縣南十五里，晉鄧表居此。山頂有煉丹臺、養丹池、朝斗石。

蟠龍山。在宜春縣南四十里。自麓至巔，凡三十六曲，峭壁奔湍，爲一州之勝。上有蟠龍寺，唐末南平王鍾傳所建〔四〕。

木平山。在宜春縣南七十里。山有三峯，中曰妙廣，左曰瑞光，右曰慈雲。

仰山。在宜春縣南八十里。周數百里，高聳萬仞，府之鎮山也〔五〕。其最勝者曰集雲峯，山中石徑縈迴，飛瀑湍駛，夐異人境。山下有唐鄭谷讀書處。又小仰山，在縣南三十里，一名水晶山。晉鄧表修煉於此，又名鄧表峯。上有星壇、石臼、藥竈。

坤長山。在宜春縣西南七里。脈自坤方來，連亘甚遠。一名旗山。

書堂山。有二。一在宜春縣西南三十里，唐盧肇讀書處。一在萬載縣西八十里，山谷深鬱，常有雲霧。世傳習鑿齒讀書於此。

老山。在宜春縣西南六十里。崇高峻拔，山巔飛瀑下注，爲清瀝江。

望鳳山。在宜春縣西七十里。周六十里，高三里，中有一峯如鳳。

將墳山。在宜春縣西一百里。周四十里，高三里。相傳漢武帝時有將軍易洸者，領兵至宜春，卒於此，因葬焉。

石屋山。在宜春西北三十餘里，有洞深百餘丈。

喝斷山。在宜春縣西北一百二十里，與萬載、萍鄉及湖南瀏陽縣接境。兩山對峙如天門，中通一徑，爲入省往來必由之道，險隘斗絶。

袁山。在宜春縣東北五里。昔隱士袁京居此，死葬其側，因名。其北曰小袁山，迴聳相對。

鐘山。在分宜縣東十里，下瞰秀江。水南曰南鐘山，水北曰北鐘山，亦名鐘山峽，峽長九十餘里，與臨江府新喻縣接界。寰宇記：山在州東九十里。裴子野宋略云「永嘉元年，因洪水有大鐘從山流出，時人得之，驗其銘曰秦時樂器，因名」。又按安成記云「鐘山臨水阻峻，春夏湍洑湧沸，噴上白沙如米。兩岸石上各九十餘里，名曰米沙。以之候歲，若一岸偏饒，則其方豐穰，民以爲準」。

仙臺山。在分宜縣東南五里。羣山相抱，一峯高聳。

銀山。在分宜縣南二十里，嶺多白石如銀。

清風山。在分宜縣南三十里。相傳晉時有黄仙姑修煉於此，有煉丹池。

昌山。在分宜縣西二十里。周迴十八里，下瞰秀江，亦曰昌山峽。寰宇記：舊名傷山，袁江流其間，巨石枕岸潺激，舟行多傾覆，故名。顧野王輿地記「晉永嘉四年，羅子魯於山峽堰斷爲陂，灌田四百餘頃。梁大同二年廢。時人以『傷』非善徵，改爲昌山」。

玉岡山。在分宜縣西二十里。

雪山。在分宜縣西二十五里。古木繁陰，冬有積雪。又縣西三十里有甘竹山。

光子山。在分宜縣西四十里。相傳晉時有渝川侯李林字光子者葬此，因名。

大梅山。在分宜縣西六十里，其山多梅。又有桃溪山，環抱溪泉。

清泉山。有二。一在分宜縣北十里，山有池，其水清澈。一在萬載縣東北四十五里，林木森聳，瀑布懸流，俗名小仰山。

臺山。在分宜縣北二十五里。山頂平夷，廣數畝若臺。

貴山。在分宜縣北四十里，地産鐵。唐書地理志：宜春縣有鐵。縣志：宋雍熙初，置貴山鐵務，後廢。

龍王山。在分宜縣北七十里。又縣北八十里有雞足山，其相近有陳重山、棗木山。又三峯山，在縣北一百里。

毛仙山。在萍鄉縣東二十三里。宋時置毛仙驛於山下，爲往來通道。

九嶷山。在萍鄉縣東七十里，連帶九峯。山側二峯，峭拔若雙鶴飛舞，名仙鶴嶺。

羅霄山。在萍鄉縣東一百里。高數千丈，延袤百餘里，上有羅霄洞。旁有葛仙壇，壇生二竹，風動如掃，人謂之「掃壇竹」。

壇側有黄龍潭。山下又有石潭，深不可測，袁江之源出焉。

武功山。在萍鄉縣東南一百二十里，與羅霄山相連，俱跨吉安府安福縣界。宋紹興中，峒寇猖獗，州將趙康統軍勦捕，立柵山上。一名葛仙峯，相傳葛玄煉丹處。

雲蓋山。在萍鄉縣東南一百二十里。挺拔高聳，旦暮有雲霞往來其上。

筆架山。在萍鄉縣南里許。舊名迎鳳嶺，後建三浮圖於上，形如筆架，因改今名。俗又名塔嶺。

徐仙山。在萍鄉縣西三里。兩山相峙，舊有徐姓者隱此。又西十里有青山。

石姥山。在萍鄉縣西五十里，上多杉木。寰宇記：山側有石狀如姥，因名。

五金山。在萍鄉縣西七十里。五峯連帶皆西向，故名。又有小南嶽，亦在縣西七十里，上插雲表，登之可盡覽一邑之勝。

南源山。在萍鄉縣北五十里。其山平坦，上有石似羅漢，名羅漢巖。山南有廣利院，院前有泉，四時不竭。又南爲浴石山。

楊岐山。在萍鄉縣北七十里，世傳爲楊朱泣岐之所。一作煬岐山。寰宇記：煬帝曾經此，因名。有煬帝壇，見劉禹錫文。明統志：傍有玉女殿，内有九石房，相映如屏風，人謂仙人所居。相近者爲瑶金山，唐普濟禪師道場。上有渌水洞、靈丹井。

楚山。在萍鄉縣北九十里，相傳楚昭王曾經此。山巔有楚王臺遺蹟。

龍山。在萬載縣治後。龍江經其下，其勢岃峞，爲縣之鎮。官衙綴倚其麓，俗呼官山。

東岐山。在萬載縣東七里，與瑞州府上高縣接境。有峯曰鵞鼻，元虞集以爲似蜀中之鵞鼻，因名。

雞籠山。在萬載縣東南五里。平地突起，周迴盤旋，巉石壁立。西南有洞，從穴入可容數人，有泉四時不竭。

峯頂山。在萬載縣西南三十里。高可望郡城。有泉清洌，可以灌溉。

東臺山。在萬載縣西南九十里。山皆石壁。

穩山。在萬載縣西八里。兩山對峙，中通一徑，俗呼穩山關〔六〕。其相接者曰坤山，聳峻嵯峨，東曙不及，惟斜陽可到，往來者皆經其上。又銀山，在縣西十五里。上有巨石潔白如銀。山半有洞，可容數百人。

湯周山。在萬載縣西三十里。相傳晉時有湯、周二人得仙於此，有棋盤、試劍石遺址。

九龍山。在萬載縣西一百里。山有九峯。又西二十里曰鐵山，地産鐵，與湖南瀏陽縣分界。

紫蓋山。在萬載縣西北十五里。山勢崇聳，屹若車蓋。舊名雲蓋山，後改今名。

五雷山。在萬載縣北二十里，五山相連。又四十里山，在縣北三十五里，其山周迴四十里，故名。

皂山。在萬載縣北六十里，色如皂，與瑞州府新昌縣接界。一名連香嶺。

謝山。在萬載縣北七十里。府志：以宋謝靈運得名，泉石甚勝。

龍門山。在萬載縣北九十里。羣峯環聳，中有四路，狀如龍門。

南源嶺。在宜春縣東四十里。嶺凡五，俗名「南源五嶺」。

分水嶺。在宜春縣東南六十餘里，與嚴營山寨相近，皆爲防扼洞寇之所。

潤富嶺。在宜春縣南六十里，與吉安府安福縣接界。宋嘉定四年，嘗於此置寨，以遏郴寇。

大將嶺。在宜春縣西北九十里，周十五里。山腰有泉，名水漿湖。

嚴嶺。在宜春縣北五十里。山勢峭拔，自下而上，有小徑十八折。頂名仰公山，下有小溪，溉田甚廣。

石分嶺。在分宜縣南五十里，接吉安府安福縣界。

仰嶺。在分宜縣南六十里。極高峻，登之可瞰吉安城。

袁嶺。在分宜縣西北十餘里。其脈自末山南來，蜿蜒起伏三百里，至此有七峯聳起，相傳後漢袁閎避地於此。其第三峯之麓有洪陽洞，仙人葛洪、婁陽棲真處也。洞門東向，高數十丈，初入平夷明爽，益西則盤迴峻阻。石室深邃，中有流泉，春溢冬涸。又有小洪陽洞，在洞之頂，門甚隘，中可容數千百人。

聖岡嶺。在萍鄉縣東五十里。衆山迤邐，望之蒼翠，崛起臨道旁。晉甘卓築壘其上。又縣東八十里有大佛嶺，盤旋圓頂，若跏趺狀。

豸迹嶺。在萍鄉縣南三十里。山勢聳矗，有石如豸形。上有土壕，相傳元季禦紅巾賊扼險於此。又馬迹嶺，在縣南七十里。

烏岡嶺。在萍鄉縣西南二十里。兩峯對峙，茂林蓊鬱，人行其中，罕見天日。

排衙嶺。在萍鄉縣西十五里。數峯排列，高下森然。又縣西五十里有土硃嶺，其石堅赤如硃，冶者取以煅鐵。

牛頭嶺。在萍鄉縣西七十里。高出雲表，首尾延袤四十餘里。

案山嶺。在萍鄉縣南五十里。左右兩山高峙，中平如案。有亭曰高安，爲往來休息之所。

浮樓嶺。在萬載縣東十里。巑岏秀麗，兩山突出如角，遠望若樓浮雲中。

鶴嶺。在萬載縣西南二十里。一名洪岡嶺，兩峯低昂如鶴。其相對者曰仙游巖，在縣西十六里，高數丈，可容數十人。有石類鐘，叩之清越。又有石類道士，俗稱仙人石。

大關嶺。在萬載縣西六十里。羣峯聳翠，中道崎嶇。俗名大官嶺。

白水嶺。在萬載縣西八十里，高數十仞。嶺下平坦，廣袤數里，中有小溪，水色常白。

太陽嶺。在萬載縣西一百里。周百里，形勢陡絶，未旦曙光先照，至昏不暝。

十八渡嶺。在萬載縣北四十里。舊時路在嶺下，循環一水，往來凡十八渡。後闢路嶺上，行者便之。俗訛爲十八洞。

羊角峯。在宜春縣東十里。一名雙箭峯。

聳翠峯。在宜春縣西三十里。峻壁孤峯。

玉女峯。在萍鄉縣東六十里。内有玉女臺。一名玉女岡。寰宇記：輿地志云〔七〕，岡去州西九十里，天將雨，石間即湧出五色雲氣，百姓咸云「玉女披衣」。

石筍峯。在萍鄉縣東九十里，崒嵂如筍。其左有葛仙壇。

明山峯。在萍鄉縣東北二十五里。高五十餘丈，登之可以望遠。

鈐岡。在分宜縣南二里袁江南岸，正與縣對。縣志：岡延袤數十里而至城南，新澤水出其右，長壽水出於左，夾於山末，故名曰「鈐」。

楊桐岡。在萬載縣東北二里許，産白楊、桐樹。又縣西里許有赤珠岡，産土硃。

粟坑巖。在宜春縣西南七里。深闊三十丈，有小竇通明，可步出巖頂。

化成巖。在宜春縣西北五里，下瞰秀江。宋紹聖中，建浮圖於巖頂，爲登臨絶勝處。

陶逸巖。在萬載縣東三十里。突起平田，約高三丈，中有石屋，人稱爲陶公石。

水晶巖。在萬載縣西五十里峯頂山之西。巖中飛瀑，流瀉如撒珠玉。

靈棲巖〔八〕。在萬載縣西九十里。軒敞高數丈，有泉自周公洞流過巖下，灌田數十畝。

龍成巖。在萬載縣西九十里。輿地紀勝：巖深九房，有石如列仙者以萬數。明統志：地名梅陂，山勢聳特。

翠巖。在萬載縣北城外百步，面挹龍江。巖下有穴，噴泉清冽。

牛欄峽。在宜春縣之東三十里。左有金雞山，右有銀瓶山，相對若欄，旁有羣峯疊聚。府志：袁有三峽，謂牛欄與分宜之鐘山、昌山也。

石乳洞。在宜春縣東三十里。闊數丈，深一里許。亦名玉室山〔九〕。寰宇記：宜春記云，郡有石室山，數室相連，高十餘丈。素壁若雪，萬象森羅於其前。

漠塘洞。在宜春縣北六十里。初入闊可數丈，有潭水流洞外。繼入小洞漸遠，一竇通明，地名帶塘，距漠塘已二十餘里。

靈仙洞。在分宜縣北三十里。去地三十丈，峻巘崎嶇，仰視石屋，如雲霞往來狀。中有丹爐、石磨諸勝。

桃源洞。在分宜縣北一百三十里。洞口空闊，東北行半里許，有石室折而北，泉石益勝，不可窮詰。又有風洞，距桃源洞二里，居山之陽，隘不可入。旁有流泉，水石參錯，清風出焉。

裏大洞。在萍鄉縣南三十里。山圓如覆鐘，有兩洞相接，上洞口在山址，下洞口出山腹，兩洞可容千人。

曹源洞。在萍鄉縣西北二十里，洞極深闊。

下石陂洞。在萍鄉縣北四十里。有巨石室其門，中空曠可容千人。又焦源洞，在縣北七十里，流水衝激，宛如琴筑。

竹山洞。在萬載縣南二十里。水經其中，即石洞水之上源也。前後兩門，深五里許，內虛敞。高丈餘，有石平廣如田。又有石穴，俯仰若屋。

周公洞。在萬載縣西七十里。松篁蓊鬱，旁多怪石，有清泉流出。舊有周姓居此，因名。又縣西八十里，有王居洞，曠遠，人迹罕至。

雲峯洞。在萬載縣西九十里黄茅岡。洞門闊丈餘，中虚敞，循級而下則漸黑。

石穴。在宜春縣西北六十里。一穴清流，入内可行三十里，見水繞叢竹，莫知其源。

盧石。在府城東湖上。相傳爲唐盧肇家石，九竅三峯，奇秀可愛。

響石。在府城南三里獅子嶺北。聲傳響答，故名。

望夫石。在分宜縣西十五里昌山峽水中，地名望夫堰。

謝仙石。在萬載縣西四十里，一名麻䕸石。

袁江。在府城北。一名秀江。源出萍鄉縣羅霄山，東北流入宜春縣界，逕縣北，又東逕分宜縣南，又東入臨江府新喻縣界，至清江縣合章江。古名南水，亦曰牽水，又曰渝水。漢書地理志：宜春縣南水，東至新淦入湖漢。水經注：牽水西出宜春縣，又東逕吴平縣。隋書地理志：宜春有盧溪、渝水。九域志：宜春有袁江。省志：袁江發源萍鄉羅霄山下，爲羅霄水。東流至宜春西十五里，爲稠江。至府城北，澄清深碧，名爲秀江。合清瀝江及仰山、九曲、鸞溪諸水，逕昌山峽，過分宜縣治南，爲縣前江。合赤江、楊江、野江、介溪諸水，出鐘山峽，經新喻南，爲渝川。

龍江。在萬載縣北五里。即古蜀水也，亦作濁水。漢書地理志：建成縣蜀水，東至南昌入湖漢。水經注：濁水出康樂縣東，逕望蔡縣。縣志：龍江源出劒池，東流合金鐘湖，又東繞大關嶺，出高城市，過龍山爲龍河，入瑞州境。

九曲水。在宜春縣南五里，地名山口。其發源明村，縈流三十里，經縣東十五里赤橋入袁江。

仰山水。在宜春縣南六十里。源出仰山三䉶潭，北流經縣東十五里入袁江。

清瀝江水。在宜春縣西南六十里。源出老山，北流經縣西十五里丫山，分二派，一爲縣西南十里之官陂水，一名古江。官陂水又分二派，一爲縣西南五里之司溪江，亦名沙陂江；一爲縣西五里之新江。二水仍會爲麟橋江，北入袁江。古江舊傍山流，今涸爲田。

嚴塘江水。在分宜縣東南三十里。源出檀溪，及李家礱出水口，入新喻縣界，合袁江。又渭江水，在縣東三里，流出七里坑，入袁江。

硯江水。在分宜縣南五十里。亦名雙溪水。源出縣南之雙源、裏源，會於雷同嶺下，合章溪，至石巖下爲硯江，築陂溉田數千畝。下流入袁江。又有十家礱水、塢源水、痕山水，皆在縣南，東流入新喻縣界，注袁江。

汊江水。在分宜縣南五十里。源有二，左出仰嶺，右出黄真人臺，旋繞而南至泉江山下，二水相夾。經安福、廬陵二縣界，至吉水、同江，會入贛江。

大龍塘水。在分宜縣西。源出大龍田山，南流經縣西五里，入袁江。相近有禁山水，亦流入袁江。又有庾塘、盧塘二水，皆出縣西彰善鄉，下流俱入袁江。

楊江水。在分宜縣西北四十里，東南流入袁江。又楊橋水，在縣西北文標鄉，衆流所聚，下流合石馬、淼塘二水，凡六十里入楊江。又野源水，在縣西北三十里，源出謝家坊，經縣南石陂、煎陂入袁江〔一〇〕。

赤江水。在分宜縣北文標鄉。源出珠塘之泉，下流三十里，至江斜潭出昌山峽入袁江。

介溪水。在分宜縣北十五里。發源介塘，渟洄澄澈。中有巨石，平坦可坐。其水冬夏不竭，溉田千餘畝。東南流十餘里，至縣東耽江橋入袁江。

竹橋水。在分宜縣東北二十里。自臺山發源，下流出小江口入袁江。又梁塘水、社山、龍潭、全塘水，皆發源縣北，東流至新喻縣界入袁江。

泉江水。在萍鄉縣東三十里。有泉湧出江心，故名。水中生絲花菜可食。又新江，亦在縣東三十里。唐咸通中，刺史顏遐福奏開新江，以通湖南，纔十餘里而輟，故迹猶存。

萍川水。在萍鄉縣南三十餘步，亦名縣前江。發源楊岐山，東流折西，四十里至縣南，又九十里入長沙府醴陵縣之淥江。又西青水，在縣西三百餘步，源出青山，東流過金鰲洲與萍川合。又縣南羅霄洞有二派，一東北流者，即袁江源；一西北流者，下流合萍川水。

石洞水。在萬載縣西南十里。源出竹山洞，北流過橋河山，合白沙水入城，繞縣學前，又東北出城入龍江。

野豬河水。在萬載縣西三十里。源出金鐘湖，北流過魚鱗灘，匯爲深潭，會竹渡水，合龍江。其水奔騰峻急，舟行甚險。

錦江水。在萬載縣東北三十里。源出謝山，一名謝江水，又名康樂水。東南流至縣東二十里丘江，會於龍江。寰宇記：康樂水，在縣東北，水口去縣三十五里。自謝山出，南流即康樂侯謝靈運嘗遊之水。

中州江水。在萬載縣東北七十里。源發新昌縣黄蘗山，流經龍門山，出藏溪，會羅城水合龍江。

鸞溪。在宜春縣西北六十里，南流入袁江。

東湖。在府城東三十步。宋至和初，州守祖無擇於湖上建亭榭爲遊觀之所，歲久堙廢。嘉定十三年開濬，後復廢。又城西十里有石湖，今亦久廢。

落星湖。在分宜縣西五里。廣五十餘畝，其深莫測。相傳唐時本民居，夜見巨星流止其屋，旦遂成湖。其水南入宜春江。

西岡湖。在分宜縣北二里。廣六十丈，灌田數百畝。

金鐘湖。在萬載縣西一百二十五里。水分二派，一東流至官莊過竹渡爲龍江；一西流入湖南瀏陽縣爲瀏水。

李渠。在府城西。源出官陂口。唐書地理志：宜春西南十里有李渠，引仰山水入城，刺史李將順鑿。府志：元和四年，李將順守袁州。時州多火災，居民負江汲溉甚艱。將順以州城地高，秀江低城數尺，不可堰使入城，惟南山水可堰，乃鑿渠引官陂水溉田二萬。又決使入城，繚繞閭巷，其深闊可通舟，邦人目曰李渠。宋淳熙四年，州守張杓復導渠千五百餘丈。寶慶三年，州守曹叔遠重濬，增設減水、接水溝及大小斗門，爲法最備。明時屢濬屢淤。本朝康熙八年，復加修治。

獺逕潭。在宜春縣南仰山上，清渟澄深，仰山水所經。山上又有雪谷潭，水極冷，盛夏不可濯。

雷潭。在宜春縣東北五里。秀江至此成潭，舊傳龍潛於內。上有峭壁石罅，龍鱗印石成痕，亦名雷塘。唐韓愈有雷塘禱雨文。

青龍潭。在萍鄉縣東一百二十里，其深莫測。相傳有龍潛焉，旱禱輒應。

龍潭。在萍鄉縣西，灌田數百頃。

簫仙潭。在萍鄉縣西八十里，匯五溪之水。岸有巨石，相傳蕭史嘗休息於此。又青潭，亦在縣西南八十里，四面峭壁環列，水氣凛冽，深不可測。

韓滸潭。在萍鄉縣北十里，深二丈。

敷潭。在萍鄉縣北七十里。盤旋若渦，深莫測，相傳有龍居之，旱禱即應。

鍋泉潭。在萬載縣西南九十里。有三巨石枕江滸，石中有泉，天將雨，雲氣自中起如炊煙。俗名石鍋。

金鼇洲。在萍鄉縣西萍實橋下。楊岐水至此匯爲潭，下流入萍川江。洲砥其中，舊名金魚，後以盤踞長廣，改今名。

龍洲。在萬載縣東北二里許，廣四百畝。石洞、金鐘湖二水，西來環抱，合流而東注。

魚鱗灘。在萬載縣西六十里龍江中。江水迅急，亂石横列如鱗，因名。

西池。在府城西。唐乾元中，刺史鄭審所開。池上有故城潭、木瓜島、薔薇洲、柳隄、釣磯諸勝，久廢。

鳳凰池。在萍鄉縣治南百餘步。宋宣和中，縣令鄭强鑿。元時池中嘗産瑞蓮，夏鎮作記〔一一〕。本朝順治年間重濬。

劒池。在萬載縣西九十里靈棲巖，池廣丈餘，别有曾家源水流合焉。下流合金鐘湖水，即龍江之上源也。

州陂。在宜春縣西南十里，舊溉田三萬餘畝。

益州塘。在府城西北。唐元和中，李將順所築，廣三十畝。形家以爲塘於州利益，故名。中有卧龍洲。自塘穿渠遶州治，與李渠接，又東流經縣南至赤板橋，入石潭。

珠泉。在府城南門外，舊名湧坑泉。方廣丈餘，平地湧出，溉田甚廣。

温泉。在宜春縣西南。輿地紀勝：在州南三十里。投以雞卵即熟。水中猶有魚。通志：在府城西南三十里定光院前。泉凡三出。一在東岸之上，僧甃以爲池；一湧出江心巨石中，其石類釜，上寬五六尺許，平坦可坐；一在西岸之下。

宜春泉。在宜春縣。唐書地理志：宜春縣有宜春泉，醖酒入貢。寰宇記：宜春水，出宜春縣西四里，其水甘美，堪作酒。晉地道記云：縣出美酒，隨歲舉上貢。舊志：宜春泉故迹已堙。今有靈泉，亦在縣西四里，疑即是。

甘泉。在宜春縣北十五里。從山竇中流出，味甚甘冽。

濘泉。在宜春縣北三十里，灌田萬餘畝。

源澗泉。在分宜縣南。泉源嶺下，溉田百餘畝。

寒泉。在萍鄉縣東二十里官道旁，溉田甚廣，大旱不竭。又清江里有寒泉。

聰明泉。在萍鄉縣治西一百步，其泉甘香。

雨湧泉。在萍鄉縣北楊岐山。天欲雨，泉水先湧。

涂泉。在萬載縣東十里，地名泉陂。約廣十畝，澄澈渟深，爲旱禱之所。

古蹟

宜春故城。今宜春縣治。漢置。寰宇記：本漢舊縣，屬豫章郡。高帝六年，灌嬰於此築城，置宜春縣。武帝封長沙定王子成爲宜春侯。吴寶鼎二年，屬安成郡。晉太康元年，以太后諱春改爲宜陽縣。隋開皇十一年，廢安成，併於宜陽縣，置袁州，移縣於州東五里。十七年改爲宜春。

分宜故城。今分宜縣治。寰宇記：縣在州東八十里。雍熙元年，析宜春神龍等十鄉置縣，以便民欲，當宜春、新喻二縣界之中也。縣志：縣本唐時之安仁鎮，以分自宜春，故名。

萍鄉故城。在今萍鄉縣東。三國吴析宜春地置縣，屬安成郡。晉以後因之。隋、唐時遷今治。元和志：縣東至袁州一百四十二里，其地多生萍草，因以爲名。寰宇記：故城在縣東四十里。晉太康元年〔一二〕，陳敏自王江東，晉遣鎮南將軍陶侃來伐，甘卓領兵於縣東，築壘接連五所，號爲甘卓壘。

康樂故城。在萬載縣東。三國吴析建成縣地置陽樂縣，屬豫章郡。晉初改曰康樂。隋省。寰宇記：古城在縣東北四里。宋武帝封謝靈運爲康樂侯，即此地也。其城周迴山水，有謝公書堂，石硯猶存。縣志：城在縣東二十里。又縣東隅亦有康樂城，元末紅巾劉仁據縣時築，周五里。

萍實里。在萍鄉縣北。寰宇記：楚昭王渡江獲萍實於此。今縣北有萍實里、楚王臺，因以名縣。

萬載場。即今萬載縣治。寰宇記：萬載縣去州一百里，本高安縣地。楊吴順義元年，分高安、晉城、康樂、高侯等四鄉置萬載場，因其鄉以名。南唐保大十年，升場爲縣。

陳重故宅。在分宜縣北八十里陳雷里。

袁京故宅。在宜春縣東北五十里袁山側。今高士坊即其地也。

盧肇宅。在宜春縣學中。有洗硯池，産緑毛龜。

鍾傳宅〔一三〕。在宜春縣西北化成巖側，唐僖宗所賜第。有南、北二池，遺址尚存。又有故宅，在分宜縣北六十里。又萬載縣北十五里亦有故居。其地有石笋高數仞，俗呼石笛坑。

黄子澄故宅。在分宜縣南豐樂鄉之澧源。

保子園。在萍鄉縣西十五里。元時命金蹢領兵以禦安福大礎山寇，設營於此，民賴以安，故名曰保子。

宜春臺。在府治東南隅。高五十餘丈，周覽川源，爲一郡壯觀。

仙女臺。在府城東南隅，與宜春臺相望。又城西南隅有鳳凰臺，枕城爲樓觀突兀。又城南湖岡山有湖岡臺，化成巖有化成臺，與城内三臺謂之「宜春五臺」。

讀書臺。在分宜縣，有二。一在縣北二十五里，唐羅隱嘗讀書於此，臺西有車書巷，後有石倉，前有洗硯池。一在鐘山之側，唐盧肇讀書處。

泰和臺。在萍鄉縣西十五里，相傳晉太和中築。兩山環抱，中廣數里，多嘉禾。有古井，靈泉不竭。

石花臺。在萍鄉縣北二十里。壁立數十丈，有小徑可通。石多文，色如花。

棲霞閣。在府城内舊高真觀，宋建。

稽古閣。在府學内。宋淳熙中，州守張杓建。

四藤閣。在宜春縣仰山寺。明統志：宋朱子帥湖南游此，爲學者講道閣下。

潺湲閣。在宜春縣南仰山廟右。自溪前引水繞廟〔一四〕，潺潺有聲。宋婁乾曜有詩。

梯雲樓。在宜春縣南仰山廟右，宋時建，塑孔、孟像於上。

飛泳樓。在萍鄉縣治西。宋紹興中創放生亭，後縣令王謙建爲樓，取「鳥飛魚泳」之義。旁有雙清亭。

無訟堂。在府治内。宋州守阮閱建〔一五〕，有序。

慶豐堂。在府治内。宋祖無擇建，取年穀屢豐之意，自爲記。

景韓堂。在府學右。韓愈嘗刺袁州，宋紹興中，郡守陳烯建堂，志景慕意。黄綸有記。

四益堂。在府治内。宋州守張杓建，刻其父浚所書四益碑於此。

勁節堂。在府治内，宋建，趙資道有詩。又南園道堂，亦在府治内，宋宣和間郡守辛炳建，有詩。

勞拙堂。在萍鄉縣治後。明統志：舊名莞雨。宋淳熙間，宣教郎王謙更今名，自爲記。

需宴亭。在府治南。唐天寶中，太守房琯建，公暇宴耆民於此。李華著有房琯德銘。元和初，刺史王涯勒於石，柳宗元書其碑陰。

疏泉亭。在府治内。宋天禧中，袁延慶倅是州，民多火災，乃濬李渠以備火，民便之。因建亭於上，自爲記。

徐仙亭。在萍鄉縣西三里。洪邁夷堅志：相傳有徐君居此地仙去，後人於故基築亭，爲一邑之勝。

隱齋。在府治，宋張杓建。張栻取孟子「惻隱」之義爲名，仍爲作記。朱子有詩。

錦繡谷。在宜春縣東半里。輿地紀勝：宋元祐初，李觀除知虔州不赴，自號玉谿叟，於宜陽門外半里許玉谿洞中，種列名花，名錦繡谷。

三絶碑。在府學内。潘光祖輿圖備考：宋州守祖無擇建學，盱江李覯記，京兆章友直篆額，河南柳淇書，世號「三絶」。

關隘

插嶺關。在萍鄉縣西六十里。明嘉靖二十八年建，爲控扼要地。三十三年，議移草市巡司戍守。萬曆二十三年，移袁州衛官一員帥兵防禦。崇禎五年，知府田有年以萍鄉吴、楚咽喉，而插嶺爲第一關隘，乃於縣西三十五里湘東市之黄花橋設石灰營，令把總戍守。後罷。

澗富嶺巡司〔一六〕。在宜春縣南澗富嶺側。明初置巡司，今因之。

黄圃鎮巡司。在宜春縣西一百里。明洪武初置巡司，今因之。

蘆溪市巡司。在萍鄉縣東南九十里。明初置大安里巡司，本朝乾隆三十年移駐於此。

安樂巡司。在萍鄉縣北七十里上栗市。明初置巡司於縣北九十里，今移此。又草市巡司，在縣西八十里，亦明初置，今裁。

珠樹潭巡司。在萬載縣。明初置鐵山界巡司，本朝乾隆三十年移駐於此。

貴山鎮。在分宜縣北四十里貴山下。又石分市，在縣南石分嶺下。九域志：宜春縣有貴山、石分二鎮。

盧溪鎮。在萍鄉縣東五十里。明萬曆六年，設盧溪公館於此。

宣風鎮。在萍鄉縣東七十里。宋置宣風驛，後廢。明萬曆十三年，因舊址設宣風公館。

上栗鎮。在萍鄉縣北七十五里。依山南北，有街市一里餘。

高村鎮。在萬載縣西七十里。舊有巡司，後裁。

峽山寨。在分宜縣西。相傳唐李克用曾駐兵於此，遺址尚存。

白斜寨。在分宜縣北，亦昔時屯戍處。

鄢玉寨。在萬載縣西湯周山下。宋靖康中寇亂，邑人鄢玉率鄉民立寨禦之，故址猶存。

雞籠山營。在萬載縣東南三里。舊設兵戍守，後罷。

黎源哨。在萬載縣北百二十里。明萬曆二年，賊首楊青山入黎源洞天井窩，依山爲險。事平，置黎源哨，設兵守之。縣志：萬載之黎源，與奉新之百丈、新昌之黄岡、靖安之雙坑、武寧之黄竹，五洞相連，俱潛通大潙山，爲防禦要地。今廢。

江西市。在萍鄉縣東南七十里，通吉安府安福縣界。又相田市，在縣西十五里，路通湖南茶陵州攸縣。湘東市，在縣西三十里，舊有湘東驛，宋建炎中移於黄花渡，元廢。耀村市，在縣北三十里。小梘市，在縣北六十里。桐木市，在縣北九十里。

周家市。在萬載縣東南十五里懷舊鄉〔一七〕，爲宜春及分宜之要衝。又縣西六十里有潭埠市，八十里有株杜潭市，九十里有獲富市。

秀江驛。在宜春縣東。明洪武初置，今裁。

安仁驛。在分宜縣治東。縣舊爲安仁鎮，驛仍其名。明嘉靖二十五年，移驛東門外。崇禎末裁。

愛直驛。在萍鄉縣東三十里。有古樹亭亭直上，故名。宋置，明裁。

津梁

秀江橋。在府城北門外。舊名畫舫橋，跨袁江。元至正中建。

湛郎橋。在宜春縣東三里。明統志：舊名赤板橋。唐貞觀初，宜春人彭伉登第，其妻與郡吏湛賁之妻，姊妹也，妻族賀伉，坐上皆名士，獨飯賁於後閣。賁自是力學，一舉擢上第。伉方過此橋，聞之失聲墜驢，故又名落驢橋。

萬年橋。在分宜縣治東，跨袁江。明嘉靖三十五年建，釃水十一道，長百二十丈。

化龍橋。在分宜縣治東。明統志：宋淳祐間建，尚書張穎書額。

通濟橋。在分宜縣南十五里。舊名登龍橋，明正統中改今名。

謝恩橋。在分宜縣西七里。明統志：宋承事郎夏侯績，每受宸命，必於橋上謝恩，故名。

萍實橋。在萍鄉縣南門外。楊吴時建。

宗濂橋。在萍鄉縣東五十里盧溪鎮。宋周子監税於此，後人慕之，因名。

南浦橋。在萬載縣治南，元大德中建。

錦江橋。在萬載縣北三十里，元延祐末建。

鵬津渡。在宜春縣東四十里。

昌山渡。在分宜縣西二十里。宋元時嘗設浮橋，後易以舟。又江斜渡，在縣西二十五里。

香水渡。在萍鄉縣北六十里。又黄花渡，在縣西三十五里。

龍河渡。在萬載縣東北三里。又邱家渡，在縣東二十里邱江。瑞州上高、瀏陽諸處往來者，皆經此。

隄堰

崇文堰。在萬載縣學宫東。明嘉靖、萬曆間屢築，本朝康熙五年修。

李渠。在宜春縣西南十里。唐書地理志：袁州西南有李渠，引仰山水溉田，刺史李將順鑿。明代屢經疏濬。歲久復湮，本朝康熙八年修，雍正六年重修。

石湖塘。在府城西十里，溉宜春學田及民田甚廣。

陵墓

漢

劉成墓。在府治東南宜春臺側，即漢長沙定王子宜春侯也。旁有祠，俗呼爲定王冢。

陳重墓。在分宜縣北八十里。

晉

袁京墓。在宜春縣東五里袁山下。

習鑿齒墓。在分宜縣北七十里。舊志：齒避苻秦居萬載，卒葬此。

南北朝　梁

袁璞墓。在宜春縣東袁山。高四尺，翁仲尚存。

唐

盧肇墓。在分宜縣北。

李憲墓。在分宜縣西南三十里。憲，李晟第三子，刺袁州，卒葬於此。

鄭谷墓。在宜春縣北七里。

黄頗墓。在宜春縣北五十里湖塘。

廖洪墓。在萬載縣西六十里森坑。

曾文辿墓。在萬載縣北三十里冠丘山下。

宋

歐陽中立墓。在分宜縣南前源山。

胡安之墓。在萍鄉縣。

明

杜谷珍墓。在萍鄉縣南。

龍鐔墓。在萬載縣葛家窯，易節撰表。

袁繼咸墓。在宜春縣北四十里。

祠廟

祖無擇祠。在府學左。無擇治袁有美政，邦人祀之。

韓文公祠。在府治東宜春臺旁。舊在府學西，宋州守祖無擇建，祀唐刺史韓愈，以李翱、皇甫湜、盧肇、鄭谷配。明正統間，巡撫韓雍遷今所。嘉靖中，改昌黎書院。本朝康熙四十二年，仍建爲祠。

忠烈祠。在府東一里，祀宋岳飛。明崇禎間重建。

報功祠。在宜春縣西七里，祀唐刺史李將順。

李衛公祠。在宜春縣西北五里化成巖側。宋紹興中尚書汪應辰建，祀唐刺史李德裕。

鄭都官祠。在宜春縣北七里。宋郡守祖無擇建，祀唐鄭谷。

黄太常祠。在分宜縣治西。明正德中建，祀黄子澄。

濂溪祠。在萍鄉縣東盧溪鎮，祀宋濂溪周子。

鄭令祠。在萍鄉縣東盧溪鎮。宋宣和中，縣令鄭强於盧溪鎮五六里許築石址，興復神陂，灌田數千頃。民號鄭公陂，立廟祀之。明萬曆六年重建。

二賢祠。在萬載學東。宋紹興間建，祀唐韓退之、宋周濂溪，真德秀爲記。

仰山廟。在宜春縣南六十里仰山。唐會昌初建祠。宋元符中，賜額孚惠。明封大仰山之神。

楚昭王廟。在萍鄉縣楚山下。

甘卓廟。在萍鄉縣東五十里。卓死王敦之難，居民立廟祀之。

天符廟。在萍鄉縣南二里。山頂有井，人疫，乞水飲之即愈，最著靈異。

册岡廟。在萍鄉縣南十里。相傳晉末寇亂，里人潘徽、羅藪、傅泰率衆禦寇〔一八〕，民賴以安，殁而祀之。

寺觀

報恩寺。在府治東。唐建，宋紹興間賜今額。元燬，明重建。

崇勝寺。在府治北。唐建。内有竹尊者軒，宋黄庭堅有記。

太平興國寺。在宜春縣南仰山下。唐會昌中建，名棲隱，宋改今名。

慈化寺。在宜春縣北一百二十里。明重建，宏壯爲郡刹之冠。

廣慶寺。在分宜縣大岡山。本朝康熙四十二年重建。

福勝寺。在分宜縣西五里。吴寶鼎中建。

寶積寺。在萍鄉縣南二里許。舊名星居，唐建。黄庭堅有記。元末燬，明洪武中重建。

龍鳴寺。在萍鄉縣西南二里。唐建。

崇信寺。在萬載縣南，唐咸亨三年建。

崇福觀。在府城東門外。晉元康中建。

靖巖觀。在府治北。舊名龍興觀，晉建。

上真觀。在分宜縣東。相傳爲晉鄧表飛昇之所。南唐徐鉉有碑。

洞靈觀。在分宜縣南五十里。晉建。

崇真觀。在萍鄉縣東九嶷、仙鶴二山之間。晉建，爲易退、陳耽、楊惠三真人修煉之所。唐改通真，明改今名。

真聖觀。在萍鄉縣南。宋大觀中建，明洪武初重建，爲道會司。

廣報觀。在萬載縣治西。舊名紫霞觀。宋政和中改萬壽宫，靖康初改今名。

靈應觀。在萬載縣北謝山。爲謝仲初飛昇處。舊爲福昌院，後改今名。明宣德中重建。

永清院。在分宜縣南五十里。内有白巖、清暉閣、方池、古松。元歐陽玄有詩。

净覺院。在萬載縣西北十里。宋建，本朝康熙年間重建。

名宦

齊

嚴植之。建平秭歸人。仕齊爲康樂令，在縣清白，吏人稱之。

唐

房琯。河南人。天寶初，斥爲宜春太守。

蕭定。蘭陵人，瑀曾孫。爲元載所惡，外遷袁州刺史。

柳渾。襄州人。大曆中，爲袁州刺史。

李將順。元和中，知袁州，鑿渠引水入城，民賴其利。

韓愈。鄧州南陽人。元和末，爲袁州刺史。州人以男女爲隸，過期不贖，則没入之。愈至，悉計傭，得贖所没，歸之父母七百餘人。因與約，禁其爲隸。

李德裕。趙州人。太和中，貶袁州長史。

五代 南唐

韋建。爲袁州刺史。清静自處，無所侵撓，郡中大治。

劉仁瞻。彭城人。自黄州遷袁州刺史，規畫有方，一新州治。

宋

王懿。大名莘人〔一九〕。知袁州，有政績。

張錫。漢陽人。知萍鄉縣，淳重清約，治縣有聲。

祖無擇。上蔡人。仁宗時，出知袁州。自慶曆詔天下立學，十年間，其敝徒文具。無擇首建學官，置生徒，郡國絃誦之風由此始盛。

辛炳。侯官人。宣和初殿中侍御史，知袁州，興學愛民。累官顯謨閣直學士，知漳州，未赴而卒。

汪應辰。玉山人。紹興中，通判袁州，凡所予奪，人無異詞。始至或易之，已乃知吏師所不能及。

張成己。紹興中知袁州，言江西良田多占山岡，望委守令講陂塘灌溉之利，詔常平司行之。

張栻。綿竹人。孝宗時知袁州。

張杓。栻弟，孝宗時知袁州，戢豪强，弭盜賊。尉獲盜上之州，杓察知其枉，縱去，未幾果獲真盜。

孫逢吉。龍泉人。孝宗時知萍鄉縣，以治最聞。

彭龜年。清江人。乾道中授宜春尉。

謝諤。新喻人。淳熙中知分宜縣。縣積負於郡數十萬，歲常賦外，又征緡錢二萬餘。諤乃疏其弊於諸監司，請免之。

何異。崇仁人。淳熙中知萍鄉縣。丞相周必大、參政留正，以院轄擬異。孝宗問有無列薦，正等以萍鄉政績對。遷國子主簿。

張洽。清江人。嘉定中，爲袁州司理參軍。有大囚，訊之則服，尋復變異，且力能動摇官吏，逮繫甚衆。洽白提刑殺之。有盜黠甚，辭不能折，會有兄弟争財者，洽諭之，詞氣懇切，訟者感悟，盜聞之自伏。郡守以倉廩虚，籍倉吏二十餘家，洽廉之爲郡吏所賣，白守罷郡吏，而免所籍之家。

趙筴夫。宋宗室。理宗初，知袁州。帝問廉吏，真德秀以筴夫對，親擢筴夫直秘閣。

曹叔遠。温州瑞安人。寳曆中，出知袁州，減秋苗斛面米七千四百餘斛。浚李渠，興學校，郡稱大治。

葉夢鼎。寧海人。淳祐中，權知袁州。轉運司和糴三萬斛，夢鼎言：「袁山多而田少，朝廷免和糴已百年，自今開之，百姓受無窮之害，則無窮之怨從之。」毁萬載旗篙村淫祠，塞其妖井。

趙逢龍。鄞人。理宗時知袁州。

冷應徵。分寧人。理宗時，知萬載縣，大修學舍，招俊秀治其業，旌通經飭行者以勸。歲歉，棄孩滿道，下令資民收養，父母不得復問，全活甚衆。葉夢得列其行事，風勵餘邑。

程公許。宣化人。淳祐中，知袁州，請蠲和糴之半，改命郡吏部總所綱運而厚其資，免募平民，民甚便之。新濂溪祠，葺張南軒書院，聘宿儒胡安之爲諸生講説。

鍾季玉。樂平人。淳祐中，知萬載縣。淮東制置李庭芝薦之，遷審計院。

朱貔孫。浮梁人。度宗時，知袁州。至郡宣布德意，戢暴禁貪，宿弊頓革。

明

隨贇。即墨人。洪武中通判袁州。州屢經兵革，贇招徠流亡，課以農桑，田野墾闢，民刻石頌德。

杜谷珍。繁昌人。洪武初，知萍鄉。兵革之後，招撫流亡，百姓安之。未幾卒於官。

何正。武城人。永樂初，知萍鄉縣。隣寇李法良掠湘潭、醴陵間，正率袁軍討平之。又築陂灌田數千頃。

徐璉〔二〇〕。朝邑人。正德中知袁州府。宸濠變起，璉起兵會王守仁於樟樹鎮，同臨江戴德孺、贛州邢珣等，各將精兵破宸濠於黄家渡，獲首功。事定，遷江西右參政。

黄鳴喬。莆田人。萬曆中知袁州府。濬李渠，造珠泉亭，表黄子澄祠，百廢具興。尤以袁賦浮重，爲修郡志，具列始末，其後清汰浮糧，以是書爲徵云。

陳璸。漳浦人。崇禎十年爲袁州推官，拒楚賊有功。

李時興。福清人。崇禎末，爲袁州同知攝府事。南昌已降，袁守將蒲纓兵潰，湖廣援將黄朝宣五營亦譟歸。時興度不能守，自縊於萍鄉官舍，一僕亦隨死。本朝乾隆四十年，賜謚節愍。

本朝

王忻。章邱人。順治二年，知宜春縣。時軍興旁午，鎮兵驕悍，餽少後，輒譟入署。忻善諭之，無譁者。邑久困浮糧，忻時於臺司前力請，卒獲減免。

劉鏚。祁州人。順治六年，同知袁州。諸將在郡，横索無饜，衆洶洶。鏚與推官王延禴力爲請，不獲，輒言之上官，多所全釋。其强糴不與民直者，繩以法，乃稍戢。

吴南岱。武進人。順治十年，知袁州府。值布政使上計陳言，請汰袁、瑞浮糧，下户部議。時南岱尚未出都，亟持袁郡志，詣部言狀甚悉，請從其議，當事韙之，卒汰浮糧十萬石。郡方凋敝，南岱力撫循，進諸生講業，凡城池、學校、津梁，靡不修舉。

吴自肅。海豐人。康熙十二年，知萬載縣。時長沙失守，大兵駐郡，郡守檄自肅佐理軍需，且議開濠，以勞力止之。邑兩遭寇陷，民亡田蕪，自肅繪圖以請，前後至數萬言。

人物

漢

陳重。宜春人。少與同郡雷義爲友，俱學魯詩、顔氏春秋。太守張雲舉重孝廉，重以讓義，雲不聽。義明年舉孝廉，重與俱在郎署。有同署郎負息錢數十萬，重密以錢代還，終不言惠。後拜侍御史。

晉

袁京。宜春人。不樂仕進，隱居府城東北五里山，時人因名袁山。郡守爲立高士坊。

唐

盧肇。宜春人。會昌三年，擢進士第一。初，李德裕謫袁州長史，殊遇肇。及入相，絶無倚附。官吉州刺史。所著有海潮賦、文標集。

黄頗。宜春人。韓愈爲袁州刺史，頗師之，爲文章與盧肇齊名。會昌末舉進士，仕至監察御史。

鄭谷。袁州人。幼時司空圖見而奇之，曰：「當爲一代風騷主。」光啓中舉進士，爲右拾遺，乾寧中以都官郎中卒於家。其詩人多傳諷，號爲鄭都官而弗名。所著有雲臺編、宜陽集。

宋

高衎。萍鄉人。熙寧進士。論新法未便者凡十策，調廣南録事參軍。建中靖國初，再疏請正元祐、元符二后君妾之分。崇寧初，編管撫州，列名黨碑，大觀二年敍復官。

歐陽中立。袁州人。初試部郎，上書言新法不便。以司馬光門人坐黨籍廢，卒，弟子私謚節孝先生。

趙希洎。宗室子，居宜春，官户部尚書。咸淳中，迕賈似道，出領廣東轉運使。德祐元年，制置使黄萬石檄其勤王，得潰卒數百，道經廬陵，郡守檄其軍，遂與從子必向避贛州，亂定歸里。時袁守聶嵩孫，希洎内姻也，勸之納款，不能屈。文天祥兵敗，與從子必向俱被執，不食死。

胡安之。萍鄉人。受業朱子。郡守程公許葺南軒書院，聘安之爲諸生講説，學者稱自齋先生。

明

劉仲質。分宜人。洪武初，爲宜春訓導，被薦入京，擢翰林典籍，歷禮部尚書、華蓋殿大學士。爲人厚重篤實，博通經史，常當帝意焉。文體典確，不尚浮藻。

龍鐔。萬載人。年十九選入南宫，召對稱旨，命同隨春坊官入直講，數年，詔治水於泰州，視軍遼東、川、雲，所經利弊悉以聞。太祖嘉其能，特授浙江按察使。以不避權貴，爲忌者所中，遷長洲知縣。歸侍養，歲餘，起爲晉府左長史。燕兵起，北檄徵晉兵，鐔泣固拒之。成祖入正大統，械鐔下錦衣獄，不屈死，年僅四十。

易直。分宜人。父坐事繫獄，請代不得，自縛跪府門外，獲釋。父母殁，並廬墓三年。正德中旌表。

黄子澄。分宜人。洪武十八年會試第一及第，授編修，伴讀東宫，累官太常卿。惠帝即位，兼翰林學士，與齊泰謀削諸王。燕兵起，以誅泰及子澄爲名，京城破，執不屈，磔死，闔族皆斬。一子變姓名爲田經，家湖廣咸寧。正德中進士黄表，其後云。本朝乾隆四十一年，賜子澄謚忠慤。

袁繼咸。宜春人。天啓進士。崇禎中爲御史，謫行人，遷主客員外，數以直言被責。歷山西提學僉事、湖廣參議，所至有聲。擢右僉都御史，巡撫鄖陽，以襄陽失陷遣戍貴州。起故官，總理河北屯政，進兵部右侍郎，總督江西、湖廣、應天、安慶軍務，駐九江。時賊已陷武昌，左良玉兵東下，人情洶洶。繼咸遇良玉於蕪湖，激以忠義，遂復還武昌。福王時，屢陳時政，多切直，爲馬士英所阻。左良玉反，至九江，繼咸詣其舟，責以大義，良玉約不破城，駐軍候旨。繼咸歸，方集諸將謀拒守，而部將郝效忠等與良玉兵合，掠城中。會良玉死，其子夢庚與效忠俱降本朝，繼咸不屈見殺。乾隆四十年，賜謚忠毅。

本朝

張自烈。宜春人。博學洽聞，著四書大全辨、諸家辨、古今文辨、正字通十餘種，累徵不就。晚卜居廬山，年七十七卒。

楊嘉禎。宜春人。順治三年兵亂，父文盛避之山堂。兵且至，嘉禎從間道渡水報父，水急被溺。流至深，猶躍出水面曰：「速走！速走！」遂死。

陳之龍。宜春人。天啓鄉舉。明敏英達，有文武才，歷官至西安同知。順治乙酉擢授巡撫廬、鳳、淮揚等處地方，加意拊循，威惠並著。以疾歸，卒，祀鄉賢。

流寓

晋

習鑿齒。襄陽人。因苻堅亂，避地萬載。今墓在分宜。

宋

陳瓘。沙縣人。徽宗時，除名編管袁州。靖康初，贈諫議大夫，謚忠肅。

吴師古。宜興人。紹興初，胡銓上書乞斬秦檜，師古鋟木傳其書，爲人所訐，流袁州。

知浹。汾州人。岳飛下大理獄，浹上書聲其冤，流袁州。

列女

元

龍均用妻陳氏。萬載人。至元三年，兵亂被掠，自刎死。

陳九淵妻袁氏。分宜人。元季兵亂，邑萬户王同者聞袁美姿容，殺其夫，欲娶袁，遂自刎。

明

孫氏女。宜春人。許配陽遵哲。陽當戍遼東，父議別婚，孫自縊而死。

孫氏女。分宜人。許配歐陽譶。譶當戍，父議他適，即自縊，且曰：「及吾夫未去，使知吾無異志也。」

常氏女。名秀蘭，萬載人。年十七，遇鄉賊欲辱之，拒罵甚厲，賊磔之。

陳壽妻某氏。分宜人。未成婚，壽得惡疾，其父遣媒辭絶。女不從，竟歸壽，事之三年不懈。壽念己疾不瘳，徒累婦，私市砒欲自盡，婦覺之，竊飲其半。壽服大吐，疾愈，婦亦嘔出不死。後夫婦偕老，生二子，人以爲貞烈之報。

朱鈦妻蘇氏。宜春人。年二十餘夫亡，無子，鈦兄弟强之他適，蘇誓死不從。有部郎聞欲娶之，蘇歎曰：「吾無庸生，奚庸富貴！」孀居五十年卒。

甘棠茂妻王氏。萍鄉人。崇禎中，楚賊陷萍鄉，夫婦俱被執。王紿賊釋其夫，乃投江死。

王道明妻易氏。宜春人。爲左良玉兵所掠，牽其手，易憤罵曰：「吾手豈可污！」奪刀自斷之。遂遇害。

彭汝明妻張氏。宜春人。又汝聽妻湯氏、汝楫妻張氏，俱以不從賊被殺，旌表。

李京妻劉氏。宜春人。與同縣彭克成妻袁氏，俱爲左兵所掠，哭罵而死。

潘鑾妻翟氏。宜春人。左兵肆掠，翟挈幼子避山巖。兵圍之，不屈，引刀自刎死。

劉和積妻袁氏。宜春人。年二十二夫亡，撫其子芳聲僅二歲。崇禎末遭兵，不辱死。媳楊氏，年二十四，芳聲歿，守節，撫遺腹子應壁。人稱一門雙節。

劉先四妻易氏。宜春人。崇禎末遭亂，被執不從，投清瀝江死。同縣梁峻禎妻聞氏，亦被掠不屈，爲賊所殺。

張懷相妻潘氏。宜春人。年十四歸張，數年夫卒，潘孝事舅姑，紡績教其子，歷三十年。崇禎時亂，避兵於集雲鄉，被執，奪刀自刎死。

本朝

陳昌言妻劉氏。宜春人。善事翁姑。康熙十三年棚寇亂，劉攜子婦潘氏匿龍陂嶺，五日不食。賊至不能起，度必受污，投石擊之，俱被殺。

范僎妻余氏。宜春人。年二十夫歿，未幾舅亦歿，遺孤六月，隣黨侵之。余力持門户，事姑十有七年，以孝稱。

何之鰲妻李氏。萍鄉人。壽百歲。康熙五十五年，表其門曰節壽。

彭錦妻欒氏。宜春人。夫亡守節。同縣羅文繡妻謝氏，何之樉妻吴氏，張朝煜妻易氏，魏裕邦妻胡氏，黄秉瑜妻易氏，謝作霖妻邱氏，余泰山妻劉氏，花殿彩妻晏氏，彭梅妻單氏，晏澤妻龍氏，吏目彭加爵妻施氏，龍熙妻李氏，錢士繪妻周氏，陳慰祖妻張氏，施榮妻吕氏，烈婦胡奇賢妻曾氏，彭以銀妻張氏，均乾隆年間旌。

楊邦吉妻王氏。分宜人。夫亡守節。同縣趙繼顔妻張氏，歐陽信妻王氏，王昭鏞妻金氏，李揩妻謝氏，鍾琳妻曹氏，嚴宗堡妻黄氏，經歷嚴宗期妻朱氏，趙廷來妻張氏，傅蒂寵妻李氏，袁鳴鶖妻丁氏，黄紹中妻林氏，張世峻妻鍾氏，嚴秉瑋妻裘氏，萬定琳妻胡氏，宋紹儼妻周氏，均乾隆年間旌。

陳德鎏妻彭氏。萍鄉人。夫亡守節。同縣鄧培英妻蔡氏，劉殿邦妻易氏，何鏜妻陳氏，喻奎章妻黄氏，何學聖妻劉氏，譚相高妻顏氏，鄧錫鯨妻施氏，施德洋妻喻氏，李道涵妻施氏，蕭世乾妻劉氏，烈婦楊達春妻李氏，易文祥妻劉氏，羅受昌妻彭氏，均乾隆年間旌。

郭祚升妻辛氏。萬載人。夫亡守節。同縣郭邦相妻宋氏，宋啓洙妻敖氏，聞光裕妻宋氏，郭鍾才妻宋氏，喻照夫妻李氏，鮑大本妻郭氏，楊光賢妻李氏，辛汝俊妻王氏，文倬妻辛氏，唐裕泰妻辛氏，唐開摯妻辛氏，周嗣召妻張氏，周繼熙妻王氏，李時英妻羅氏，龍培德妻辛氏，王錫晉妻林氏，巫興周妻黃氏，龍錦妻郭氏，張志高妻孫氏，曹繼周妻湯氏，郭邦瑋妻巢氏，周繼烈妻辛氏，汪朝流妻龍氏，鄧鍔妻李氏，黃秉中妻曾氏，彭英文妻龍氏，彭英能妻汪氏，曹錫組妻汪氏，辛秋妻郭氏，陳邦光妻郭氏，楊之澄妻袁氏，楊之海妻辛氏，張啓宇妻辛氏，郭治和妻韓氏，辛基布妻汪氏，郭洵妻劉氏，張朝選妻郭氏，聞九成妻汪氏，均乾隆年間旌。

易淑珩妻彭氏。宜春人。夫亡守節。同縣吴國仁妻何氏，周振勳妻楊氏，彭錫雋妻易氏，徐瀾妻劉氏，徐鉿妻潘氏，易煥業妻楊氏，李應春妻歐陽氏，鄒方興妻李氏，曾志棠妻余氏，陳基珍妻易氏，易荷舫妻胡氏，范壽安妻彭氏，易學韻妻譚氏，晏梡妻潘氏，黃榮祖妻周氏，孫大魁妻吴氏，李德彰妻林氏，李國選妻何氏，傅雲鶴妻樂氏，彭峻肇妻潘氏，烈婦曾德原妻龍氏，均嘉慶年間旌。

夏侯榆妻吴氏。分宜人。夫亡守節。同縣嚴秉瑁妻徐氏，楊果材妻伍氏，張煜曙妻薛氏，張宋楙妻嚴氏，張文瀾妻傅氏，吴曰庠妻宋氏，袁際德妻吴氏，朱起文妻袁氏，黃鴻譽妻潘氏，宋儒瑋妻張氏，張文沈妻趙氏，嚴思續妻趙氏，嚴升猷妻林氏，均嘉慶年間旌。

譚世英妻文氏。萍鄉人。夫亡守節。同縣實忠妻鄧氏，王樹忠妻段氏，顏樹經妻李氏，蔡溶妻周氏，宋大模妻歐陽氏，湯宗商妻王氏，文有浤妻陳氏，李成誌妻鄧氏，武舉彭世全妻劉氏，鄧觀國妻劉氏，鄧觀國妾朱氏，李光燻妻榮氏，姚熙元妻張氏，湯之瑚妻楊氏，鄧泳材妻顏氏，鄧樹檠妻賈氏，陳先誠妻林氏，吴大模妻陳氏，職員蕭韻洪妻劉氏，張建秋妻朱氏，候選州同林育贊妻郭氏，劉世榮妻文氏，壇珣妻鄧氏，均嘉慶年間旌。

胥國瑞妻辛氏。萬載人。夫亡守節。同縣楊于衢妻鄭氏，龍及時妻李氏，李繼瑕妻辛氏，范大績妻李氏，龍祥雲妻周氏，龍際泰妻鮑氏，盧家訓妻宋氏，郭浩妻楊氏，辛錦鯤妻聞氏，李瑆妻王氏，聞之悟妻袁氏，袁振任妻何氏，郭定本妻戴氏，辛時孚妻林氏，辛其杰妻龍氏，汪朝鈞妻郭氏，聞德成妻陳氏，楊浮開妻段氏，辛浩妻韓氏，王宗盛妻謝氏，謝耀遴妻喻氏，歐陽來賓妻丁氏，聞玉成妻辛氏，王朝陛妻巢氏，郭鍾旗妻辛氏，鄧應辰妻辛氏，州判黄廷鏞妻江氏，辛其燦妻巢氏，辛基山妻張氏，周錦麟妻歐陽氏，黄春禄妻朱氏，周瑞雲妻高氏，辛學謙妻龍氏，鍾奏勳妻劉氏，辛樹贊妻聞氏，汪之璵妻辛氏，劉榮綬妻聞氏，馮樹榮妻劉氏，張作哲妻辛氏，喻新釗妻宋氏，陳巘妻李氏，敖敷奏妻易氏，王楙琬妻段氏，王士揚妻廖氏，監生辛朝慶妻劉氏，王朝遴妻彭氏，王槐妻陳氏，潘兆嶽妻張氏，郭功紱妻宋氏，喻昌誨妻李氏，易能文妻李氏，聞士炎妻唐氏，烈女汪麟生聘妻龍氏，均嘉慶年間旌。

仙釋

唐

慧寂。韶州懷化人，姓葉氏。初謁耽源，後参潙山，遂升堂奥。一日有梵僧從空至曰：「特來東土禮文殊，却遇小釋迦。」遂出梵書貝葉數十，與寂作禮，乘空而去。因號小釋迦。乾祐中，來居仰山。梁貞明二年終，謚智通禪師。本朝雍正十一年，加封真證智通禪師。

宋

羅昇。宜春人。少貧，業屠狗。晚貨藥市口，遇異人授以方術，年幾百歲。忽一日辭親故逝，後有見昇賣藥瀏陽市中，寄書鄉人。歸驗其日，乃歿之明日也。謝仲初。萬載人。修煉於閣皂山得道，歸過縣西，見無水，拔劒刺地，湧泉甘潔。過江無舟，以竹葉渡之。後登謝山飛昇去。

土産

鐵。唐書地理志：宜春有鐵。宋史地理志：分宜有貴山鐵務。明統志：分宜縣出。

紵布。唐書地理志：袁州土貢白紵。元和志：袁州貢紵麻布。明統志：各縣俱出。

葛。寰宇記：袁州土產。明統志：各縣俱出。

酒。王隱晉地道記：宜春縣有美酒，隨歲舉土貢。

紙。寰宇記：袁州土產。府志：有竹紙。

茶。省志：茶譜云，袁界橋其名甚著。府志：仰山稠平木，平者爲佳，稠平尤號絶品。

地黄。明統志：宜春、分宜二縣出。又宜春縣出黄精。

竹鞋。寰宇記：袁州土產。案：舊志載唐書地理志：袁州有銅坑，今久閉。謹附記。

校勘記

〔一〕東南至吉安府治二百四十里　「治」，乾隆志卷二五二袁州府（下同卷簡稱乾隆志）作「界」。下文東北、西北二至句「治」，乾隆志亦作「界」，未知孰是。

〔二〕大業初改爲宜春郡　「大業初」，乾隆志作「大業三年」。按，乾隆志蓋本之太平寰宇記，元和郡縣志卷二八江南道亦言「大業三年罷袁州爲宜春郡」，「三年」實爲有據。本志改爲「初」字，蓋以隋志作「大業初」之故。

〔三〕東南至吉安府安福縣界百二十里　按，據撰例，「百」上當有「一」字，乾隆志作「一百二十里」是也。

〔四〕唐末南平王鍾傳所建　「傳」，原作「傅」，據乾隆志及新五代史卷四一鍾傳傳改。

〔五〕府之鎮山也　「山」，原脱，據乾隆志補。

〔六〕俗呼穩山闞　「穩」，原作「隱」，據乾隆志及讀史方輿紀要卷八七江西五改。

〔七〕輿地志云　「志」，原作「記」，乾隆志同，據太平寰宇記卷一〇九江南西道，袁州改。按，輿地志爲南朝時顧野王所撰。

〔八〕靈棲巖　「靈」，原作「雲」，據乾隆志及雍正江西通志卷八山川改。

〔九〕亦名玉室山　乾隆志同。按，下文引寰宇記爲證，則當準之作「石室山」。

〔一〇〕經縣南石陂煎陂入袁江　「煎」，乾隆志作「剪」，疑是。

〔一一〕夏鎮作記　「夏鎮」，原作「夏欽」，乾隆志同，據明一統志卷五七袁州府山川、正德袁州府志卷一山川及雍正江西通志卷八山川改。

〔一二〕晉太康元年　「太康」，乾隆志同，太平寰宇記卷一〇九江南西道作「大興」。按，據資治通鑑卷八六晉紀，陳敏據江東反事在永興二年，與甘卓戰則在永嘉元年。一統志與寰宇記皆誤。

〔一三〕鍾傳宅　「傳」，原作「傅」，據乾隆志改。按，參本卷校勘記〔四〕。

〔一四〕自溪前引水繞廟　「自」，原作「白」，據乾隆志及明一統志卷五七袁州府宫室、雍正江西通志卷三九古蹟改。

〔一五〕宋州守阮閎建　「阮閎」，原作「阮閣」，據乾隆志及雍正江西通志卷三九古蹟改。按，阮閎字閎休，建炎初知袁州，有詩總等傳世。正德袁州府志及雍正江西通志均有傳。「閎」、「閦」史籍中多互異。

〔一六〕澗富嶺巡司　「澗」，原作「潤」，據乾隆志及本卷前文改。下文同改。

〔一七〕在萬載縣東南十五里懷舊卿　「舊」，原作「萬」，據乾隆志及正德袁州府志卷三鄉都市鎮改。

〔一八〕里人潘徽羅敷傅泰率衆禦寇　「傅泰」，乾隆志同，明一統志卷五七袁州府祠廟及雍正江西通志卷一〇八祠廟皆作「傅康」。

〔一九〕王懿大名莘人　「莘」，原作「萃」，乾隆志同，據宋史卷二六九王祐傳改。按，懿爲王祐長子，字文德，嘗知袁州，見王祐傳。

〔二〇〕徐璉　「璉」，原作「連」，據乾隆志及雍正江西通志卷六〇名宦改。下文同。

吉安府圖

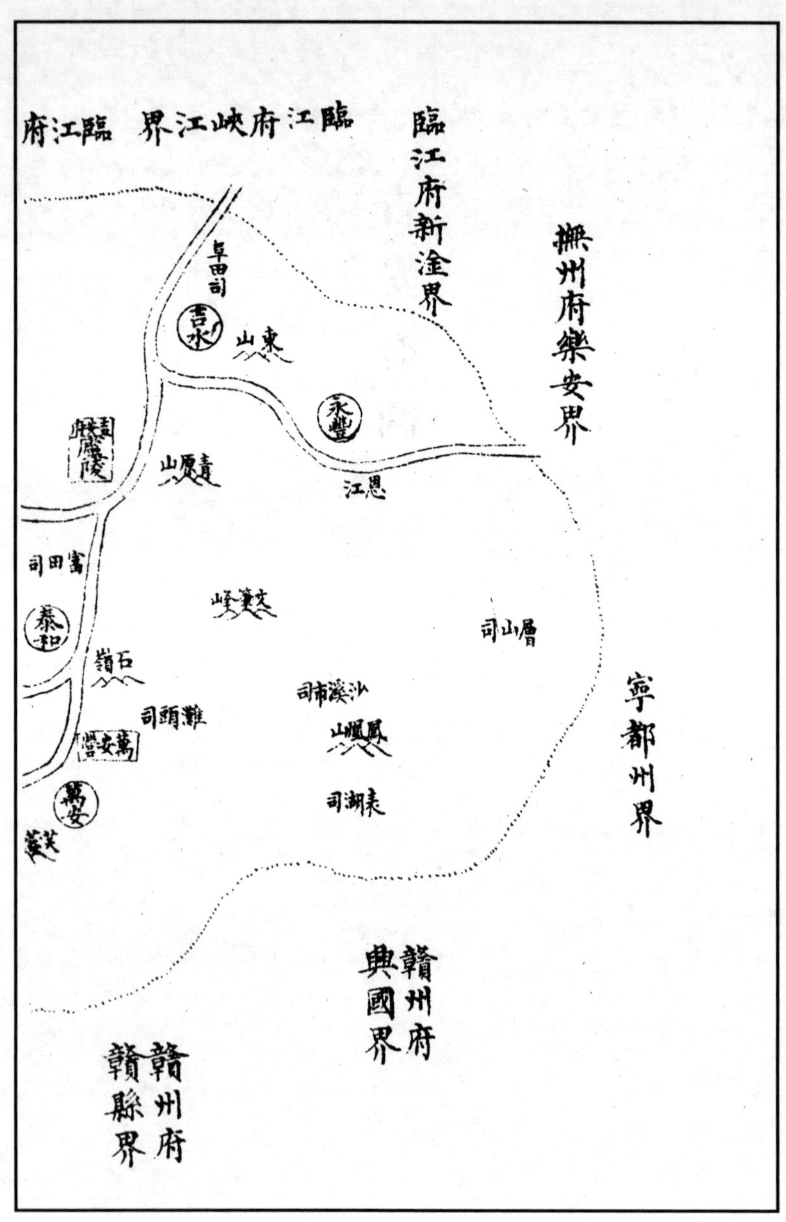
臨江府峽江界
臨江府
臨江府新淦界
撫州府樂安界
阜田司
吉水
東山
永豐
廬陵
青原山
恩江
富田司
文筆峰
層山司
泰和
石嶺
沙溪市司
灘頭司
萬安營
鳳凰山
萬安
耒湖司
寧都州界
贛州府興國界
贛州府贛縣界

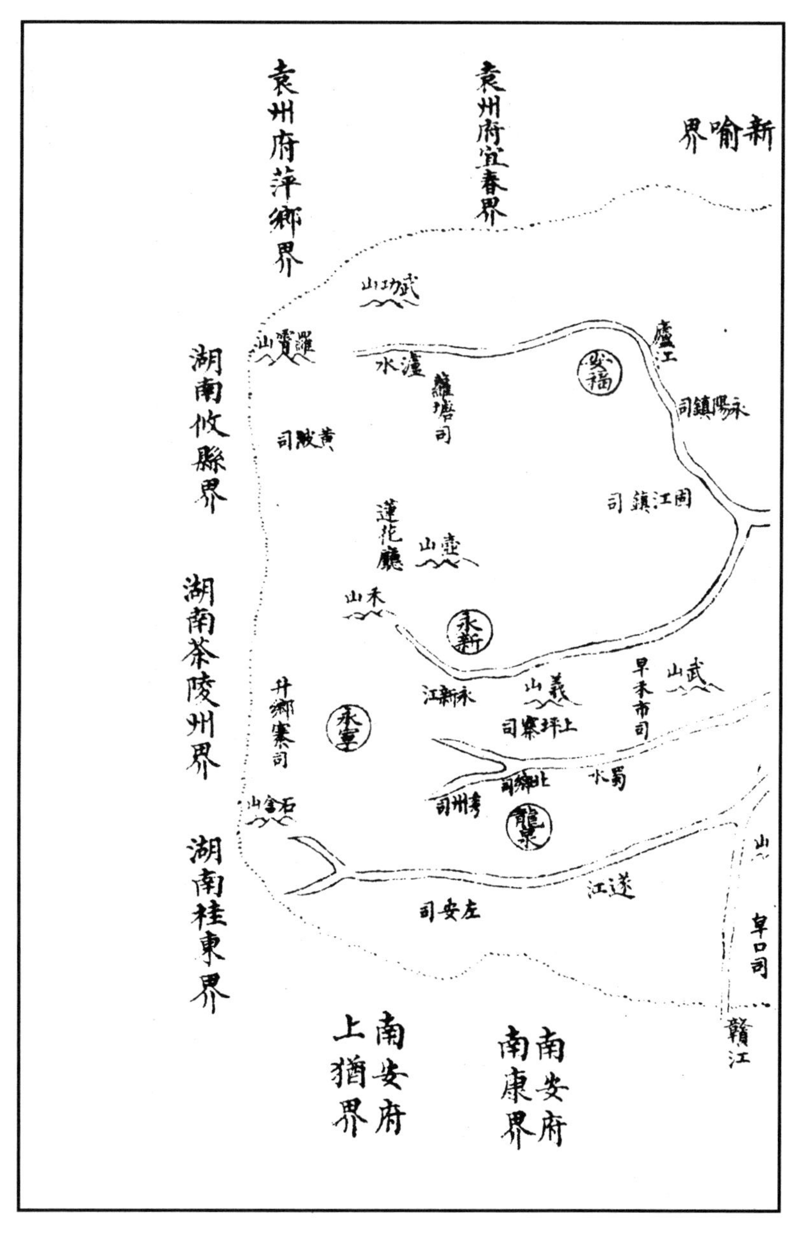
袁州府萍鄉界
袁州府宜春界
新喻界
武功山
羅霄山
瀘水
盧江
安福
永陽鎮司
黄陂司
羅塘司
固江鎮司
湖南攸縣界
蓮花廳
壺山
禾山
永新
湖南茶陵州界
武山
早禾市司
永新江
義山
上坪寨司
升鄉寨司
永寧
蜀水
北鄉司
秀州司
石含山
龍泉
遂江
左安司
湖南桂東界
皁口司
贛江
南安府上猶界
南安府南康界

吉安府表

	吉安府	廬陵縣	泰和縣
秦	九江郡地。		
兩漢	豫章郡地，後漢興平元年分置廬陵郡。	廬陵縣 屬豫章郡。	廬陵縣地。
三國	廬陵郡	吳省。 高昌縣 吳改置，郡治。	西昌縣 吳置，屬廬陵郡。
晉	廬陵郡 太康中徙治石陽。	高昌縣 屬廬陵郡。	西昌縣
南北朝	廬陵郡	高昌縣 梁省入石陽。	西昌縣
隋	廬陵郡 開皇初郡廢，改置吉州。大業初復爲郡。		泰和縣 開皇初改名安豐。十一年又改。開皇十一年省入。
唐	吉州廬陵郡 武德五年復置州，屬江南西道。	廬陵縣 永淳元年移還故治，爲州治。	太和縣 武德五年析置南平州。八年州廢，屬吉州，改「泰」爲「太」。
五代	吉州廬陵郡 屬南唐。	廬陵縣	太和縣
宋	吉州廬陵郡 屬江南西路。	廬陵縣	太和縣 屬吉州。
元	吉安路 至元十四年升路。元貞元年改名，屬江西行省。	廬陵縣 路治。	太和州 元貞元年升州，屬吉安路。
明	吉安府 洪武元年改府，屬江西布政司。	廬陵縣 府治。	泰和縣 洪武初仍爲縣，復改「太」爲「泰」，屬吉安府。

續表

	吉水縣	永豐縣
	新淦、廬陵二縣地。 石陽縣 後漢永元八年置，屬豫章郡。	廬陵縣地。
東昌縣 屬廬陵郡。	石陽縣 屬廬陵郡。 吉陽縣 吴置，屬廬陵郡。	陽城縣 吴置，屬廬陵郡。 興平縣 吴置，屬廬陵郡。
東昌縣	石陽縣 廬陵郡治。 吉陽縣	陽豐縣 太康元年改名。 興平縣。
東昌縣	石陽縣 吉陽縣	陽豐縣 興平縣 梁末屬巴山郡。
	廬陵縣 開皇十年改名，仍爲郡治。 省入廬陵。	省入廬陵。 省。
	永淳元年徙。	
	吉水縣 南唐保大八年置，屬吉州。	吉水縣地。
	吉水縣	永豐縣 至和元年置，屬吉州。
	吉水州 元貞元年升州，屬吉安路。	永豐縣 屬吉安路。
	吉水縣 洪武初仍爲縣，屬吉安府。	永豐縣 屬吉安府。

續表

安福縣	龍泉縣	萬安縣
		廬陵縣地。
安平縣屬豫章郡。後漢永元八年改曰平都。興平中屬廬陵郡。 安成縣屬長沙國。興平中屬廬陵郡。	廬陵縣地。	廬陵縣地。
安成郡吳置，治平都。 平都縣郡治。 安復縣屬安成郡。	吳爲新興縣地。	
安成郡 平都縣 安復縣太康元年改名。	遂興縣地。	
安成郡 平都縣 安復縣		
平陳廢。 安復縣開皇初改曰安成。十八年又改，屬廬陵郡。 省入平都。	泰和縣地。	
武德五年置潁州。七年廢。 安福縣武德七年改「復」爲「福」，屬吉州。		
安福縣	龍泉縣南唐置，屬吉州。	南唐置龍泉縣。
安福縣	龍泉縣宣和三年改曰泉江。紹興初復故。	萬安縣熙寧四年置，屬吉州。
安福州元貞元年升州，屬吉安路。	龍泉縣屬吉安路。	萬安縣屬吉安路。
安福縣洪武初仍爲縣，屬吉安府。	龍泉縣屬吉安府。	萬安縣屬吉安府。

續表

	永新縣	永寧縣	蓮花廳
	廬陵縣地。	廬陵縣地。	廬陵、安平二縣地。
新興縣吳置，屬廬陵郡。	永新縣吳寶鼎二年置，屬安成郡。	永新縣地。	吳爲平都、永新二縣地。
遂興縣改名。	永新縣		
遂興縣	永新縣		
省入泰和。	省入泰和。	泰和縣地。	安復、泰和二縣地。
	永新縣武德五年復置，屬南平州。八年併入太和。顯慶四年復置，屬吉州。	永新縣地。	安福、永新二縣地。武德五年復置，屬南平州。八年省入太和。
	永新縣		
	永新縣		
	永新州元貞元年升州，屬吉安路。	永寧縣至順初置，屬吉安路。	安福、永新二縣地。
	永新縣洪武初仍爲縣，屬吉安府。	永寧縣屬吉安府。	安福、永新二縣地。

續表

廣興縣太康初置，屬安成郡。
廣興縣
省。

大清一統志卷三百二十七

吉安府一

在江西省治南五百二十里。東西距五百里，南北距三百九十里。東至撫州府樂安縣界二百里，西至湖南長沙府攸縣界三百里，南至贛州府贛縣界二百八十里，北至臨江府新喻縣界一百十里。東南至寧都州界三百里，西南至湖南郴州桂東縣界三百七十里，東北至臨江府峽江縣界三百七十里，西北至袁州府治二百七十里。自府治至京師五千三百七十里。

分野

天文斗分野，星紀之次。

建置沿革

禹貢揚州之域。春秋屬吴，戰國屬楚。秦屬九江郡。漢屬豫章郡。西境爲長沙郡地。後漢興平元年，分置廬陵郡。三國吴寶鼎二年，又分置安成郡。晉以後因之。晉初以廬陵郡屬揚州，安成郡屬荆州。

元康初俱屬江州。隋開皇初郡廢，改置吉州，大業初復曰廬陵郡。唐武德五年，仍曰吉州。天寶初，復爲廬陵郡。乾元元年，仍曰吉州，屬江南西道。五代屬南唐。宋亦曰吉州廬陵郡，隸江南西路。元至元十四年，升吉州路。元貞元年，改吉安路，隸江西行省。明洪武元年，改曰吉安府，屬江西布政使司。本朝乾隆八年，析安福、永新二縣地置蓮花廳，隸江西省，領縣九，廳一。

廬陵縣。附郭。東西距九十五里，南北距一百六十五里。東至吉水縣界十五里，西至安福縣界八十里，南至泰和縣界五十五里，北至臨江府新喻縣界一百十里。東南至贛州府興國縣界一百五十里，西南至泰和縣界四十里，東北至吉水縣界十里，西北至安福縣界八十里。漢置廬陵縣，屬豫章郡。後漢末因之。三國省廬陵，改置高昌縣，爲廬陵郡治。晉徙郡治石陽縣，以高昌屬焉。宋、齊因之。梁省高昌入石陽。隋改石陽曰廬陵。唐永淳元年，移還故廬陵縣爲吉州治。宋爲吉州軍治。元爲吉安路治。明爲吉安府治，本朝因之。

泰和縣。在府南少西八十里。東西距二百四十里，南北距一百五十里。東至贛州府興國縣界一百二十里，西至龍泉縣界一百二十里，南至萬安縣界五十里，北至廬陵縣界百餘里。東南至萬安縣界四十里，西南至萬安縣界四十里，東北至廬陵縣界四十里，西北至永新縣治二百里。漢廬陵縣地。三國吳析置西昌縣，屬廬陵郡。晉以後因之。隋開皇十一年，改曰泰和縣。唐武德五年，析置南平州。八年州廢，屬吉州，曰太和縣。宋因之。元元貞初，升爲州。明洪武初仍爲縣，改太和曰泰和，屬吉安府。本朝因之。

吉水縣。在府東北四十五里。東西距八十里，南北距二百里。東至永豐縣界五十里，西至廬陵縣界三十里，南至廬陵縣界一百里，北至臨江府峽江縣界一百里。東南至永豐縣治九十里，西南至廬陵縣界三十里，東北至永豐縣界九十里，西北至臨江府新喻縣界一百十里。漢新淦、廬陵二縣地。後漢永元八年，析置石陽縣，屬豫章郡。三國吳又析置吉陽縣，與石陽俱屬廬陵郡。

隋併二縣入廬陵。南唐保大八年，析廬陵置吉水縣，屬吉州。宋因之。元元貞元年，升爲州。明洪武初仍爲縣，屬吉安府，本朝因之。

永豐縣。在府東一百三十里。東西距一百十里，南北距二百九十里。東至撫州府樂安縣界七十里，西至吉水縣界四十里，南至贛州府興國縣界二百四十里，北至臨江府新淦縣界五十里。東南至寧都州治二百八十里，西南至贛州府興國縣治二百二十里，東北至樂安縣治一百八十里，西北至吉水縣治九十里。漢廬陵縣地。三國吳析置陽城縣，屬廬陵郡。晉太康元年，改爲陽豐。隋併入廬陵縣。南唐爲吉水縣地。宋至和元年，割吉水之五鄉置永豐縣，屬吉州。元屬吉安路。明屬吉安府，本朝因之。

安福縣。在府西少北一百二十里。東西距二百二十里，南北距一百四十里。東至廬陵縣界四十里，西至湖南長沙府攸縣界一百八十里，南至永新縣界九十里，北至袁州府分宜縣界五十里。東南至萬安縣治一百三十里，西南至永新縣治一百五十里，東北至吉水縣治一百三十里，西北至袁州府宜春縣治一百二十里。漢置安平縣，屬豫章郡；又置安成縣，屬長沙國。後漢改安平曰平都。興平中，二縣俱屬廬陵郡。三國吳置安成郡，治平都，以安成縣屬焉。晉太康元年，改安成縣曰安復。隋改平都縣爲安成，省安復入之。開皇十八年，又改安成曰安復縣，屬廬陵郡。唐武德五年，置潁州治此。七年州廢，尋改曰安福縣，屬吉州。宋因之。元元貞元年，升爲州，屬吉安路。明洪武初，仍爲縣，屬吉安府，本朝因之。

龍泉縣。在府西南二百五十里。東西距一百六十里，南北距一百六十里。東至萬安縣界五十里，西至湖南郴州桂東縣界一百十里，南至南安府南康縣界四十里，北至永新縣界一百二十里。東南至贛州府贛縣治一百九十里，西南至南安府上猶縣治一百七十里，東北至泰和縣治一百八十里，西北至永寧縣界一百里。漢廬陵縣地。三國吳新興縣地。晉遂興縣地。隋爲泰和縣地。五代時，楊吳析立龍泉場。南唐升爲縣，屬吉州。宋宣和三年，改曰泉江。紹興初，復曰龍泉。元屬吉安路。明屬吉安府，本朝因之。

萬安縣。在府南一百八十里。東西距一百十里，南北距一百七十里。東至贛州府興國縣界八十里，西至龍泉縣界三十里，南至贛州府贛縣界一百里，北至泰和縣界七十里。東南至贛州府興國縣治一百十里，西南至南安府南康縣治一百八十里，東北至泰和縣界八十里，西北至泰和縣界一百二十里。漢廬陵縣地。三國吴置新興縣，屬廬陵郡。晉改曰遂興。隋省入泰和縣。唐置萬安鎮，屬龍泉縣。宋熙寧四年，升爲縣，屬吉州。元屬吉安路。明屬吉安府，本朝因之。

永新縣。在府西南二百二十里。東西距一百二十里，南北距一百四十里。東至廬陵縣界八十里，西至蓮花廳界四十里，南至龍泉縣界八十里，北至安福縣界六十里。東南至泰和縣界一百里，西南至永寧縣界六十里，東北至安福縣治一百五十里，西北至蓮花廳界一百一十里。漢廬陵縣地。三國吴寶鼎二年，析置永新縣，屬安成郡。晉以後因之。隋省入泰和縣。唐武德五年，復置永新縣，屬南平州。八年併入太和。顯德四年，復分置縣，屬吉州。宋因之。元元貞元年，升爲州，屬吉安路。明洪武初，仍爲縣，屬吉安府，本朝因之。

永寧縣。在府西南二百八十里。東西距八十里，南北距五十里。東至永新縣界五十里，西至湖南長沙府茶陵州界三十里，南至龍泉縣界四十里，北至永新縣界十里。東南至龍泉縣界六十里，西南至湖南衡州府酃縣界三十五里，東北至永新縣治一百里，西北至湖南茶陵州治二百里。漢廬陵縣地。三國吴以後爲永新縣地。隋爲泰和縣地。唐、宋復爲永新縣地。元至順初，析置永寧縣，屬吉安路。明屬吉安府，本朝因之。

蓮花廳。在府西南二百五十里。東西距八十五里，南北距一百三里。東至永新縣界二十五里，西至湖南長沙府攸縣界六十里，南至永新縣界二十三里，北至袁州府萍鄉縣界八十里。東南至永新縣界二十里，西南至湖南茶陵州界四十里，東北至安福縣界五十里，西北至袁州府萍鄉縣界八十里。漢廬陵、安平二縣地。三國吴平都、永新二縣地。隋爲安復、泰和二縣地。唐、宋爲安福、永新二縣地。元改二縣爲州，爲二州地。明復爲安福、永新二縣地。本朝乾隆八年，析置蓮花廳，屬吉安府。

形勢

駢山帶江，扼嶺之衝。唐皇甫湜廬陵縣丞廳壁記。咽喉荆廣，唇齒淮浙。宋劉彦登譙樓記。南接贛江，北竟淦水，西控臨川長沙，環地幾二千里。宋劉弇送吉州太守序。螺山北拱，神岡南峙。青原龍驤於左，瑞華虎伏於右。山環水外，水環郭外，古稱富州大郡〔一〕。舊志。

風俗

人龐淳，多壽考。隋地理志。自江而南，吉爲富州。廳壁記。衣冠所萃，藝文儒術爲盛，雖閭閻力役，吟咏不輟。唐杜佑通典。士以通經學古爲先，救時行道爲賢，犯顔敢諫爲忠。故家世胄，數十世名義相續。舊志。

城池

吉安府城。周九里有奇，門五，東憑大江，西、南、北三面濬濠，深一丈五尺。明初因舊址改築，成化中增築，本朝康熙四年修。又有子城在城内西南隅，府治居其中，周二里，門三，乾隆二十五年修。廬陵縣附郭。

泰和縣城。周四里，門七，濠廣三丈五尺。唐乾元間土築，明正德二年改築，嘉靖三十五年甃甎，萬曆五年濬濠。

吉水縣城。周六里有奇，門五。南唐保大八年築，明正德間甃石。本朝康熙、雍正年間增修，乾隆二十五年重修。

永豐縣城。周五里有奇，門八。宋紹興七年土築，明弘治初改築爲門四，嘉靖三年增築爲門六，四十二年改拓。本朝乾隆十二年修，五十二年重修。

安福縣城。周五里有奇，門四，濠深一丈五尺。晉元康中土築，明洪武七年因舊址增修。本朝康熙三年、十年修，乾隆二十五年重修。

龍泉縣城。周五里，門四。宋明道二年土築。淳祐二年甃築，明洪武七年增築。

萬安縣城。宋元豐初築，元至正間因舊址重築，明正德五年甃石。周七百四十丈，門六，西瞰江，東、南、北爲濠。本朝康熙年間屢修，嘉慶二十三年重修。

永新縣城。周不及一里，唐顯慶三年築。宋嘉熙元年甃築，周五里有奇，門四，東、南瞰溪，西、北鑿濠，長四百八十丈有奇。明洪武二年修。

永寧縣城。周二里有奇，門四。東距小磵，南阻鄭溪，北倚七溪嶺。元至正十二年土築，明正德十年甃甎石、濬濠。本朝屢修。

蓮花廳城。未建。

學校

吉安府學。在府治東南。舊在西南，宋慶曆四年建，宣和間遷今所。明洪武、嘉靖中重修。本朝順治、康熙年間相繼修葺。入學額數二十名。

廬陵縣學。在縣東仁壽山。舊在縣治東南，宋慶曆四年建。明隆慶五年，改建今所。本朝順治、康熙年間相繼修葺。入學額數二十名。

泰和縣學。在縣治東。宋咸平中建，元、明屢修。本朝順治、康熙年間相繼修葺。入學額數十五名。

吉水縣學。在縣治東北。宋天聖四年建，本朝康熙年間修，乾隆二年重修。入學額數二十名。

永豐縣學。在縣治西南。宋至和中建，明洪武初改建，後燬。本朝順治七年重建，十六年修。入學額數十二名。

安福縣學。在縣治西。舊在縣治東南，宋元豐四年建，紹興十二年遷今所。明洪武初重建，後燬。本朝順治初重建，康熙年間屢修。入學額數十五名。舊額二十名，乾隆八年撥入蓮花廳五名。

龍泉縣學。在縣城東南。舊在南門外，宋紹興中建，元至元中遷今所。明洪武初重建，後燬。本朝順治十二年重建，康熙十三年修，二十二年重修。入學額數八名。

萬安縣學。在縣治東北。舊在南門外，宋熙寧中建，慶元五年遷今所。元末燬，明洪武初重建，後燬。本朝康熙三年重建，二十六年修，五十三年重修。入學額數十二名。

永新縣學。在縣治西南。舊在縣治東，宋慶曆四年建，明嘉靖三十一年災，改建今所。後燬，本朝順治十六年重建，康熙年間屢修。入學額數十二名。舊額十五名，乾隆八年撥入蓮花廳三名。

永寧縣學。在縣治西。明洪武五年建，後燬。本朝順治八年重建，康熙年間屢修。入學額數八名。

蓮花廳學。在廳治南，本朝乾隆十年建。入學額數八名。

白鷺洲書院。在府城東白鷺洲上。宋淳熙間，知吉州江萬里嘗延歐陽守道以教俊秀，置田租八百石有奇，理宗賜御書匾額。元設山長於此。本朝康熙三十年重建。

蓮花書院。在蓮花廳治南。本朝乾隆二十八年，同知李其昌建。

仁文書院。在吉水縣東門內，本朝康熙六十年建，乾隆八年修。

復真書院。在安福縣南五十里。明嘉靖中建，本朝康熙三年重建。按：舊志載：復禮書院，在蓮花廳，明隆慶間建。依仁書院，在廬陵縣，明李邦華講學之所。明學書院，明建，祀羅韜、胡銓、周必大、顔端明、文天祥五人，鄒元標記。泰和縣有匡山書院，南唐羅韜講學之所。龍洲書院，宋嘉泰間建，周必大、謝枋得俱有記。文洲書院，宋曾季禮講學處。清節書院，祀宋蕭楚，歐陽玄記。吉水縣有龍城書院，宋曾三異建。江陽書院，明建，祀羅洪先。永豐縣有武城書院，元曾德裕建；陽豐書院，元陳應求建，並吴澄記。一峯書院，明弘治間建，祀羅倫。六一書院，明嘉靖間建，祀宋歐陽修。安福縣有復古書院，明嘉靖間建。萬安縣有龍溪書院，宋建，祀周、程三子。昂溪書院，宋建，文天祥記。永新縣有崇正書院，明尚書尹臺建。今俱廢。謹附記。

户口

原額人丁二十九萬八千二百一十六，今滋生男婦大小共二百九十六萬九千八百八十三名口，計六十三萬二百二十六户。又所屯軍男婦大小共九萬六千九百九十八名口，計一萬五千三百八十二户。

田賦

田地四萬九千三百六十一頃八十八畝四分七釐有奇，額徵地丁銀三十一萬七百九十七兩六錢七分，米一十六萬四千二十石八斗九升六合。吉安所屯田在廬陵、龍泉二縣，共一百七頃九十三畝六分八釐有奇，額徵地丁銀一千一百三十七兩三錢二分五釐。安福所屯田在安福縣，共一百三頃一十一畝六分一釐有奇，額徵銀一千四百八十四兩四錢四分九釐。永新所屯田在永新縣，共一百二十頃一十七畝四分九釐有奇，額徵地丁銀一千三百二十五兩六分二釐。龍泉所屯田在龍泉縣，共一十八頃二十一畝，額徵地丁銀一百五十一兩九錢四分五釐。

山川

青原山。在廬陵縣東南十五里。山勢紆盤，外望蔽虧。旁有一徑，縈澗而入，中有駱駝峯、鷓鴣嶺，勢甚喬聳。

文山。在廬陵縣東南十五里，宋文天祥取以爲號。

東門山。在廬陵縣東南一百里。宋景定間，鄒渢聚衆保此，樹栅架梁，以拒蒙古兵，鄉人依以免患。

東山。在廬陵縣南。其西南有車駕嶺，相傳唐中宗嘗遊此。下多萍池，春夏泛浸如湖。

神岡山。在廬陵縣南十里，舊名翠峯。高三百丈，迴環數千步，與螺子山對峙。贛江流其下，蒼翠相映。

金鳳山。在廬陵縣南二十里。形似鳳翅，東西映帶，蒼翠迎人。

娑羅山。在廬陵縣南三十五里，又名拜相山。上有龍窩涯，清泉旁沸。北望華蓋嶺，南挹香爐峯，勝槩蜿蜒，爲郡邑大觀。

薌城山。在廬陵縣南四十里。周圍一百里，接永豐、吉水界，亦號三縣山。中一峯尤奇秀，胡氏世居其下。宋建炎三年金兵至廬陵，胡銓自薌城團結丁壯，入城固守，既而事定，復還薌城。「薌」亦作「香」。

武華山。在廬陵縣西南五十餘里，一名丫髻山。雙峯峻絶，高入雲漢。其西羣峯森列，環繞如城。前有香爐峯，峯頂平曠，可容千人。山徑險隘，宋、元間鄉人常保此，曰楓子寨。

仁山。在廬陵縣西二里。梁紀天監五年，高昌之仁山獲銅劍二，即此。又有仁山在吉水縣東北三十里故石陽縣側，以山形似「仁」字而名。

天華山。在廬陵縣西六里。一名鳳山。甚高秀，爲郡治主山。

龍須山。在廬陵縣西四十里。峯嵐崒嵂，絶頂有泉，常流不竭。唐代宗時，土人龍須施地築庵，因名。

王城山。在廬陵縣西七十里。山峻極而上平曠，泉石甚勝。宋、元時鄉人嘗避亂於此。

瑞華山。在廬陵縣北五里，俯瞰大江。相接者爲真君山，上祀許旌陽，因名。西南爲雲騰嶺，蜿蜒若龍，屏障長岡之外。

螺山。在廬陵縣北十里，南臨贛江。委宛如螺，俗呼螺子山。

王山。在泰和縣東。寰宇記：在縣東八十三里，周迴三百里，峯巒秀異。昔王子喬嘗控鶴於此，故名。縣志：唐貞觀初有匡智者，修煉山中，故又名匡山。

高湖山。在泰和縣東南六十里，峻絶奇聳。頂有盤石，其平如砥，非緣石捫蘿不可到。

三顧山。在泰和縣南五十里，正當縣治。三峯秀特如相顧狀。下有洗馬池，相傳爲郭子儀遺迹。南齊書高逸傳：始興人盧度〔二〕，隱三顧山，鳥獸隨之。又宋徽宗時，蕭楚隱居此山。

金華山。在泰和縣西十五里。脈自武山來，蜿蜒高聳。又西有觀山，泉流石間，冬夏不竭。

武山。在泰和縣西三十里。周圍六十里，縣之主山也。旁一峯最高，曰武婆岡，其餘巖洞、泉石，類皆奇勝。

潮山。在泰和縣西五十里。山巔常有聲若潮。峯巒巖洞，勝槩不一。

傳擔山。在泰和縣西北五十里。峻險阨仄，攀援轉寘而後可度。西南有石笋峯，尤峭拔。下有九龍潭及玉溪泉，泉凡四十八竅，至巖前復合爲一。

禾山。在泰和縣西北五十里。山石高峻，禾、灉二水出焉。

三華山。在泰和縣北，迴環如螺。又玉華山，在縣西北，狀如屏障。山頂有池數畝，冬夏不竭。

蟠龍山。在泰和縣北三十三里。山勢宛轉，若蟠龍然。

甘露山。在吉水縣東二里，舊名虎邱山。宋紹興初，甘露降其上，故名。

鳳山。在吉水縣東五里。山半有鳳凰巖，瀑布自巖而下，達於文江。

東山。在吉水縣東二十里，綿亘二百餘里。上有田可耕，茶藥可採。山之陽有瀑布，懸流凡數百丈。其中有中華山，於羣山中一峯秀出，如懸鐘然。

觀山。在吉水縣東南九十里，蒼翠可愛。

東固山。在吉水縣東南一百七十里。周圍羣山連屬四百餘里，獨此屹然高聳，爲縣之東鎮。

天獄山。在吉水縣南五十里，一名黄岡嶺。上有平地丈許，履之作鼓聲。

西山。在吉水縣西南八十里。重岡疊巘，其間一峯獨秀，曰望火樓，昔寇亂時居民登此以望烽火。下有水，東流爲朗溪。

朝元山。在吉水縣西北五十里，南溪水經此。

崆峒山。在吉水縣西北九十里，多洞穴。

鼇山。在吉水縣北，蜿蜒突兀。

南山。在吉水縣北六十里。山甚聳，山阿數石屹立，號石人峯。

郭山。在永豐縣東五十里，接樂安縣界。棧道崎嶇，行七八里，地始平坦，上有良田數百畝。

鳳凰山。在永豐縣南一百六十里。有瀧岡，宋歐陽修葬父處也。山旁即沙溪市。

沙山。在永豐縣南一百六十里。峯巒聳秀，上多沙石，故名。相近曰石門山，有大石相對如門。

蜈蚣山。在永豐縣南二百四十里。高千餘仞，斷續横亘，接興國縣界。

西華山。在永豐縣西五里，形如覆鐘。

王嶺山。在永豐縣西北三十里。西接吉水縣界，北接新淦縣界，高四十餘里。世傳五代時彭玗屯兵於此，土城尚存。

陽山。在永豐縣西北十里。

巘山。在永豐縣北十五里。上有五峯如圓廩，有石峙立如碑。

雞籠山。在永豐縣東北四十里。四面平疇，一峯中峙，比衆山獨高拔。

里山。在永豐縣東北五十里。幽險邃僻，山多溪澗及叢箐，崎嶇環折，界連新淦、樂安、崇仁、峽江四縣。

軀陂山。在永豐縣東北七十里。迴伏連亘，抵宜黄、樂安兩縣界。

蒙岡山。在安福縣東一里。多林木，城中望之，鬱然森秀。

罾石山。在安福縣東十五里，臨江。輪囷特起，狀如魚罾。又名麟山。

尼山。在安福縣東。延袤百里，高插天表，勢若翔龍。其下兩石峙立如門，中闊數丈，泉流其間。

南岡山。在安福縣南五里。

天臺山。在安福縣南二十里。一溪夾路而入，有石磴、石磵諸奇。

書岡山。在安福縣南四十里。相傳晉陶潛讀書於此，下有潭曰陶潛潭。

浮岡山。在安福縣西南二十里。石壁光明，五色迭相照耀，望之如龍虎狀。

龍湫山。在安福縣西南二十五里。有小溪出兩山間，藤蘿古木，青翠鬱然。

陳山。在安福縣西南一百三十里。山勢高聳，四時蒼翠，其連屬並峙者曰會山。

蹲山。在安福縣西南一百四十里，與永新縣禾山相接。亘數百里，如獸蹲踞。寰宇記：在縣南百里。顧野王輿地志云：上有風窟，繚繞百餘步，無草木，每有風出，飛揚沙塵。

更生山。在安福縣西南一百五十里。舊傳山有豫章樹，伐而更生。

郭山。在安福縣西十里。有郭東、西二水，自宜春界來經此注於瀘江〔三〕。又西二十里，名曰七星山，瀘水縈洄其下。

西山。在安福縣西十五里。一名文旆山。林壑幽險，有溪出兩山之間。旁有龍穴，可禱雨。

新茨山。在安福縣西五十里。漢豫章太守賈萌伐安成侯張普，戰於新茨之野，即此。

黽山。在安福縣西六十里。多奇石。其下一山，狀如斧劈，兩崖垂下如帷幄，惟亭午見日。一名九日巖，一名壁峽。後有洞，虛曠可容數十人。

月山。在安福縣西一百里。山頂有石如月。

高峯山。在安福縣西一百二十里。廣袤百里，跨吉、袁二州。山徑峭險，上有龍潭三所，禱雨必應。

武功山。在安福縣西北一百里，與袁州府萍鄉接界，連接瀘瀟，包蓄九龍，根盤八百餘里。峯巒峻拔，最高處曰白鶴峯、曰雷嶺，高踰三十里，夜半登頂，可觀日出。其旁瀑布懸流甚長。晉葛鉉、葛洪先後修煉山中，又名葛仙峯。

九龍山。在安福縣西北一百十里。張程武功山志：自武功絶頂行十五里，爲九龍山，萬峯環繞，林木蓊鬱。

瀘瀟山。在安福縣西北一百二十里，跨萍鄉縣界。元趙儀可葛仙壇記：其山自萍鄉蜿蜒而來，時起二峯，曰瀘、曰瀟。武功當二峯之中。二峯之水，皆出其麓，瀘水東流入彭蠡，瀟水南流入洞庭。獨武功之水，出於其頂。謹按：「瀘瀟」或作「盧蕭」，又作「羅霄」，云昔有羅霄居此，因名。其下有羅霄洞。

鴿湖山。在安福縣北六十里。上有雁峯、白鶴峯、石人峯、三渡橋、桃花澗諸勝。

銀山。在龍泉縣東一里。上有三峯。又金山，在縣北，二山夾峙，上各有塔，俗以爲龍之雙角。

錢塘山。在龍泉縣東南六里。山壤沃衍，路出南康。又玉泉山，在縣東南十里，石罅出泉，潔白如玉，冬夏不竭。

五華山。在龍泉縣西南。盤亘十餘里，特起數百仞，正對學宫，如人執笏拱立。中峯之頂，五尖並峙如芙蓉。

馬山。在龍泉縣西南。狀若奔馬，其西一峯懸崖特出如馬頭。

盤窩山。在龍泉縣西南，盤鬱秀麗。有龍洞，懸崖百尺，松竹森列，溪水環抱，爲一邑之勝。

西龍山。在龍泉縣西二十里。頂有風穴，常出風，霜夜怒號尤甚，陰雨則息。

石含山。在龍泉縣西一百五十里。延袤數百里，跨永新及湖南之桂陽、茶陵州界。一名萬洋山。東有小溪，即石溪水之源。

龍頭山。在萬安縣東二十里。形如几案，一名案山。上有仙壇嶺及仙聖、羅漢二巖，龍溪水出其左。

蕉原山。在萬安縣東四十里。山形尖峭，林木森茂，産鐵。其相接者曰乾溪山，亦高峻。有百丈峯，峯下有潭。又職原山，亦相接，連亘數百里，産鐵。宋設爐冶，久廢。

盧源山。在萬安縣東五十里。諸峯環列如屏。

西平山。在萬安縣東南八十里。亦名西陽山。東抵興國，北接泰和，巉巖懸峭，惟西南平坦。梁口水出焉，下流入於贛江。

朝山。在萬安縣南二十五里，臨大江。山勢聳秀，諸峯環拱，若朝仰之狀。

金牛山。在萬安縣南六十里，東瞰大江。中有石如牛，因名。

五馬山。在萬安縣西南八十里。五峯相連，狀如五馬。

芙蓉山。在萬安縣西五里。山形秀麗，超出衆山。

韶山。在萬安縣西北四十里。

東華山。在永新縣城東。盤旋拱抱，下臨深潭，林木森秀，爲近郊之勝。

鄒岡山。在永新縣東二十里。爲縣水口，登之可盡江山之勝。其麓有仙溪洞，下俯深潭。對峙者爲金竹峯。

梅田山。在永新縣東二十五里。平田特起，三峯峭立如筆架。下爲寶仙聖洞，深數百步。其陽爲王虛洞，寬敞可容千人，巨石壁立十數仞，上開天門，深可一二里。右爲合壁洞，洞門雙闢如合扉。

馬頰山。在永新縣東四十里。於羣山中最爲高聳。

義山。在永新縣東南。絶頂三峯次列，若有長幼之序，故名。一名永新山。王象之輿地紀勝：本名龍頭山，唐天寶六載改曰永新。新志：義山北有雙巽峯，西北去縣十五里，兩峯並聳。南有文筆峯，一名丙峯，去縣六十里，屹立圓鋭。山上有蕘湖及屏障諸峯，西交郴、廣〔四〕，南控虔、吉，真巨障也。

熾山。在永新縣東南六十里，南接泰和縣界，最爲偏阻。羣峯矗起，勢若火熾，因名。

綏原山。在永新縣西南四十里，勢連永寧鵝嶺。山址可六十里，其頂石峯如塔，上聳絶崖，下瞰重淵。其麓爲洛陽峽，去縣三十里，峻絶難行，過者以比洛陽之伊闕。

拔鐵山。在永新縣西南百餘里。周圍百餘里，與龍泉縣接界。牛吼江出焉，東流入泰和縣界。

禾山。在永新縣西北六十里。上有七十一峯，連跨五百里，奇峯纍纍，與衡潭相接。山巔平衺，相傳曾産嘉禾，故名禾山。又以山在兑方，一名秋山。最高者爲赤面峯，又有白雲、凌霄二峯。下爲白石室，瀑布懸流，蕩爲一潭，深不可測，號曰龍溪，亦曰龍門。下有中山、清涼二峽。又西二十里曰龍鳳山，其狀飛舞。又西十里曰大崦山，又西曰礱山，羣山交匯，石壁峻立，下有灘十里，波濤如雷鳴。又湖仙山，去縣八十里。復山，去縣百里。俱與禾山相連。

拐湖山。在永寧縣東南六十里。有泉自山腰湧出，直瀉山麓，匯流成湖。

旗山。在永寧縣南一里。山勢昂聳，如列旗幟。

漿山。在永寧縣西三十里。周四十里，峯巒峻峭，松林蓊蔚。有泉，味甘如漿。

小玉笥山。在永寧縣西四十五里。泉石甚勝，以別於新淦之玉笥而名。

迎岡山。在永寧縣西北五里。中有石潭，旱可禱雨。

小江山。在永寧縣西北三十里。拐湖、鵝嶺二水經其下。

鐘鼓山。在蓮花廳東五里。疊嶂崇岡，硿砑礧砢。中有石形如鐘鼓，扣之發金革音。

靈芝山。在蓮花廳東十五里。其上常產靈芝，故名。

南華山。在蓮花廳東二十里。山色秀麗若芙蓉，倚於碧霄。

五峯山。在蓮花廳東二十里。五峯秀聳，卓拔雲霄，其勢俯仰曲折如奔馬，又名五馬回峯。

壺山。在蓮花廳東南五里。高侵碧落，翠點晴空。一名元陽洞山。洞中四隅碧色，巉駁黯蒼，頂有石，瓌瑰瑩圓，精光奪目，如玉壺狀，故名。

黄暘山。在蓮花廳北十五里。上有葛仙壇。峯頭有清泉，四時不竭。

玉屏山。在蓮花廳東北十五里。衆峯倚伏，横岫連延。

鹿角山。在蓮花廳東北二十三里。合沓嶙峋，峯森列戟，望之形如鹿角。

方石嶺。在廬陵縣南。宋景炎二年，文天祥自永興引兵還興國，蒙古將李恒追之，及於方石嶺，都統鞏信力戰，死之。縣志：方石嶺在縣南百里，連峯崱屴，騎不得上。左翼羅坑諸峯，右有庚山、養軍山、龍口瀑布、雪溪坑諸勝。嶺之南有統制石，即鞏信死處。

廖仙嶺。在廬陵縣西南六十里。盤旋迴合，一名曲山。舊傳唐會昌中，有廖仙姑隱此。

蹲嶺。在廬陵縣西三十里。登此可盡城郭之勝。

閬川嶺。在泰和縣南八十里。廣袤三十里。

登科嶺。在泰和縣西北五里，環繞縣後。上有應夢閣，赴試者豫宿其上，求夢皆驗。

鹽倉嶺。在吉水縣東二里。其上寬平，南唐時曾運鹽貯嶺上，以給居民，故名。

楊梅嶺。在吉水縣東五十里。出楊梅。相近爲金鐘嶺，高聳圓秀。

穹嶺。在吉水縣南八十里。與西山對峙，又名東山。聳拔如卓筆。

白富嶺。在吉水縣北九十里。有泉自巔出，懸流不竭。

王嶺。在吉水縣北九十里。絶頂石壁高數十仞，下有小巖高五六尺。其側有范蕭嶺，數峯矗立，澗水南流，以范、蕭二仙名。

大盤嶺。在永豐縣東七十里。嶺面寬平可耕，多種藍，又名藍田嶺。東接樂安縣界。

高霄嶺。在永豐縣東南三百里。其並峙者爲慵嶺，俱高聳阨仄，又當要道，行旅苦之。

獅子嶺。在永豐縣南三十里。上有巨石如獅。相近有聖嶺，上有井，深廣數丈。

龍堂嶺。在永豐縣南七十里。亦名龍潭。上有古砦，宋建炎中居民避寇於此。

石空嶺。在永豐縣南一百里。形如覆斗，内空闊，可容二三百人。

相見嶺。在永豐縣南一百四十里。二山前後相連，其間峯迴路轉約五六十里，行人往來常相見。

九曲嶺。在永豐縣南二百里。連亘九曲，上有九峯。

竹篙嶺。在永豐縣南二百里。高數百仞，横亘數十里，東抵寧都界，南抵興國界，上有路通汀州。層巒深洞，林木陰翳，甚險阨。

酆嶺。在永豐縣西三十里。亦名九峯嶺。蜿蜒起伏，爲一十八坳。又西十里爲白霧嶺，西接吉水縣界，三峯聯屬，高數百丈。

禪和嶺。在永豐縣東北五十里。高幾千仞，接新淦縣界。

羊角嶺。在安福縣西五十里。一名煬岡。上有仙壇、龍洞，洞中秉燭入數十步，水深莫測。其北爲龍雲嶺。

長嶺。在安福縣西六十里。寰宇記：山有石墨，可以種火，是爲不灰石。

愁猿嶺。在安福縣西一百三十里。崎嶇險峻，行旅艱阻，故名。

游嶺。在安福縣北四十里。本名牛嶺。縣志：安福居其陽，袁州居其陰。舊有羣牛經此山，遂成小徑，北走袁州者多由此。

黄土嶺。在龍泉縣西南二十五里。迴環峻峭，土色皆黄，自麓至巔九折而上。元季常於隘處置關，遺址尚存。

峩嶺。在龍泉縣西南四十里。一名鵝嶺。勢插雲霄，上多巨石，有飛雲洞，縈迴二三里，又有集雲峯、石人峯、仙鶴池諸勝。

蓬萊嶺。在龍泉縣北五十里。上有石笋巖。

篠嶺。在萬安縣東南一百里。高秀多林木，路通黄塘。

西岡嶺。在萬安縣西五十里，瞰大江。

鵝嶺。在永寧縣東五十里。雙峯聳翠，中有巨石，其旁峯巒昂起如鵝項，因名。

七溪嶺。在永寧縣北十里。長二十餘里，兩山夾峙，險峻如阨吭。林木交蔭，有泉流瀠繞，爲七溪三十六澗。

周公嶺。在蓮花廳東北二十五里。上有羅家仙巖，高聳如屋，及伏虎巖、鵶石、獅石、蜈峯、蛟峯、秀溪、澄潭諸勝。

文筆峯。在廬陵縣東南一百二十里。宋文天祥居其下。

金竹峯。在廬陵縣北六十里。高三百丈，周三十七里，兩峯對峙如竹，因名。其西爲笋峯，峯高二百丈，周十五里，頂有巨石如笋。又西爲斗門峯，周二十餘里，山頂方平如斗。

蓮花峯。在吉水縣東六十里。峭壁萬仞，松杉森列，中有池，産白蓮花及菖蒲。

三凹峯。在吉水縣西北七十里。上凹山石壁立，石常有光，俗名石鏡。中凹爲南北往來通衢。下凹稍高，俯臨赤石潭。

東暘峯。在安福縣東十里。磅礴高聳，四面形勢各殊。西有石屋，谺然中空，可坐百餘人。其南爲白雲峯，下有泉，流入蜜湖〔五〕。

石榴峯。在安福縣東十五里，瞰江。下有龍潭，深不可測。

三峯。在安福縣南四十里。高聳峻拔，卓立天表。其麓有碧雲洞，兩石削立如門。

巾子峯。在龍泉縣東南三十五里。頂尖而秀，高數百仞。明統志：出龍鬚草。

玉印峯。在蓮花廳東北二十里。曲池環麓，倒影含光，宋劉達有「印浮水面」之句〔六〕。

三仙峯。在蓮花廳北八里，下爲虎溪發源處。若海外三山，隱約雲際。

鵝公障。在萬安縣東南十里。脈自蕉源山來，周環四十里，峻峭崎嶇，草木靈異，山頂翹聳如鵝頭。

天柱岡。在泰和縣南二十里。屹若天柱，正對縣治。

日岡。在吉水縣北四十里。廣數丈，其圓如日。相近五里有月岡，狀如偃月，與日岡相對。

貞女岡。在龍泉縣東北三里。上有貞女墳。

雲岡。在萬安縣東北。宋慶元間，遷儒學於此。

銀岡。在永寧縣西三里。發脈鵝嶺，連接七溪，有萬馬奔騰之勢。

通天巖。在泰和縣東南。輿地紀勝：在潮山之側，亦名聖巖。有飛泉自巖而下，入石罅中。

十龍巖。在泰和縣南四十里。空洞可容百餘人，中有龍井。

清水巖。在泰和縣北五十里。廣可容數百人，深不可極。下有石穴，亦可容百許人。有泉自巖下麓入石穴中。舊傳有人持糗糧而入，度行十餘里，聞撒網聲，懼而還。

洞巖。在吉水縣南八十里，產龍鬚草。又桑洞山下有仙女巖。

大仙巖。在永豐縣東南樓原。其相近又有猪肝巖、銅錢巖，穹然百丈，窺其中有隴畝之形，錯布不可入。

葛仙巖。在龍泉縣東南十五里。有石室，可容數十人。又有通天門、望仙臺、洗藥泉。

黃塘巖。在萬安縣東南一百八十里。巖中嵌空玲瓏，若樓閣狀，有石鼓、石鐘。又有蛟穴出泉，四時不竭。

楓溪巖。在永寧縣西南五十里，與湖南衡州府酃縣接界。

黎洞。在吉水縣東五里黎王砦下。洞中皆良田，溪水清冽。

神洞。在吉水縣南五里。一徑如線，依山俯澗，略可容足。不百步即寬平，有良田百畝，甚肥沃。兩山含翠，峯高入雲。

鵰鴣洞。在吉水縣西北五十里。四面環山，中分南洞、西洞，有田數百畝。南唐時，盜吴申先嘗據此。

石蓮洞。在吉水縣西北九十里。盤石屹立，闊三四丈，中空如屋，洞口有羅漢松甚奇古。明羅洪先題曰梅關，又於洞南建正學堂，久廢。

金牛洞。在永豐縣南二百里。境甚幽寂，明羅倫構書院於洞内。

石城洞。在安福縣西一百三十里。石勢環抱如城，洞門廣丈餘，中可容千人者數處，前後相去五里許。有澗水從嶺後流出，溉田數百畝。舊名石廊洞，里人劉元卿改今名。

石廊洞。在永新縣西北一百里。洞深一二里，中有石幢、石鼓等巖，竇通後嶺，奇甚。相近十里爲元陽洞，清泉湧出，注溉一方。

虎口石。在廬陵縣北一百三十里。石臨贛水，高三丈，上開一穴，狀如虎口。

牛吼石。在泰和縣西十里。贛江自黄公灘來，皆平坦，經此則險悍如羣牛之吼。

石鐘。在安福縣西羅漢寺旁。有嶺曰陽岡，下瞰碧潭，巨石倒垂崖中，狀若鐘。

石鼓。在安福縣西資福寺旁。有溪曰灣潭，巨石錯立，中有一石如鼓，或云宋熙寧間鼓嘗自鳴。

贛江。在廬陵縣南。自贛州府北流三百里經萬安縣，西折東北流六十里經泰和縣東，又東北八十里經廬陵縣界達城東，又北四十五里經吉水縣西，又東北入臨江府峽江縣界。桑欽水經：贛水東北過贛縣東，又西北過廬陵縣西，又東北過漢平縣南。萬安縣志：贛江自贛縣梁口灘北入縣界，有灘凡九，曰崑崙、曉灘、武朔、昂邦、小蓼、大蓼、綿灘、漂神、惶恐。水性湍險，惟惶恐灘尤甚，本名黄公，後訛爲惶恐灘也。按：陳書，贛州有二十四灘，今止有十八灘，其九灘詳「贛縣」。泰和縣志：贛江自萬安縣東流，入經縣南、縣東，水流澄澈，故又曰澄江。廬陵縣志：縣之東，贛江自南下合廬水，經郡城，過螺子山，亦曰螺川。又四十里，經墨潭而下吉水。吉水縣志：贛江自府城東北，注縣西南十五里之墨潭，爲吉文水，與永豐江合。有清湖洲横亘江中，逶迤繚繞，狀若「吉」字，故名吉水。又曰文江。又東北入峽江縣界。按：吉、文水，即贛水之異名。寰宇記別載吉水在吉水縣東北十里，源出永安鄉，東北會贛水，故老傳云此水源出有波文成「吉」字。今縣東北無此水，蓋誤。

瀘江。在廬陵縣南，即古廬水。漢書地理志：安成縣有廬水，東至廬陵入湖漢。水經注：廬水西出長沙安復縣，東至廬陵入湖漢水。舊志：瀘江源出安福、萍鄉二縣界之瀘瀟山，東流一百八十里，經安福縣北，又東折而南八十里，與永新縣南之永新江會，入廬陵縣界。又四十餘里，至城南十五里大皐渡，入贛江。在安福者，一名安福水。在廬陵者，又名神岡山水。

仙槎江。在泰和縣東南。源出興國小窑嶺，西北流合仁善、大蓬等水入贛江。其仁善江、大蓬江，源皆出興國縣界，西流至縣東南，入仙槎江。

雲亭江。在泰和縣南，一名繪水。源出贛州府興國縣界。有二源，自梁口西北流一百里，至縣境沙村合流，又自縣南株林口入贛。

牛吼江。在泰和縣西，亦曰禾溪水。出永新縣南拔鐵山，東流至縣界蜀口洲，合蜀水，又東至牛吼石入贛江。

白水瀧江。在永豐縣東一百五十里。水出層峯之間，傾瀉十餘丈，其下爲潭，深不可測。下流爲黄竹溪，遶縣之左，以達恩江。又麻江、南壩水，在縣東南。葛溪，在縣西北。白水，在縣西。俱入恩江。

恩江。在永豐縣南，舊名瀕水，亦曰永豐水。源出樂安縣及寧都州興國縣界，匯流經此，又合縣境諸水入吉水縣界，西經縣南，入於贛江。又龍門江，在縣南，自寧都州發源，北流至層山司前，由百蛟以達於恩江。又永豐鄉水，在縣南，自興國界發源。黄溪磜，在縣南一百六十里，自塔頭發源。百二十磜，在縣南，自寧都發源。皆流至層山，出百蛟達恩江。

遂江。在龍泉縣東南，亦曰龍泉江。其上流爲左、右二溪，合流遶城東下，會浩溪、雩溪諸水，又東北入萬安縣界，凡歷八十四灘，至縣西注於贛江。其左溪有二源，一出湖南桂陽州之掘渡，一出上猶縣之大林，至左安而合，歷石鬱瀧，又東至縣西南李派渡，與右溪合。右溪源出石含山，過朱沙瀧七里至觀坑，又二十里至李派渡，與左溪合。

永新江。在永新縣南。源出禾山，亦曰禾水，亦曰大溪。東南流合縣境諸水至縣東，又東會羣川入廬陵縣界，合瀘水入贛江。縣志：禾水停蓄者，爲金城潭。又東下曰苦竹灘。其衝激於石礱山下者，曰長礱灘、短礱灘、黄花灘，舟行迴旋石罅，最爲險阻。又東下數十里，會勝業水，爲麻、蜀二灘。又東至縣城南，會黄陂諸水，爲忠義潭。又東行會茭川、袍陂、理陂諸水〔七〕，爲溶江。又東至馬頰山下，爲大灘。又東入廬陵縣界。

金城江。在蓮花廳東五里。合梅州玉帶水，會於龍陂。廳志：相傳昔建廣興縣於此，城臨江岸，故名。

礱口江。在蓮花廳南二十里礱山下。灘險浪激，吼聲如雷，流入永新之禾川。廳志：水淺則砢横礧疊，深則没腹露尖，小舟盤溜，必計篙數而下。

習溪水。在廬陵縣南。源出吉塘渡，支流由天華山東，合衆流貫城市，東北入贛江。

井岡水。在廬陵縣西六十里。自安福縣流入，經洋江口入贛江。又安塘水，在縣西七十里，東流數十里，曲折入三江口以達贛江。

横石水。在廬陵縣西北。源有二，一出吉水縣之中鵠鄉，一出縣北之大灣流，合清湖諸水，至縣北二十五里三江口入贛江。

螺湖水。在廬陵縣東北。自城西五里岡冷水坑發源，曲折流經雲騰嶺下，有沸泉流合焉。北折而東，匯爲螺湖，注於贛江。

禾水。在泰和縣西北五十里。源出禾山，亦名旱禾江。又有灘水，亦出禾山，皆合永新江入廬陵縣界。

明德水。自興國縣發源，西北流入永豐縣界，爲義昌水；又西北經吉水縣南，過沙溪、蕭瀧入廬陵縣界，至縣東三十里永和市東合王江入於贛江。又孤江，在永豐縣南一百八十里，亦自興國縣來，合葉家磜水，至表湖司前達蕭瀧。又儲溪，在永豐縣南一百六十里，自寧都州發源，流經沙溪，注於蕭瀧。又王江水，源自富江之上，北流入明德水。

盧江水。在吉水縣南。源出永豐縣界，合上盧、中盧之水，西流爲盧源。又西北流至縣東南五十里，匯爲盧陂，灌田數萬頃。又西北流入義昌水。

南溪水。在吉水縣西北五十里。源出縣西中鵠鄉，東北流經朝元山下，又東流二十里爲螺陂，又五里出柘口入贛江。

同江水。在吉水縣西北六十里。源出袁州府分宜縣，有楓子江、柿陂河、湖石水皆匯流入於贛江。又清溪水，源出安福縣東尼山，東流至縣西北注同江。

百丈磜水。在永豐縣南二百二十里。自高霄嶺發源，北流至表湖以達贛江。

王江水。在安福縣南。源出陳、會二山，東流至縣東南六十里王江口與瀘江合，共匯爲龍陂。寰宇記：王水在縣東南百里。即此。又更生水，在縣西南，源出更生山，流經青山口入王江水。又修水，在縣南四十里，發源孤川，下流亦入王江水。

郭水。在安福縣西三十里。源出郭山，上通宜春縣界，下達瀘水。

義川水。在安福縣西，一名南溪水。源出袁州府萍鄉縣界，又湖南攸縣水亦合流焉。南流達永新縣界，合永新江水。奔湧善潰決，歲嚙民田無算。明天順中，鄉人劉岳鑿石數十里，通舟楫，遂不爲害，因名義川。

赤谷水。在安福縣北。源出分宜縣之連嶺。又荷溪水，源出鵠湖山。俱合坦陂水入瀘江。又智溪水，源出宜春縣桑田山，亦合荷溪水入瀘江。

同水。在安福縣北四十里。源出游嶺，東南入瀘水。

毛停水。在安福縣東北七十里。源出游嶺，東南流縣東入瀘水。又閻水，在縣東三十里，源出閻嶺，東流合毛停水。

蜀水。在龍泉縣北一百二十里，亦名禾蜀水。有二源，俱在縣西北界，左源清湛，右源稍渾，過金田合爲一。至泰和縣界，合禾溪水入贛江。

龍溪水。在萬安縣東。源出龍頭山，流至縣南，注惶恐灘。又檜溪，自縣東鄧家礱，出縣南五里檜溪橋入贛江。

蜜溪水。在萬安縣東南。其上源爲蜜溪潭，水清冽而甘，西流入贛江。

梁口溪水。在萬安縣南八十里，亦名梁口江。源出西平山，西南流入贛江。

皁口溪水。在萬安縣西南。源出贛縣界三龍山，北流經縣西南六十里之上、下造，有泉流合焉。又經祉坪，出皁口入贛江。宋建炎初，金人追隆祐太后至造口，不及而還。造口即皁口也。

韶江水。在萬安縣西北三十里。源出韶山，東流會黄鵠水入贛江。

射洲水。在萬安縣西北六十里。發源龍泉縣界，北流經泰和縣，合牛吼水入贛江。

蘇溪水。在萬安縣北十里，源出同源〔八〕。又常溪水，在縣東北三十里，源出倉山。俱西流入贛江。

城江水。在萬安縣北六十里。有二源，一出蕉源，一出盧溪，由南洲合流。至兩江口會麻溪，流經湖陂灣頭入贛江〔九〕。其麻溪一名麻斜溪，源自泰和塘源溪口，合李陂溪水、盧源隴水流入贛江。

黃陂水。在永新縣東南五里。源出綏源山，東北流合永新江。又袍陂水、理陂水、桃源水，皆在縣北。茭川水，在縣東北。仙巖水，在縣東。俱流入永新江。

勝業水。在永新縣西二十里。源出拔鐵山，水甘沃，溉田勝於他水。東北流會琴亭水，入永新江。又桃溪水、洋潭水。皆在縣西北，流入永新江。

鵝嶺水。在永寧縣治南。源出永新縣界，西流經此，又西會漿山水。又縣東有拐湖水，源出龍泉界，亦西流會漿山水。

漿山水。在永寧縣西。源自湖南茶陵州界，東流與拐湖山水、鵝嶺水俱匯於雙江口，經小江山，縈迴百八十里，下入永新江中。

琴亭水。在蓮花廳西南四里。舊志：水落石潭，聲鳴如琴。東流自栗傳鎮合百丈洞水，至西陽江口入永新江。

文溪。在泰和縣西里許，經縣治南東入贛江。又秀溪，在縣西百步。

武溪。在泰和縣西。源出武山，至牛吼江口入贛江。

清溪。在泰和縣東北里許。自登科嶺發源，東南流經望仙橋入贛江。

浩溪。在龍泉縣東。又東有雩溪，亦名鼇溪，南流經舊縣西，皆入遂江。

鄭溪。在永寧縣城南，亦曰鄭溪井，溢流入鵝嶺水。

鑑湖。在吉水縣東二里。其水自縣西東流，縈迴如帶，澄澈可鑑。

蜜湖。在安福縣東十五里。中有鯽魚，味甘如蜜，故名。亦名東湖。其水可溉田千餘畝。

石牛潭。在吉水縣西北四十里。每江水暴漲，見石牛浮水上。又北十里曰懸潭，相傳舊有蛟龍爲害，今有鐵柱鎮焉。

暗潭。在永豐縣高霄嶺北。闊五十丈，可溉田千畝。

百花潭。在安福縣西瀘瀟、武功之間。峯巒峻峭，雲霧常覆其上，人迹罕到。

東溪潭。在萬安縣蕉原山中，亦名甘溪潭。

北坑潭。在萬安縣東北山峽中。闊三丈，深不可測。

馬頰潭。在永新縣東四十里。瀠洄三里，淵深莫測。

苦竹潭。在永新縣東五十餘里。長亘五里，與廬陵接界。

梅陂。在安福縣東北，闊三百餘頃。

仙鵝池。在龍泉縣。輿地紀勝：在龍泉縣峩嶺中峯絶頂，方廣三丈，水色如藍，四時流注不絶。

漁梁灘。在吉水縣東二十里。又東十五里有藍家灘。

黨灘。在吉水縣西南三十里，距廬陵縣黄洲之下，水勢奔急。

槎灘。在吉水縣西三十里，有石伏水中。又縣西十五里有三曲灘，亦曰三顧灘，爲往來泊舟之所。

龍洲灘。在吉水縣北七十里。又縣北一百里有猪嘴灘，巨石連伏水中，水勢奔湧。

金灘。在萬安縣北六十里。中列三洲，多沙磧。

大灘。在永新縣東馬頰廟下。江闊半里許，石隙可容舟者僅數尺。其下爲木黄灘、魚矢灘〔一〇〕、畫角灘，四灘相連，亘三十餘里，石勢險惡。

長磻灘。在永新縣西磻山下，與短磻灘、黄花灘相接，俱險惡。

白鷺洲。在廬陵縣東贛江中。長五六里，白鷺書院在其上。

龍洲。在泰和縣南一里江中。又縣東二里有金魚洲，狀如游魚。

大洲。在吉水縣南二十里。元至正中設兵屯守，居民輳集，後廢。

魚袋沙洲。在龍泉縣儒學前。秋冬水落始見，長二十餘丈，外窿中窪，形如魚袋，故名。

秀洲。在龍泉縣西遂水上流。宋時嘗置巡檢司，今爲居民輳集處。

鵝鴨洲。在龍泉縣西十里，有南隩陂、塔嶺瀧二水夾之，下流合遂水入贛江。

雲洲。在萬安縣西，爲龍泉江入贛江處。環十餘里，積石如堵。

清泠泉。在吉水縣西北六十里鹿角峯北。平地湧出，匯於曲池，下流爲泠水塘，溉田百餘頃。又湧泉，在縣東北七十里，溉田三十餘頃。

大泉。在安福縣南，一名石牛泉。寰宇記：大泉有兩穴，中有石室，闊三尺，一磐石如人坐。旁泉巖穴，狀如削成。輿地紀勝：石牛泉在縣南六十里，中有巨石如卧牛，莫知其底。

東麓泉。在安福縣北六十里智溪山下。味甘美，雖不盈尺，而大旱不涸。

湯泉。在龍泉縣西二十二都。又下流十里樟木坑亦有温泉〔一一〕。

東坡井。在廬陵縣治南。宋蘇軾自儋耳還過此，遊清都觀，至米巷曰：「此地可開井。」市人如其言，果得甘泉，因名。

校勘記

〔一〕古稱富州大郡　「郡」，原作「都」，據乾隆志卷二四九吉安府形勢（下同卷簡稱乾隆志）改。

〔二〕始興人盧度　「盧」，原作「廬」，乾隆志同，據南齊書卷五四高逸傳改。

〔三〕自宜春界來經此注於瀘江　「瀘」，原作「廬」，據乾隆志及下文改。按，盧水爲古名，見漢書卷二八下地理志長沙國。據例，此不當書古名，因改。

〔四〕西交郴廣　「郴」，原作「彬」，據乾隆志及雍正江西通志卷九山川改。

〔五〕流入蜜湖　「蜜」，乾隆志作「密」。

〔六〕宋劉達有印浮水面之句　「浮」，乾隆志作「峯」。

〔七〕又東行會茭川袍陂理陂諸水　「川」，原作「州」，據乾隆志及雍正江西通志卷九山川溶江條改。按，下文「黄陂水」條下有茭川水，在永新縣東北，即此水也。

〔八〕源出同源　「同」，乾隆志作「洞」。

〔九〕流經湖陂灣頭入贛江　「湖」，乾隆志作「胡」。

〔一〇〕魚矢灘　「矢」，乾隆志作「石」。

〔一一〕又下流十里樟木坑亦有温泉　「木」，原作「水」，據乾隆志改。

大清一統志卷三百二十八

吉安府二

古蹟

廬陵故城。在今廬陵縣南。漢置。三國吴改置高昌縣，省縣入之。隋改石陽爲廬陵。唐始移還故治。舊唐書地理志：廬陵，漢縣，州所治。舊治石陽縣，永淳元年，移於今所。寰宇記：廬陵故城，在今縣南一里。按：晉宋二志無廬陵縣，諸書所載紛然不同。元和志謂今縣本漢石陽，而漢之廬陵略而不言。舊唐書「後漢改廬陵縣爲西昌，隋復爲廬陵」，與郡國志及宋志皆不合。惟寰宇記言孫策改廬陵爲高昌，以今志縣境古蹟考之，差爲近是，蓋當時廢廬陵，别置高昌也。舊唐志所云後漢，當亦指孫策之時，「西昌」疑即「高昌」之訛耳。

高昌故城。在廬陵縣西。本廬陵縣地，三國吴改置高昌縣。梁時併入石陽。寰宇記：孫策改廬陵曰高昌，梁改高昌爲石陽。按：石陽縣，後漢永光元年置。晉、宋、齊三史，廬陵郡併兼有石陽、高昌二縣。今曰梁改高昌爲石陽，當是併二縣爲一，非改也。縣志故城在縣西十五里。按晉志廬陵郡首西昌縣，當爲郡治，而元和志言晉時治石陽，諸志亦不云嘗治西昌也。以寰宇記高昌本廬陵之説考之，則吴時及晉初郡治當是高昌，志訛「高」爲「西」耳。

西昌故城。在泰和縣西。三國吴置縣。隋改爲泰和，自後因之。寰宇記：隋平陳，改爲安豐，尋改爲泰和。按：縣記云隋定江表，大使韋沈廢安豐、泰和二縣。至大業八年，以舊安豐非水路之要，遂移就故西昌縣西三里古城。唐貞觀元年，縣人以西昌曾被寇陷，移歸故地。貞元三年，又移白下驛西，即今理是。明統志：故西昌城，在泰和縣西三里，今廢爲民居。

吉陽故城。在吉水縣東北。三國吳置縣，以在吉水之陽而名。隋省。南唐保大中，復分廬陵地置吉水縣。寰宇記：吉陽故城，在吉水縣東一百二十里。吳後主二年立，隋開皇十年廢。按：吉水本吉陽縣地，而今縣建置之始，諸書不同。宋白續通典云：「隋大業末，分廬陵水東十一鄉置吉水縣。然隋、唐志俱不載。九域志則云宋太平興國元年置，宋志及文獻通考又云雍熙元年置。縣志則謂諸説皆非，曰南唐保大八年，割廬陵置吉水縣，見古圖經及永豐曾氏家譜。而縣之南華院，藏楊吴順義七年税帖，猶稱廬陵縣吉陽場。又薦福寺有乾真三年銅鐘，款識亦然。則保大以前，尚爲吉陽場，未爲縣也。至周廣順二年，通鑑書吉水人歐陽廣拜本縣令，是歲爲南唐保大十年，在置縣之後二歲。又今觀音院有保大十年户帖，及縣人周洽藏其八世祖顯德六年以後訴免役帖八通，皆用吉水縣印。而建隆三年韓熙載撰僧元寂碑、開寶四年徐鍇銅巖觀記皆稱吉水縣名，則不待興國、雍熙而始置縣又明矣。」其言獨有所據，故備録之。

石陽故城。在吉水縣東北。後漢置縣，晉移廬陵郡治此。元和志：晉太康中，移郡於石陽縣，今舊州東北故城是也。寰宇記：石陽故城，在吉水縣東北三十里。按輿地志云：「後漢和帝分新淦縣立石陽縣，屬豫章郡。獻帝割屬廬陵郡。」隋開皇十年，改石陽爲廬陵。又舊郡城，在縣東北二十五里，隋大業三年置。唐開耀元年，州人劉智以州逼贛水，東通大山，户口殷繁，土地湫隘，陳移郡之利。永淳元年，移於今理〔一〕。

陽豐故城。在永豐縣西。三國吳置陽城縣。晉太康元年，改名陽豐。隋廢。南唐爲吉水縣地。宋至和初，割置永豐縣。縣志：縣西六十里有陽城，相傳故縣治此。

安平故城。在安福縣東南。漢初元元年，封長沙孝王子習爲安平侯國〔二〕，屬豫章郡。後漢永元八年，改曰平都。三國吴置安成郡，治此。隋廢郡，改縣曰安成，尋改安復，唐又改安福。元和志：安福縣東北，至州一百二十里。本漢安平縣，隋爲安復縣，武德中改爲安福。寰宇記：廢平都縣，在安福縣南一百步。漢時在縣東南王水口，以地險徙此。

安成故城。在安福縣西。漢置縣，屬長沙。三國吴屬安成郡。晉改曰安復。隋省入平都，因改平都爲安成。寰宇記：漢安成縣，本新茨亭，今安福縣西六十里，有安成故城存。安成記云：「縣本有兩鄉，漢縣理西鄉，吴又移於東鄉。」

遂興故城。在萬安縣西北。三國吴置新興縣。晉太康元年，改曰遂興。隋廢。寰宇記：遂興故縣，在泰和縣南一百七里。輿地志云：後漢獻帝立遂興縣，吴大帝改曰新興，晉武帝復爲遂興，以在遂水口爲名。隋平陳，廢。明統志：在萬安縣西北十五里，今龍泉江口金城即其地。又龍泉縣志：縣東光化鄉有遂興縣故址，晉太康中徙治於此，今猶曰「故縣」。

永新故城。在今永新縣西。元和志：縣東北至吉州二百二十里。寰宇記：縣本漢廬陵縣地。吴寶鼎中，立永新縣，屬安成郡。隋廢郡，縣併入泰和。唐武德四年，析泰和地置南平州，復立永新縣隸焉。八年州廢，縣入太和。顯慶四年，永新之民以太和道遠，請別置縣於禾山東南六十七里，即今理也。舊志：故城在縣西三十五里。又有南平州城，在縣西二十里。

廣興故城。在蓮花廳東。晉太康初置，屬安成郡。隋廢。唐武德五年復置，屬南平州。八年省入太和。

永寧舊城。在今永寧縣東五十里鵝嶺西。本永新縣之勝業鄉，舊有寨置巡司。元至正五年，以道路阻險，立縣於此。十三年復遭兵燹，改築土城於瓦岡，即今縣治也。

東昌廢縣。在泰和縣西。三國吴置縣，屬廬陵郡。晉以後因之。隋開皇十一年，省入泰和。唐武德五年復置，屬南平州，八年復廢入泰和。寰宇記：東昌故縣，在泰和縣西六十里。名勝志：今之永和鎮即其地。

興平廢縣。在永豐縣東北。三國吴置縣，屬廬陵郡。梁末改屬巴山郡。隋廢。寰宇記：廢興平縣，在吉水縣界。吴孫策二年立，隋開皇十年廢。縣志：今縣東北有興平鄉，即因故縣爲名。

大皋城。在廬陵縣南二十里。陳書高祖紀：梁大寶元年，高州刺史李遷仕據大皋，遣杜平虜率千人入贛石、魚梁〔三〕，高祖命周文育擊走之，遷仕奔寧都。寰宇記：大臯城在泰和縣北八十三里，臨贛水。縣志：今泰和縣北二十里，抵廬陵縣界。又北三十里有大臯渡，城蓋以大臯渡名。

白口城。在泰和縣南。陳書高祖紀：高祖遣杜僧明等率二萬人據白口築城，以禦李遷仕，遷仕亦立城以相對。寰宇記：白口城，在縣東南二里。今兩城舊迹猶存，近白下驛。縣志：在縣南五里，隔江，東謂之石城，西謂之高城。

馬家城。在吉水縣東北二十里故石陽城南。縣志：宋高宗時，州守馬彥先所築。

嚴城。在永豐縣南十五里。相傳唐末有嚴將軍者屯兵於此，因名。又縣南聖嶺上有土城，相傳五代時神人所築。宋紹興中，鄉人避寇其中，多所全活。

亭符城。在安福縣南八十里。又禾城，在縣南一百里。建置未詳。

牛羊城。在龍泉縣西北三里古山寨。宋建炎四年，山寇犯縣，縣令趙迪之築城禦卻之。亦曰牛羊寨。

蔣公城。在龍泉縣西。縣志：在石溪西陂臯上，城濠猶存。相傳昔蔣姓所築。

魚梁城。在萬安縣南五里。梁末，李遷仕遣其將杜平虜入贛石、魚梁作城，即此。縣志：城近龍溪惶恐灘。

報恩鎮。今永豐縣治。九域志：至和元年，以吉水縣報恩鎮置永豐縣，在吉州東一百四十里。

什善鎮。在龍泉縣南，舊治此。寰宇記：龍泉縣在吉州東南一百八十里，本泰和龍泉鄉什善鎮地。南唐保大元年，析龍泉、光化、遂興、禾蜀四鄉置龍泉場(四)，以鄉爲名，採擇材木之所也。其地水源周匝八百里，舊治在今縣南二十里。宋明道三年，知縣何嗣昌徙治水北羅漢寺，即今治。

萬安鎮。即今萬安縣治。九域志：熙寧四年，升龍泉縣之萬安鎮爲萬安縣，屬吉州。在州南一百八十里。縣志：時漕使金君卿以鎮當水陸之衝，控扼贛石之咽喉，爲漕運重寄，請割龍泉之永興、禾蜀二鄉，及土耆、太和、土城、信都四保，贛縣之龍泉鄉八團置縣，時適有五色雲見，亦名五雲城。

舊監務。在龍泉縣治東一里。宋淳熙中創，元因之，後兵毁。

都督行府。在萬安縣梁口三惠寺。宋文天祥勤王，次萬安，駐此，大書「都督行府」四字於門。一夕雷電交作，晨見「府」字若塗抹者，止存「都督行」三字。天祥悟，勒兵他往，次日元兵至。

搗石村。在永新縣北四十里平原村。安成記：石廣四尺，長倍之，其色瑩黛。顔魯公爲吉州司馬，行部至此，撫石而憩，叩之其聲清越，謂可搗衣。今更千年，土花不蝕，其子孫有居平原村者，因稱爲搗石村。

義岡營。在蓮花廳東二十里義岡嶺上。宋季，永新彭震龍聚里中豪士數百人應文天祥，及永新城潰，震龍力不勝敵，遂屯兵於此，民資捍衛焉。至今營溝舊址猶存。

張欽砦。在吉水縣北王嶺，楊吴將張欽屯兵所。

相公坪。在吉水縣北王嶺，與張欽砦相近。楊吴時彭玗作亂，置堡寨於上，可容數萬人，今倉庫之迹尚存。

烏石爐場。在萬安縣東南黄塘界。其地舊時燒石成灰，細白異常。

陶皮石室。在泰和縣武山北。明統志：昔有陶、皮二仙隱此，食桃果度歲月。居者必高潔，若茹葷，則虎豹隨至，遊山者亦然。今呼爲北巖，祈禱有應。

姚崇石室。在永新縣西北。寰宇記：禾山足有石室，豁然洞開。有大澗闊數丈，内有泉湧，可以行舟，人不敢進，獸不敢窺，今古謂精靈龍蛇之所居。唐姚崇布衣時，曾卜居於側，讀書數載，今遺墟猶存。

楊萬里故宅。在吉水縣西北五十里南溪上。羅大經鶴林玉露：誠齋年未七十，退居南溪之上，老屋一區，僅蔽風雨。

山曉樓。在廬陵縣東北，有文天祥書「江西第一樓」額。本朝康熙年間重建。

凌雲樓。在吉水縣谷坪。宋神童李如圭〔五〕，年七歲中神童科，隨父宦京。孝宗召見，即講尚書無逸篇。帝喜，明日侍晏，以父在，賜珠簾隔之，晏罷撤簾賜之。後再舉進士，官至福建安撫使，乃於村中起凌雲樓，懸珠簾以彰君貺。

環溪樓。在吉水縣北嶺口。元程鉅夫有詩。

文江樓。在吉水縣北文江門。其上爲樓，樓側有飛霞亭，爲餞送之所。宋改名飛雲。元改亭爲樓，郡人劉辰翁書「飛雲樓」三字扁其上。

快閣。在泰和縣治東澄江之上，以江山廣遠，景物清華故名。黄庭堅有詩。

墨池閣。在泰和縣學中。明統志：黄庭堅有「前日學書池」之句，即此。

雪浪閣。在吉水縣北崇元觀。唐吕巖有詩。

御書閣。在吉水縣羅陂。明統志：宋御史蕭服建，有徽宗篆扁。

先春閣。在安福縣北門外。宋建炎、靖國間建，黄庭堅有詩。

五雲閣。在萬安縣西，瞰贛江。宋建，正對水西芙蓉山。戴復古有詩。

興文閣。在永新縣學西，宋文天祥題扁。

留帖閣。在蓮花廳東北二十五里復禮書院後，鄒元標記。唐胄參軍李懷琳絶交帖留傳於安成彭伯圻家，後轉劉、楊二姓，又爲邑令楊庭筠所得。庭筠内召，留此帖付劉氏，劉氏因建閣於復禮書院之後，以表揚令之不貪爲寶。

詩人堂。在府治西城隍岡。唐杜審言爲司户時，置相山詩社。宋盧彖建詩人堂，有楊萬里銘、周必大箴。

一友堂。在府治後。輿地紀勝：舊有古松與竹對植，郡守李彌遜開軒其下。胡銓爲記。

三瑞堂。在府治便廳東。宋熙寧二年，城西池産瑞蓮，玉虚觀産芝草，天慶寺降甘露，郡守范道卿繪三瑞於堂壁。蔣之奇有詩。

六一堂。在府治東三瑞堂左。宋郡守方崧卿繪六一居士像，併刻遺墨於中，楊萬里記。堂後有貯雲臺。

進士第一堂。在廬陵縣學明倫堂前。宋文天祥舉進士第一，因名。板扉刻天祥所書「魁」字，方廣丈餘。歐陽守道爲作記焉。

讀書堂。在泰和縣治中。宋縣令吕士元之子溱讀書其間，後爲大魁。

愛竹堂。在安福縣治，宋令李康成建，黄庭堅有詩。

盧溪草堂。在安福縣治南。宋王庭珪號盧溪，築堂退隱於此。胡安國過之，相與講論，數月乃去。

勉耘堂。在安福縣北六十里。宋邑人彭奇宗建，文天祥爲之説。

三相堂。在永新縣禾山。唐姚崇、牛僧孺、宋劉沆皆嘗讀書其間，故名。

凌波亭。在廬陵縣南，瞰江。宋建，王庭珪有詩。

正氣亭。在廬陵縣北螺子山忠義祠前，明建。

横江亭。在泰和縣治南，取黄庭堅「江横決事廳」之句爲名。

白華亭。在吉水縣學右，隋李孝子墓側。

相石亭。在永豐縣南。明統志：宋文天祥兵敗空坑，過此山，時顧石崖祝曰：「天若祚宋，願以崖石墮塞兵路。」言訖，石果墮，元兵不得進。後人因名亭曰相石。

春風亭。在永新縣治内。宋元絳爲令時建，楊萬里有記。

讀書臺。有三：一在廬陵縣治南，宋周必大讀書處；一在安福縣治南，晉殷仲堪爲安成太守時所築；一在縣西南浮岡山，唐丞相姚崇所築。

青原臺。在府治西射圃之東南隅，宋劉僩有詩。

清都臺。在廬陵縣南清都觀。宋蘇軾自儋耳歸，遊觀中，因書「清都臺」三字於臺上。

越公臺。在泰和縣西十里，相傳隋越公楊素築，故名。又以形似月，呼爲月樣臺。

滄浪臺。在泰和縣西門外，面瞰秀溪。宋縣令趙汝𧶼建。

粤王臺。在萬安縣西，下臨大江。舊傳尉佗所築。其對岸即龍泉江入贛江處。

鳳凰臺。在永新縣北。明統志：相傳昔有縣令築以登覽，時祥鳥適至，故名。

聰明堂。在永新縣北。明統志：五代時，劉景洪嘗告人曰：「我不從彭玕，幾活萬人，後世當有隆者。」因名所居北山曰後隆山。有牛僧孺讀書臺，即故基築臺，曰聰明。其子素生沆，爲宋相。

玉山館。在萬安縣北門外，唐張籍有詩。

適軒。在安福縣清真觀。宋縣令李康成寓此，黄庭堅有詩。

貢士莊。在府學後。宋尚書胡槻建，儲米以待偕計士。文天祥有記。

三株樹。在永新縣西八十里榕湖村。顔真卿後裔詡居其地，有古樹三株鼎立，直上丈餘，乃合爲一，其下可坐數十人。歷七百餘年猶茂。

繫纜。

神楓。在安福縣西百里。其木狀如神面目，歲旱以泥封之，有雨。

故吉州碑。在吉水縣西二十里。龜趺在岸，而碑枕於江。霜降水落，則見「大業」等字。

鐵十字。在廬陵縣南門外江涯，有鐵鑄一「十」字，題云「保大二年五月日置」，重一千三百斤。世傳南唐時造戰艦，以此繫纜。

關隘

斗塘隘。在廬陵縣西北九十里。地界安福、吉水，兼通袁州府及新喻縣。又縣西七十里有九里嶺隘，西南九十里有黄茅峽隘。

銀塘嶺隘。在廬陵縣北一百二十里。四山峭拔，路通一線，與袁州府分宜縣接界，舊嘗置營於此。

白羊坳隘。在泰和縣東南，與興國縣接界。山箐蓊鬱，紆徑羊腸，爲閩、廣盜賊出没之衝。明萬曆十六年，於白羊坳之三丫左右創兩堡，設官兵戍守，後罷。

明坑隘。在龍泉縣南百里。自隘而北，又有白雲、廬陽二隘，黄土、猫兒二關。又龍庵隘，在縣西五十五里。自隘而西，八十里至燕塘隘，百里抵湖南郴州桂東縣〔六〕，界口多崇山峻嶺。

朝山隘。在萬安縣西南朝山下。背負峻嶺，俯瞰大江，爲往來扼塞。又五十里爲龍隘，在縣南，兩山壁立，一線中通，最爲險阻。縣東南又有保安寨，與興國縣接界，逼近蕉源，斜徑迴伏。又有鐵山、龍橋、蓮花三寨，俱在縣南。府志：萬安之患，惟贛州之諸洞爲甚。明正德五年，知縣桑翹乃立朝山、保安、鐵山、龍橋、蓮花五寨，周以垣墻，集民兵以守之。

富田巡司。在廬陵縣南八十里。舊有富田寨在今城西，宋紹興九年移砦於此，後置巡司，至今因之。

永陽鎮巡司。在廬陵縣西六十里，過洋口，水路通安福。元至正中，置井岡巡司，本朝乾隆三十年移駐於此。

固江鎮巡司。在廬陵縣西南。明初置敖城巡司，本朝乾隆三十年移駐於此。

早禾市巡司。在泰和縣西五十里。元至正中設巡司，明洪武十四年裁。十五年復置，今因之。

阜田巡司。在吉水縣北二十里。元置白沙巡司，明移縣西北十五里三曲灘，本朝乾隆三年移駐於此。按：阜田舊名富田，本朝乾隆四十三年改名。有上、中、下市，爲舟車輻輳之所。

層山市巡司。在永豐縣東南一百二十里。元至元中置，今因之。

沙溪市巡司。在永豐縣南一百六十里，近鳳凰山。舊爲沙溪鎮，明置巡司，今因之。

表湖市巡司。在永豐縣南二百餘里。明置巡司，今因之。

蘿塘巡司。在安福縣西九十里洋澤寨。宋初置巡司於時礱鎮，乾道三年移駐於此。明嘉靖中設同知駐防，尋復改巡司，萬曆中移駐江北口。今因之，而洋澤司址仍存。

左安巡司。在龍泉縣西南二十五里。舊在縣西南四十里禾源鎮，其地旁多小徑，委曲數十里，爲南康、上猶、桂陽之間道。元至正二十一年置巡司，洪武初移駐禾源，本朝乾隆十七年又移此。

北鄉巡司。在龍泉縣北。舊爲砦，元至大五年改置巡司，至今因之。

秀州巡司。在龍泉縣北，地名金田。舊置於縣西秀州鎮，明洪武初移駐於此。本朝乾隆二十四年，移駐分汛之三十三都衙前市。

阜口巡司。在萬安縣西南六十里。明洪武三年置，今因之。

灘頭巡司。在萬安縣東北七十里。明洪武三年置，今因之。

上坪寨巡司。在永新縣東南六十里。明洪武三年置，今因之。

升鄉寨巡司。在永寧縣西十五里，本名勝業寨。明初置巡司於礱頭隘，洪武五年以地僻移駐於此。本朝改名升鄉。

黄陂巡司。在蓮花廳西北。舊爲安福縣南五十里之黄茆砦巡司，明洪武中設，萬曆中移時礱鎮。本朝乾隆八年，改置於此。

永和鎮。在廬陵縣南十五里，即廢東昌縣，爲商民輻輳處，有上、中、下三市。元置郡税司於此，明初爲税課局，正德中革。

石鎮。在安福縣北五十里。接壤分宜，爲驛遞孔道，負販絡繹，最宜提防。

沙市鎮。在永新縣西四十里。九域志永新縣有栗傳、沙市二鎮，即此。

禾山寨。在永新縣西北四十里。又新安寨，在縣西北八十里。明初俱置巡司，今裁。

栗傳寨〔七〕。在永新縣西北九十里。舊爲鎮，明初置巡司，本朝乾隆八年裁。

萬安營。在萬安縣北濱江。明設萬安守備府，爲江西三大營之一，九縣民兵、三所官軍俱隸焉。後漸分析，設遊擊及守備。康熙三十四年裁遊擊，改都司駐此。

走馬塍砦。在廬陵縣東南儒林鄉，值夏方山之麓。宋隆興初置巡司，後廢。

礱頭砦。在永寧縣西南三十里。山川平衍，商民輳集，有間道二：一自東北歷三陽寨、七星船，至湖南茶陵州；一自正南至木村，抵黄烟堡，入湖南酃縣，俱徑路盤錯。黄烟堡北去縣三十五里，亦縣境險要處。

視田墟。在永豐縣東北興平鄉。舊爲視田寨，明初置巡司，萬曆中廢。又有蛟墟，在縣西南四十里，諸水匯流於此。舊有水次倉。

均村市。在萬安縣東南一百三十里，接興國縣界。

花石潭。在泰和縣東北四十里。明永樂中置巡司，本朝乾隆三十年裁。東南舊有西平砦巡司，宋紹興中置，明洪武十五年裁。

螺川驛。在廬陵縣南三里贛江濱。螺川遞軍所亦置於此，今皆裁。又縣西六十里舊有桐山驛，縣南五十里有縣潭驛，皆久廢。

白下驛。在泰和縣東門外。唐置，後皆因之，今裁。又縣東五十里舊有淘金驛，縣西五十里有浩溪驛，俱宋紹興中置，明嘉靖二十一年廢。

白沙驛。在吉水縣北門外。舊置於白沙鎮，明移此，今裁。

五雲驛。在萬安縣城西南濱江。宋、元時置贛陽驛，明初改置五雲驛，今裁。又舊有五雲遞軍所，久廢。

皁口驛。在萬安縣西南，與皁口巡司相近。明洪武五年置，久廢。

津梁

習溪橋。在廬陵縣南門外。宋咸淳中建。

南湖橋。在廬陵縣南習溪上流。元泰定四年建。

半蘇橋。在廬陵縣南。明統志：宋蘇軾過城隍岡，見水木秀發，以其境半於蘇州，故名。

迎恩橋。在廬陵縣北門外，舊名螺岡橋。宋咸淳中建，元時於此迎接詔敕，始改今名。

瑞溪橋。在廬陵縣北。明統志：嘗産九穗嘉禾，故以名橋。

吟溪橋。在廬陵縣北二十里。相傳唐杜審言吟咏於此。

望仙橋。在泰和縣東門外。宋熙寧中建。

南平橋。在泰和縣南門外，名龍橋。明洪武中重建。

漁梁橋。在吉水縣東三十里。宋慶曆中建。

龍陂橋。在吉水縣東四十里。宋淳熙中建。

大江橋。在吉水縣南，爲吉、贛通衢。

恩江橋。在永豐縣治南百餘步，舊名濟川橋。元至元中建，揭傒斯有記。本朝順治十七年，改築石橋。

乘駟橋。在永豐縣西。明統志：元學士程鉅夫停驂於此，故名。

三江橋。在安福縣東。有鳳亭水、同水、葛水合流於此而入瀘江，因名。宋咸淳中建，明洪武初重建。

寅陂橋。在安福縣西三十五里。明末建。

集仙橋。在安福縣北門外。明統志：相傳居人夜聞仙樂，旦視之，惟見書「吕洞賓」三字於橋，因名。

鳳停橋。在安福縣北門外瀘江上。宋元豐中建。

濟川橋。在龍泉縣城南遂江上，本名遂江橋。宋、元、明以來，屢建屢圮，本朝順治十四年重建。

蜜溪橋。在萬安縣南八里，路通贛州。

秀水橋。在永新縣東南一里。

江洲橋。在蓮花廳北八十里，一名義川橋。元時劉隆瑞以洲中多石，不可渡，乃伐石爲橋。明天順間，劉岳復鑿石數十里以通洲水，仍建橋其上，因名之曰義川。後圮，崇禎間修。

梅林渡。在廬陵縣東三里。又城南三里有南亭渡、淩波渡，皆贛江渡口。又廣濟渡，在城南大港口。

大皐渡。在廬陵縣南五里。又南十五里有禾埠渡〔八〕。

懷仁渡。在泰和縣南贛江濱，爲往來要津。

早禾渡。在泰和縣西四十里。

張家渡。在吉水縣南，即義昌水所經。有街市可泊舟，爲雜貨所聚。又水南渡，在縣南一里〔九〕。

文江渡。在吉水縣北三里。又縣西北六十里有同江渡，皆在贛江上。

嘉林渡。在安福縣東二十里，爲府通道。又王江渡，在縣東南。

隄堰

源頭隄。在永豐縣恩江橋之上二里許。明萬曆九年築。

槎灘陂。在泰和縣禾溪上流。後唐天成進士、西臺監察御史周矩所築，長百餘丈。灘下七里許，築磡石陂約三十丈，又於近地鑿渠三十六丈，分灌田畝無算。子羨，仕宋爲僕射，增置山田、魚塘，歲收子粒以贍修陂之費。皇祐四年，裔孫進士周中和撰有碑記。

柹陂。在吉水縣西北八十里。源出分宜縣，溉田千頃。宋紹興中，縣令吴明卓修復。

寅陂。在安福縣西四十里。明統志：横截瀘溪下流，達縣前，溉田萬三千畝。宋治平中知縣黄中庸築。

陵墓

晉

苻表墓。在安福縣。寰宇記：在安福縣四望墩之南。太元中，表年十六，因母姜氏疾將盡，一慟而絶，太守表其墓。

桓修墓。在安福縣南十五里。

南北朝　宋

劉義康墓。在安福縣南。

唐

盧光稠墓。在泰和縣西南千秋鄉越臺之東。

宋

歐陽觀墓。在永豐縣南瀧岡。即歐陽修父。

劉沆墓。在永新縣北十里。

王庭珪墓。在安福縣清化鄉。

胡銓墓。在廬陵縣南天梁山。

周必大墓。在廬陵縣西山斗岡。

文天祥墓。在廬陵縣南一百四十里，地名鶩湖。明弘治中敕修。

明

曾鳳韶墓。在廬陵縣朱口。

解縉墓。在吉水縣仁壽鄉，地名灞裏。

楊士奇墓。在泰和縣北五里楮原。

周忱墓。在廬陵縣北十五里。
王直墓。在泰和縣高坪。
李昌祺墓。在廬陵縣北三里。
李時勉墓。在安福縣東鄉。
錢習禮墓。在吉水縣西南圖塘。
曾鞏墓。在泰和縣南雲亭鄉之塘〔一〇〕。
劉定之墓。在永新縣北五里。
劉儼墓。在吉水縣西南夏朗。
彭時墓。在安福縣浮山。
羅倫墓。在永豐縣栗園。
羅欽順墓。在泰和縣桃岡〔一一〕。
鄒守益墓。在安福縣北鄉小嶺。
羅洪先墓。在吉水縣西北赤石潭。
李邦華墓。在吉水縣北鼇山。
劉同升墓。在吉水縣西南夏朗。

祠廟

三賢祠。在府學東。舊祀唐顏真卿，後益以姜公輔、余靖，宋歐陽守道有記。

九賢祠。在府學明倫堂東，祀宋歐陽修、楊邦乂、胡銓、楊萬里、周必大、胡夢昱、歐陽珣、歐陽守道、文天祥。

忠節祠。在府治南。宋建，祀歐陽修、楊邦乂、胡銓、周必大、楊萬里。明宣德中重建，增祀文天祥，後增祀劉球、李時勉、劉子輔、鍾同凡十人。本朝康熙四十六年，增祀明王艮、曾鳳韶、鄒瑾、魏冕、周是修、顏瓌〔一二〕、王省、張彥方、劉臺、傅應禎、鄒元標、李邦華、李之清、郭維經凡十四人。五十四年，又增祀南唐陳喬〔一三〕、宋左譽、胡夢昱、孫逢吉、曾如驥、劉子薦、曾三聘，元劉鶚、劉運、李廉、高文鼎、劉元謨、郭焕章、蕭生、解子元、陳無咎、李敬、顏浩，明劉鐸、李幹〔一四〕，凡二十人。

惠祐祠。在府城南神岡，祀陳曲江縣侯劉竺。明統志：竺嘗守廬陵，政績顯著。既歿，郡人立祠。宋賜額惠祐廟，封嘉應侯。

五賢祠。在廬陵縣東南青原山，祀王守仁、鄒守益、聶豹、歐陽德、羅洪先。

文丞相祠。有二：一在廬陵縣富田鎮；一在永新縣東北二十五里。

胡忠簡祠。在廬陵縣南薌城山下，祀宋學士胡銓。

黃山谷祠。在泰和縣城内快閣右。

旌忠祠。在吉水縣城内，祀明李邦華。本朝順治十六年，賜謚忠肅，給祭田。

舜祠。在萬安縣韶山側。

古城廟。明統志：有三：一在府城東南，一在泰和縣西江南，一在永豐縣治南，皆祀陳武帝。帝自嶺南引兵討侯景，遣杜僧明等築城禦之，民感其靖亂之德，故立廟祀之。

介剛廟。在廬陵縣東南二十五里。明統志：相傳唐有蕭芮者，長安人，性剛毅，爲吉州牧，撫民以仁，待士以義。覽金鳳山有高阜曰介剛，乃結庵其上，講老子書，自號蕭道者。既解任，民思之不忘，即庵址立祠祀焉。宋周必大請賜今額。

南平王廟。在廬陵縣東南四十里。神即鍾傳，仕唐爲節度使，封南平王。既殁，百姓思其德，祀焉。

監丞廟。在廬陵縣南永和鎮，祀宋祕書監歐陽珣。祠地，珣故居也。

忠義廟。在廬陵縣南大鵬里。宋紹定中，南安洞賊入境，泰和被焚，著姓蕭必顯、蕭伯逵起義兵保障，一鄉以安。事聞，徵必顯賜以爵，凡死於陣者，立廟祀之。明宣德中重建。

靈祐廟。在廬陵縣西，一名康王廟。祀宋高陽關都部署康保裔。遼兵至，保裔戰死，真宗贈封加秩。民有所禱，即應。又各縣皆有廟。

瀟瀧廟。在吉水縣南義昌江側。瀧之上有大石若破甕，側立千丈〔一五〕，蓋蛟蜃窟宅。歲旱，禱雨者赴焉。宋王庭珪有記。

韓將軍廟。在安福縣治北。將軍韓千秋，仕漢爲濟北相，請兵入越討吕嘉，死之。封其子延年爲安成侯，立廟祀之。

寺觀

東山祥符寺。在府治南。三國吴建，本名東山禪寺，宋改今名。明改爲白鷺書院，再改爲縣學，後復爲寺。

青原浄居寺。在廬陵縣青原山。上有虎跑泉、錫泉、雷泉。宋治平三年，賜額安隱寺。崇寧初，復舊名。元末燬，明初復修爲叢林。

隆慶寺。在廬陵縣西二里。唐建仁山寺，宋改慶隆院，内有五百羅漢堂。元符中，蘇軾書牓。

能仁寺。在廬陵縣西原山，唐建，有韓熙載碑。

普覺寺。在泰和縣治東。唐建。宋元豐中，有以真宗、仁宗宸翰三十軸送此寺，寺僧建閣藏之。

智林寺。在泰和縣治西北。唐建，宋治平中賜額。

龍華寺。在吉水縣治南。有元寂禪師墓，南唐韓熙載撰碑。

興福寺。在永豐縣一都。唐貞觀初建，明爲叢林。

尊勝寺。在安福縣治西。唐建，明洪武間立爲叢林。李時勉有記。

三惠寺。在萬安縣梁口，宋建。

禾山寺。在永新縣西禾山赤面峯下，舊名甘露寺。唐、宋僧徒最盛，千僧釜尚存。山前龍門溪，懸流長數十丈。

清都觀。在廬陵縣南永和鎮，南唐建。

紫霄觀。在廬陵縣南東山。

崇道觀。在吉水縣北。吴赤烏中建，名招仙，宋改今名。

崇元觀。在吉水縣北五十里。相傳許旌陽逐蛟於此，冶鐵鎮之。今名玄壇觀。

靈集觀。在永豐縣龍雲鄉，舊名奉仙觀。明洪武八年重建。

洞淵延真觀。在安福縣治北。明統志：宋時有異人自福建來，以符藥療民病，民感其惠，立洞淵閣。元歐陽原功記。

精修觀。在萬安縣治北，宋建。

東華觀。在永新縣治東南。元有道士文月堂者，搆庵其上，州判薛均用爲創樓觀居之。又有東華觀，在萬安縣永和鄉，亦元建。

龍溪觀。在永寧縣西南四十里，元建。

清風觀。在蓮花廳北三十里。明永新劉髦微時過其地，假寐觀外，是夕道士夢龍遶觀門，明日款以優禮，髦遂下帷觀中。後髦顯，請敕賜「讀書臺」額以表之，題一聯於柱云：「玉笥派分修道所，朝廷敕賜讀書臺。」

明心院。在廬陵縣南白沙。宋仁宗御書「大雄寶殿」四字。寶祐中，賜額「明心院」。

福聖院。在安福縣東三十里。明統志：唐仙女吴彩鸞來遊，手植二樹，曰羅漢柏，每歲著花結實。

靈峯院。在安福縣治南，唐建。宋楊萬里有記。又有香積院，在縣永嘉鄉，亦唐建。

法濟院。在龍泉縣六廂，舊名南臺，宋改今名。

名宦

晉

虞潭。餘姚人。領廬陵太守，撫綏荒黎，咸得其所。

南北朝　齊

范岫。濟陽考城人。永元中，爲安成内史，創立鈞折行倉，公私宏益。

梁

傅昭。靈川人。天曆中，爲安成内史。安成自宋來，兵亂相接，府舍稱凶，每昏旦人鬼相觸，在任者鮮以吉終。及昭至，有人夜見甲兵出曰：「傅公善人，不可侵犯。」乃騰虚而去。自是郡遂無患。郡多猛獸，常設檻阱，昭命去之，猛獸竟不爲害。

唐

顔真卿。京兆人。代宗時爲吉州司馬。

劉迥。彭城人。大曆初爲吉州刺史。

五代 南唐

李元清。濠州人。爲永新制置使。先是，夏賦貢見緡，元清奏請納帛一疋，折錢一千，以爲定制，民便之。

宋

梁鼎。華陽人。知吉州，有蕭甲者豪猾爲民患，鼎暴其兇狀，徙之遠郡。太宗賞其强幹，代還，賜以犀帶，記其名於御屏。

戚綸。楚丘人。太宗時知泰和縣，民險悍，多搆訟，爲諭民詩五十篇，老幼多傳誦之。每歲時與獄囚約，遣歸祀其先，皆如期而還。

余靖。韶州曲江人。慶曆中知吉州。

元絳。錢塘人。仁宗時知永新縣，豪子龍聿誘少年周整飲博，以技勝之，折取上腴田，立券，久而整母始知之，訟於縣。縣索券爲證，則母手印存，弗受。又訟於州，皆不得直。絳至，母又來訴，絳視券呼謂聿曰：「券年月居印上，是必得母他牘尾印而撰僞券續之耳。」聿駭謝，即日歸整田。

趙訓之。秦悼王五世孫。建炎二年，知永豐縣。孟太后避地虔州，護衛統制杜彦叛，犯永豐，訓之與尉陳自仁設伏殲其衆。會賊别校繼至，官兵未成列，訓之拒戰，厲聲駡賊，與自仁俱被害。贈訓之直秘閣，謚忠果，自仁通直郎。邑人爲立祠。

李璆。汴人。紹興四年知吉州。江西兵素剽悍，璆始視事，即相挻爲亂。亟捕誅首謀者，撫循其餘，大布恩信，境内遂安。

張大經。南城人。紹興中宰龍泉，有善政，諸司列薦。

王師道。兖州人。紹興中，爲吉州栗傳砦巡檢〔一六〕，與盜戰於吴村，每射輒斃。賊有伏於民居者，挺身力戰，遂死。立廟其地。

謝諤。新喻人。爲吉州録事參軍。因死者舊瘞以𣏌，往往暴骨，諤白郡，取官船棄材以棺殮之。歲大祲，饑民萬餘求廩，官吏罔措。諤植五色旗，分部給糴，頃刻而定。

趙蕃。玉山人。高宗時，爲泰和主簿，受知於楊萬里。

劉清之。臨江人。孝宗時調萬安丞。州議減常平米直，清之曰：「在我有政，則大家得錢，細民得米，兩適其便。」乃請均境内之地爲八，俾有粟者分賑其鄉，民甚賴之。

趙希言。淳熙中爲吉州司理，屬邑有冤獄，希言理出之。用楊萬里、周必大薦，改授臨江府司法。

黄疇若。豐城人。淳熙中知廬陵縣。州常以六月督畸零税，疇若念民方艱食，取任内縣用錢三千餘緡爲民代輸兩年。諸司舉爲邑最。

范應鈴。豐城人。開禧初，調永新尉。縣當龍泉、茶陵溪峒之衝，寇甫平，喜亂者詐爲驚擾，應鈴廉得主名，捽而治之。安撫使奏弛民租，詔下如章，既而復征，應鈴力争，訖得請，民大悦。後江右峒寇爲亂，吉州七邑被殘，復以應鈴知吉州。下車，首以練兵足食爲先務，然後去冗吏，覈軍籍，汰老弱，以次罷行。永新禾山羣盜嘯聚，數日間應者千數，應鈴察過客趙希邵有才略，檄之攝邑，調郡兵，結隅保，分道擣其巢穴，擒之，誅其爲首七人，一鄉以定。贛叛卒朱先賊殺主帥〔一七〕，密遣諜以厚賞捕之。

張洽。清江人。嘉定中，知永新縣。有獄吏受財，乘間訊囚，搒笞使誣服，亟執付獄，上於郡黥之。湖南鄰寇作亂，洽單車往，延見隅官，訪利害，因行安福境，結約土豪〔一八〕。未幾，南安舒寇將來犯境，聞有備乃去。

楊大異。醴陵人。寧宗末調龍泉尉，攝邑令。適歲饑，提刑司遣吏和糴米二萬石於邑，米價頓增，民乏食。大異即以提刑司所糴者，如價發糶，民甚德之。

冷應徵。分寧人。寶慶中，調廬陵主簿，以廉能著。有愬事臺府者，必曰：「願下廬陵清主簿。」尤爲楊長孺所識拔。

葉夢得。寧海人。淳祐中提舉江西常平，兼知吉州。節制悍將，置社倉、義倉，平反李義山受贓之冤。

江萬里。都昌人。淳祐中知吉州，創白鷺洲書院以居學者，講誦之業大振。

元

張懋。范陽人。至元中吉州路總管。惡衣糲食，率之以儉，慎刑平政，處之以公，新府治，設義倉。郡萬户蘇良恃勢爲暴，爲之翼者有「十虎」之目，民甚苦之。乃白憲府盡誅十虎，奪良虎符黜之。民大悦，流亡來歸者數千家，相率爲生祠以祀之。

明

劉齊。太祖初爲行省參政，守吉安。守將李明道潛納陳友諒兵，城遂陷，執齊欲降之，不屈。送友諒所，殺於洪都城下。

顧文昱。字光遠，嘉定人。洪武初知泰和州。民好訟，光遠爲長榜誨諭，來訟者俾居譙門上思三日，然後投諜，其真負冤者始爲疏理。未兩月，民不復訟。境有虎，爲檄告神，虎一夕去。前知泰和者爲安慶吴去疾，有惠政，州人語良牧，必以二人爲首云。

錢本忠。武進人。洪武中知吉水縣，有廉名。詿誤罷官，百姓號泣乞留，得還任，卒於官。留葬吉水，民争負土營墳。

藺芳。夏縣人。永樂中知吉安府，寬厚廉潔。吉水民詣闕言縣産銀，請置冶，芳力奏其妄，事得寢，民甚德之。

陳本深。鄞人。宣德五年知吉安府。郡多豪强，好訐訟，巨猾彭摶等十九人横閭里，本深密遣人與相結，召與飲，伏壯士後堂，猝起拉殺之，皆曳其尸以出，一府大驚。樂安大盗曾子良，據大盤山，衆萬餘，本深設伏大破之，斬子良。其爲政舉大綱，不屑苛細。大猾既殲，府中無事，每晨起升堂，有所訟，呼至榻前，析曲直遣之，亦不受狀。有抑不伸者，雖三尺童子皆得往白。久之，民恥争訟。尤折節士人，飾治學宫，奏新先儒祠廟。滿九載當遷，郡人乞留，詔予正三品俸。又九載請老，既去，民肖像祀之。

何澄。四川人。正統中知安福縣。嘗築寅陂，浚渠道，復密湖〔一九〕，以溉民田。秩滿民乞留，詔還任。

張瑄。江浦人。景泰中知吉安府。俗尚巫，迎神無休日。瑄遇諸塗，投神水中。無何，瑄遘疾危，父老皆言神爲祟，請復之。瑄怒不許，疾亦愈。歲大饑，陳謀上官，不俟報，輒發廩賑貸。居八年，以薦擢廣東右布政使。

張淳。合肥人。弘治中知吉安府。俗好訟，蔓引動數百人，淳涖以嚴明，訟遂衰止。版籍多淆亂，淳爲釐正，役均弊絶。府故有堂食錢，淳悉以給還，歲省民數千兩，民爲立祠。

王昂。揭揚人。弘治中知永豐縣，持廉秉公，化民以德。民有兄弟争訟者，入庭恥之，遂自平。舊俗，有喪必椎牛釃酒，以速弔客，昂導以禮教，俗少變。毁淫祠，增社學，凡事關風化者，爲之恐後。邑稱賢令必曰昂云。

張本。錢塘人。弘治間知吉安府。郡多豪猾，有隙輒聚黨千人相挺擊。本下車，即械繫其尤，而奏請聚至十人以上者發遣戍，由是皆讋服，莫敢犯。

陸震。蘭谿人。正德中知泰和縣。時劉瑾擅政，以逋鹽課誣民，縣中當償者萬計，震力白上官得免。鎮守中官歲徵貢絺，爲減其額。邑有浮糧累民，震稽賦籍，得詭寄、隱匿者萬五十石以補之。親行鄉落，勸課農桑，增築學舍居諸生，躬爲講授。毁淫祠，祀忠節，建倉縣左，儲穀待賑。立保伍法，使民備盗，盗不敢入境。泰和人生祠之。

王守仁。餘姚人。正德中知廬陵縣。

伍文定。松滋人。正德中知吉安府，討平永豐及大茅山賊。已與王守仁破桶岡、横水諸賊巢。宸濠反，迎王守仁定計，討平之。

王冕。洛陽人。正德中知萬安縣。宸濠反，冕募壯士從王守仁攻南昌，又獻火攻策，敗之鄱陽。宸濠易小舟遁，冕部卒追及之，遂就擒。

唐侃。丹徒人。正德中知永豐縣，之官不攜妻子，獨與一二僮僕，日飯蔬豆羹以居。俗刁訟尚鬼，又好俳優，侃悉禁止之。

陸粲。長洲人。嘉靖中知永新縣。縣多盜，乃損益保伍法，召諸窩盜者貰其罪，令立功自贖。前後獲盜數百人，悉斃之，姦猾屏迹。

靳學顔。濟寧人。嘉靖中知吉安府，盡罷供具，愛民節用，刑不妄施。數月庭中無事，胥吏無所牟一錢。

危嶽。黔陽人。嘉靖中爲吉安推官。剛毅有大節，雖貴勢無所撓。嘗攝安福縣事，躬履畝以量田，豪猾無敢逞志。卒於官，貧無以殮。

劉修己。新蔡人。嘉靖中爲吉安推官，鞫獄明決，日夕手撰獄詞，不他寄耳目。嘗攝吉水事，其在府一言無所假，及涖吉水，三尺童子可以牽衣告語，縣民視其去來以爲欣戚。卒於官，士民若喪所親。

徐學聚。蘭谿人。萬曆中知吉水縣。仍歲旱澇，拯恤有力。嘗築隄三十里，民號爲徐公隄。

徐懋衡。婺源人。萬曆中知永新縣。立官解法以蘇民困，大吏下其法於諸郡，江右官解自此始。

劉綿祚。武進人。崇禎中知永豐縣。鄰境九蓮山，賊窟其中，綿祚屢請會勦，賊怒，率衆來攻，綿祚出擊，三戰三捷。賊益大至。綿祚伏兵黄牛峒誘賊，復大破之，縣境以安。

陸運昌。仁和人。崇禎中知永豐縣，請免逋租數萬。調吉水，取河壖棄地，代民田浮賦。平山盗，抑宗室豪横，治行爲一時冠。

梁于涘。江都人，崇禎末知萬安縣。南昌失守，大兵至縣，諭之降，不從，繫南昌獄，數月自縊死。本朝乾隆四十一年，賜謚節愍。

本朝

趙世猷。順天人。順治初，知安福縣。捐一切文法，與民休息。歲丁亥大歉，石米至銀七兩，世猷多方拯救，爲糜以賑，所活甚衆。悍兵往來境上，掠財物無可誰何，世猷力戢之，士民感德。

薛世瑞。范縣人。順治初知龍泉縣。時吉安初破，不軌之徒多竄名營伍，肆行焚掠。世瑞日往來營伍中，見被掠者輒救出之，請緩催科以蘇民困。戊子大饑，世瑞嘗市麰麥不可得，至夜乃一食，其清操愛民如此。

鄧秉恒。聊城人。順治中知永豐縣。釐剔姦蠹，率鄉兵勦平山寇。郡舊食廣鹽，時鹽已不行而課存，秉恒内召，疏免其課，闔郡德之。

蕭恒。三原人。順治中知安福縣。邑田爲沙水所侵，多虛賦，請於巡按御史奏減糧千餘石。以憂去，同鄉袁時泰繼之，以清慎稱。邑人謡曰：「前有蕭父，後有袁母。」

校勘記

〔一〕永淳元年移於今理　「永淳」，原作「永順」，乾隆志卷二四七吉安府古蹟（下同卷簡稱乾隆志）同，唐無「永順」年號，顯誤，據雍正江西通志卷五城池改。

〔二〕漢初元元年封長沙孝王子習爲安平侯國　「孝」，原作「項」，乾隆志作「頃」，皆誤，據漢書卷一五下王子侯表第三下改。

〔三〕遣杜平虜率千人入贛石魚梁　「贛」，乾隆志同，陳書卷一高祖本紀作「灨」。下文同。

〔四〕析龍泉光化遂興禾蜀四鄉置龍泉場　「禾蜀」，乾隆志同，太平寰宇記卷一〇九江南西道七吉州作「和屬」。

〔五〕宋神童李如圭　「圭」，原作「珪」，據乾隆志及雍正江西通志卷三九古蹟、卷七六人物改。按，李如圭字寶之，吉水人，著儀禮集釋等傳於世，宋史藝文志有著録。又宋會要輯稿選舉九「宋孝宗淳熙九年」條載「三月二日，賜吉州李如圭童子出身，補迪功郎」。

〔六〕百里抵湖南郴州桂東縣　「郴」，原作「彬」，據乾隆志改。

〔七〕栗傅寨　「傅」，原作「傳」，據乾隆志及本志上文改。

〔八〕又南十五里有禾埠渡　「禾」，原作「木」，據乾隆志及雍正江西通志卷三四關津改。

〔九〕又水南渡在縣南一里　「一」，原作空圍，據乾隆志及雍正江西通志卷三四關津補。

〔一〇〕在泰和縣南雲亭鄉之塘　乾隆志同，「之塘」疑誤。按，雍正江西通志卷一一〇丘墓謂曾鞏墓在泰和縣南小馬坑。考明何喬新撰曾鞏神道碑云「葬公於南小馬坑之原」，則通志爲確。

〔一一〕在泰和縣桃岡　「桃岡」，雍正江西通志卷一一〇丘墓同，乾隆志作「姚園」。

〔一二〕顔瓌　「瓌」，原作「環」，乾隆志同，據雍正江西通志卷一〇八祠廟及明史卷一四二顔伯瑋傳改。按，顔瓌字伯瑋，以字行，廬陵人，顔真卿後。建文中燕兵攻沛，伯瑋時任知縣，自經死。

〔一三〕又增祀南唐陳喬　「唐」，原作「康」，據乾隆志及雍正江西通志卷一〇八祠廟改。

〔一四〕明劉鐸李幹　「明」，原脱，據雍正江西通志卷一〇八祠廟補。

〔一五〕側立千丈　「丈」，原作「人」，據乾隆志改。雍正江西通志卷一〇八祠廟瀟瀧廟下謂「瀧上有大石千仞」。

〔一六〕爲吉州栗傳砦巡檢　「傳」，原作「傅」，據乾隆志改。參本卷校勘記〔七〕。

〔一七〕贛叛卒朱先賊殺主帥　「朱先」，原作「朱光」，乾隆志同，據雍正江西通志卷六七人物及宋史卷四一〇范應鈴傳改。

〔一八〕結約土豪　「豪」，原作「濠」，據乾隆志及宋史卷四三〇張洽傳改。

〔一九〕復密湖　乾隆志同。按，本志吉安府山川作「蜜湖」。

大清一統志卷三百二十九

吉安府三

人物

漢

歐寶。廬陵郡人。居父喪，廬墓側。里人搏虎，虎投廬中，寶以衣覆之。逐虎者至，詰寶，寶曰：「此獸可藏乎？」虎因得免。自後月置一鹿於其廬，人咸異焉。

南北朝　齊

王虛之。石陽人。喪親二十五年，鹽酢不入口。所居每夜有光如燭，庭中楊梅隆冬三實，墓上橘樹一冬再實，時咸以爲孝感所至。永明中，詔榜門，蠲其三世。

匡昕。廬陵人。有至性。隱金華山，服食不與俗人交。母病亡已經日，昕奔還號叫，母即蘇，皆以爲孝感所致。

唐

劉景洪。永新人。楊行密得江西，衙將彭玕據州自稱刺史，屬景洪以兵，欲脅衆附湖南。景洪僞許之，復以州歸行密，退居不仕。及徐温建國，以禮聘之不起，官其子煦爲殿直都虞候。

五代　南唐

蕭儼。廬陵人。舉童子科，爲秘書省正字，歷刑部郎中。元宗欲傳位於弟景遂，儼上書力争。後主嗣位，數與嬖佞弈，儼入見，投局於地。後主怒曰：「汝欲效魏徵耶？」儼曰：「若臣非魏徵，陛下亦非唐太宗矣。」後主爲罷弈。

陳喬。廬陵人。淮南兵興，元宗欲以宋齊丘攝政，召喬草詔，喬不從。後主時，歷門下侍郎。曹彬下金陵，後主納款降，喬至政事堂，召二親吏，解金帶與之曰：「善藏吾骨。」遂自縊。

郭昭慶。廬陵人。博學能自力，嘗著唐春秋三十卷。保大中，獻所作治書。後主時，復獻經國、治民論，擢著作郎，牋表詞章皆出其手。

宋

顏詡。永新人，唐太師真卿之後。少孤，兄弟數人，事繼母以孝聞。一門千指，家法嚴肅，男女異序，少長輯睦。義居數十年，終日怡愉，家人不見其喜愠。

彭思永。廬陵人。天聖進士，爲侍御史，極論内降授官賞之弊，仁宗深然之。時張堯佐覬執政，王守忠求旄節，思永率同列言之。後復論濮王稱親之非。終户部侍郎。子衛以孝謹聞，父老棄官，居家十餘年。

歐陽修。廬陵人。舉進士甲科，除館閣校勘。慶曆初，召知諫院，改右正言，知制誥。時杜衍、韓琦、范仲淹、富弼相繼罷去，修上疏極諫。出知滁州，徙揚州、潁州，還爲翰林學士。在翰林八年，知無不言。嘉祐六年，拜參知政事，與韓琦同心輔政。熙寧初，以忤新法乞致仕。自號六一居士。卒，贈太子太師，謚文忠。修天資剛勁，見義勇爲，爲文天才自然，豐約中度，天下翕然師尊之。奉詔修唐書紀、志、表，自撰五代史，法嚴詞約。蘇軾敘其文曰：「論大道似韓愈，論事似陸贄，記事似司馬遷。」識者以爲知言。子發，少師事胡瑗，得古樂鍾律之説，不治科舉文詞。賜進士，累官殿中丞，制度文物，旁及天文地理，靡不悉究。仲子棐，廣覽强記，能文詞，累直秘閣、知蔡州，坐黨籍廢。

龍震翁。泰和人。性孝，母殁未葬，山寇焚掠，火其居，震翁倉皇無計，夫妻俱抱柩死。死處有枯梅，明年六月作花。事聞，理宗旌其門曰孝梅里〔一〕。

劉沆。景洪孫。天聖進士。長於吏事，臨事强果，累官同中書門下平章事。子瑾，第進士，爲館閣校勘，累拜天章閣待制，歷知秦州、成德軍，卒。瑾素有操尚，所莅以能稱。

毛洵。吉水人。天聖進士。性至孝，凡守四官，再以親疾解任，執藥調膳，嘗而後進，三月不之寢室。父母繼卒，持鍤荷土爲墳，手胝面黔，親友不能識。廬墓二十一月，朝夕哭踴，抱疾卒。郡以孝聞。兄溥，亦以哀毁卒。

周中和。改名中復，泰和人。天聖二年進士，知英州，有善政，升屯田員外郎。

董敦逸。永豐人。嘉祐八年進士，擢左司諫、侍御史。會瑶華祕獄成，奉詔録問，敦逸上疏論之。至徽宗時，復極言蔡京父子之惡，外貶。敦逸在朝，鬚髮皓白，既久於外，上一日思之，問近臣曰：「白頭御史安在？」其見重如此。

彭瑜。安福人。熙寧間失其母，朝夕焚香祈天，願知母所在，如是十餘年。俄有人言，母爲泰和倪氏婦，竟迎以歸。

劉弇。安福人。元豐中，中博學宏辭科，爲太學博士。元符中，進南郊大禮賦，哲宗覽之動容，以爲相如、子雲復出，除祕書省正字。徽宗初，改著作佐郎。弇爲文辭，剗剔瑕纇，卓詭不凡。有龍雲集三十卷。周必大序其文，謂廬陵自歐陽修以文章續韓愈正傳，繼之者弇也。

蕭服。廬陵人。第進士，知望江、高安二縣，治以教化爲本。召爲將作少監，論人主聽言之要，徽宗謂有争臣風，擢監察御史。偕沈畸鞫蘇州錢獄，以平反七百人忤蔡京，羈管處州。後爲吏部員外郎、知蘄州。

蕭楚。泰和人。治春秋。時蔡京專國，禁春秋學，楚隱居三顧山下，著經辨四十九篇。弟子百餘人，胡銓皆師之。殁，門人私謚清節先生。

歐陽珣。廬陵人。崇寧進士，爲將作監丞。金人逼京師，朝議割河北絳、磁、深三鎮講和，珣率其友九人上書，極言祖宗之地尺寸不可與人。及會議，珣復抗論，當與力戰，敗而失地，他日取之直，不戰而割地，他日取之曲。時宰怒，欲殺珣，乃遣珣奉使割深州。珣至深州城下，慟哭謂城上曰：「朝廷爲姦臣所誤，吾已辦一死來矣。汝等勉爲忠義報國。」金兵怒，執送燕焚死。

楊邦乂。吉水人。博通古今，登進士第。遭時多艱，每以節義自許。歷建康教授，改秩和溧陽縣。金帥完顔宗弼入建康，尚書李棁、學士陳邦光率官迎降，唯邦乂不屈，以血書衣裾曰：「甘作趙氏鬼，不爲他邦臣。」翌日，宗弼與棁、邦光宴堂上，立邦乂於庭。邦乂叱之曰：「天子以若捍城，敵至不能抗，更晏樂，何面目見我乎！」已而宗弼再引邦乂，邦乂大罵，宗弼怒，殺之，剖取其心。事聞，加贈徽猷閣待制，賜廟褒忠，謚忠襄。

劉才邵。廬陵人。其上世鶚，嘗憤五季文詞卑弱，倣揚雄法言，著法語八十一篇。中宣和中宏辭科。高宗時，歷中書舍人，兼權直學士院〔二〕。帝稱其能文，時宰忌之，出知漳州。開渠十四，民德之。終顯謨閣直學士〔三〕。著有㮊溪居士集。

李籌。吉水人。與弟衡生同乳，葬其母，負土成墳，廬於墓左。廬所産木，一本兩榦，高丈許，復合爲一，至其末乃分兩榦五枝，鄉人以爲瑞。

胡銓。廬陵人。建炎進士，爲樞密院編修官。紹興八年，秦檜決策主和，金使以詔諭江南爲名。銓抗疏力排和議，並乞斬王倫、秦檜、孫近三人，除名編管新州。孝宗時，累擢起居郎，論史官失職者四。時旱蝗星變，又應詔上書數千言，帝曰：「非卿不聞此。」金人求成，銓獨言不可和。歷官工部侍郎，以資政殿學士致仕。卒，謚忠簡。所著易、春秋、周禮、禮記解，及澹菴集一百卷。孫槻、榘，官皆至尚書。

王庭珪。安福人。政和進士，爲茶陵丞，與部使者不合去。胡銓得罪秦檜謫嶺表，人無敢通問，庭珪獨送以詩，坐謗訕編管辰州，檜死得歸。孝宗即位，召對，除直敷文閣，年已九十餘矣。所著有瀘溪集。

曾光庭。吉水人。仕爲東安簿。靖康之難，起兵勤王。會徽、欽二宗北狩，光庭以兵趨南京，列表勸進。高宗既踐祚，論賞應列貴仕，光庭辭不受。歸桑梓，延名儒訓課子孫以老。

李靚。龍泉人。以策干都督張浚，浚奇之，使隸淮西總管孫暉麾下，累功授承信郎。紹興十年，金將翟將軍犯境，靚與部曲當其鋒，轉戰至西京天津橋南，俘翟將軍，乘勝逐北。會金兵大至，遂死之。

王珠。龍泉人。以孝謹聞。建炎間，居父憂，芝數本生墓側，倒植竹以爲杙，復生枝葉。紹興間，再罹母憂，復有雙竹靈芝之祥。

楊芾。吉水人。性至孝。紹興五年大饑，爲親負米百里外，遇盜奪之不與。盜欲兵之，芾慟哭曰：「吾爲親負米，不食三日矣，幸哀我。」盜義而釋之。

周必大。廬陵人。紹興進士，又中博學宏詞科，召試館職。高宗讀其策曰：「掌制手也。」除正字兼編修。孝宗初，除起居郎，權給事中，繳駁不避權倖。累進翰林學士。在翰苑六年，制命温雅，周盡事情，爲一時詞臣之冠。歷參知政事、樞密使，拜右丞相。光宗即位，進少保、益國公。慶元初致仕。後韓侂胄黨立僞學之名，以禁錮君子，而必大與趙汝愚、留正爲首。卒，贈太師，謚文忠。著書八十一種，有平園集二百卷。

楊萬里。吉水人。紹興進士。張浚、陳俊卿、虞允文交薦之，爲國子博士。淳熙中地震，應詔言十事。東宫講官闕，帝擢萬里爲侍讀，官僚以得端人相賀。王淮爲相，問人才，即疏朱熹、袁樞等六十人次第擢用之。孝宗命太子參決庶務，萬里上太子書，太子悚然。光宗時入對，言朋黨之禍，又論近習竊權。寧宗時，以寶文閣待制致仕。韓侂胄用事，卧家十五年，侂胄專僭日甚，憂憤成疾卒。萬里精於詩，嘗著易傳行於世，學者稱誠齋先生。賜謚文節。

羅泌。廬陵人。博學有才。紹興間，知永州，放民丁錢。所著路史行於世，子苹爲注。

孫逢吉。龍泉人。隆興進士，爲祕書郎。紹熙初，詔求直言，逢吉疏八事，遷右正言。在諫垣七十日，章三十上，詞旨剴切，皆人所難言者。進吏部侍郎。朱熹在經筵，持論切直，小人潛激上怒，中批與祠，逢吉於上前争論甚苦。會彭龜年以論韓侂胄專僭出補郡，逢吉又抗疏力争，侂胄見而惡之。及侂胄專國，遂出知太平州。卒，謚獻簡。弟逢年、逢辰，皆有文學行義，時稱「孫氏三龍」。

曾三聘。吉水人。乾道進士，累遷軍器監主簿。光宗不朝重華宫，三聘以書抵丞相留正。正未及言，三聘謂父子夫婦之際，羣臣莫敢深言者，避嫌遠罪耳。遷秘書郎。帝欲幸玉津園，三聘上疏，言：「人心既離，大亂將作，陛下安意肆志，若弗聞知，萬一敵人諜知，馳一介之使，問安北宫，不知何以答之？姦宄窺間，傳一紙之檄，指斥乘輿，不知何以禦之？望亟備法駕朝謁，不然，臣實未知死所也。」時服其敢言。卒，謚忠節。

歐陽守道。吉州人。少孤貧力學，里人聘爲子弟師，每食舍肉遺母。主人爲設二器馳送，乃肯肉食。年未三十，爲鄉郡儒宗。淳祐初，舉進士，後以薦授秘書省正字，歷崇政殿説書。經筵所進，皆切於當世之務。

蕭逢辰。泰和人。開慶元年，金兵自廣右、湖北逼吉州，詔起逢辰爲江西副帥。拜命之日，警報卒至，衆屬目逢辰所爲。逢辰挈家入城，於是城中始有固志。或言當用邊郡法，清野以待敵，逢辰曰：「城外居民，三倍城中，即徙，必表撤而裏孤，徒驚潰我衆耳。」力持不許，卒賴以安。

文天祥。廬陵人。年二十，舉進士第一。開慶初，元兵伐宋，宦官董宋臣説帝遷都，天祥時入爲寧海軍判官，上書乞斬宋臣，不報，即自免歸。後爲湖南提刑，改知贛州。德祐初，江上報急，召天下勤王。天祥捧詔涕泣，發郡中豪傑萬人入衛，提兵至臨安，除知平江府。時元兵已下金陵，破常州，乃召天祥棄平江，守餘杭。尋命兼兩府，使如元軍請和，巴延拘之。北至鎮江，與其客十二人夜亡入真州，泛海至溫州。聞益王未立，上表勸進。召至福州，拜右丞相，以都督出江西，與元兵戰於空坑，大潰，收殘兵奔循州，駐南嶺。衛王立，加少保，封信國公，進屯潮陽。元將張弘範奄至，被執，拘燕三年。元世宗知其終不屈，乃殺之。天祥臨刑，從容謂吏卒曰：「吾事畢矣。」南嚮拜而死。「巴延」舊作「伯顔」，今改正。

鄒渢。吉水人。後從永豐。少慷慨有大志，以豪俠鳴。從文天祥勤王，領江西招諭副使，聚兵寧都得數萬，復永豐、興國二縣，進兵部侍郎，兼江東、西制置副使。後走至潮州。及天祥被執，渢自殺。時從天祥勤王死事，渢與劉子俊等，凡十有九人。

劉子俊。廬陵人。少與文天祥同里閈，相友善。天祥開督府興國，子俊詣府計事，補宣教郎，兼督府機宜。天祥兵敗，子俊被執，自詭爲天祥。未幾别隊執天祥至，各争真贋，至大將前，始得其實，乃烹子俊。

劉沐。廬陵人。文天祥起兵，辟補宣教郎，督府機宜。天祥開府南劍，沐收部曲來會，專將一軍，爲督府親衛。空坑兵敗，被執，至豫章，父子同日死。仲子死亂兵，季子復從天祥死嶺南。當時江西忠義，皆沐所號召。沐性沈實而圜機，晝夜應酬，亹亹不倦云。

孫㮚。龍泉人，文天祥長妹壻。天祥起兵，檄㮚招忠義士，補宣教郎，知龍泉縣。天祥擁兵出贛，里人奉㮚復龍泉，拒守不下。尋爲叛者所陷，執至隆興殺之。

彭震龍。永新人，天祥次妹婿。天祥起兵，補宣教郎，知永新縣。天祥兵出嶺，震龍接應復永新。元兵至，執至帥府，腰斬之。

蕭燾夫。永新人。與兄敬夫俱文天祥客，燾夫爲詩尤豪俊。天祥起兵，補從仕郎。及彭震龍謀復其縣，燾夫贊之。縣受屠，兄弟俱死之。

蕭明哲。泰和人。性剛有膽氣，明大節。少舉進士，文天祥開府汀州，辟充督幹架閣監軍。師出嶺，明哲以贛縣民義復萬安，連結諸砦拒守。兵敗，被執不屈，死於隆興。臨刑大駡不絶口，聞者壯之。

劉士昭。泰和人。嘗爲鹹工。與鄉人同謀復泰和縣，兵敗，血指書帛云：「生爲宋民，死爲宋鬼。赤心報國，一死而已。」因以其帛自縊死。

劉子薦。安福人。知融州。廣西經略司檄爲參議官。德祐二年，元兵至静江，子薦提猺兵藥弩手守城東門，勢不支，取笏書云：「我頭可斷，膝不可屈。」登城北望再拜，竟死之。

劉辰翁。廬陵人。賈似道專國，方殺直臣，以塞言路，辰翁因對策極論之。江萬里薦居史館，又除太學博士，皆固辭。著須溪集。

王炎午。廬陵人。爲太學生。文天祥勤王，炎午謁軍門論事，欲授之職，以母疾辭。及天祥被執，爲生祭文以速之死。宋亡，終身不仕。奉母至孝，三十年不懈，母没，廬墓終身。

元

劉詵。廬陵人。性穎悟，幼失父，知自樹立。年十二，能文章。既冠，重厚醇雅，以師道自居，教學者有法。江南行御史臺屢以遺逸薦，不就。爲文根柢六經，躪轢諸子百家，融液今古，而不露其踔厲風發之狀。所著有桂隱集。

龍仁夫。永新人。博究經史，與劉銑齊名。著周易集傳十八卷，多發先儒之所未發，其他文尤奇逸流麗。學者稱麟洲先生。

劉岳申。吉水人。爲遼陽儒學副提舉，以泰和州判致仕。其文辭簡約峻潔，甚爲吴澄、虞集所推重，學者稱申齋先生。

楊景行。泰和人。延祐進士，授贛州路會昌州判官，教民穿井陶瓦。調判永新，覈民田租，除剗宿弊，姦欺不容，細民賴焉。歷撫州推官，宜黄、歸安縣尹，所至有惠政，以翰林待制致仕。

劉瑾。安福人。淹貫經史，隱居不仕。所著有詩傳通釋。

李廉。安福人。至正進士，爲信豐尹。紅巾亂，與子敬俱死之。同州姚正叔一門皆殉。

蕭彝翁。吉水人。至正間舉於鄉，以薦爲建昌州學正，後爲濂溪書院山長。時參政全子仁辟贊軍事，陳友諒兵至，參政遁去，彝翁投井死之。同邑高文鼎帥廣東，城陷舉家殉。羅啓南、姜天祐、廬陵戴大賓，皆以保鄉里戰死。

明

羅復仁。吉水人。少嗜學，通天文。去僞漢歸事太祖，從圍武昌，遣諭降陳理，遷國子監助教，擢編修。奉使安南，却其王所贈，帝賢之，置弘文館以爲學士。在帝前，每率意陳得失，帝喜其質直，呼爲老實羅而不名。間幸其舍，復仁方自堊壁，急呼妻抱杌以坐帝，帝稱歎，遂賜第城中。尋致仕，賜大布衣，題詩襟上褒美之。後召至，奏減江西秋糧及兵餉，帝皆允行。

李繼先。廬陵人。爲樞密院判。陳友諒圍南昌，繼先力戰死之，贈隴西郡侯，祀南昌忠臣廟。

陳謨。泰和人。邃於經學，旁及子史百家。隱居不仕，而究心經世之務，學者多從之游。洪武初，徵詣京師，賜坐議禮，宋濂、王禕請留爲國學師，謨引疾辭歸，教授以終。所著有書經會通、詩經演疏及海桑集。

劉崧。泰和人。七歲能詩。洪武初，舉經明行修，召爲兵部郎中，遷北平副使，有異政。忤胡惟庸，放歸，起禮部侍郎，尋致仕。踰年，再徵爲國子司業。卒，帝親爲文祭之。崧博學有志行，微時兄弟三人共居一茅屋，有田五十畝，及貴，無所增益。居官未嘗以家累自隨，暇則賦詩達旦。豫章人宗其詩，爲江西派。

陳灌。廬陵人。幼孤事母孝。元季，棄書學兵法，環所居樹木，閲數年寇起，募壯士結屯其中。謁太祖於武昌，累授大都督府經歷。從徐達北征有功，除寧國府知府，治聲大著。

錢瑛。吉水人。祖本和，以篤行稱。瑛少孤力學。元末，奉祖及母避難，遇賊被執。本和哀告貰其孫，瑛亦泣請代不已，賊憐而兩釋之。時其妻張氏，竟代姑就縛，爲賊所害。後有司知瑛賢，凡三薦，並以親老辭。

曾鼎。泰和人。元末，奉母避賊，母被執，鼎跪而求代。賊怒，將殺母，鼎號泣以身翼蔽，傷項肩及足，護母不捨。賊魁憫之，擕其母子入營，療治獲愈。行省聞其賢，辟爲濂溪書院長。鼎好學能詩，兼工八分及邵子數學。

歐陽韶。永新人。洪武初，授御史。嘗入侍，帝甚怒，將戮人，他御史不前，韶趨跪廷下，倉卒不能措詞，急捧手加額呼曰：「陛下不可。」帝察其樸實，爲霽威從之。

胡子祺。吉水人，銓十世孫。洪武初，授監察御史，嘗上書請都關中。太祖善之，遷廣西僉事，歷知彭州、延平府，皆有善政。子廣，建文二年進士第一，授修撰。永樂時，歷官文淵閣大學士，屢扈北巡。卒，贈禮部尚書，謚文穆。

蕭執。泰和人。洪武初，舉於鄉，爲國子學録。太祖有事北郊，召執等齋宮賦詩，特加寵眷。以親老乞歸。親歿，廬墓側。鄧鎮統兵勦龍泉寇，蔓及泰和，執往責之，鎮爲禁止，邑人以安。

楊卓。泰和人。洪武進士，授吏部主事，遷廣東行省員外郎，復通判杭州，以病免。卓精吏事，吏不能欺，而爲治尚寬恕，民悦服焉。

羅性。泰和人。博學有行誼。洪武初，舉於鄉，授德安同知，有善政。坐事謫戍西安。時四方老師宿儒，在西安者數十人，吴人鄒奕曰：「合吾輩所讀書，庶幾羅先生之半。」年七十卒。

歐陽銘。泰和人。洪武初，以賢才薦，除江都丞，遷知臨淄縣，邑大治。秩滿入覲，卒。

伍洪。安福人。洪武進士，知上元縣。遭父憂，服除，以母老不仕，推資産與諸弟，而已獨養母十九年。有異母弟得罪而逃，使者捕弗獲，執其母。洪哭訴求代，竟死於市。

楊引。吉水人。好學能詩文，爲宋濂、陶安所稱。駙馬都尉陸賢從受學，入朝舉止端雅，太祖喜，問誰教者，以引對，立召見賜食。他日賢以褻服見，引太息曰：「是其心易我矣。」即引去。時方不次用人，有司頻以孝廉、文學、善書薦，皆不赴。復以纂修徵，亦不就。其教學者，先操履而後文藝。迄老視聽不衰。既殁，安福劉球稱其學探道源〔四〕，文範後世，去就出處，卓然有徐穉、陶潛之風。

王伯貞。泰和人。以經術顯。洪武十五年，聘至京，應詔者五百餘人，帝御奉天門試之，伯貞對第一，授僉事，分巡雷州。建文初，知瓊州府，居數年大治。憂歸，卒。

劉仕貆。安福人。父閈，隱居不仕，著書終其身。仕貆少受父學，洪武十五年，應賢良舉，授廣東按察司僉事，以廉惠大得民和。遭風，殁於水。

蕭岐。泰和人。五歲而孤，事祖父母以孝聞，有司累舉不赴。洪武十七年，詔徵賢良，强赴之，上十便書萬餘言。時帝刑罰過中，訐告風熾，岐語皆指切。授潭府長史，力辭，忤旨謫雲南楚雄訓導，改平涼。復召考定書傳，賜幣鈔，給驛歸。嘗輯五經要義，又取刑統八韻賦，引律令爲之解，合爲一集。嘗曰：「天下理本一，出乎道必入乎刑。吾合二書，使觀者有所省也。」學者稱正固先生。

王省。吉水人。洪武中，以文學徵，授浮梁教諭，後改濟陽。燕兵至，坐明倫堂伐鼓聚諸生曰：「若等知此堂何名？今日君臣之義惡在？」因大哭，諸生亦哭，省以頭觸柱死。福王時，贈禮部員外，謚貞烈。孫禎，成化初由國子生爲夔州通判，擊荆襄賊石和尚，被執遇害，贈僉事。本朝乾隆四十一年，入祀忠義祠。

周是修。泰和人。洪武末，舉明經，爲衡府紀善。王未之國，是修留京師，預翰林纂修，好薦達知名士，陳説國家大計。燕兵入，整衣冠，詣應天府學拜先師，自經死。是修外和内剛，志操卓犖，非其義一介不苟得。嘗輯古今忠節事爲觀感録。其學自經史百家、陰陽醫卜，靡不通究，爲文援筆立就。初與楊士奇、解縉等約同死，惟是修不負其言。福王時，贈詹事，謚貞毅。本朝乾隆四十一年，賜謚忠節。

曾鳳韶。廬陵人。洪武末年進士。建文時爲御史。燕王入覲，馳御道，且不拜，鳳韶劾王大不敬，以至親不問。及燕王稱帝，以御史召不赴，尋加侍郎又不赴，乃刺血書衣襟，囑其妻李、子公望：「勿易衣，即以此殮。」遂自殺，年二十九。李亦自經。福王時，贈太僕卿，謚忠毅，妻謚貞愍。本朝乾隆四十一年，賜謚忠節。

鄒瑾。永豐人。建文時，爲大理寺丞。燕兵至，與魏冕等毆都督徐增壽於殿前。燕王入，不屈死。福王時，贈大理卿，謚貞愍。同邑鄒朴，爲秦府長史，聞瑾死，亦不食卒。或曰朴即瑾子。本朝乾隆四十一年，賜謚節愍。

魏冕。永豐人。建文時御史。燕兵至金川門，都督徐增壽徘徊殿廷，有迎納意，冕率諸御史毆之幾死。帝倉皇輟朝，冕與鄒瑾大呼，請速誅增壽。明日宫中火起，或勸冕歸附，冕厲聲叱之，遂自殺。本朝乾隆四十一年，賜謚節愍。

王艮。吉水人。建文初，進士對策第一，以貌寢置第二，授修撰，與修太祖實録。諸大著作，皆綜理之，又數上書言時務。燕兵薄都城，艮與妻子訣曰：「食人之禄者，死人之事，吾不可復生矣。」遂自鴆。福王時，贈禮部侍郎，謚文節。本朝乾隆四十一年，賜謚忠節。

顔伯瑋。廬陵人。建文初，舉賢良，知沛縣事。燕兵來攻城，固守不下。會指揮王顯迎降，伯瑋冠帶升堂，南向拜，遂自經。子有爲，亦自刎父旁。福王時，贈伯瑋太僕少卿，謚忠惠，有爲翰林待詔，謚孝節。本朝乾隆四十一年，賜伯瑋謚忠節。

劉鎬。龍泉人。父允中，洪武五年舉於鄉，官憑祥巡檢，卒於任。鎬以道遠家貧，不能返柩，居常悲泣，父友憐之，言於廣西監司，聘爲訓導。尋假公事赴憑祥，莫知葬處，鎬晝夜環哭。其父蒼頭已轉入交阯，忽暮至，若有物憑之者。因得塚所在，乃負歸葬。

解縉。吉水人。祖子元，爲安福州判官，元末兵亂，守義死。父開與弟闓有名，稱「二解」。縉年十九，舉鄉試第一。洪武中，舉進士，授庶吉士。嘗於大庖西室草疏萬言，指斥時政。帝稱其才，改御史，以其年少，令還家進業。太祖崩，縉奔喪至京，有司劾非詔旨，謫河州衛吏，用薦召爲待詔。成祖入京，擢侍讀，命與黄淮、楊士奇等入直文淵閣，豫機務。累進翰林學士，兼右春坊大學士，以贊立太子爲漢王高煦所惡，數搆讒言。又諫討交阯，忤旨，遂出爲廣西參議。既行，爲李至剛所搆，改交阯，高煦又陷以他事，逮下詔獄死。兄綸與縉同舉進士，爲監察御史，改祠部主事、應天教授，以剛直忤權貴，歸養父，竟不起。

楊士奇。泰和人。少孤貧力學，授徒自給。建文初，用薦入翰林，與纂修事。尋試吏部第一，除吳王府審理副，仍供職翰林。成祖即位，改編修，入直文淵閣，參機務，累遷左諭德。帝北巡，留輔太子。時漢、趙二王搆太子急，士奇力爲調護，帝意乃解。進翰林學士、左春坊大學士。仁宗立，進禮部侍郎，兼華蓋殿大學士，尋進少保、兵部尚書。正統初，進少師。卒，贈太師，謚文貞。士奇歷相四朝，文章德業爲一時輔臣之冠云。

梁潛。泰和人。父蘭，隱居樂道。潛由鄉舉除四會知縣，有治聲。永樂初，召修太祖實録，擢修撰，兼右贊善。成祖北巡，留輔太子，被譖下獄棄市，朝野惜之。妻楊氏，不食死。子楘，舉進士，歷浙江布政使，時稱良吏。

陳誠。吉水人。由進士官行人。洪武中使安南，令還所侵思明地，却其贐。歷吏部員外郎。永樂中，哈里入貢，詔誠偕中官李達等送其使臣還，遂頒賜西域諸國。誠乃遍歷哈里、賽瑪爾堪等十七國，諭以招懷之意，並圖其山川城郭，誌其風俗物産，爲西域記以獻。帝褒賚，擢郎中。後諸國數入貢。帝以誠勞，擢廣東參議，累官右通政。「哈里」舊作「哈烈」，「賽瑪爾堪」舊作「撒馬兒罕」，今俱改正。

宋禮。永寧人。永樂初，歷官工部尚書，開會通河有功。卒，祀南旺湖上。

鄒緝。吉水人。歷官左庶子，兼侍講。永樂十九年，三殿災，緝上疏極陳時政缺失，凡數千言，幾得禍。緝博極羣書，居官勤慎，清操如寒士。官宫僚，所陳皆正道。

曾棨。永豐人。生而穎異，博學强記，工文詞。永樂二年殿試第一，授修撰。時詔解縉選進士二十八人進學文淵閣，棨爲首。帝愛其才，有薦文士者，必問才學如棨否，或命就棨辯論，以觀其能。歷官侍讀學士、少詹事。爲文如泉源，一瀉千里，館閣中自解、胡後，諸大制作多出其手。卒，贈禮部侍郎，謚襄敏。

周述。吉水人。永樂二年，與從弟孟簡並舉進士及第，俱授編修。述累進左春坊左庶子。孟簡在翰林二十年，始遷詹事府丞，出爲襄王長史。述温厚簡静，文章雅贍，孟簡謙退不伐，並爲世所重。

王直。伯貞子。永樂進士，改庶吉士，授修撰。歷仕仁宗、宣宗，累遷少詹事兼侍讀學士。在翰林二十餘年，稽古代言，編纂記注之事，多出其手。正統初，進禮部右侍郎。八年，拜吏部尚書。秉銓十四年，端方直亮，爲時名臣。卒，贈太保，謚文端。子稹，翰林檢討，亦以學行稱。

羅汝敬。復仁孫。永樂進士，選庶吉士，累進侍講。仁宗時，陳時政缺失十五事，忤旨下獄。改御史，直聲震朝廷。宣德中，擢工部右侍郎，兩奉使安南，督理陝西屯田，皆有勞績。孫瑋，性至孝，母喪廬墓，虎不爲害，竹杖生枝，白鴉爲鳩鳴，荷華生於原。以祖廕，歷官常州府同知。

李時勉。安福人。永樂進士，選庶吉士，歷侍讀。性剛鯁，慨然以天下爲己任。以直言忤旨，繫獄，赦復職。洪熙元年，復上疏言事，帝怒，命力士撾折其脅，下錦衣獄。宣宗宥之，復原官，遷侍讀學士。正統時，進學士掌院事，爲祭酒。崇廉恥，抑奔競，諸生貧不能婚葬者，節餐錢贍給。督令讀書，燈火達旦。已忤王振，誣以擅伐官樹〔五〕，枷於國子監前。方盛暑，枷三日不解，監生李貴等千餘人詣闕乞貸，石大用上章，願以身代，太后爲言之，始得解。後致仕歸，國子生送者幾三千人，無不泣下。卒，謚文毅。成化五年，改謚忠文，贈禮部侍郎。

周忱。吉水人。永樂進士，選庶吉士，歷刑部員外郎。有經世才，浮沉郎署二十載，人無知者，獨夏原吉奇之。宣德初，超遷工部右侍郎，巡撫江南。在任二十二年，大著惠政，諸所建明，皆著爲令。景泰中，以工部尚書致仕。卒，謚文襄。詳見江南名宦。

張宗璉〔六〕。吉水人。永樂進士，改庶吉士。豫修永樂大典，授刑部主事。録囚廣東，多所平反。仁宗擢左中允。宣德初，進大理寺丞，尋清軍福建，民以不擾。坐奏事忤旨，謫常州同知。宗璉性淡泊，涖郡不攜妻子，病亟召醫，室無燈燭，童子從外索取油一盂入，立却之，其清峻如此。

陳士啓。泰和人。永樂進士，選庶吉士，歷禮部郎中。尚書呂震擠尹昌隆至死，屬吏承奉唯謹，士啓獨不少徇。出爲山東右參政，盡心吏事，卒於官。

李昌祺。廬陵人。永樂進士，選庶吉士。豫修永樂大典，僻書疑事，人多就質。遷禮部郎中，歷廣西、河南左布政使，並有惠政。爲人博學敦行，致仕二十餘年，屏迹不入公府，故廬纔蔽風雨，伏臘不充。

蕭省身。泰和人。永樂進士。洪熙初，官至河南右布政。居河南十二年，治行與李昌祺等。

錢習禮。吉水人。永樂進士，選庶吉士，授檢討，累進學士掌院事。翰林院落成，諸殿大學士皆至，習禮不設楊士奇、楊溥坐，曰：「此非三公府也。」其剛正有執類此。正統初，遷禮部右侍郎。王振用事，達官多造其門，習禮恥爲之屈，遂乞歸。卒，謚文肅。

朱與言。萬安人。永樂進士，授湖廣僉事，遷四川副使。正統初，召爲南京右副都御史，致仕。爲人剛方廉慎，政務大體，數建白切時弊。家居門庭肅清，鄉人有不善，唯恐與言知之。

羅通。吉水人。永樂進士，授御史，言事忤旨，出爲交阯清化知州。黎利反，圍清化，通與指揮打忠堅守，乘間殺賊甚衆，賊乃去。景帝初，以兵部員外守居庸關，進右副都御史。額森別部來攻，會天大寒，通令汲水灌城，冰堅滑不得近，七日遁走，通追擊破。官終右都御史。「額森」舊作「也先」，今改正。

劉子輔。廬陵人。永樂中，由國子生爲御史，巡按浙江，持法公平。歷廣東副使，左遷諒江知府。黎利反，來攻，與主將李任固守九月，力屈城陷，遂自縊。贈布政司參議。

李湘。泰和人。永樂中，以太學生擢知東平州，持己愛民，撫綏十餘年，始終一致。正統中，擢懷慶知府。

彭勗。永豐人。永樂進士，除南雄、建寧二府教授，有賢聲。正統初，擢御史，督南畿學政，訓迪有方，士風大振。改考功司郎中，出爲山東副使。土木之變，數言兵事，以直不容於時，致仕歸。

彭琉。安福人。永樂進士，授政和知縣。御史李宲巡銀場，家人爲姦利，琉禁之，乃摭劾琉，謫教諭。楊士奇以文學薦擢編修。正統初，簡儒臣督天下學校，琉莅廣東，士風爲振。官終湖廣副使。琉寡嗜慾，甘勞苦，動以古人自期，廉名直節，表著一時。

楊黼。吉水人。由進士授御史。仁宗即位，上疏言十事。擢衛王府長史，盡心獻替，持守潔清。

曾泉。泰和人。永樂進士，選庶吉士，改御史。宣德初，以言事謫汜水典史，卒。河南參政孫原貞，上言泉操行廉潔，服官勤敏，雖古循吏，無以加。詔追復泉爵。

周敘。吉水人。年十一能詩。永樂中，舉進士，選庶吉士，授編修，歷修撰、侍讀。正統中，疏言國子生習經義外，宜兼習一事，如治民、治兵、書算之類，有司考課，請以農桑學校爲殿最，帝嘉納焉。擢南京侍讀學士，請重修宋、遼、金三史，詔許自撰。景泰初，請復午朝接大臣，並詔臣民直言時政，帝因詔求言。

劉球。安福人。永樂進士，歷翰林侍講。正統時，王振欲征麓川，球抗疏力諫，復應詔力規時政。振大怒，逮下詔獄，屬指揮馬順殺球。深夜，順攜一小校持刀至球所，球方卧，起立大呼：「太祖、太宗在此！」頸斷，體猶植立，遂支解瘞之獄戶下。時修撰董璘亦在獄，從旁竊血裙遺其家。後其子求尸，僅得一臂，裹裙以殮。景泰初，贈學士，謚忠愍。二子鉞、釪，痛父冤，絶意仕進，躬耕養母。球既得卹，乃應舉，皆成進士，鉞廣東參政，釪雲南按察使。球弟玭，正統進士，以直謫戍遼陽。以文自娱，著有養晦集。

郭循。廬陵人。由進士爲刑部主事。宣宗置西苑，開太液池，築萬歲山，大興土木，循抗疏切諫。帝大怒，命以氈裹循至大内親詰之。循抗對無所屈，帝益怒，射傷其顱，繫詔獄。英宗立，始復官，終廣東參政。

劉廣衡。萬安人。永樂末進士。正統間，以刑部郎中出修浙江荒政，積粟數百萬，督治陂塘，爲旱澇備。景泰初，歷左副都御史，鎮守陝西，改撫福建、浙江，居官以廉節稱。終刑部尚書。子喬，成化中進士，累官湖廣左布政使。

李信圭。泰和人。洪熙時，舉賢良，授清和知縣。在任二十二年，以薦擢處州知府，時稱良吏。

劉實。安福人。嗜古博學，宣德中舉進士，選庶吉士。正統初，授金華府通判，歷知南雄府，爲中官所誣，逮下詔獄瘐死。實爲人耿介，苦節自持，政務紛遝，未嘗廢書，士大夫重其學行。孫丙，成化末進士，爲庶吉士，改御史，巡按雲南，督理兩淮鹽課。歷官右副都御史，巡撫湖廣，進工部右侍郎。丙操履清介，所至嚴明，法令修舉。卒，贈尚書，謚恭襄。

廖莊。吉水人。宣德進士，歷刑科給事中，有直聲。遷南大理少卿。景泰五年，疏勸帝朝上皇，又言：「上皇之子，陛下之猶子也，宜令親儒臣，習書策，使天下臣民曉然知陛下公天下之心。」疏入，廷杖，謫定羌驛丞。天順初召還，歷刑部左侍郎。卒，贈尚書，謚恭敏。

李紹。安福人。宣德進士，選庶吉士，授檢討。天順初，歷禮部右侍郎致仕。成化初，召爲國子祭酒，未赴而卒。紹好學，藏書甚富，居官剛正，有器局，好獎後進。其卒也，帝深惜之。子瑢，成化初進士，官御史，終廣東布政使。

曾翬。泰和人。宣德進士，歷刑部員外郎。秦王以私憾，誣巡撫陳鎰狎妓，翬按得其情，劾藩王不當誣汙大臣，朝論偉之。累遷廣西、河南參政，山東右布政使，進刑部左侍郎，巡撫浙江，還朝謝病去。翬謹操行，所至有聲。及歸，生計蕭然，絶迹公府，人以爲賢。

王質。泰和人。由鄉舉爲訓導，擢御史。宣德末，歷四川參政，行部惟啖青菜，人呼爲青菜王。由山東布政進户部右侍郎，拜刑部尚書。正統八年，忤奄下獄，釋爲侍郎。

劉定之。永新人。正統元年會試第一，授編修。京城大水，應詔陳十事。景帝即位，復上言十事，帝詔答之。成化二年，以太常少卿兼侍讀學士，入閣輔政。江西、湖廣災，有司方徵民賦，以定之言獲免。尋進吏部左侍郎。時萬貴妃專寵，皇后希得見，儲嗣未兆，獨定之抗疏力言，中外韙之。爲人謙恭質直，以文學名一時。卒，贈禮部尚書，謚文安。

劉觀。吉水人。正統進士。方年少，忽引疾歸，杜門讀書，求聖賢之學。四方來學者甚衆，知縣劉晟爲築養中書院居之。四壁皆書先儒語録，又大書誠、明、敬、義四箴，以示學者，每日端坐無懈容。又作勤、儉、恭、恕四箴，以教其家，取吕氏鄉約表著之，以教其鄉。族有孤嫠，不能自存者，周之使全其節。其所居曰卧廬，學者稱卧廬先生。鄰郡吳與弼極推重之。

孫鼎。廬陵人。由鄉舉爲松江府教授，以孝弟立教。正統八年，楊溥薦爲御史，代彭勗督南畿學政，教士務先德行，請託者無所措手。英宗北狩，上書請隨所用効死，不報，以親老致仕。知府張瑄疏言：「鼎孝追曾閔，學繼程朱，宜起居論思之職。」不果用。卒於家。

劉儼。吉水人。正統七年進士第一，授修撰，歷太常少卿，兼侍讀。主順天鄉試，黜閣臣陳循、王文之子，幾得危禍。天順初，改翰林掌院事。卒，贈禮部左侍郎，謚文介。儼有文學，立朝正直，居鄉有惠澤。嘗豫修五倫書、歷代君鑑，總裁寰宇通志、宋元通鑑綱目。

羅如墉。廬陵人。由進士授行人。從英宗北征，瀕行，訣妻子，誓以死報國，屬翰林劉儼銘其墓。儼驚拒之，如墉笑曰：「行當驗耳。」途中與尹昌作歌詩相唱和，慷慨就死。尹昌，吉水人，由進士官行人司正。張洪，安福人，官御史。同死英宗土木之難。

左鼎。永新人。正統進士，授御史，巡按山西。及乘輿北狩，畫戰守策甚備。額森請和，抗章言不可。尋以山東、河南饑，遣鼎賑恤，民賴以安。景泰四年，連上疏論時政，復因災旱，陳救弊恤民七事，帝善其言。鼎居官清勤，卓有聲譽。時御史練綱以敢言著名，而鼎善爲奏章，京師語曰：「左鼎手，練綱口。」自公卿以下咸憚之。英宗復位，擢左僉都御史。

王槩。廬陵人。正統進士，歷河南按察使。時多繫囚，訊鞫累日，而獄爲之空。成化中，官至刑部尚書。卒，謚恭毅。

劉孜。萬安人。正統進士，授御史，出按遼東，將吏懾伏。擢山東按察使，治行稱最，遷左布政使，尋擢右副都御史，巡撫江南。成化初，拜南京刑部尚書，懲南部法弛，矯之以嚴，官吏畏憚。致仕卒。孜居官廉慎，治事精密，號一時能臣。

彭時。安福人。正統十三年進士第一，授修撰。郕王監國，令入閣豫機務。以憂去，服除，累遷太常少卿。天順初，復命入閣。時帝方嚮用李賢，然賢雅重時，退必咨之，時引義不阿，或争可否至失色。憲宗即位，議上兩宮尊號，中官夏時欲獨尊所生周貴妃，時力争，乃得並尊。進兵部尚書，加太子少保，兼文淵閣大學士。慈懿太后崩，欲別卜山陵，時偕朝臣伏文華門泣請，卒合葬裕陵。改吏部尚書，加少保。時立朝三十年，持正存大體，有古大臣風。卒，贈太師，謚文憲。

鍾同。永豐人。景泰進士，授御史，遇事敢言。懷獻太子卒，同疏論時政，請復立沂王爲太子。景帝怒，下詔獄，封巨梃就獄中杖殺之，時年三十二。同之上疏也，策馬出，馬伏地不起。同叱曰：「吾不畏死，爾奚爲者？」馬猶盤辟再四而行。同死，馬長號數聲，亦死。英宗復位，贈大理寺丞，謚恭愍，從祀忠節祠。

劉宣。安福人。父戍盧龍卒，宣補其役，因爲衛學生，能自奮於學。景泰中，成進士，選庶吉士，授編修。弘治初，歷官南京工部尚書，嚴出納，剗姦弊，部事修舉。宣事母孝，自奉薄，性耿介，嫉惡不少徇。卒，謚文懿。子秉鑑〔七〕，正德中進士，歷刑部員外郎。錦衣千户王注殺人，都督錢寧庇之〔八〕，莫敢問，秉鑑竟實其罪。爲大名副使，毁淫祠千數。以忤司禮中官賴義下詔獄，謫官家居。喜講學，時人重其名行。

伍驥。安福人。景泰進士，授御史。莊重寡言笑，見義敢爲。天順中，巡撫福建，上杭賊起，驥率兵深入，破平之。冒瘴癘，病卒，軍民争爲立祠。子希閔，成化進士，歷官福建僉事，亦有平寇功。

張敷華。安福人。父洪爲御史，死土木難。敷華少負氣節，舉天順進士，選庶吉士，歷兵部郎中，廉重不撓。遷浙江參議，進右參政、右布政使，治聲大著。弘治時，巡撫山西、陝西，總督漕運，皆有政績。以右都御史掌南京都察院，就遷刑部尚書。正德元年，召爲左都御史。時大臣與言官請去劉瑾，帝猶豫未決，敷華復上疏切諫，不報，尋以中旨罷去。卒，贈太子少保，謚簡肅。敷華剛介直諒，望重朝野，與劉大夏、戴珊齊名。孫鼇山，亦舉進士，官御史。

羅倫。永豐人。少好學，家貧，樵牧挾書，諷誦不輟。成化二年，廷試對策萬餘言，直斥時弊，擢第一，授修撰。大學士李賢遭喪奪情，倫詣賢沮之，不聽，乃上疏極論，謫福建市舶司提舉。賢卒，復官，改南京。居二年，引疾歸，遂不復出。倫爲人剛正，嚴於律己，義所在，毅然必爲，於富貴名利泊如也。里居倡行鄉約，相率無敢犯。衣食粗惡，或遺之衣，見道殣，解以覆之。晨起留客飯，妻子貸粟鄰家，及午方炊，不爲意。以金牛山人迹不至，築室著書其中，四方從學者甚衆。卒年四十八。嘉靖初，追贈左諭德，謚文毅。學者稱一峯先生。

周孟中。廬陵人。自幼有求道志。舉成化進士，授南京文選主事，歷福建僉事、廣西副使，皆督學政，以正學勗士，士皆嚮風。累遷廣東布政使，治行爲當時最。弘治中，終右副都御史。其學本於主敬，自號畏齋。

張黻。吉水人。成化進士，官後府經歷。會刑部員外郎林俊劾僧繼曉、中官梁芳，下錦衣獄拷訊，黻救之，並下獄。時言路久塞，兩人直聲震都下，爲之語曰：「御史在刑曹，黄門出後府。」黻謫師宗知州，歷知涪州、宿州，介特不避權貴。

劉戩。安福人。成化中進士及第，授編修，進侍講。孝宗初，頒詔安南，事畢，越宿即行，饋遺一無所受，安南人爲建卻金亭於思明道中。官終諭德。戩博學，守正嫉邪。疾革，聞劉吉罷、張巒死，大喜，索筆賦詩而卒。

劉遜。安福人。成化進士，由知縣擢南京御史。弘治初，與同官姜綰劾内侍蔣琮，下詔獄，謫灃州判官，遷武岡知州。復以裁岷府禄米，貶四川行都司斷事，歷湖廣副使。劉瑾徵賄不得，坐缺軍儲被逮。瑾誅，起官，歷福建按察使。遜有氣節，雖數遭挫辱，志不少屈。

歐陽旦。安福人。成化進士，由休寧知縣擢御史。弘治初，劾劉吉貪位固寵，宜急放逐，請罷皇莊，分賜小民，不聽。旦醇謹有文學，終南京副都御史。

趙璜。安福人。弘治進士，歷兵部員外郎，出爲濟南知府，政績大著。正德初，擢順天府丞，劉瑾惡之，逮下詔獄，除名。瑾誅，復職，遷右僉都御史，巡撫宣府、山東有聲。嘉靖初，進工部尚書，詔營后父陳萬言第，估工值六十萬，璜持之得大減。又與廷臣伏闕争大禮。帝欲遷顯陵，璜極言不可，乃寢。詔建玉德殿，景福、安喜二宫，再疏争之，得罷役。爲尚書六年，持政不阿，惜財守法，權倖多嫉之。致仕歸，卒。贈太子太保，謚莊靖。

羅欽順。泰和人。弘治六年進士及第，授編修，遷南京國子司業。與祭酒章懋，務以實行造士。劉瑾擅政，除名。瑾誅，復官，累遷兩京吏部左、右侍郎。世宗立，攝尚書，陳久任超遷法。大禮議起，疏請重正統以隆大孝，不納。遷南京禮部尚書，省親乞歸。起禮部尚書，又改吏部。時張璁、桂萼以議禮驟貴，樹黨屏逐正人，欽順恥與同列，乃辭不拜。里居二十餘年，日居學古樓，潛心格物致知之學，專力於窮理存心知性。所著困知記，辨析精審。學者稱整菴先生。卒，贈太子太保，謚文莊。本朝雍正二年，詔從祀文廟。弟欽德、欽忠，弘治中同登進士，孝友爲時推重。

陳鳳梧。泰和人。弘治進士，由庶吉士授主事。應詔陳法祖敬天數事，且言張鶴齡兄弟，宜擇正士與之游處，帝頗納之。歷湖廣提學僉事、河南按察使。中官谷大用迎世宗於興邸，所至横暴，鳳梧獨不屈。累擢右副都御史，巡撫應天十府，罷歸。卒，贈工部尚書。

劉玉。廣衡孫。弘治進士，擢御史。武宗即位，因災異陳修省六事。出按京畿，劾中官吴忠貪虐。劉健、謝遷罷，馳疏劾劉瑾等亂政，瑾搆之，繫獄削籍。瑾誅，起官，歷右僉都御史，提督江防。宸濠反，攻安慶，玉以舟師赴援。事定，改巡撫鄖陽。世宗立，爲刑部左侍郎，偕九卿争興獻帝不宜稱皇。及帝欲考獻帝，又偕廷臣伏闕哭争，坐事削籍，卒。隆慶初，贈刑部尚書，謚端毅。子懲，南京工部右侍郎，歷官亦有聲。

羅僑。吉水人。弘治進士，爲大理評事。正德五年，因旱霾上言：「陛下視朝，或至日昃，狎侮羣小，號呶達旦。且文網日密，誅求益峻。先朝耆舊如劉大夏者，謫戍窮邊，已及三載。願慎逸游，屏玩好，放棄小人，召還舊德。」疏入，輿櫬待命。劉瑾果大怒，欲抵極刑，李東陽力救，得改原籍教官。瑾敗，復職，以病歸。宸濠反，王守仁起兵吉安，僑首赴義。世宗即位，授台州知府，境内大治。擢廣東左參政，踰年謝病去。

周尚化。泰和人。天性孝友，操行清介，事父及兩繼母甚謹。正德三年進士，出知邳州。初下車，賊大至，尚化豫築土城，捍禦之。既逼州，議者欲闔門固守，尚化曰：「城外非吾民乎？」因合城内外民，諭之以義，誓共死守。未幾，寇擁騎數萬四面攻圍，連日不可克，乃解去。民賴全活，勒石紀功，立生祠，祀名宦。尋升刑部員外郎，後丁繼母憂，以疾卒。

毛伯温。吉水人。正德進士，歷御史，巡按福建、河南皆有聲。世宗即位，中官蕭敬、韋霦，陰緩張鋭、張忠獄，伯温請並誅敬、霦，中官爲屏氣。尋遷大理寺丞，擢右僉都御史，巡撫寧夏，坐李福達獄褫職。十五年，起右副都御史，進工部尚書，總督宣、大、山西軍務。修築大同五堡，邊防賴焉。尋命統兵征安南，諭降莫登庸，納其圖籍，遂改安南國爲安南都統使司。加太子太保，改兵部尚書，上防邊二十四事。已復疏革冗濫，左右多不悦，未幾罷歸。穆宗立，復官。天啓初，謚襄懋。

歐陽重。廬陵人。正德進士，授刑部主事。劉瑾竊柄，百官謹事之，重獨不顧。張鋭等方掌廠衛，連搆縉紳獄，重皆力與之争。累擢右僉都御史，巡撫應天。會尋甸反，改撫雲南，討平叛蠻，規畫善後，民咸稱便。既劾黔國公沐紹勛與鎮守中官杜唐，爲所搆，遂罷歸。

歐陽鐸。泰和人。正德進士，授行人，上書極論時政。歷延平知府，改福州，並以治行聞。累遷南京光禄卿，奏革大官珍羞、諸署積弊六事。進右副都御史，巡撫應天十府，均賦平徭，民皆稱便。再擢南京吏部右侍郎，自陳去。鐸有文學，内行修潔，雖通顯，家具蕭然。卒，贈工部尚書，謚恭簡。

戴冠。吉水人。正德進士，爲户部主事。上言勢要家子弟童奴苟竊爵賞，錦衣官屬，數至萬餘，次者繫籍勇士，投充監局匠役，皆國家巨蠹。又言調入京操之軍，不宜久留；所籍財産，不宜貯之豹房。帝怒，貶廣東驛丞。嘉靖中，歷山東提學副使，以清介聞。

鄒守益。安福人。父賢，篤内行，弘治進士，授南京大理評事，數有條奏，當時稱之，官至福建僉事，擒寇有功。守益舉正德六年會試第一，出王守仁門，以廷試第三授編修。告歸，謁守仁，講學於贛州。宸濠反，與守仁軍事。嘉靖初赴官，帝欲去興獻帝本生之稱，守益再疏切諫，下詔獄，謫廣德州判官。久之，歷南京祭酒。九廟災，陳上下交修之道，以殷中宗、高宗反妖爲祥，享國長久爲言，帝大怒，落職歸。里居日事講學，四方從游者踵至，學者稱東廓先生。隆慶初，贈南京禮部右侍郎，謚文莊。子善，嘉靖進士，累官太常卿。服習父訓，踐履無怠，稱其家學。善子德涵，隆慶進士，歷刑部員外郎。張居正方禁講學，德涵守之自若。

出爲河南僉事，御史承居正指，劾之歸。弟德浦，萬曆進士，歷司經局洗馬。早負盛名，爲東廠所劾罷。

王思。直曾孫。正德進士，選庶吉士，授編修。乾清宫災，上疏勸帝抑私恩，端政本。帝狎虎而傷，思又上封事切諫。謫潮州三河驛丞，怡然就道。時王守仁講學贛州，思從之游。及守仁討宸濠，檄思參軍議。世宗立，復官。與同官屢争大禮，又偕廷臣伏左順門哭諫，繫獄廷杖，病創卒。隆慶初，贈諭德。

李中。吉水人。正德進士，授工部主事。武宗自稱大慶法王，建寺西華門内，用番僧住持，廷臣莫敢言。中抗疏切諫，謫廣東驛丞。王守仁撫贛州，檄中參其軍事，豫平宸濠。世宗朝，累官副都御史，總督南京糧儲，卒。光宗時，追謚莊介。中少聞道於楊珠，既而擴充之，沈潛邃密，學者稱谷平先生。門人羅洪先、王龜年、周子恭，皆能傳其學。

王學夔。安福人。正德進士。以吏部主事諫南巡，跪闕下受杖。嘉靖初，上疏言謹始之道，已奏請裁戚畹，又申救言官。歷考功文選郎中，廉謹爲時所稱。累遷南京吏、禮、兵三部尚書。致仕，年九十四卒。贈太子少保。

聶豹。永豐人。正德進士，歷御史，巡按福建有聲。出爲平陽知府，修築關隘，寇不能犯。被論免，起右僉都御史，巡撫順天，進兵部尚書，增築京師外城。致仕歸。隆慶初，贈少保，謚貞襄。

王時柯。萬安人。正德進士，授行人。嘉靖初，擢御史，疏言桂萼輩以議禮迎合，得升美官，薛蕙、陳相等連章論奏，實出至公。忤旨切責。未幾，偕廷臣伏闕争孝宗不當稱伯考，再予杖除名。穆宗立，贈光禄少卿。

彭簪。安福人。正德初，由鄉舉爲衡山知縣，多惠政。移判常州，攝宜興縣，卻例供。遷知靖州，投劾去。築玩易草堂，自稱石屋山人，泊然清修，迥出塵表，時莫不高其風。

劉魁。泰和人。由鄉薦歷寶慶通判，鈞州知州、潮州同知，所在有惠政。升工部員外郎，疏陳安攘十事，帝嘉納之。嘉靖二十一年，帝用方士陶仲文言，建佑國康民雷殿於太液池西〔九〕。魁上言切諫，帝震怒，杖於廷，錮之詔獄，四年得釋。未幾復追逮，又三年乃釋。在獄中與楊爵、周怡二人講誦不輟，屢瀕死，無幾微尤怨。

李宗栻。安福人。少爲諸生，歎曰：「先王設庠序以復性明倫，豈徒應舉取科第耶！」思近裏著己，以求放心，容止食息，必以古聖賢爲宗。尤篤於孝，浣濯細事，皆躬親之。年三十二而卒，遠近惜之。

劉和。吉水人。年十三，父行賈池州，溺死。和往其地，爲設祭號慟。正德中母歿，廬墓三年，虎不爲害。

歐陽德。泰和人。從王守仁學。登嘉靖初進士，歷刑部員外郎，以學行改編修，累遷禮部尚書。時儲位久虛，德上疏懇請。會有詔二王出邸就婚，德以裕王儲貳，不當出外，裕王康妃杜氏薨，德請遵成化朝紀淑妃故事，不從。德遇事侃侃持正，或當利害，衆相顧色戰，德意氣自如。其爲學務真知實踐，引掖後進如恐不及。卒，贈太子少保，謚文莊。

周延。吉水人。嘉靖進士，歷兵科給事中。時議新建伯王守仁罪，將奪其爵，延抗疏訟之，謫太倉州判。遷廣東參政，撫安南，征黎寇，皆豫有功，以右副都御史巡撫應天。靖海寇林成之亂，進南吏、兵二部尚書，入爲左都御史。延居官方峻，砥節奉公，皭然不滓。卒，贈太子太保，謚簡肅。

郭弘化。安福人。嘉靖進士，由江陵知縣徵授御史。以星變上疏，請罷各省采木、造甎、采珠諸役，帝怒，斥爲民。穆宗立，贈光禄少卿。

劉邦采。安福人。學於王守仁。丁父憂，疏水廬墓，免喪，不復應舉。提學副使趙淵强之試，遂中式，仕至嘉興府同知，尋棄官歸。邦采識既高明，用力復果鋭，故造詣特深。

劉文敏。邦采從兄。生而純朴，與邦采共學於王守仁。返躬實踐，瞬息不少懈。嘗曰：「學者當循本心之明，時見己過，刮磨砥礪，以融氣稟，絶外誘。徵諸倫理事物之實，無一不慊於心，而後爲聖門正學，非困勉不可得入也。」以諸生終。

劉曉。文敏族子。正德中，舉於鄉。王守仁官南京，曉往受業，歸語文敏、邦采，亦往師之。吉安講席大興，由曉倡也。後爲新寧知縣，有善政。解官歸。

劉陽。安福人。初從劉曉受經，曉告以守仁學，遂往謁於贛州。嘉靖初，舉於鄉，知碭山縣，有惠政。徵授御史，嚴嵩以同鄉故將援之，陽引疾歸。父喪，哀毁廬墓，終喪，遂不出。爲學務實踐，不尚虚寂。

歐陽瑜。泰和人。從王守仁學。舉於鄉，不就會試，曰：「老親在，三公不與易也。」母死，廬墓側，虎環墓而嗥，不爲動。後爲通州學正，歷四川參議，所至有廉惠聲。

羅洪先。吉水人。父循，由進士官至徐州副使，累著聲績。洪先舉嘉靖八年進士第一，授修撰，告歸。起左贊善，與唐順之、趙時春疏請皇太子御文華殿受朝賀。時帝方諱言儲貳，見疏大怒，遂除名歸。洪先事親孝，父每肅客，洪先冠帶行酒，拂席授几甚恭。親殁，苫凷疏食者三年。其學專主静，凡天文地理、禮樂典章、河渠邊塞、戰陣攻守，靡不精究。家居默坐，蕭然屢空，弗以介意。隆慶初，贈光禄少卿，謚文莊。

朱衡。萬安人。嘉靖進士，歷知尤溪、婺源，有治聲。累擢右副都御史，巡撫山東，進南京刑部尚書。嘉靖四十四年，河決沛縣飛雲橋，運道淤塞，改衡工部尚書，總理河漕。衡開新河，起南陽訖留城，疏舊渠，起留城訖境山，由是運道大通。萬曆初召還。衡先後在部，禁止工作，裁抑浮費，所節省甚衆。性强直，遇事不撓，不爲張居正所喜，再疏乞休，詔加太子太保，馳驛歸。子維京，萬曆進士，歷光禄寺丞。三王並封，維京首上疏力諫，削籍歸。天啓時，贈太常少卿。

尹臺。永新人。嘉靖進士，選庶吉士，授編修。嚴嵩以同鄉故，善遇之，欲與爲婚，竟不許。爲南京祭酒，將行，嵩舉酒屬臺曰：「何以教我？」臺曰：「楊繼盛言誠狂，願勿貽主上殺諫臣名。」歷官南京禮部尚書。臺留意理學，鄒元標嘗稱其學「不傍門户，能密自體驗」云。

宋儀望。永豐人。嘉靖進士，知吴縣，以治行徵授御史。抗疏劾大將軍仇鸞挾寇自重，已陳時務十二策，復發嚴嵩私人胡宗憲、阮鶚姦貪狀。歷忤嵩父子，貶彝陵州判官。嵩敗，擢霸州兵備僉事，遷福建副使，有破倭功。萬曆初，擢右僉都御史，巡撫應天，奏減諸郡災賦。修戰守備，破倭於黑水洋。遷南京大理卿，罷歸。儀望少師聶豹，私淑王守仁，又從鄒守益、歐陽德、羅洪先游。守仁從祀，儀望有力焉。

王時槐。安福人。嘉靖進士，累官福建僉事，有靖寇功。歷太常卿。時槐少好禪學，後從同邑劉文敏游，乃專言居敬。五十罷官，至老講學不倦，學者稱塘南先生。

陳嘉謨。廬陵人。與王時槐俱師劉文敏，又同舉進士。爲廬州推官，有治行。歷給事中，以不附嚴嵩，出爲四川副使，歷湖廣參政，乞歸。專用力於學，每推服時槐，時槐亦欽重之。

胡直。泰和人。嘉靖進士，歷主事。嚴嵩以鄉人故，欲引之，謝不往。官至福建按察使。直少從同邑歐陽德學，年三十復從羅洪先，得王守仁之傳。鄒元標師事之。

曾同亨。吉水人。嘉靖進士，爲吏部文選司郎中，有名。萬曆初，以右副都御史巡撫貴州，與張居正不合，勒休致。後累遷工部尚書，創立勾稽法，吏不得爲姦。諸勳戚中貴陳乞踰制，多所裁抑。又疏請減織造之半，各省歲輸軍器，民困而器窳，請半收其直，皆允行。乞歸，又起爲南京吏部尚書，久之始拜。京察自陳，引疾致仕。卒，贈少保，謚恭端。弟乾亨，從羅洪先游，登萬曆初進士，歷御史。劾兵部尚書張學顔曲庇李成梁，蔑棄公論，貶海州判官。累遷大理卿。趙南星被斥，乾亨論救，侵執政，遂引疾歸。乾亨言行不苟，與其兄並以名德稱。

蕭廩。萬安人。祖乾元，以御史劾劉瑾，廷杖，終雲南副使。廩舉嘉靖末進士，隆慶初擢御史。因地震，請加禮中宮，引律爭宫闈祕獄，出覆陝西四鎮兵食。斥將吏隱占卒數，萬人歸伍。改巡茶馬，按浙江，請祀建文朝忠臣十二人，從祀王守仁於文廟。撫陝西，移撫浙江，皆有聲。累遷兵部左侍郎。卒，贈尚書。廩初從歐陽德、鄒守益學，制行醇謹，故所至有立。

劉静。萬安人。爲諸生。嘉靖間，流賊寇縣，静負母出奔。賊將殺其母，以身翼蔽求代死。賊怒，攢刃殺之，猶抱母不解，屍閲七日不變。萬曆初旌表。

劉元卿。安福人。隆慶中，舉於鄉，會試對策，極陳時弊，張居正怒，下所司申飭。既歸，師同邑劉陽，遂絶意科名，專意求道。後以累薦，召爲國子博士，擢禮部主事，疏請早朝勤政，又請從祀鄒守益、王艮於文廟。尋引疾歸，肆力撰述。著諸儒學案、賢弈編、思問編、禮律類要、大學新編諸書。自吴與弼後，鄧元錫、章演與元卿，並蒙薦辟，號「江西四君子」。

劉臺。安福人。隆慶進士。萬曆時，爲御史，劾張居正專恣，凡數千言，皆甚切直。廷杖除名。居正恨甚，誣以他事戍廣西，至潯州暴卒。是日居正亦卒。後贈光禄少卿，天啓初追謚毅思。

傅應禎。安福人。隆慶進士，知零陵縣，有平盜功。萬曆初，授御史，疏陳三事，指斥張居正，被謫戍。復起，擢南京大理丞，奏薦海内知名士三十七人。移疾歸，卒，贈本寺右少卿。應禎與劉臺同邑，同舉進士、爲御史，同忤居正得禍，鄉人並祠祀之。

鄒元標。吉水人。九歲通五經。萬曆初，以進士觀政。張居正奪情，元標抗疏切諫，廷杖，謫戍極邊。居正死，召拜吏科給事中，首陳君道五事。會内宫災，復上時政六事，忤旨，謫南京刑部照磨。歷吏部員外郎，移疾歸，里居講學垂三十年。中外薦疏，凡數十百上。光宗立，起大理卿，進刑部侍郎。天啓初，還朝，首進和衷之説，因請起廢錮，崇褒恤，事皆得行。尋拜左都御史。元標初以方嚴見憚，晚節造詣純粹。時朋黨方盛，元標思矯其弊，薦引黜陟，一本至公，小人猶忌之。以建首善書院，爲閹黨所劾，遂連疏乞歸，卒，尋被削奪。崇禎初，贈太子太保，謚忠介。

王德新。安福人。萬曆進士，授南京兵部主事。父喪除入都，適座主申時行柄國，或勸往謁，可得美曹。德新曰：「吾安忍舉生平而盡棄之？」乃補刑部。會四御史以劾工部尚書何起鳴貶秩，德新抗疏争之。起鳴方結中官張誠爲援，遂下詔獄，削籍爲民。久之，起官光禄寺丞。

劉應秋。吉水人。萬曆十一年進士及第，授編修，遷南京司業。論首輔申時行蒙蔽邊事，並侵王錫爵，留中不下。尋召爲右中允，歷祭酒。時詞臣多優游養望，而應秋獨負才氣，好議論，以此取忌。會有撰憂危宏議者，御史指及應秋，遂調外，辭疾歸。崇禎時，贈禮部侍郎，謚文節。

王如堅。安福人。萬曆進士，歷刑科給事中。抗疏爭三王並封，與朱維京皆削職爲民。天啓中，贈光禄少卿。

羅大紘。吉水人。萬曆進士，授行人，選禮科給事中。上定制書數千言，已復言視朝宜勤，語皆切直。廷臣請建儲，閣臣列名公疏乞納諸臣請，首輔申時行獨進密揭，謂實不與知。大紘抗疏糾論，忤旨斥歸。大紘志行高卓，鄉人以配羅倫、羅洪先，號爲「三羅」。天啓中，贈光禄寺少卿。

鄒德泳。守益從子。萬曆進士，官御史。時李獻可請豫建太子，斥爲民，德泳救之，亦削籍。家居三十年，言者交薦。光宗朝，歷尚寶少卿、太常卿。魏忠賢用事，遂乞休歸。時廬陵劉鐸官揚州守，忤忠賢論死。贈太僕少卿。

蕭近高。廬陵人。萬曆進士，擢禮科給事中。甫拜官，即上疏言罷礦、釋囚、起廢三事，明詔已頒，不宜中止。遷刑科都給事中，劾遼東税使高淮激變，得撤還。歷太僕卿。豫議三案，謂崔文昇、李可灼當斬，方從哲當勒還故里，張差謀逆有據，不可蔽以風癲，衆韙其言。終工部左侍郎，卒於家。

李邦華。吉水人。萬曆進士，由知縣授御史，多建白。歷天津巡撫、兵部侍郎。崇禎初，遷尚書，鋭意清釐，戎政大舉。十二年，移南京兵部尚書，躬歷江北諸州縣，相度形勢，建臺築堡，不請公帑。以父憂去。十五年，起爲左都御史。流賊陷山西，密疏請帝固守京師，命太子監南都。又請定、永二王分封太平、寧國，皆未及行。都城陷，縊於文信國祠。福王時，贈太保，謚忠文。本朝順治年間，賜謚忠肅。

周克超。泰和人。廩膳生。天性孝友，父殁守殯，鄰火災延，超扶柩號泣，誓與俱焚，燎鬚髮、毁左目而不去。須臾風返，得以保屋，遠近嘆爲孝子。萬曆年間旌表，祀鄉賢。以子應鼇官，贈兵部主事。

郭維經。龍泉人。天啓進士。崇禎中，爲南京御史，疏劾尚書王永光黜陟徇私，温體仁不宜在相位，朱國弼貪殘，皆不納。以憂去。福王時，累升左僉都御史，極言逆案不可翻。馬士英、阮大鋮輩深嫉之〔一〇〕，令回籍。唐王召爲吏、兵二部尚書，總理軍務，督師援贛州。入城與楊廷麟、萬元吉協守，城破，入嵯峨寺自焚死。本朝乾隆四十年，賜謚忠烈。

黄紹杰。萬安人。天啓間進士。崇禎時，官刑科左給事中，因久旱求言，上疏乞罷温體仁，以回天意。帝怒，貶秩。體仁辯，紹杰復列其亂政實迹，再辯再劾之，遂調上林苑署丞。稍遷行人司副。鳳陽陷，復劾體仁誤國召寇，再謫應天府檢校。終南京吏部郎中。

劉同升。應秋子。崇禎中殿試第一，授修撰。楊嗣昌奪情入閣，抗疏劾之，謫福建按察司知事〔一一〕，移疾歸。南都不守，偕楊廷麟共謀興復。唐王授以兵部左侍郎，巡撫南贛。時已得疾，日與士大夫講明忠孝大節，慷慨激烈，聞者感憤。以勞瘁卒，贈東閣大學士，謚文忠。

徐士驤。吉水人。崇禎末，獻賊入吉安，士驤攜妻子避山東〔一二〕，遇賊欲官之，不屈。賊穿其耳，令肉袒游市，見一井即投下。賊縋出，劓其鼻，大駡，復斷一臂，駡不絶口。賊甚怒，乃刳心剥膚而死。同時死難者：周國柱，安福諸生，與賊鬭死。趙雲，永新人，應募隸贛州營，移守吉安，賊至，挺身搏戰死。

吴名標。永豐人。賊至，名標手刃妻妾，肅衣冠端坐中堂。賊殺之，顔色不變。

陳南箕。安福人。崇禎時副榜。弟觀，舉人。甲申之變，凡弟北望大哭，棄妻子入歐公山，破衣藿食歷八年。南箕死，觀爲左右穴，葬兄左，留其右待己。孤處萬峯中，又二十年卒。

本朝

劉廣業。安福人。順治進士。少失恃，事繼母極孝。家貧，爲塾師，每月析修金三十封寄其妻，使日持其一市甘旨。遭父喪，兵至其鄉，見廣業衰絰抱木主不舍，曰：「是孝子也。」乃得免。

蕭法河。吉水人。順治進士。知滋陽縣，與民休息，不忍以嚴法繩民。時奉緝逃之令，法河督捕雖嚴，詳而必慎，不欲以民命博功名。卒，入祀鄉賢祠。

張瑛。安福人。順治進士，知荔浦縣。苗人梗化，時議用兵殲之，瑛刺血爲書請免，諭苗歸服。又請蠲鹽課並雜税。巡撫特疏薦之，以病歸。居鄉，迹不入城，建祠築陂，族里德之。卒，入祀鄉賢祠。

歐陽動生。安福人。順治進士。知寶坻縣，居官清慎。有姦人楊繼魁、黄國泰者，結黨横行，持吏短長，動生廉知，即置二人於法。升武昌同知，不就，歸。吴逆犯境，民逃散苦饑，動生捐米賑之。卒，入祀鄉賢祠。

張貞生。廬陵人。順治十五年會試第一，選庶吉士，授編修，遷國子司業，造士有方。官至侍講學士。性恬澹，研精理學，構誠意書院，與郡人講論其中，學者稱簣山先生。著庸書、唾居隨録、玉山遺響若干卷。

李振裕。吉水人。康熙進士，由庶吉士歷官刑、工、户、禮四部尚書，致仕。嘗督學江南，所賞拔皆一時才俊。察賑畿輔，全活甚多。奏免江西浮賦，振裕有力焉。

彭殿元。廬陵人。康熙進士，選庶吉士，授編修，與修明史。主順天鄉試，所取多名士。未幾罷官，構薌谷小隱，潛心講學數十年。

劉爲先。廬陵人。康熙癸卯舉人。授安遠教諭，以正學啓牖諸生。築談經樓，與諸生發明春秋要旨。嘗捐俸修學宫，置祭器。卒於官，入祀鄉賢祠。

藍嵒。廬陵人。康熙戊辰進士。知山東蒙陰縣，勤勞政事，利興害除，撫字情殷，催科不擾，凡士農商賈無不沾其厚澤。卒，入祀鄉賢祠。

劉驪。安福人。康熙進士，知穀城縣。時陝西大饑，逃亡者衆，皆安置有法。升徵和知府。卒，祀鄉賢。

羅大振。廬陵人。康熙間，吴逆變，父被執罵賊，賊欲加刃，大振引頸請代，賊兩釋之。事繼母孝，愛異母弟，併撫其遺孤如己子。建育嬰堂，捐租膳之，又捐社倉穀八百石，復置倉五處以均遠近。邑漕倉舊在城内，民運維艱，大振首倡移建城外水次，通邑便之。祀鄉賢。

李元鼎。吉水人。以徵召授太常少卿，累官兵部右侍郎。元鼎居官，遇事敢言，不避權貴。歸家後，日以表章先賢、加惠鄉黨爲事。卒，入祀鄉賢祠。

李陳玉。吉水人。鄉薦時榜名陳玉書。知嘉善縣，爲民興利除弊，多異政。擢儀制主事，召對，稱爲儒林循吏。拜御史，不避權貴。卒，入祀鄉賢祠。

廖玉。吉水人。康熙間，知廣東永安縣。時寇猖獗甚，玉分師招撫，邑境以安。時當編審，對勘瞭然，又履畝清丈，積弊遂革。修黌宫，復書院，集諸生講肄。欽隄之役，殫竭心力，募夫授傭，民不知勞，潦不爲災。玉居官器宇沖和，不以才諝自表暴。擢儀制主事，未幾卒，入祀鄉賢祠。

張元鋭。永豐人。康熙進士。博通經史，立身閑以禮義，爲文獨攄胸臆，自成一家。登第後，怡然南歸，讀書窮理，以身體力行爲本。卒，入祀鄉賢祠。

吴雲。安福人。幼稱神童。晚年隱居，著天門易學，研究先後天心性之旨，一以朱子爲宗。生平苦節自勵，杜門掃迹，長吏數存問，欲常見之不可得。卒，入祀鄉賢祠。

謝來紱。安福人。博極羣書，授徒里黨，一以古學相勗。尤究心易學，著有易説、四書精義。卒，入祀鄉賢祠。

康嘉。安福貢生。性至孝，早孤，終身引痛。事母色養備至，病輒籲天身代。嘉兩叔俱早世，遺子女，婚嫁教養，不遺餘力。建同善書院，捐義倉穀，築陂隄灌田萬頃，鄉里賴之。卒，入祀鄉賢祠。

康綏猷。安福人。學問淹貫，尤精春秋。晚年潛心性理，著省克存心箴自警。歲饑，設粥以賑，置義田、義倉，焚券推解。卒，入祀鄉賢祠。

張維垣。永豐歲貢。幼聰敏，鄉里推其獨行。家貧好學，與長子元鑑同遊施閏章之門，講明理學。卒，入祀鄉賢祠。

鄒承昊。廬陵人。性孝友，好學篤志。常捐祭田，設茶亭，造舟，甃橋，人感其德。卒，入祀鄉賢祠。

蕭煒。廬陵庠生。十歲時，父母同日即世，舅課之學。每見同學執業，輒淚沾几席，思無墜家聲。遭亂離，益憤發下帷，瓶無儲粟，泊如也。性耿介，不隨流俗，人皆敬而愛之。祀鄉賢。

賀德焻。廬陵人。性仁厚，嘗身蹈白刃，救姪於戎馬之中。建義倉，講鄉約，閭里化之。卒，入祀鄉賢祠。

管翔麟。安福人。爲人孝友仁讓，善屬文。幼遭父喪，一遵古禮。秉家政，四世合爨。與人真誠坦白，樂解推，歲歉捐穀賑饑。所著有五經註釋。卒，入祀鄉賢祠。

劉冠春。安福貢生。性至孝，侍父母病，目不交睫。遭喪，結廬墓側，曉夕哀鳴。嘗捐金置田，周貧恤乏。著有範身十要、慎思一編，皆得程朱正旨。卒，入祀鄉賢祠。

劉景渤。廬陵人。孝行著聞。同縣黄伉、劉國杰、賀鳳池，均乾隆年間旌。

蕭道邇。泰和人。孝行著聞。同縣蕭奇策、陳有奎、文慕道、歐陽暉、劉光秀、蕭學文、曾輒純、羅振惠，均乾隆年間旌。

郭開圖。吉水人。性孝友，嘗佐父耕田，猝遇虎，以身衛父，奮力格之，虎卒遁去。母亡，宿母墓，父病乃歸侍。已而父歿，居廬三年，悲思無間。墓爲暴水決衝，開圖乘駛流求棺不得，籲天禱神，俄至峽江，見沙阜隱起，掘之果得親棺歸葬。與兄弟相友愛，宅產多推讓。同縣解貞讓，均乾隆年間旌。

歐陽崑。安福人。孝行著聞。同縣劉百卉、王爵賓、劉公驥，均乾隆年間旌。

康良佐。龍泉人。孝行著聞。乾隆年間旌。

盛國宜。永新人。孝行著聞。同縣李枝炯、戴光前、王志珍、唐素安，均乾隆年間旌。

王光昇。廬陵人。舉鄉飲賓。四歲喪母，見母衣履輒號泣。十三喪父，繼母以苦節聞，負米力養，母怒，即長跪涕泣請杖。弟甫四歲，有小過，輒與同跪，引爲己責。母病，禱於神，乞減己算益母壽。母卒，數日不食，三年不入内室，鄉人稱孝。其子殿墀，吉安府學優廩生。母疾疽，吮之而愈。父病不食，亦不食，露禱乞以身代。醫者夢神語曰：「有子如此，已益其父算三年矣。」父母殁，廬於墓次。一夕有虎來睨，若馴擾者，久之去。桐杖倚殯所，秋冬忽萌枿。廬墓處向無井，遇旱，山麓忽涌水泉，土人呼曰孝子泉。生平踐履篤實，精研經史，誨人必盡其誠。嘉慶八年旌，以子官贈編修。

劉一元。廬陵人。少孤，事庶母以孝聞。博古通今，淡於進取，性行端方，好行其德，周急恤死，鄉鄰賴焉。殁且久，口碑如新。入祀鄉賢祠。

羅煥。廬陵人。嘉慶戊辰舉人。幼喪母，好學篤行，推産與兄。事父以孝聞，居喪，廬墓三年，有鳥夜啼如哭聲者數月，枯杖生枝，墳前苦櫧樹亦冬花。同縣劉士英，四歲而孤，薪樵易米以養母。母病噎，禱神願以自代，病得痊。母殁，廬墓三年。後士英果病噎卒。均嘉慶年間旌。

蕭益先。泰和人。孝行著聞。與同縣匡廷元，均嘉慶年間旌。

許巨坤。萬安人。孝行著聞。嘉慶年間旌。

陳硯亭。永新人。嘉慶十五年，以順孫旌。

列女

宋

歐陽觀妻鄭氏。廬陵人，修母也。修四歲而孤，鄭守節自誓，親誨之學。家貧以荻畫地，教修學書。

孫某妻項氏。吉水人。宣和七年，氏爲里胥所逮，至中途欲侵淩之，引刀自刺死。事聞，詔贈孺人，旌其閭。

李生妻梁氏。龍泉人。紹興三年，盜彭友犯邑，梁義不受辱，赴水死。

劉生妻歐陽氏。安福人。生居新樂鄉，以事出，惡少欲侵淩之，氏不受辱而死。

朱雲孫妻劉氏。安福人。姑病，雲孫刲股作糜以進而愈。姑復病，劉亦刲股以進，又愈。尚書謝諤爲賦孝婦詩。

譚某妻趙氏。永新人。元兵破城，趙抱嬰兒隨舅姑匿邑校中，爲悍卒所獲，殺其舅姑，執趙欲污之。不可，遂與兒同遇害，血漬禮殿兩楹之間，入甎，爲婦人與嬰兒狀，久而宛然如新。或磨以沙石不滅，又煆以熾炭，其狀益顯。

元

項惠可妻唐氏。龍泉人。至正間，紅巾寇亂，惠可具舟遠避。及新林寇奄至，唐見事急，與夫訣曰：「我義不受辱，所恨惟老母在。」母曰：「汝能取義，我獨不能舍生乎？」遂相繼赴水。寇驚異，援之不及。

楊用霖妻蕭氏。泰和人。紅巾賊至，姑病不能出，蕭與子婦劉氏不忍去，城陷，皆自投井中。鄰婦鄧氏、陳氏繼之。明弘治間，知縣楊南金爲立四節婦祠。

劉閈妻張氏。安福人。紅巾亂，將屠其家。張度難全，率羣女婦沈茨潭死。

何某妻賀氏。永新人。蘄兵陷吉安，夫被殺，賊將欲聘之。齧指血題詩，遂自刎，端坐不仆，賊驚去。又吉水錢瑛妻張氏，伏莽中見姑被執，亟出請釋姑，自縛，睨姑已遠，輒罵賊，賊攢刃殺之。

曠維楨妻曾氏。廬陵人。紅巾亂，被執閉室中，將污之。曾乃先刃其子，以血題詩壁間，遂自縊。龍泉章立賢家，亦父子姑婦同殉。

蕭道甫妻羅氏。萬安人。二十孀居，至老蓬首練裙，足不出户。後長孫觀早卒，其妻斷髮，亦誓姑前。孫女適郭又寡，人欲委禽，女厲聲曰：「蕭氏義門世節，有死耳。」知縣康彦民紀其事。元末吉水鎮撫彭九萬妻李氏，拒寇死節，附記之。

明

解楨亮妻胡氏。吉水人，大學士胡廣女。初，解縉與廣同侍宴，成祖曰：「爾二人同里同學，仕又同官，縉有子，廣女可妻之。」廣頓首曰：「臣妻方娠，未卜男女。」帝笑曰：「定女矣。」已而果生女，遂約婚。後縉家徙遼東，廣欲離婚，女截耳誓曰：「薄命之婚，皇上主之，大人面承之，有死無二。」及赦還，卒歸楨亮。

甯集略妻吴氏。字姑姑，永豐人。年十九夫卒，三日不食，決志殉之，所親百方解譬，始食粥，朝暮一溢米。服滿，母欲令改適，往視之，同寢食三年，竟不敢出一語。歸謂諸婦曰：「此女鐵石心，不可動也。」

周賢佐妻胡氏。名坤秀，萬安人。正德間，爲賊所掠，驅行不從，見殺。時同縣張承甫女名貞姿，亦爲賊所逼，投水死。

曾周易妻羅氏。泰和人。嘉靖中，流寇至，周易遇害。羅哭且罵，賊以矛刺其腹，貫至喉，罵猶不絶。隆慶間旌表。同縣曠子雲妻袁氏，亦被掠不從，投水死。子雲義之，終身不娶。又同縣胡孟賞妻劉氏，以罵賊見殺。

周必登妻王氏。名素英，吉水人。必登爲諸生，以疾卒。王氏年二十餘，誓同死，不食數日。會母死歸弔，一日與其弟曰：「我屍還周氏。」氏忽以無疾死。弟如其言，還屍於周。

周梯雲妻許氏。名鳳潔，安福人。年十九夫卒，方有娠，慟哭欲以身殉。姑曰：「存祀與死孰重？」許訣曰：「妊男則生，否則死。」越四十六日，生男煦，乃養舅姑，撫孤子，年四十九而卒。煦正德間成進士。

彭紹三妻周氏。安福人。嘉靖中流寇至，罵賊見殺。

王世昌妻易氏。安福人。于歸時，世昌以遘疾奄奄十餘月，易侍之，衣不解帶。世昌死，除喪猶素縞。姑憐之，謂「汝猶處子，可終累乎？」跪泣曰：「是何言哉！父母許我王氏，即終身王氏婦矣。」自是獨處一樓，不窺戶外者四十餘年。

顏簡妻伍氏。安福人。早寡守節。有軍人李敦率衆欲强娶之，伍自經死。詔旌其門。

劉堯妻顏氏。安福人。早寡守節。里豪掘煤於舅之墓，成坎，顏泣阻不得，遂投身坎中死。事聞，置豪於法，而旌顏氏之孝。

賴南叔妻蕭氏。萬安人。早寡無子，遺一女。時寇大起，築室與女共居。數年盜突至，蕭率女持利刃遮門詈賊，賊怒，縱火焚之，與女俱燼。

劉一春妻彭氏。萬安人。一春爲寇所刼，將加害，氏願以身代，一春得釋。賊欲逼之，氏罵曰：「我文學之妻，何可侮也！」賊殺之。同縣陳道妻蕭氏，被擄不辱，賊幽之閲月，義不爲屈。歎曰：「妾若失身，何以見祖先於地下！」遂抱女赴水死。又周岐妻郭氏，彭春妻郭氏，劉欽秀妻蕭氏，蕭必暄妻郭氏，郭常禮妻劉氏，郭有銑妻劉氏，楊廣藍妻蕭氏，劉景達妻張氏，俱遇賊不受辱而死。

王藹妻劉氏。安福人。幼敏慧，學書且學劍。年二十二，藹卒，遺孤文度尚未晬，矢志守節。甲申之亂，猾將張某陽以軍需責餉，欲逼劉，劉以刃相向曰：「有斷頭寡婦，無失身寡婦。」張乃止。劉祭父自爲文，又刻父遺集，未竟而卒，年三十五。

蕭衡良妻黄氏。廬陵人。張獻忠寇吉安，黄與嫂某氏約同死，寇至，兩人攜手投水。賊憐而出之，罵曰：「誰能從亂賊偷生！」竟死之。

烈女胡氏。吉水人，胡中洋女。年十六未字，遇賊欲污之，憤罵死。

周長清妻劉氏。名珍娘，永新人。歸周七日，獻賊入境，劉以輿舁姑，己步行，爲賊追及，露刃脅之，大罵被殺。

孝婦謝氏。安福王三重妻，天啓朝旌。

本朝

劉氏二烈婦。廬陵劉護妻孟氏，名秋姑，歸劉三載。劉孟丑妻李氏，歸劉未成婚。會兵變，二婦登樓自縊。順治十五年旌。

羅欽堯妻李氏。廬陵人。年二十一，欽堯卒，矢志守節。丙戌，兵入境，即赴水死。康熙年間旌。

郭氏女。萬安人，郭明徵孫女，名奇莊。年十五，賊至執之，抱柱抵死不屈。

陳仲庸妻羅氏。永豐人。仲庸痛父屏斥死，嘔血成疾卒。羅遂觸石死，年二十。事聞建坊，額曰「一門忠孝節烈」。

鍾香五妻羅氏。永豐人。夫卒，貧不能殯，有香五友佽助之，其意在羅也。羅覺之，罄所有以酬，日夜飲泣，絶口不食，自縊死。

劉雲崖妻龍氏。永新人。雲崖卒，年二十二，守節事舅姑，撫育二子。一夕有神物睨於側，婦正色厲聲曰：「天地可質，何懼女焉！」遂隱不見。

劉士鳳妻任氏。泰和人。夫亡守節。同縣李森佩妻尹氏，胡其惺妻劉氏，陳嘉彭妻彭氏，彭仁修妻郭氏、妾劉氏，胡奎卿妻郭氏，胡有溯妻嚴氏，蕭道朱妻劉氏，陳廷修妻蕭氏，劉南台妻羅氏，王悅先妻蕭氏，嚴略三妻温氏，蕭一皞妻劉氏，蕭克圭妻胡氏，劉文捷妻曾氏，蕭一墀妻歐陽氏，郭良賢妻劉氏，郭良士妻王氏，劉敬詮妻周氏，尹明經妻劉氏，蕭欽曉妻劉氏，郭有啓妻張氏，嚴召南妻蕭氏，蔣曰性妻彭氏，吴立貞妻王氏，康子幹妻胡氏，蔣定講妻陳氏，蕭世鑠妻李氏，羅天申妻蕭氏，孫子超妻王氏，高學記妻陳氏，高學訓妻蕭氏，蔣定錫妻周氏，胡志海妻吴氏，賴宗俞妻易氏，曾毓陶妻蕭氏，蕭魁尊妻曾氏，蔣冠冕妻周氏，劉嗣濟妻張氏，蔣昌立妻蕭氏，嚴其瓊妻蕭氏，羅時僅妻謝氏，夏子奇妻羅氏，蕭魁烜妻趙氏，王而田妻鍾氏，蕭見中妻劉氏，蕭登廷妻胡氏，蕭昌傑妻郭氏，周永宗妻張氏，蔣立言妻歐陽氏，蔣裕日妻歐陽氏，尹登庸妻劉氏，尹吉慶妻彭氏，蕭曰天妻袁氏〔一三〕，蕭秦龍妻歐陽氏〔一四〕，羅廷弼妻郭氏，陳善斌妻胡氏，劉省三妻郭氏，庸必聰妻巫氏〔一五〕，劉家瓊妻譚氏，胡玉章妻蕭氏，蕭克灼妻彭氏，匡文德妻蕭氏，郭大選妻梁氏，曾彙征妻鄭氏，龍翔妻曾氏，鄭業武妻朱氏，曾明球妻李氏，張求建妻楊氏，曾大煦妻周氏，蔣冠禄妻胡氏，胡茂妻楊氏，蕭惟朴妻曾氏，詹之嵩妻劉氏、妾王氏，詹熊妻李氏，周君訓妻李氏，陳善文妻蕭氏，尹正誼妻詹氏，郭其恕妻劉氏，梁桂芳妻胡氏，劉慕仁妻李氏，周昌停妻歐陽氏，陳夢贊妻樂氏，尹皇慶妻詹氏，周初儀妻李氏，羅宗位妻蕭氏，匡孟明妻曾氏，鍾德長妻曾氏，蕭冰紅妻李氏，羅崇仁妻蕭氏，張述迪妻黄氏，李慶茂妻羅氏，張式九妻羅氏，甘桐妻羅氏，劉廷階妻賴氏，匡取善妻彭氏，甘茗妻張氏，郭恭仁妻孫氏，周志操妻任氏，劉廣厚妻蕭氏，龍鼎璽妻蕭氏，蕭必顯妻翁氏，蕭必榮妻嚴氏，羅一進妻張氏，李憲章妻黄氏，周馮賓妻劉氏、妾曾氏，陳天瑞妻彭氏，劉正驤妻蕭氏，劉紹文妻孫氏，彭德讓妻段氏，羅振妻張氏，胡曰正妻吴氏，李祖定妻闕氏，蕭子縚妻羅氏，胡齊旭妻楊氏，張茂達妻劉氏，胡日亭妻謝氏，廖廷用妻胡氏，李可枚妻曠氏，王惠安妻蕭氏，張述照妻羅氏，姚永妻尹氏，梁成才妻蕭氏，烈婦匡祖祐妻曾氏，貫福妻李氏，甘克義妻康氏，烈女胡達違未婚妻蕭氏，均乾隆年間旌。

曾文煌妻謝氏。吉水人。夫亡守節。同縣解儀妻陳氏，解怡妻鍾氏，易登榜妻高氏，郭其洞妻蕭氏，王廷樑妻蕭氏，謝少慧妻曾氏，毛接妻朱氏，郭光熠妻曾氏，郭崇爵妻李氏，郭方穀妻彭氏，郭騰霄妻黄氏，艾家瑞妻權氏，胡貴妻陳氏，施吉文妻胡氏，上官琇妻胡氏，鄧震孟妻黄氏，胡定妻郭氏，歐陽中選妻郭氏，劉登祥妻周氏，曾定郢妻楊氏，江運元妻黄氏，劉文煌妻張氏，曾張達妻劉氏〔一六〕，曾益汪妻羅氏，葉元達妻朱氏，婁良懋妻周氏，鞠士裕妻項氏，李如龍妻喻氏，黎廷輔妻鄒氏，陳禹葵妻李氏，周彭年妻李氏，龍涵育妻蕭氏，蕭宏京妻孫氏，易晉妻施氏，陳鼎奇妻蕭氏，趙登鼇妻周氏，婁作謀妻劉氏，張發珍妻羅氏，彭國頤妻易氏，周永隆妻謝氏，鍾金禄妻江氏，羅良佾妻李氏，王俊妻劉氏，龍九垠妻聶氏，鞠明燦妻邱氏，周巍博妻王氏，蔡邦楫妻黄氏，劉服上妻楊氏，周天歷妻陳氏，李昱春妻蕭氏，孫珍妻唐氏，劉興相妻曾氏，彭鍾惠妻龔氏，丁振侯妻曹氏，趙爾基妻曾氏，趙爾堅妻曾氏，趙爾堂妻郭氏，趙爾圭妻蕭氏，彭兆麟妻胡氏，楊應堯妻喻氏，曾尚興妻譚氏，鞠焕謨妻吴氏，康良柱妻蕭氏，項福宏妻曾氏，董馮發妻郭氏，謝鼎俊妻劉氏，曾學蘇妻張氏，張琦妻朱氏，劉士均妻易氏，鄧功積妻張氏，婁應聰妻羅氏，劉德珖妻蕭氏，廖作聖妻李氏，蕭紹魁妻錢氏，李映光妻劉氏，蕭繼文妻鞠氏，黎祚迥妻李氏，李國瓊妻孫氏，彭習正妻劉氏，劉大祝妻蔡氏，李仲彪妻劉氏，鄧資深妻毛氏，蔡澤元妻謝氏，曹大剛妻毛氏，朱殿佐妻李氏，郭開綱妻李氏，趙爾臺妻毛氏，郭大任妻阮氏，熊文鳳妻陳氏，周懿孝妻李氏，周銘妻劉氏，梁景焱妻李氏，張懷瑾妻程氏，胡永烈妻蔡氏，王光烈妻周氏，劉天路妻周氏，廖鼇妻胡氏，胡淵妻鄒氏，龍德光妻吴氏，李桂芳妻劉氏，劉公爵妻曾氏，姜天星妻周氏，葉惟上妻李氏，王志京妻周氏，許必選妻高氏，郭廷銓妻羅氏，彭文倬妻陳氏，曾益滮妻朱氏，蕭淳妻王氏，羅家燦妻劉氏，廖洪承妻李氏，胡廷芹妻劉氏，郭其泗妻蕭氏，劉廷機妻邱氏，陳飛鵬妻傅氏，郭其滿妻楊氏，郭旦如妻胡氏，徐受萬妻郭氏，楊竑妻龍氏，汪洋妻周氏，鄧必進妻蕭氏，郭思禮妻宋氏，劉學嵩妻鞠氏，裴應棟妻李氏，貞女黄菊姑，蕭莊行未婚妻朱氏，李鴻棟未婚妻羅氏，烈女李映光未婚妻劉氏，彭家棨未婚妻李氏，均乾隆年間旌。

戴上賓妻張氏。永豐人。夫亡守節。同縣張篤生妻管氏，吴邠妻謝氏，聶斯怡妻藍氏，李丕御妻張氏，聶垂訓妻曾氏，高楷妻鄒氏，劉廷幹妻聶氏，曾思斌妻鄧氏，鄧願學妻張氏，解以恭妻聶氏，張粲妻郭氏，張青若妻鄧氏，陳禘如妻謝氏，錢士烈妻張氏，劉瑶妻趙氏，嚴士修妻劉氏，涂南景妻劉氏，陳元瑛妻聶氏，張又騫妻陳氏，曾直瀰妻王氏〔一七〕，張士義妻鍾氏，陳柔嘉妾何氏，涂鑑妻權氏，張彦若妻郭氏，陳筠妻徐氏，徐卜飛妻劉氏，江日輝妻戴氏、妾藍氏，曾允翱妻蕭氏，曾宜鑑妻涂氏，王祖讚妻劉氏，程禹道妻劉氏，張藻妻鍾氏，徐熊方妻蘇氏，謝槐妻吴氏，李應鳳妻謝氏，蕭良楫妻張氏，聶晉文妻鄒氏，聶忍良妻楊氏，謝文伯妻曾氏，湯士球妻張氏，陳儒妻李氏，張應春妻温氏，熊如簡妻潘氏，劉昆棟妻廖氏，劉子尚妻陳氏，宋懋才妻楊氏，鍾若允妻胡氏，宋希瑞妻劉氏，盧宣妻吴氏，熊秀生妻陳氏，湯宣妻陳氏〔一八〕，李際畔妻張氏，蕭則遴妻劉氏，蘇德淳妻鄒氏，張立誠妻李氏，胡俊生妻劉氏，李際渭妻丁氏，文沛然妻張氏，徐殿益妻袁氏，王步青妻宋氏，陳景唐妻范氏，陳岐妻解氏，劉舟楫妻鄧氏，江松來妻劉氏，聶道偉妻戴氏，解文倬妻陳氏，彭佐妻張氏〔一九〕，朱忠應妻陳氏，謝含美妻陳氏，鄧猷美妻高氏〔二〇〕，袁錫璜妻李氏，蕭昆齡妻彭氏，胡興顯妻陳氏，蕭敬懷妻聶氏，汪思睿妻劉氏，錢宏業妻文氏，江亦舟妻邱氏，宋昌言妻姚氏，劉鳳若妻范氏，李賦永妻劉氏，黄映連妻周氏，張世德妻楊氏，鄧國泰妻彭氏，鄧同矚妻劉氏，金廷謨妻聶氏，左國幹妻黄氏，鍾臺妻宋氏，戴宏源妻黄氏，王我安妻陳氏，劉垂勳妻鍾氏，胡紹宗妻曾氏，陳廷瑞妻張氏，張福忠妻習氏，解文耀妻黄氏，袁志韶妻權氏，烈婦袁吉林妻陳氏，郭光治妻文氏，鍾天培妻陳氏，均乾隆年間旌。

李天裔妻周氏安福人。夫亡守節。同縣王西成妻趙氏，姚允文妻歐陽氏，周載吕妻王氏，顔輪偶妻劉氏，王東曙妻李氏，周鳳池妻劉氏，劉蕃祖妻周氏，李臚詔妻高氏，王五中妻劉氏，劉廷於妻王氏，劉瑞望妻童氏〔二一〕，劉邦光妻周氏，羅聲遠妻劉氏，劉有楫妻張氏，賀浩兼妻劉氏，賀天飛妻李氏，王素志妻易氏，曾升彰妻蕭氏，歐陽幹遠妻朱氏，朱文孫妻彭氏，劉鳳客妻歐陽氏，鄧述妻彭氏〔二二〕，高士傑妻管氏，歐陽和妻劉氏，劉公雅妻蕭氏，曾大學妻羅氏，鄒昌龍妻周氏，劉瑞克妻王氏，左季龍妻楊氏，劉朝元妻彭氏，李堯文妻歐陽氏，劉士柏妻郭氏，陳謙山妻劉氏，劉懋德妻郁氏，康楷妻李氏，劉象儼妻王氏，王宗高妻彭氏，吴幹妻顔氏，周光綍妻伍氏，李生慧妻彭氏，彭旦晞妻王氏，羅容光妻周氏，周協唐妻劉氏，彭永鳳妻李氏，劉恭先妻留氏，顔廣德妻黄氏，張世謙妻李氏，劉仲章妻王氏，李錫和妻劉氏，楊定生妻劉氏，王淡安妻張氏，伍位森妻劉氏，歐陽安妾彭氏，胡黄裳妻劉氏，彭介賢妻孟氏，顔鞠山妻戴氏，顔遠載妻王氏，李詠桃妻王氏，郭焕章妻梁氏，劉士文妻羅氏，羅士剛妻李氏，康宗海妻劉氏，朱彷周妻李氏，俞以清妻彭氏，彭合圭妻王氏，劉特儒妻歐陽氏，蕭管妻周氏，彭彰憲妻顔氏，康文載妻李氏，舉人歐陽崑妻劉氏，劉茂引妻王氏，王巨發妻羅氏，王思立妻劉氏，王筠生妾文氏，陳瑶如妻劉氏，周建妻朱氏，蕭良璞妻彭氏，李愈妻劉氏，吏目鄒孔忠妻鄧氏，劉静安妻尹氏，王福堦妻段氏，楊曠欽妻陳氏，王秉信妻劉氏，劉發這妻鄧氏，李半平妻萬氏，歐陽文彬妻李氏，彭文瑶妻王氏，王天哲妻歐陽氏，劉太偉妻王氏，朱洵介妻劉氏，劉西瑞妻王氏，王嵩光妻劉氏，劉有邦妻豐氏，劉綱生妻彭氏，李拜廷妻蕭氏，蕭仕升妻周氏，王艾安妻劉氏，姚如汲妻劉氏，劉素其妻彭氏，彭令元妻劉氏，羅鼎茂妻陳氏，唐焕成妻彭氏，王孟元妻劉氏，孟汝榮妻王氏，李桃向妻陳氏，王芳晉妻游氏，劉敏保妻留氏，彭國瑞妻顔氏，歐陽燕妻康氏，蕭翰垣妻劉氏，彭象賢妻劉氏，王西粲妻劉氏，王任安妻劉氏，周澍妻彭氏，張茂曾妻周氏，歐陽斌妻張氏，劉元南妻朱氏，彭易山妻澎氏，周定邦妻彭氏，彭紹儼妻吴氏，周文林妻彭氏，康貞生妻萬氏，李石芹妻劉氏，劉必達妻謝氏，劉武森妻戴氏，管恭妻鄒氏，楊贊成妻黄氏，左訪魯妻朱氏，劉世音妻羅氏，劉世傑妻景氏，彭其壽妻戴氏，彭自英妻周氏，郁飛洲妻謝氏，左登容妻高氏，李階平妻劉氏，劉養善妻姚氏，謝士宏妻彭氏，郭次偉妻劉氏，王汝勤妻彭氏，劉丕元妻鄒氏，王佐妻劉氏，劉瑾定妻歐陽氏，黄楚珍妻劉氏，劉韓侶妻朱氏，朱扳妻周氏，劉祖元妻伍氏，李江永妻劉氏，劉沾履妻王氏，劉蘭妻朱氏，李濬哲妻劉氏，王燡孫妻顔氏，謝世鼎妻陳氏，李予轍妻劉氏，彭懋修妻賀氏，劉傳宗妻郁氏，劉位台妻康氏，彭就日妻王氏，趙國僑妻蕭氏，謝光泰妻劉氏，劉岸超妻左氏，郁貫斗妻賀氏，歐陽蘭妻劉氏，劉勁節妻王氏，嚴學奇妻劉氏，陳奇縉妻劉氏，彭上達妻張氏，王周貞妻劉氏，賀豹西妻劉氏，李景祥妻黄氏，周邦楨妻劉氏，左履吉妻王氏，彭來牟妻王氏，彭大臨妻劉氏，李樂妻王氏，李子焯妻王氏，王琢元妻歐陽氏，李念祖妻戴氏，伍安慶妻管氏，吏目張泰輝妻伍氏，李高夔妻賀氏，江振宗妻劉氏，鎮藩典史周復善妻姚氏，劉陶穀妻羅氏，烈婦歐陽德松妻劉氏，朱文秀妻陳氏，蕭省登妻王氏，賀宗儒妻顔氏，貞女周氏，鄒瑞蛟未婚妻蕭氏，均乾隆年間旌。

康子連妻項氏。龍泉人。夫亡守節。同縣彭德貢妻李氏，康裕國妻張氏，康子福妻劉氏，梁之琬妻李氏，曾上宛妻王氏，張秉義妻石氏，郭昌才妻羅氏，馮貞祐妻蕭氏，尹世文妻張氏，顔成德妻陳氏，周承琰妻王氏〔一三〕，康印鼎妻梁氏，羅應奇妻黄氏，康萬景妻張氏，扶朝桂妻羅氏，廖利式妻蔣氏，李開福妻鍾氏，歐陽敬勝妻何氏，郭淩漢妻王氏，羅用淄妻袁氏，郭正遂妻曹氏，黄士榮妻李氏，曾元美妻王氏，謝伯爲妻張氏，蕭仲達妻湯氏，彭惟輝妻方氏，王文奎妻郭氏，周繼阮妻夏氏，高慶朗妻朱氏，李志懋妻劉氏，劉彦淑妻李氏，郭待聘妻康氏，蕭祖乾妻劉氏，劉需登妻李氏，郭士文妻曾氏，朱允儀妻張氏，郭常國妻劉氏，王宏元妻劉氏，蕭紹澗妻劉氏，王太烜妻羅氏，王祖儒妻賴氏，劉松妻曾氏，梁拱桂妻蕭氏，胡山珩妻康氏，李祥迪妻鄧氏，馮貞祁妻高氏，謝光祖妻高氏，胡志憲妻高氏，王永賢妻劉氏，劉建烈妻王氏，鍾韓妻劉氏，彭德贄妻羅氏，張宏涵妻蕭氏，謝大鈴妻康氏〔一四〕，彭漢升妻陳氏，謝光偉妻李氏，葉銓妻康氏，李斯辰妻劉氏，鄒啓瑞妻高氏，包鷺煌妻郭氏，劉宏澤妻葉氏，張宏基妻胡氏，鄒兆淳妻康氏，王大縉妻劉氏，胡學海妻張氏，黄朝梁妻周氏，彭興貴妻劉氏，張金汴妻胡氏，吴存浩妻張氏，吕存景妻歐陽氏，黄榮倬妻盧氏，郭聖闡妻劉氏，黄榮禧妻馮氏，廖元機妻黄氏，高岡妻張氏，郭廷綱妻王氏，郭嘉斌妻鄧氏，方肇泫妻朱氏，方肇江妻朱氏，方肇洄妻蕭氏，烈婦劉萬祥妻吴氏，吴學行妻黄氏，梁啓文妻歐陽氏，劉嘉德妻郭氏，烈女康春潔，均乾隆年間旌。

郭德彦妻賴氏。萬安人。夫亡守節。同縣劉紹道妻胡氏，歐陽瓚妻周氏，陳能晉妻賴氏，劉明記妻賴氏，彭立圭妻郭氏，廖台臣妻陳氏，謝崇純妻郭氏，蕭子奇妻劉氏，蕭文逵妻王氏，何宣枚妻謝氏，匡見儀妻蕭氏，蕭本宣妻郭氏，羅愈鋐妻蕭氏，衷士豐妻劉氏，賴育昌妻郭氏，蕭忠瑗妻劉氏，衷如昭妻郭氏，毛寄煌妻何氏，均乾隆年間旌。

唐尚寶妻朱氏。永新人。夫亡守節。同縣汪振飛妻左氏，巴惕若妻賀氏，劉爾軒妻尹氏，嚴楚士妻尹氏，文邦衛妻劉氏，鄧士鼎妻王氏，段維新妻龍氏，尹映崙妻蕭氏，吴符妻劉氏，賀漢卓妻劉氏，史直卿妻張氏，周宗濂妻顔氏，劉夔一妻李氏，賀冠遠妻尹氏，彭卜靈妻左氏，劉邦士妻羅氏，劉天福妻左氏，龍光鎬妻史氏，曾衍謨妻李氏，周上蓬妻盛氏，吴任尊妻張氏，王斐能妻龍氏，左沛川妻尹氏，左國幹妻黄氏，龍中岳妻尹氏，龍政安妻田氏，金承鼎妻尹氏，劉垂壤妻歐陽氏，吴聖作妻陳氏，譚尚摯妻左氏，龍雲驤妻劉氏，左逢盛妻龍氏，劉孫貽妻左氏，蕭宗貴妻胡氏，王開繪妻郭氏，尹朝英妻張氏，尹秀超妻劉氏，尹朝嵩妻曾氏，均乾隆年間旌。

謝遇颺妻蕭氏。永寧人。夫亡守節。同縣謝天申妻龍氏、妾張氏，尹丹桂妻龍氏，靳尚幼妻左氏，尹聘莘妻雷氏，謝鼎命妻蕭氏，王奎光妻謝氏，尹能安妻李氏，謝作翰妻劉氏，謝大常妻曾氏，謝文教妻劉氏，周泰保妻王氏，尹明珠妻李氏，均乾隆年間旌。

楊曠欽妻陳氏。蓮花廳人。夫亡守節，奉祖姑及翁，服事盡禮。同廳劉旋吉妻彭氏，王廷對妻賀氏，朱嗣震妻賀氏，賀狂書妻彭氏，顏生春妻金氏，朱應周妻賀氏，郭煇尊妻朱氏，段如斑妻譚氏，金國士妻周氏，曾邕鹵妻李氏，朱賽月妻胡氏，周不羣妻朱氏，甯邦佩妻譚氏，貞女賀驪珠未婚妻朱氏，蕭起安未婚妻劉氏，均乾隆年間旌。

劉曾巡妻朱氏。廬陵人。夫亡守節。同縣蕭斯濱妻劉氏，朱錦妻劉氏，李業廣妻劉氏，王世諒妻林氏，游若瑜妻王氏，曾殿元妻劉氏，王雯祚妻劉氏，吳志遠妻歐陽氏，蕭維則妻劉氏，劉捷先妻鄧氏，劉箕妻郭氏，聶師吉妻王氏，周梅魁妻葉氏，王國綸妻歐陽氏，歐陽合山妻賀氏，吳宣猷妻蕭氏，胡德升妻劉氏，游自芳妻李氏，黃道芳妻劉氏，劉蕩思妻張氏，蕭必珮妻周氏，蕭維翰妻童氏，葉命朗妻劉氏，劉以信妻王氏，戴維聖妻蕭氏，王大樞妻何氏，王開仁妻曾氏，曾成正妻劉氏，蔣文贊妻江氏，葉文掄妻劉氏，李宿立妻羅氏，歐陽增模妻田氏，趙與鍾妻劉氏，黃佀縉妻劉氏，劉日曙妻歐陽氏，趙光序妻鄭氏，劉學倞妻郭氏，劉子拔妻高氏，史本熙妻羅氏，王世錚妻張氏，劉樹棟妻黃氏，劉光武妻張氏，劉振龍妻李氏，劉秉乾妻高氏，黃光榮妻胡氏，龍學仁妻王氏，曾隆淳妻劉氏，羅錫三妻張氏，高耀廷妻郭氏，李本題妻蕭氏，段逵達妻蕭氏，宋錦凱妻劉氏，劉法蒼妻曠氏，曾閎斯妻李氏，蕭一和妻彭氏，段應桂妻歐陽氏，劉秀起妻黃氏，王德源妻劉氏，高裕妻王氏，傅文明妻李氏，傅文暉妻劉氏，劉錫璋妻王氏，彭侃士妻田氏，彭廷光妻楊氏，顏家楹妻謝氏，劉振銓妻黃氏，周飛鵬妻顏氏，劉啓湫妻彭氏，李在職妻劉氏，曾天振妻王氏，龍大勳妻劉氏，劉文英妻彭氏，劉文華妻田氏，陳魯山妻張氏，張羽治妻曠氏，彭德修妻周氏，劉應汶妻李氏，唐紹璋妻郭氏，桂光顯妻段氏，劉祥靄妻曾氏，胡孔化妻劉氏，彭景明妻鍾氏，龍鼎妻劉氏，劉子約妻湯氏，李忠暉妻連氏，劉烱賢妻戴氏，陳儼莊妻廖氏，彭兆元妻劉氏，蕭禮祀妻康氏，蕭達選妻顏氏，劉禮楨妻黃氏，生員羅必顯妻曾氏，劉元安妻曾氏，匡陽眪妻劉氏，武舉朱珍妻歐陽氏，匡力繩妻段氏，鍾鳴鳳妻劉氏，劉正星妻留氏，劉芳傳妻王氏，張應模妻羅氏，段成雲妻高氏，劉廷師妻黃氏，貢生劉嘉允妻曾氏，陳禮御妻易氏，彭邦棟妻羅氏，侯定紱妻曾氏，胡其曉妻王氏，李思涉妻熊氏，穰應鸞妻裴氏，蕭一蹁妻羅氏，郭岐妻段氏，王恭鏇妻曾氏，郭廷傑妻彭氏，蕭日旦妻陳氏，羅文茂妻郭氏，劉昌秀妻盧氏，謝光熙妻龔氏，張培妻歐陽氏，曾日志妻王氏，康朝琳妻劉氏，李西霞妻郭氏，劉炯賢妻戴氏，湯達招妻羅氏，周永中妻羅氏，龔希天妻匡氏，周夢鯤妻蕭氏，職員黃昌明妻羅氏，羅克瑜妻蕭氏，裴振飾妻劉氏，戴高璋妻蕭氏，羅訏堂妻秦氏，烈婦彭如垣妻姚氏，席子正妻徐氏，貞女劉氏，蕭懷仁未婚妻賀氏，均嘉慶年間旌。

蕭積讓妻鍾氏。泰和人。夫亡守節。同縣陳長吉妻蕭氏，蕭文弼妻鍾氏，張其洪妻胡氏，蕭洵妻匡氏，劉積琫妻蕭氏，郭德瑞妻張氏，蕭廷詔妻鍾氏，蕭隆祥妻胡氏，張學聖妻梁氏，康珍妻蕭氏，戴龍光妻王氏，黃心譁妻楊氏，蕭方銘妻童氏，尹用行妻蕭氏，羅承廣妻劉氏，尹步旝妻戴氏，康同海妻羅氏，蕭美仙妻嚴氏，蕭鳴鋌妻毛氏，郭銑妻梁氏，曾有珠妻傅氏，李惟彥妻康氏，蕭桂芳妻劉氏，蕭律音妻蔣氏，胡錫誥妻劉氏，歐陽尚念妻鄭氏，彭晉驥妻劉氏，嚴臨贊妻李氏，蕭甫袖妻劉氏，曾一思妻劉氏，劉美章妻郭氏，蕭國綸妻陳氏，蕭惟朏妻尹氏，鍾子玉妻胡氏，左世暻妻梁氏，同時劉邦述妻蕭氏，劉光倫妻蕭氏，監生蕭上遴妻龍氏，劉恩恪妻王氏，嚴日糾妻劉氏，陳邦贐妻胡氏，彭進興妻王氏，羅興桃妻蔡氏，孫顯楠妻蕭氏，均嘉慶年間旌。

周上進妻羅氏。吉水人。夫亡守節。同縣羅有章妻歐陽氏，蕭仿周妻彭氏，張本楨妻戴氏，劉泰瑞妻張氏，羅經邦妻廖氏，劉宗瀛妻王氏，羅板龍妻毛氏，江允清妻周氏，羅思齊妻郭氏，劉學緝妻蕭氏，彭之洸妻羅氏，胡文進妻項氏，郭如星妻曾氏，吳國傑妻饒氏，劉有德妻李氏，邱達祥妻江氏，周成聲妻羅氏，龍繼武妻蕭氏，李祥耀妻劉氏，汪日發妻夏氏，李其相妻劉氏，蕭轉泰妻張氏，袁承仁妻陳氏，解文世妻曾氏，解襄世妻蔡氏，李紹容妻葉氏，郭慶禮妻邊氏，郭靜寧妻彭氏，羅福道妻賴氏，龍會慶妻曾氏，袁捷淇妻葉氏，蕭殿元妻周氏，曾景錫妻袁氏，黃映秀妻蕭氏，監生郭達繩妻楊氏，鄒先校妻廖氏，余學仁妻巫氏，郭方陽妻尹氏，孫青宏妻田氏，鄧淳聞妻王氏，鄧可淳妻王氏，李光遂妻羅氏，監生李其璵妻曾氏，皮應連妻蕭氏，武生廖聯馨妻劉氏，監生李錫訓妻龍氏，陳懷敏妻饒氏，鄧可裕妻吴氏，烈婦陳申光妻邱氏，廖宰墀妻趙氏，烈女蕭光遠未婚妻龍氏，貞女高泗湖聘妻龐氏，周富耀未婚妻蕭氏，易志越未婚妻宋氏，均嘉慶年間旌。

黄光萃妻蕭氏。永豐人。夫亡守節。同縣黎重王妻張氏，曾池妻張氏，謝如琦妻江氏，陳大樟妻宋氏，曾懷忠妻蕭氏，湯濟舟妻鄒氏，李希韶妻姚氏，蕭大原妻楊氏，張鳳儀妻曾氏，聶永喜妻陳氏，張萃萬妻蕭氏，鄒光祐妻鄧氏，龔周拔妻黄氏，金拔隆妻賀氏，藍國裕妻羅氏，曾昌序妻鄒氏，孫繼兹妻孫氏，徐永孚妻劉氏，解學琳妻徐氏，武生陳三立妻李氏，儒童陳廷熊妻丁氏，曾聞和妻張氏，鄒焕斗妻徐氏，鍾貽芾妻張氏，王捷魁妻吴氏，龍獻禮妻上官氏，張文蔚妻李氏，張開吉妻李氏，烈婦熊小張氏，陳禮涵妻喻氏，聶朱氏，均嘉慶年間旌。

劉世俊妻歐陽氏。安福人。夫亡守節。同縣鄒希陞妻周氏，易元詔妻歐陽氏，鄒瑶妻彭氏，管敬慎妻劉氏，戴勤勵妻周氏，朱藴妻劉氏，王佩諏妻謝氏，王匡平妻周氏，曾敬容妻阮氏，左錦堂妻王氏，李光燃妻管氏，羅克峻妻文氏，彭逢春妻伍氏，伍蓁孫妻王氏，姚嵩毓妻郁氏，歐陽元桂妻蕭氏，彭燦然妻劉氏，項智敏妻楊氏，彭位芳妻朱氏，劉侶璞妻譚氏，歐陽遇珍妻姚氏，李華誦妻歐陽氏，彭培宗妻劉氏，劉應騰妻王氏，劉體盤妻周氏，生員劉汪妻郁氏，儒童曾道立妻羅氏，高淡和妻劉氏，周國南妻曾氏，彭作墉妻伍氏，周爾魁妻康氏，劉攀桂妻彭氏，彭秉剛妻劉氏，伍占魁妻劉氏，李淑川妻蕭氏，彭祖慶妻李氏，劉之桂妻彭氏，周典元繼妻王氏，劉一會妻丁氏，監生劉廷笏妻歐陽氏，周忠恕妻彭氏，烈婦彭翰典妻劉氏，孝女趙氏，貞女劉光輝未婚妻謝氏，均嘉慶年間旌。

焦良梘妻蕭氏。龍泉人。夫亡守節。同縣王嘉安妻蕭氏，張光泗妻蕭氏，王嘉宥妻高氏，古今望妻黄氏，劉華源妻李氏，吴明性妻王氏，楊鈺妻謝氏，楊銘妻郭氏，馮懋騰妻謝氏，李醼熙妻張氏，魏廷光妻鄒氏，馮文鼇妻蕭氏，高作謀妻李氏，邱雲琇妻盧氏，吴景賢妻黄氏，馮奇漳妻鍾氏，郭代漢妻曾氏，彭良貴妻黄氏，曾滄洪妻黄氏，監生官軒之妻張氏，曾世昇妻郭氏，康承錫妻高氏，郭義授妻粱氏，監生唐衢泰妻李氏，烈婦葉華莖妻蕭氏，魏鏞妻黄氏，貞女周夢瑄未婚妻廖氏，均嘉慶年間旌。

譚孔祥妻温氏。萬安人。夫亡守節。同縣匡元妻蕭氏，羅宣愔妻朱氏，曾衍章妻王氏，張其瑲妻劉氏，監生王世瓊妻蔣氏，均嘉慶年間旌。

康琅妻陳氏。永新人。夫亡守節。同縣文鳳珠妻陳氏，文發祥妻陳氏，龍文樸妻劉氏，龍洛圖妻郭氏，賴純義妻周氏，湯焕占妻蕭氏，賀盛勱妻陳氏，劉光績妻史氏，張達懷妻劉氏，陳敬亭妻劉氏，同時陳挾士妻劉氏，儒童尹觀光妻劉氏，左文騏妻王氏，馬平岡妻曠氏，劉文郁妻李氏，尹懷甫妻吴氏，左叶奏妻甘氏，烈女陳永秀，均嘉慶年間旌。

劉上表妻尹氏。永寧人。夫亡守節。同縣陳光衍妻謝氏，均嘉慶年間旌。

嚴宗祧妻陳氏。蓮花廳人。夫亡守節。同廳郭有本妻賀氏，劉發春妻郁氏，吴雲才妻江氏，劉國珖妻李氏，朱惠波妻尹氏，胡祖溢妻郭氏，李君泰妻朱氏，貞女賀氏，劉氏，李恒珠未婚妻朱氏，羅肇級妻周氏，彭道康妻劉氏，彭繩祖妻陳氏，龍宗藩妻金氏，李毓墉妻顔氏，貞女賀伏姑，均嘉慶年間旌。

仙釋

三國　吴

楊善。闕西人。黄武中至郡，適歲旱，於城東植竹爲壇以禱雨，大澍，遂結茅東山居焉。道成蜕去。

晉

王子瑶。華陰人。永嘉中，自玉笥至泰和黄茅岡，築壇醮録，感白鶴翔舞。事聞，賜名白鶴觀。後東游見義山，心喜，遂隱於此，後仙去。

隋唐

釋道信。即四祖，廣濟人，姓司馬氏。隋大業十三年，領徒至吉州。值羣盜圍城，七旬不解，萬衆惶怖，師愍之，教令念摩訶般若經。時賊望雉堞間若有神兵，乃引去。武德中，駐錫潮山，日坐禪寶峯之下石室中，結菴山巔。菴成，江水逆流至菴前，奔湍迅急，其聲若潮，遂名其山曰潮山。

匡智。長安人。貞觀中，棄妻子，與姪大郎入廬山修煉。居七日，有老人謂曰：「此山陰地，仙不可得。南有名山，陽地也，可往居之。」乃至吉州，望見義山，忽有樵夫引二人登山，曰：「此山安穩，勉力精修。」遂於送龍洞尾立壇，修行數年。中元節忽降仙露，智服之，足下生雲，上昇而去。大郎亦於次年七月七日尸解。

宏濟。姓劉氏，安福人。幼出家參曹溪六祖，歸住青原淨居寺。開元二十八年，升堂告衆，跏趺而逝。僖宗謚宏濟禪師，塔曰歸真。

三刀和尚。本姓曹。出家吉州龍興寺，常以竹筒盛金剛經佩誦之。時安史亂，吉州刺史選師充行營小將，不從，刺史怒，命斬之，三刀俱折。刺史怪問故，答曰：「平生持金剛經。」視其竹筒，有刀痕幾絶。刺史歎異，乃縱之爲僧。

宋

曾志靜。廬陵人。嘗遇異人授以道術，杜門辟穀十餘年。異人復來，視之曰：「未也。」別去。又數年，至曰：「可矣。」至和二年春，告其徒曰：「吾九日將爲衡山之游。」至期端坐而化。既葬，有自衡山來者，持其書勉諸徒學，始知已仙去。

釋慶閑。神宗元豐三年，廬陵太守張公請師居仁山隆慶寺法席。其明年三月七日，告衆入滅，説偈畢就浴，浴出以巾搭膝而化。是日雲起風作，烟氣所至，東西南北四十里，草木沙礫之間，皆得舍利如金色。

李思廣。吉水人。放意山水間，得錢即易酒，或醉卧市中。政和四年，來螺川，止習溪橋。有酒媪頗異之，每飲不問其直。一日忽告媪當别去，晨起則已死矣，乃報所親殮葬之。後有自衡岳來者，爲思廣致書謝媪，啓其塜，惟空棺云。

明

趙元陽。安福人。幼習進士業，夢神人曰：「汝神仙中人，何望世貴？」遂爲道士，師李元、張天全，結茅匡山。洪武壬戌正月朔，謝衆曰：「自今閉關，以還吾真，慎無干焉。」五月三日夏至，啓關漱浴，更衣趺坐，呼弟子於前，書偈畢，雷電交作，風雨晦冥，乃逝。

土産

絲。唐書地理志：吉州土貢絲。寰宇記：吉州産絲布。

葛。唐書地理志：吉州土貢。

白紵布。元和志：吉州貢。

竹紙。唐書地理志：吉州土貢陟釐。寰宇記：産竹紙。省志：泰和縣出。

斑竹。唐書地理志：吉州土貢。

茶。元和志：吉州貢。省志：泰和傳擔山產。萬安神潭兩岸亦多種茶，味香美，故云「蜜潭水，神潭茶」。

筍。明統志：玉版筍出白鷺洲。又浮筍，泰和縣禾山出。

金橘。省志：萬安縣出，金柑差大而味甜。

坐拏草。省志：永豐縣秋田出。六月開紫花結實，土人採之，治打撲傷。

龍鬚草。省志：龍泉縣東南三十五里巾子石出，用以織席。吉水洞巖亦產。

藤。寰宇記：吉州產。

抱石魚。省志：龍泉縣小江出。

雞。省志：泰和縣出，脚矮毛紅，與他雞異。以年久者爲佳，有畜至十年者。治虚疾、陰疾、痘疾，其功在湯不在肉。

絲蓴鯽魚。寰宇記：安福縣地蜜湖所產，味極甘美。

石墨。寰宇記：安福縣產，可以種火，是爲石灰石。

校勘記

〔一〕理宗旌其門曰孝梅里　「旌」，原作「族」，據雍正江西通志卷七六人物改。

〔二〕兼權直學士院　「權」，原脱，據乾隆志卷二五〇吉安府人物（下同卷簡稱乾隆志）及宋史卷四二二劉才邵傳補。

〔三〕終顯謨閣直學士　「直」原脱，據宋史卷四二二劉才邵傳補。

〔四〕安福劉球稱其學探道源　「探」，原作「深」，據乾隆志及雍正江西通志卷七七人物改。

〔五〕誣以擅伐官樹　「官」，原作「宫」，據乾隆志及明史卷一六三李時勉傳改。按，明史本傳謂時勉嘗芟彝倫堂樹旁枝，所以王振遂誣其擅伐官樹入家。

〔六〕張宗璉　「璉」，原作「連」，據乾隆志及明史卷二八一張宗璉傳改。下文同。

〔七〕子秉鑑　「鑑」，原作「監」，乾隆志同，據雍正江西通志卷七八人物及明史卷三〇七佞幸傳改。下同改。

〔八〕都督錢寧庇之　「寧」，原作「安」，據乾隆志及明史卷三〇七佞幸傳改。按，本志改「寧」爲「安」，避清宣宗諱也。

〔九〕建佑國康民雷殿於太液池西　「佑」，乾隆志同，明史卷二〇九劉魁傳作「祐」。

〔一〇〕馬士英阮大鋮輩深嫉之　「鋮」，原作「鉞」，據乾隆志改。

〔一一〕謫福建按察司知事　「司」，原作「使」，乾隆志同，據雍正江西通志卷七九人物改。

〔一二〕士驤攜妻子避山東　「山東」，乾隆志同，疑是「東山」之倒。按，古今圖書集成明倫彙編官常典忠烈部有徐士驤小傳，引吉水縣志謂「士驤攜妻子避邑之東山」，蓋是也。

〔一三〕蕭曰天妻袁氏　「曰」，乾隆志作「樂」。

〔一四〕蕭秦龍妻歐氏　「秦」，乾隆志作「泰」。

〔一五〕庸必聰妻巫氏　「庸」，乾隆志作「康」，疑是。

〔一六〕曾張達妻劉氏　「張」，乾隆志作「章」。

〔一七〕曾直瀛妻王氏　「直」，乾隆志作「真」，疑是。

〔一八〕湯宣妻陳氏　「妻」，乾隆志作「妾」。

〔一九〕彭佐妻張氏「彭佐」，乾隆志作「彭佐士」，疑此脱「士」字。

〔二〇〕鄧猷美妻高氏「美」，乾隆志作「嘉」。

〔二一〕劉瑞望妻童氏「瑞」、「童」，乾隆志作「端」、「吴」。

〔二二〕鄧述妻彭氏「述」，乾隆志作「杰」。

〔二三〕周承琰妻王氏「琰」，原作「炎」，據乾隆志改。按，本志蓋避清仁宗諱改字。

〔二四〕謝大鈴妻康氏「鈴」，乾隆志作「鈐」。

贛州府圖

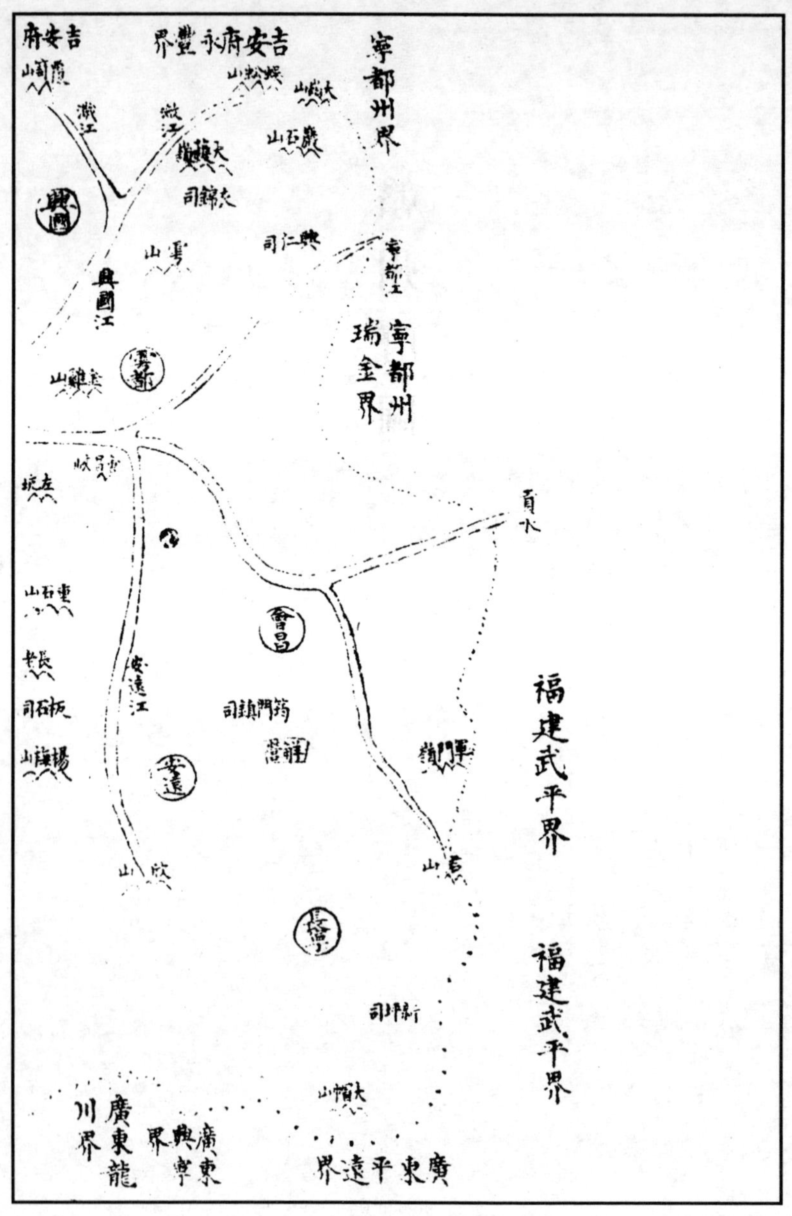
吉安府
吉安府永豐界
寧都州界
興國
興國江
雩都
寧都州
瑞金界
會昌
安遠江
安遠
長寧
福建武平界
福建武平界
廣東龍川界
廣東興寧界
廣東平遠界

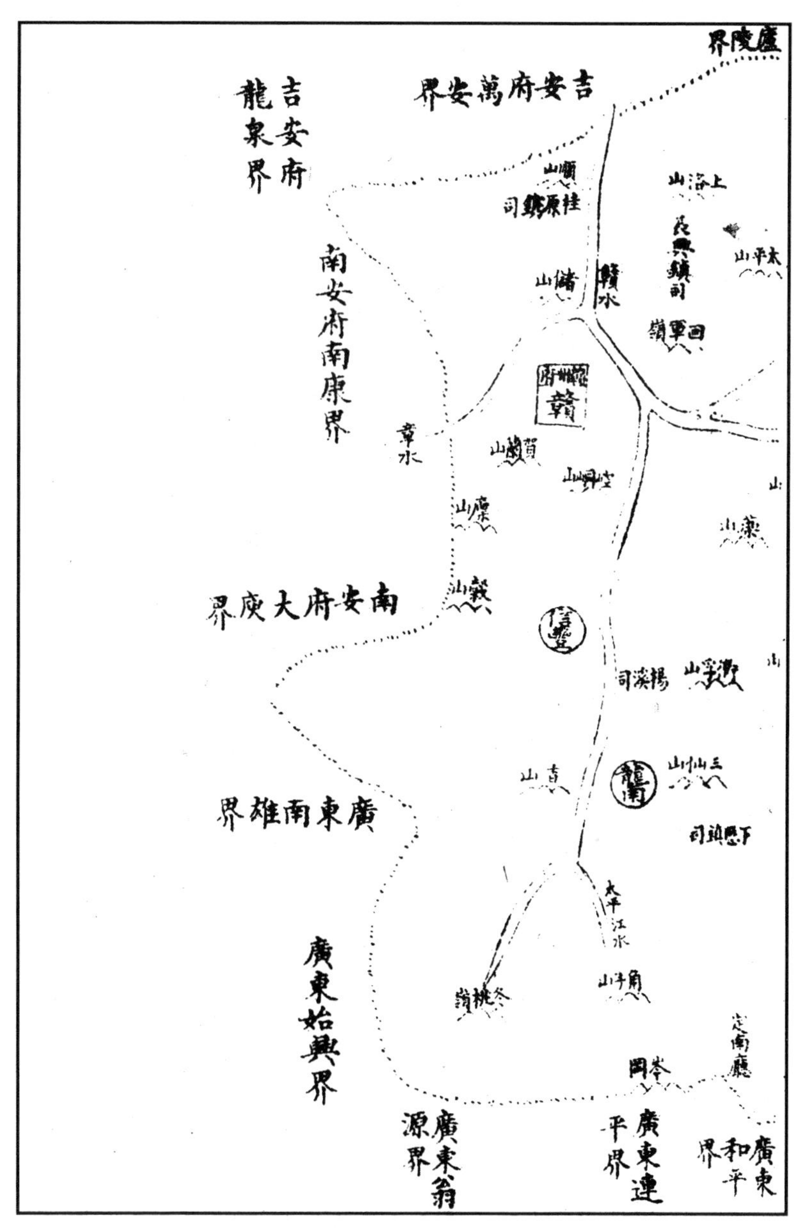
廬陵界
吉安萬安府界
吉安府龍泉界
南安府南康界
南安府大庾界
廣東南雄界
廣東始興界
廣東翁源界
廣東連平界
廣東和平界
贛州府
贛水
章水
太平江水

贛州府表

	贛州府	贛縣	雩都縣
秦	九江郡地。	贛縣	
兩漢	豫章郡地。	贛縣屬豫章郡。	雩都縣屬豫章郡。
三國	吳置廬陵南部都尉，治雩都。	贛縣屬廬陵南部都尉。	雩都縣都尉治。
晉	南康郡太康三年罷都尉置郡，治雩都。永和五年移治贛。	贛縣初屬南康郡。永和五年爲郡治。	雩都縣初爲郡治，後屬。
南北朝	南康郡	贛縣	省。
隋	南康郡開皇初郡廢，置虔州。大業初復爲郡。	贛縣初改名南康，大業初復故。	雩都縣復置。
唐	虔州南康郡武德五年復置州，屬江南西道。	贛縣州治。	雩都縣屬虔州。
五代	虔州南康郡	贛縣	雩都縣
宋	贛州南康郡紹興二十三年改州名，屬江南西路。	贛縣	雩都縣屬贛州。
元	贛州路至元十四年升路，屬江西行省。	贛縣路治。	雩都縣屬贛州路。
明	贛州府洪武二年改府，屬江西布政司。	贛縣府治。	雩都縣屬贛州府。

續表

信豐縣	興國縣	會昌縣
南埜縣地。	贛縣地。	雩都縣地。
南安縣地。	平陽縣吴置。	
南康縣地。	平固縣太康元年改名，屬南康郡。	
	平固縣	
	省。	
信豐縣永淳元年置南安縣，屬虔州。天寶元年改名。		
信豐縣		
信豐縣屬贛州。	興國縣太平興國七年置，屬虔州。後屬贛州。	會昌縣太平興國七年置，屬虔州。
信豐縣屬贛州路。	興國縣屬贛州路。	會昌州大德元年升州，屬贛州路。
信豐縣屬贛州府。	興國縣屬贛州府。	會昌縣洪武二年仍爲縣，屬贛州府。

續表

安遠縣	長寧縣	龍南縣	定南廳
雩都縣地。	雩都縣地。	南埜縣地。	南埜縣地。
齊初置安遠縣。永明八年併入虔州。		南康縣地。	
安遠縣 梁大同十年置。			
省。			
安遠縣 貞元四年復置，屬虔州。	安遠縣地。	信豐縣地。	龍南、信豐、安遠三縣地。
安遠縣		龍南縣 南唐保大十年置，屬虔州。	
安遠縣 屬贛州。		龍南縣 宣和三年改曰虔南。紹興二十三年復故。	
安遠縣 至元二十四年省入會昌。至大三年復置，屬寧都州。		龍南縣 至元二十四年併入信豐。至大三年復置，屬寧都州。	
安遠縣 屬贛州府。	長寧縣 萬曆四年置，屬贛州府。	龍南縣 洪武初屬贛州府。	定南縣 隆慶元年置，屬贛州府。

大清一統志卷三百三十

贛州府一

在江西省西南一千二百里。東西距三百三十里，南北距五百六十里。東至寧都州界一百八十里，西至南安府南康縣界三十里，南至廣東惠州府連平州界四百三十里，北至吉安府萬安縣界一百三十里。東南至廣東嘉應州平遠縣界六百里，西南至廣東韶州府翁源縣界四百七十里，東北至寧都州界四百四十里，西北至吉安府龍泉縣治二百九十里。自府治至京師五千六百七十里。

分野

天文斗分野，星紀之次。

建置沿革

禹貢揚州之域。春秋時吳南境，戰國屬楚。秦屬九江郡。漢爲豫章郡贛、雩都二縣及南埜縣地。後漢末，分屬廬陵郡。三國吴，分立廬陵南部都尉，治雩都。按晉書地理志作孫晧分立。元和志則又云孫權嘉禾五年立，理雩都。晉太康三年，罷都尉，置南康郡〔一〕，屬揚州。元康元年，改屬江州。永和五年，移治贛縣。見劉澄之元和志。宋永初元年，以南康郡爲南康國。齊永明初，復爲郡。梁、陳因之。隋開皇初，廢郡置虔州。元和志：取虔化水爲名。大業初，復爲南康郡。唐武德五年，復爲虔州。天寶元年，仍曰南康郡。乾元元年，復曰虔州，屬江南西道。五代梁置百勝軍節度。貞明四年入吴，後屬南唐。按寰宇記云：後唐長興二年，升爲昭信軍節度。今考通鑑及五代史諸書，唐光啓元年，盧光稠據虔州，後遣使附梁，因置百勝軍。貞明四年，吴取虔州，至南唐保大中，軍名如故。此蓋南唐末所改，或宋初更名，後唐時亦未嘗有其地也。宋初亦曰虔州南康郡，屬江南西路。建炎四年，屬鄂州路。紹興初，仍屬江南西路。紹興二十三年，改曰贛州。宋中興小歷：紹興二十三年，校書郎董德元言虔州號虎頭城，非佳名。廷臣亦謂有「虔劉」之義，遂改名贛。元至元十四年，升贛州路總管府，隸江西行省。明洪武二年，改曰贛州府，屬江西布政司。本朝初因之，屬江西省。乾隆九年，升寧都縣爲直隸州，以瑞金、石城二縣屬焉，領縣八、廳一。

贛縣。附郭。東西距一百十里，南北距二百六十五里。東至雩都縣界八十里，西至南安府南康縣界三十里，南至信豐縣界一百三十里，北至吉安府萬安縣界一百三十五里。東南至雩都縣界八十里，西南至信豐縣界一百二十里，東北至興國縣界一百二十里，西北至吉安府龍泉縣界二百十里。漢置贛縣，屬豫章郡。後漢因之。三國吴分屬廬陵郡，後又分屬廬陵南部都尉。晉初，屬南康郡。永和五年，始移郡來治。宋改南康國。齊、梁、陳復爲郡治。隋初改縣曰南康，爲虔州治。大業初，復曰贛縣，仍爲南康郡治。唐爲虔州治。宋爲贛州治。元爲贛州路治。明爲贛州府治，本朝因之。

雩都縣。在府東一百五十里。東西距一百里，南北距一百五十二里。東至寧都州瑞金縣界五十里，西至贛縣界五十里，南至信豐縣界七十二里，北至興國縣界八十里。東南至會昌縣界七十里，西南至信豐縣界一百十七里，東北至寧都州界一百七十里，西北至贛縣界八十里。漢置雩都縣，屬豫章郡。後漢因之。三國吴分置廬陵南部都尉治此。晉太康三年，爲南康郡治。永和五年，移郡治贛，以雩都爲屬縣。宋、齊因之，後廢。隋平陳，復置，屬虔州。大業初，屬南康郡。唐屬虔州。宋屬贛州。元屬贛州路。明屬贛州府，本朝因之。

信豐縣。在府南一百七十里。東西距二百七十五里，南北距一百六十五里。東至安遠縣界一百二十五里，西至南安府大庾縣界一百五十里，南至龍南縣界一百二十里，北至贛縣界四十五里。東南至安遠縣界一百里，西南至廣東南雄州界六十里，東北至贛縣界五十里，西北至南安府南康縣界五十里。本漢豫章郡南埜縣地。三國吴爲南安縣地。晉以後爲南康縣地。唐永淳元年，析南康置南安縣，屬虔州。天寶元年，改曰信豐。宋屬贛州。元屬贛州路。明屬贛州府，本朝因之。

興國縣。在府東北一百六十里。東西距二百四十里，南北距一百二十里。東至寧都州界一百六十里，西至吉安府萬安縣界八十里，南至贛縣界四十里，北至吉安府廬陵縣界八十里。東南至雩都縣界三十里，西南至贛縣界四十里，東北至吉安府永豐縣界一百二十里，西北至吉安府泰和縣界六十里。本漢贛縣地。三國吴分置平陽縣。晉太康元年，改曰平固，屬南康郡。宋、齊以後因之。隋省。宋太平興國七年，始析贛縣地置興國縣，屬虔州，後屬贛州。元屬贛州路。明屬贛州府，本朝因之。

會昌縣。在府東少南三百里。東西距二百二十里，南北距一百九十五里。東至福建汀州府武平縣界一百二十里，西至信豐縣界一百里，南至長寧縣界一百二十里，北至寧都州瑞金縣界七十五里。東南至福建汀州府武平縣界一百二十里，西南至安遠縣界八十里，東北至寧都州瑞金縣界七十里，西北至雩都縣界八十里。自漢至唐，皆爲雩都縣地。宋太平興國七年，始析置會昌縣，屬虔州。紹定四年，升縣爲軍。咸淳五年，復爲縣。元大德元年，升爲會昌州，屬贛州路。明洪武二年，仍爲縣，屬贛州府。本朝因之。

安遠縣。在府東南三百四十里。東西距一百十里，南北距二百四十里。東至長寧縣界五十里，西至信豐縣界六十里，南至定南廳界九十里，北至會昌縣界一百五十里。東南至長寧縣治一百二十里，西南至定南廳治一百九十里，東北至會昌縣治一百四十里，西北至信豐縣界一百十里。本漢雩都縣地。齊初置安遠縣，永明八年，併入虔州。梁大同十年，析置安遠縣。隋開皇中廢。唐貞元四年，復分雩都縣地置，屬虔州。宋屬贛州。元至元二十四年，省入會昌，至大三年復置。明洪武初，屬贛州府。本朝因之。

長寧縣。在府東南四百六十里。東西距一百六十里，南北距二百六十里。東至福建汀州府武平縣界八十里，西至定南廳界八十里，南至廣東嘉應州平遠縣界一百八十里，北至會昌縣界八十里。東南至廣東嘉應州平遠縣界六十里，西南至廣東嘉應州興寧縣界一百四十里，東北至會昌縣界七十里，西北至安遠縣界七十里。漢雩都縣地。唐、宋以後，爲安遠縣地。明萬曆四年，析置長寧縣，屬贛州府。本朝因之。

龍南縣。在府南三百二十里。東西距一百八十里，南北距一百三十五里。東至定南廳界五十里，西至廣東南雄州始興縣界一百三十里，南至廣東惠州府連平州界一百十里，北至信豐縣界二十五里。東南至定南廳界六十里，西南至廣東韶州府翁源縣界一百五十里，東北至信豐縣界三十里，西北至信豐縣界三十里。漢南埜縣地。晉以後爲南康縣地。唐爲信豐縣地。五代南唐保大十年，析置龍南縣，屬虔州。宋宣和三年，改曰虔南。紹興二十三年，復曰龍南，屬贛州。元至元二十四年，併入信豐。至大三年，復置，屬寧都州。明洪武初，屬贛州府。本朝因之。

定南廳。在府南四百里。東西距一百三十里，南北距一百二十里。東至長寧縣界一百里，西至龍南縣界三十里，南至廣東惠州府和平縣界一里，北至信豐縣界一百二十里。東南至廣東惠州府龍川縣界一百二十里，西南至廣東惠州府和平縣界三十里，東北至安遠縣界一百四十里，西北至龍南縣界四十里。本漢南埜縣地。唐、宋以來，爲龍南、安遠、信豐三縣地。明隆慶元年，析置定南縣，屬贛州府。本朝初因之，乾隆三十八年改廳，以府同知分駐。

形勢

地最曠，大山長谷，荒翳險阻，交廣閩越銅鹽之販道所出入。宋王安石虔州學記。郡當二廣之衝，由南來者，必自此易舟而北。宋趙抃奏議。接甌閩百越之區，介谿谷萬山之阻。宋洪邁表。控江西之上流，接南粤之北陲。故裹耑一路之兵鈐，而外提二境之戎柄。宋楊萬里章貢道院記。崆峒摩天，章貢激石。明郭子章郡邑表記。

風俗

其人勁悍習武，特異他郡。宋周必大奏議。風俗儒良秀美，然地廣人稠，大抵嗜勇而好鬬，輕生而忘死。宋董德元奏議。風氣錯糅，人多勁捷尚義。元李太初贛州學記。伉健工巧，好佛信鬼。明統志。

城池

贛州府城。周十三里，高三丈，舊有門十三，後塞其七，存六。東、西、北三面阻章、貢之水，南引水爲濠。唐時所築。宋嘉祐中，州守孔宗翰甃石。明時屢經修葺。本朝康熙十五年修，四十三年、乾隆十年、二十五年、五十二年修，嘉慶二十二年重修。贛縣附郭。

雩都縣城。周五里，門六。南臨貢江，三面爲濠。元至正十三年，因舊址重築。本朝康熙四十三年修，乾隆二十五年、嘉慶九年重修。

信豐縣城。周三里十八步，門六。宋嘉定中築。本朝順治、康熙年間屢修，乾隆二十五年重修。

興國縣城。周五里，門四。東、南阻水，西、北爲濠，廣一丈五尺。元至正十二年土築，明成化中甃石，本朝順治、康熙年間屢修，乾隆十一年重修。

會昌縣城。周二里一百八十步，門四。三面阻水，南爲濠。宋紹興中築，明洪武、正德間改拓，本朝順治七年修。

安遠縣城。周二里八十步，門三，濠廣一丈。明洪武中築，本朝康熙二十一年修。

長寧縣城。周二里二百五步，門四。明萬曆三年築，本朝康熙九年修。

龍南縣城。周四里二百步，門六。東濱渥水，西濱桃水爲濠。明成化初因舊址甃築，崇禎九年改拓，本朝屢修。

定南廳城。周二里一百六十步，門三。明隆慶三年築，本朝康熙年間屢修。

學校

贛州府學。在府治東，即紫極觀舊址。宋治平中建於豐樂寺，明成化四年徙於景德寺，嘉靖四十一年又遷今所。本朝順治年間屢修。入學額數二十名。

贛縣學。在縣治西鬱孤臺下。明成化四年與府學並建於景德寺，崇禎十三年遷今所。本朝康熙年間屢修。入學額數二十名。

雩都縣學。在縣城西隅。宋天聖中建，後屢遷。明嘉靖十九年，復還故址。本朝順治、康熙年間屢修。入學額數二十名。

信豐縣學。在縣治東南。宋景德中建，本朝順治年間重建。入學額數十二名。

興國縣學。在縣治北隅。宋初建，在縣南門外，紹興十三年遷今所。明嘉靖中再遷南門外，四十年仍還故址。本朝康熙二十年重建。入學額數十二名。

會昌縣學。在縣治東北。舊在縣西北隅，明嘉靖初遷今所。本朝康熙八年重建，後屢修。入學額數十二名。

安遠縣學。在縣治東隅。宋慶曆四年建，紹興三年遷於興慈寺，元大德中遷今所。本朝屢修。入學額數十二名。

長寧縣學。在縣治東。明萬曆四年建。本朝康熙十八年遷縣西，二十六年復還故址，四十四年修。入學額數十二名。

龍南縣學。在縣城東南隅。舊在縣治東南，宋建，明隆慶五年遷今所。本朝順治十二年修。入學額數十二名。

定南廳學。在廳治東。明隆慶三年建。本朝順治十四年重修，後屢修。入學額數八名。

濂溪書院。在贛縣東南廉泉側。宋周濂溪嘗通判虔州，後人建書院於贛水東。明弘治十二年改建於鬱孤臺，崇禎十三年遷此。本朝順治十年重建，康熙三十三年、四十八年重修。

雲陽書院。在雩都縣西門外。本朝乾隆二年建。

安湖書院。在興國縣東八十里，宋咸淳八年建，文天祥記。明正德十四年遷建城中。

聚五書院。在安遠縣東，本朝雍正三年建。

石谿書院。在長寧縣南，本朝雍正十一年建。

蓮塘書院。在定南廳東十里，本朝乾隆二十九年建。　按：舊志載先賢書院，在贛縣治東，宋建；思皇書院，在雩都縣西，明建；崇正書院，在信豐儒學右，明建；湘江書院，在會昌縣射圃後，明嘉靖中建。今俱廢。謹附記。

户口

原額人丁五萬九千八百八十九，今滋生男婦大小共二百四十一萬四千八百二十名口，計三十九萬二千七十四户。又所屯軍男婦大小共九萬八千四百一十七名口，計九千九百五十五户。

田賦

田地二萬四百四十三頃一十七畝有奇，額徵地丁銀十三萬七千六百三十四兩一錢六分，米二萬九千八百二石四斗八升一合八勺。

山川

賀蘭山。在府治西南隅。舊名文筆山，頂即鬱孤臺。其左綿亘爲白家嶺。

天竺山。在贛縣東四里貢水東，極高秀。相接者爲伏龍山。又東一里有佛日峯，又東五里有鳳凰山。

汶山。在贛縣東三十里。上有昇仙峯，巨石盤亘，下有潭，廣數十丈，曰文潭，因名文潭嶺。有文潭隘，爲設守處。

玉房山。在贛縣東南二十四里。寰宇記：本名赤石山，唐天寶六年敕改今名。南康記云：「大石連聳，燦若舒霞，山角多赤石，有玉房瓊室。」

席帽山。在贛縣南三十五里。下有黄仙石，明統志：相傳昔有仙人乘白鹿駐石上。今有黄仙寺。

崆峒山。在贛縣南六十里，舊名空山。寰宇記：空山，晉咸康五年，太守庾恪於山西麓建立神廟，歷代祈雨，最有靈應。按司馬彪郡國志云，山在郡南，多材木、果實、食物，一郡皆資此山。省志：崆峒山，自南康縣蜿蜒而來，章、貢二水夾以北馳。山麓周迴百里，蓋贛之望山也。

九峯山。在贛縣西南三十里。根盤數十里，屹立高聳，南向崆峒，北拱郡治。

蛤湖山。在贛縣西北三十里，一名三陽山，爲郡治後屏。上有三峯，下有龍湫。

儲山。在贛縣北，亦名儲潭山。隋書地理志：贛有儲山。寰宇記：儲潭祠，在縣北二十里。南康記云，晉咸和二年，刺史朱偉率兵赴江州討蘇峻，行至此山，忽有神人曰：「余嘗弋釣於此，帝以我司此山水。君能爲我立祠宇，當有報焉。」偉即爲置廟，故爲儲潭君廟。及至建業，果有功。百姓祈禱，於今不絶。

玉石山。在贛縣北四十里。寰宇記：其石色黑，唯一片鮮白如玉，因名。

烏兜山。在贛縣北一百里，與金龍山相接。懸崖瀑布，溪澗抱流。其南十里有錦屏山，狀如屏風。

順山。在贛縣北一百二十里，接萬安縣界。怪石萬丈，歷三十六坳，乃至其巔。

黄唐山。在贛縣北，接泰和縣界。寰宇記：在縣北一百六十三里。輿地志云：「山右行六里，有石室，口方八尺，如數十間屋。上通天窻，下有方榻，二石人巾櫛而座。旁有小石室七所相通，悉有石人。室前時有車馬迹，春夏草不生，無諸毒蟲，林木繁茂，水石幽絶，葢靈仙窟宅也。」其山獨立，高一千三百丈。祝穆方輿勝覽：山在縣北六十里，即東坡詩所謂石樓山也。

金螺山。在贛縣東北一百里。相近有西華山。

龔公山。在贛縣東北一百三十里。寰宇記：在縣東北一百八十里。其上奇峯翠巘，前後連延，蘿木泉池，左右襟帶。昔有隱士龔亳棲舍於此，因名。

青釣山。在雩都縣東十五里。巔有泉，飛淙濺沫，土人名爲青山瀑布。

梓潭山。在雩都縣東南六十九里。寰宇記：南康記云：「其山有大梓樹，吴王令伐爲龍舟艚，以童男牽拽，艚没於潭中，男女皆溺。」縣志：今訛爲梓潼山。其前爲龍嘴舌，兩江之水合於此。

干霄山。在雩都縣東南七十里。上多松杉，産石蜜。有水曰小泉，北流入貢水。

柴侯山。在雩都縣東南七十二里。寰宇記：南康記云：「漢靈帝時，有劉叔喬避地於此，死葬村側，自題云柴侯墓。」

左坑山。在雩都縣西南七十里許，下有龍湫。又藥山，在縣西南九十里，産黄連。

金雞山。在雩都縣西三里。水經注：湖漢水西北流逕金雞石，其石孤竦臨水。耆老云時見金雞出於石上，故名。隋書地理志：雩都有金雞山。寰宇記：在縣西北十六里。山臨貢水，石色如霞。其旁有穴，廣四丈，南康記云有金雞出入此穴〔二〕，因號金雞穴。

峽山。在雩都縣西六十里。寰宇記：在縣西北八十六里。唐天寶六年，敕改爲夜光山。南康記云〔三〕：「其上時有夜光飛焰，遥見若火燎於原。又從峽泝數十里，有石臨水，名曰蛟窟。」

太平山。在雩都縣西北八十里。瀑布幽藺，人多遊賞。上有龍潭，下有太平公館。

雩山。在雩都縣北三十五里。高可摩霄，雩水出其下，爲邑望山。寰宇記：在縣北二十五里。相傳昔人祈雨於此山下，往往感應，故曰雩山。

龍溪山。在雩都縣北八十里，接興國及贛縣界。

固石山。在雩都縣東北一百里，一名展誥山。上有洞曰固石洞，高峻環水，止一徑可入。宋岳飛討平彭友餘黨處。相近有蓮花山，其南爲九山嶂。

高沙寶山。在雩都縣東北百餘里，兩峯並高。明統志：昔樵者遇白兔，逐之入地，鑿之得銀，故名。

綿山。在信豐縣東三十里，綿水經此。又東十里有小假山，勢如列戟，上有龍湫。相近爲樂平山，有石泉，四時不竭。

武山。在信豐縣東五十里。相近有雞籠山。

禾溪山。在信豐縣東八十里。怪石峭峻，下有溪流，灌田可數千頃。

企嶺山。在信豐縣東八十餘里。頂尖如筍，望之羣山莫並。

衢孚山。在信豐縣東一百里，麓有温泉。其北有河田山，綿延數十里，與安遠縣接界。

長老山。在信豐縣東一百二十里。周亘百餘里，半入安遠縣界，饒竹木。其崖出二水，分流安息、禾溪，會於龍湖口。

聖山。在信豐縣東南一百里，高插雲表。

南山。在信豐縣南一里，上有三峯屹立。

三明山。在信豐縣南四十里，三峯鼎峙。石塔五層，有泉澄清不竭。相近有金鐘山。

香山。在信豐縣南七十里。盤亘三十里，多産藥物。有九十九峯，小溪十八派分流山下。

大龍山。在信豐縣南一百二十里，一名壺山。上有巖洞數十，又有龍井，多産紫草藥物，有異花如白蓮，俗稱爲仙窟。相近爲黄柏山，上有龍湫。又南三十里，有新龍山。又南五十里，有靈麓山，高千丈。相近又有鳳湖山。

穀山。在信豐縣西十五里，跨信豐、南康兩縣界。寰宇記：在縣西二十里。輿地志云：「其上有石如人形，有池水生魚鱉。山臨穀水，因以爲名，高一千五百丈，不通人行。」府志：其高插天，雄踞一邑。西南五里山腰有巖曰芙蓉，乳泉下滴，幽勝可愛。

龍塘山。在信豐縣西五十里。山下有塘數畝，中有窟，深不可測。相連者爲雉山，有飛泉如練。又西五十里有木公山，上有天池，廣數畝。

猶山。在信豐縣西一百二十里。高千丈，上分九十九面，多産異藥。

稟山。在信豐縣西北三十里，有石豐崇如稟。隋書地理志：南康有稟山。寰宇記：在信豐縣西四十里。輿地志云：「山下有湖，水中有五色鯉。山高一千五百五十丈。」省志：山在縣北三十里，與南康縣接界。

靈山。在興國縣東十五里。有五峯，曰獅、象、香鑪、鉢盂、錫杖。下有玉珠泉。相近有金斗山，巨石巉巖，峯巒障列，爲縣東巨鎮，上有洗心泉。

朱家山。在興國縣東八十里，山木繁蔭。相傳有石穴，爲仙鬼棲憑，人不敢登。

崖石山。在興國縣東八十五里。峯巒峭絶，巨石連亘，宋文天祥屯兵其上，今有崖石寨。又縣東一百四十里有蓮花山，亦天祥駐兵處，累石爲城，基址猶存。

上洛山。在興國縣西南四十里。西京雜記：上有石墨可書。隋書地理志：南康有上洛山。寰宇記：輿地志云：「山多木客，乃鬼類也，形似人，語亦如人，遥見分明，近則藏隱。能斫杉枋，聚於高峻之上。與人交市，以木易人刀斧。交關者前置物枋下〔四〕，却走避之，木客尋來取物，下枋與人，隨物多少，甚信直而不欺。」

玉山。在興國縣西十五里，高出諸山之上。相近有羊山，山半有靈泉。又壘山，在縣西四十里。

覆笥山。在興國縣西北八十里。寰宇記：在贛縣東北四百十三里。輿地志云：「山上有石井通泉，口廣一丈，高七尺，中有石笥貯玉牒。上有平湖，湖中有石雁。」省志：山高二十餘里，東望金精，西望芙蓉，北接青原，南瞰章、貢，爲一邑羣山之宗。今亦名福笥山。

池源山。在興國縣北三十里池口上。有南北二峽，三十六坎，深閟幽隱。按：明統志謂在縣北一百七十里，誤。

任山。在興國縣北一百里。高數百仞，勢極峭拔，前有九峯。

大烏山。在興國縣北一百三十三里。高二十餘里，四更即見日出。有風、雨二洞，深不可測。

方山。在興國縣東北四十里，八面嶄然俱方。上有仰湖，旱潦如一。旁有巖，相傳爲仙靈窟宅。

萬磜山。在興國縣東北寶城鄉。環山皆石，磜下積水成湖。

蜈蚣山。在興國縣東北一百二十里。高幾萬仞，峯入雲表，與覆笥並峙。

大嶺山。在興國縣東北一百八十里，接寧都州界。高十里，險峻如蠶叢。

古方山。在會昌縣東十里。高聳孤立，勢壓羣山。

白雲山。在會昌縣東八十里。峯巒特出，常有白雲蒙其山頂。又有白雲山，在定南廳東三十里，其東有隘。

盤固山。在會昌縣東南一百二十里，亦名盤古山。唐書地理志：雩都有盤固山。寰宇記：在雩都縣東南四百一里，其山盤紆嶒崚，因號盤固。府志：盤古山，周圍石壁，有羅漢巖，可容數十人，有池廣一畝，産白蓮。

君山。在會昌縣東南。隋書地理志：雩都有君山。寰宇記：在雩都縣東南三百八十五里。南康記云：「其山奇麗鮮明，遠若臺榭，名曰嬀宮，亦曰女姥石。山去盤固山北五十里。上有玉臺，方廣數十丈，有自然石室。」府志：山在會昌縣東南一百八十里，有水下入湘水。

紫雲山。在會昌縣南一百里。高數百仞，鑿石爲磴，計四百數十級有奇，名雲梯石，紆迴蜿蜒。西折數武，爲趙公巖，又有仄徑，捫蘿躡迹始達其巔，有沃衍數十畝，及流泉松竹之勝。

四望山。在會昌縣南一百二十里，清秀如畫。東通福建武平縣界，南通長寧縣界。

羊山。在會昌縣西一百里。相近又有仁峯山。

鐵山。有二。一在會昌縣西北，舊傳出鐵，久絶，紆迴清麗，爲縣勝地。一在安遠縣西北六十里，宋置鐵場，元廢。

明山。在會昌縣北隔河二里，爲邑主山。寒泉飛瀑，巨石蹲峙，下有五石城。

龍歸山。在會昌縣北七十里。林木蓊鬱，山谷逶迤。

芙山。在會昌縣北八十里。峯巒秀疊若芙蕖，高四百五十丈，周四十里。相近又有紫雲山，接瑞金縣界。

馬鞍山。在安遠縣東十五里。有小池巖，多桃竹，清勝可愛。

欣山。在安遠縣南十五里。寰宇記：在縣南四十里。其山一十二面〔五〕，高五百丈。有蓮花池水，及石室、石牀、橘樹、異竹。縣志：其山高峻插天，盤根數百里，多巖池泉石，遊者欣然，故名。

源華山。在安遠縣西二十里，舊名員華，孤聳圓平。

重石山。在安遠縣西北一百里。上多磊石，下臨灘流。相近有烏石山，亦險峻多石，上有寨。

清虛山。在安遠縣西北。陡崖千仞，遠眺曠然。相近有礶石山，峭壁如劃，雄峙江口，上亦有寨。

巖陂山。在安遠縣北。上坦下險，峙立江間，上有寨。山腰有巖洞，尤幽絶。

頂山。在長寧縣東南五十里，爲閩、廣之交。雙峯聳翠，飛瀑中懸。

大帽山。在長寧縣南二百里。綿亘數百里，與廣東平遠、興寧等縣接界。中有老虎隘，林木深阻，逕三十里，絶無人煙。明正德中，賊徒聚此。嘉靖末，程鄉人葉芳復嘯聚其中，至萬曆初始勦平之。

鈴山。在長寧縣西七十里，秀拔冠於羣山。其並峙者曰帽山，峭石嶙峋，直插雲表。

雞籠山。在長寧縣西北。

官谿山。在長寧縣北三十里。棘箐叢深，昔爲盜藪。又東華山，在縣東北二里，邑人多葬此。

三仙山。在龍南縣東四十里。三峯並峙，山徑陡峻若升梯然，俗呼梯子嶂。又綿亘爲七支嶂，山勢層疊，分而爲七，故名。

下有兩水夾流，抵縣東，即濂水也。

彤華山。在龍南縣東四十五里。叢峯聳秀，高插雲表。山頂有泉不涸，下入濂水。

天井湖山。在龍南縣東南八十里。上有泉井，下有湖，故名。

歸美山。在龍南縣東南一百里、定南廳西四十里。寰宇記：在安遠縣西南三百里，高一千四百丈。四面巖險，有自然石城，高數十丈，周三百步。又有石峽，左右高六十丈，迴若雙闕。復有古石室，色如黄金，號爲金室。省志：山跨龍南、定南二縣界，亦名龜尾山。以與龍山相對，俗謂之「龍頭龜尾」。

芙蓉山。在龍南縣南五里，高秀如芙蓉。

上皇山。在龍南縣南四十里。山勢高聳，林木森鬱。

清修山。在龍南縣南五十里。高千仞，上平坦，廣二里許，泉石林竹，迥絶塵俗，儼若洞天，故名。又君山，在縣南七十里，下有古城濠塹，巨石峭壁。

小武當山。在龍南縣南一百二十里，渥水出此。有石筍九十九，形如列戟，飛鳥不能棲。相近有南宫山。

角子山。在龍南縣南一百二十里。相近者爲帽山，形圓如帽。又相近有銀山，太平江水出此。又南有三門山。

冬桃山。在龍南縣南一百五十里。上多桃，經冬始熟，亦名冬桃嶺。桃江水出此。上有冬桃隘。又有三指山，在縣西南八十里。

油瓶山。在龍南縣西三十里。其路自上而下，平臨溪濱。中有巖洞，左鐘右鼓，亦名鐘鼓巖。又尖子山，在縣西四十里，尖入青冥，羣山莫及。

大岳山。在龍南縣西五十里，有水入桃江。

葛溪山。在龍南縣西七十里，下臨溪水。又西十里爲金竹山，一名筋竹，多竹，有水下入桃江。

水尾山。在龍南縣西一百二十里。林木蓊鬱，横於江水之尾，故名。相連者爲猿山。

樟山。在龍南縣西一百五十里，亦名樟木嶺。兩山相夾，險阨可守，下爲樟木徑隘。

禄馬山。在龍南縣西北二十里。聯嶂環列，狀若繡屏，有水入洒源水。相近爲鶴鷹山，孤峯挺峙，四圍石壁嶙峋，山頂有泉。

犁鼻山。在龍南縣西北三十里，與信豐縣接界。有石如犁鼻，因名。一名犁壁山，即舊峯門嶺也。洒泉水出此。

宫山。在龍南縣北二里，三江水會於山下。

駱駝山。在龍南縣北五里。又北三里有將軍山。俱蹲峙水口。

金盆山〔六〕。在龍南縣北二十里。層巒疊巘，周數十里，上有水不涸。相近有龍山，亦名龍頭山，有龍湫。

靈應山。在龍南縣北二十五里，一名青龍髻。曹學佺名勝志：岡巒重複，吞吐煙雲，望之如畫屏。昔嘗建寺，艱於水，有禪師飛錫東行，泉即湧出，改名靈應。

文昌山。在定南廳城内東隅，舊名高寨岡。

院徑山。在定南廳東七十里。有二龍潭。

劉傘山。在定南廳東南一百二十里，接長寧、龍南二縣界。

三台山。在定南廳南。隔溪三峯横列，中一峯特起，下有小山如印，亦曰印山。

楊梅山。在定南廳北一百里，爲一境要隘。有二水，東入九洲河，西入桃江。亦名楊梅牌。

回軍嶺。在贛縣東四十里。相傳黄巢兵犯境，里人方氏拒却之於此，因名。

黄竹嶺。在贛縣西北一百四十里。路出龍泉縣，嶺畔多竹，因名。

分水嶺。在贛縣北一百二十里，與萬安縣分界。

嶇嶺。在信豐縣西北五十里，與南康縣分界。上多怪石。

花嶺。在興國縣東三十里，四面尖圓，最爲秀麗。又相近有大鑊嶺，兩面峻絶，爲寧都大路所經。

君子嶺。在興國縣西，頂多奇石。對峙者曰秦娥峯。

軍門嶺。在會昌縣東南一百二十里，兩山對峙如壘，相傳昔人屯兵處。又梅嶺，在縣東南一百里，高峻異常。

鳳凰嶺。在會昌縣北五十里，高聳若鳳凰展翅。

熊嶺。在安遠縣東二十里，勢甚險峻。又縣西二里有梨嶺。

打鼓嶺。在安遠縣南十餘里。上有石鼓，相傳舊與譙鼓相應。

南逕嶺。在安遠縣南三十里。上有逕路，長數十里。逕口有石，高三十餘丈。

丹竹嶺。在長寧縣南五十里。

登頭嶺。在長寧縣西北四十里。行者必經絶頂，路始得通，故名。上有登頭隘。

程嶺。在龍南縣東五十里，接定南廳北界。其北十里爲黄土嶺，皆有水入濂水。

白石嶺。在龍南縣南二十五里。又顛嶺，在縣南二十五里。菖蒲嶺，在縣南八十里，俗訛爲婆嶺，下有澗。又有大、小白嶺，在縣西南一百五十里，接廣東翁源縣界，或謂之南北嶺。

神仙嶺。在定南廳北四十里。

四會峯。在贛縣南七十里。東距龍江，與崆峒對峙。其上方平容數百人，旁有小徑可躋，井源不涸。

妙高峯。在贛縣北八十里，舊名磯嶺，高出羣山。

東峯。在安遠縣東二里，峯頭尖秀如文筆。

古秀峯。在安遠縣西五里。峯勢高聳，頂平數里，前後石門，上有清泉。

擢秀峯。在安遠縣西北八十里。秀聳，有茂竹飛瀑之勝。

獅子巖。有二。一在贛縣東十五里，石壁峭拔，以形似名。一在會昌縣西北九十里，洞壑幽深，嘗有人燃炬以入，中有石室數間，石笋峭刻，溪流清冽，不知其源。

通天巖。在贛縣西二十里。空洞如屋，有穴透其巔。怪石環列，有石檐滴水，日夜如雨注。其半壁曰忘歸巖，以其地幽勝，遊者坐而忘歸，故名。

靈泉巖。在雩都縣東五里，一名出水巖。瀕江有石山，水從石竇噴入江中，色味佳絶。

羅田巖。在雩都縣南五里，一名善山。兩旁有巖相通，左曰仕學山，右曰觀善巖。

通巖。在雩都縣南十里。山腰前後洞徹，中通人行。又縣南二十里有斗巖，以有七小阜相連而名。縣西南三十里，有康石巖，内有五洞。

雩巖。在雩都縣南四十里。上下兩穴，有泉石之勝。又南一里，有墨煙巖，曲徑盤旋，松竹茂密，皆邑人王鴻所闢。

鐵石巖。在信豐縣南二十里，亦名鐵石磧。上有二門，中容百餘家，産花果。又有古井。相傳昔人多避寇於此。

東龕巖。在興國縣東北八里。明統志：在縣東北二十里，唐鍾紹京讀書處。前後有讀書巖、試劍石、靈湖、石舫、石笋、筆架山、紵線洞〔七〕、環鯉、瀑布泉、僧寺，共號十景。

注米巖。在會昌縣東三十里。深廣二丈許，有小竇，相傳舊嘗出米，故名。今竇有流泉，亦名注水巖。

漢仙巖。在會昌縣東南一百二十里，去羊角水鎮二里，舊名漢山。峭峻聳拔，下臨漢溪。深廣數丈，有石竇僅容一人，匍匐而入，其中奇勝森列。

蕭帝巖。在會昌縣南一百里，一名佛圖巖。狀如獅伏而張口，中虚可容百餘人。相傳齊武帝爲贛令時，嘗避難於此。又南二十里，有水清巖。

龍清巖。在安遠縣東一百二十里。大小穴數十，巖前清流縈帶。

蓮花巖。在安遠縣西二十五里。循嶺穿石徑而入，兩山峭立，中藏一洞，有飛瀑從巖頂懸注入溪澗中。

清龍巖。在長寧縣南三十里。有大小十餘穴，清流縈抱，陟降必由棧道。

松林巖。在龍南縣南八十里。石嶺相連十餘里，有巖寬廣可居，皆有三峯卓立。半壁間開一竅，相傳嘗有鼓樂鉦角聲。

玉石巖。在龍南縣北五里，有上、下二巖。上巖石瑩如白玉，山半有洞，中廣數十丈，宋太宗賜書一百二十卷，里人依巖建閣藏之，後爲兵燬，此爲上巖。巖左又一竇重重深入，進登高臺，有大竇通明，亦名通天巖，空闊可容百人。明正德十六年，王守仁征龍川、三浰，班師作平南記，刻於壁，題曰陽明小洞天，此爲下巖。巖後又有六七洞，視二巖尤勝，土人謂之新巖。

五虎巖。在定南廳東南。隔溪不一里，以山頂分水爲界。外即廣東和平縣。

青雲嶂。在雩都縣東南七十里。積翠浮空，山腰林麓僧寮環繞。

白雲嶂。在雩都縣西四十里，一名白雲堆。有三洞聯絡，各容百餘人，上曰白雲巖，中曰太虚巖，下曰龍巖，溪流貫注其間，相傳爲龍湫。五代晉天福八年，南漢循州賊張遇賢踰嶺趨虔州，攻陷諸縣，作宫室營署於白雲洞，即此。

古木嶂。在雩都縣西北十五里。南與烏石山夾溪而峙，高聳横空。

車頭嶂。在雩都縣東北七十里，臨江與寒信峽對峙。

九龍嶂。在安遠縣南十五里。上有龍潭，禱雨多應。

鵬子嶂。在龍南縣南三十五里。高數里，列嶂如屏。又縣東北五里，有芙蓉嶂。

指揮嶂。在定南廳東四十里。峯高峻而中平窪，有竇可容數千人，元時有指揮屯兵於此，故名。又華竹嶂，在廳東七十里，頂有長流水，莫知其源，山田資其灌溉。

苦竹嶂。在定南廳東一百十里。草木蒙茸，苦竹尤多。

涼傘崠。在安遠縣西北八十里。高入雲表，接信豐縣界。

馬戰崠。在長寧縣東八十里，接福建武平縣界。又蠟坑崠，在縣東南十里，勢極奇峭。

雲蓋崠。在長寧縣北十餘里。雲氣羃𩃎，四時不絶。又沙羅崠，在縣東北七十里，接會昌縣界。

九日岡。在信豐縣西門外二百步。頂平可坐百人，九日邑人於此登覽，故名。

馬蹄岡。在長寧縣治南，由城西環抱西北。本安遠縣地，明正德七年，有廣東龍會洞賊葉春，流至縣界黄鄉保，盤踞其地，傳至孫楷。萬曆四年，巡撫江一麟始討平之，因奏分安遠之黄鄉、大墩、水源、尋鄔、桂嶺、勞田、石溪、三標、頂山、南橋、石痕、滋溪、八付、腰古、雙橋等十五保，置長寧縣。石溪之馬隄岡，即此地也。

岑岡。在定南廳西南，隔溪二十里，與廣東和平縣接界。舊爲賊大藪。明嘉靖三十年，和平民李鑑作亂，據岑岡爲巢，官軍進討，踰年始降。萬曆十四年，和平盜李珍等復據岑岡作亂，以上陵爲巢，官軍討平之，因設岑岡營。

雩都峽。在雩都縣西北五十里。峽長而險，前臨大江，崖壁陡絶，約二十餘里，爲縣之襟喉。中有洲曰米沙洲，長二百餘丈。其沙三角，色最白，與常沙異。土人視其厚薄，以占米價。

寒信峽。在雩都縣東北六十里。崖壁夾峙，每歲峽中先寒，故名。

雁門峽。在會昌縣南一百二十里，羊角江所經。夾江兩岸皆山，中列三石，江水分爲三道，亦號三門峽，舟行甚險。又有聖姑石，在縣南一百十里，瀕江，以形似名。

會昌峽。在會昌縣西北一百里，湘洪水所經。兩山夾江，江流成漩。又有余侯峽，在縣北百里。

石門。在會昌縣北七十里，兩山屹立如門。

黄石洞。在信豐縣西南六十里。高數十丈，深險，人迹難到，有飛瀑懸崖而下。

竹管洞。在興國縣北八十里。叢篁萬頃，三十餘里無雜植。

噴龍石。在贛縣東八十里。兩崖劍立，飛淙下注爲龍湫。又縣北四十里有仙女石，上有仙女祠，蠶者禱焉。

螺亭石。在贛縣東南。寰宇記：在縣東南七十里。有大石臨水，號曰螺亭。按南康記云，昔有貧女，採螺爲業，宿此亭，衆螺囁其肉乃死，遂殯水濱。其冢化爲巨石，螺殼無數。宋蘇軾詩：「薄暮漁樵人去盡，碧溪青嶂遶螺亭。」

羅石。在雩都縣東南五里。其上平夷，可容數百户。昔人避寇，結寨其上，號羅石寨。又縣西南十里有寬石，高平矗立。

龍門石。在雩都縣西南一里，下匯澄潭。

三峯石。在信豐縣西南一百里，三峯屹立如筍。

松子石筍。在信豐縣西南。寰宇記：在縣西南一百五里。筍有三十餘條，約高五百餘丈。

塔石。在信豐縣西南二百里，上鋭若塔。其前又有黄石寨二，大者容數百人。

寶石。在興國縣北五十里。端圓屹立，不生草木。又有石人，在縣西北八十里，與泰和縣接界。

黄牛石。在龍南縣南一百二十里。其間溪澗錯流，皆下合桃水。

貢水。在贛縣東。源出福建汀州界，西流逕瑞金、會昌、雩都三縣，又西入贛縣界，與章水合。一名東江，又名會江，江即古湖漢水也。漢書地理志：雩都湖漢水，東至彭澤入江，行千九百八十里。水經注：湖漢水出雩都縣，導源西北流逕金雞石，又西北逕贛縣東，西入豫章水。寰宇記：貢水源出汀州新樂山〔八〕，經雩都縣東南四百七十一里，北流至縣，入贛縣界西北流八十里〔九〕，至縣東北二十里與章水合流。按：貢水今出汀州府西六十里新路嶺〔一〇〕，蓋即新樂之訛。明統志云：「綿水一源出汀州白頭嶺。」即指此也。西北流五十里，逕瑞金縣南門與綿水合。又西南合濡、羅諸水，至會昌縣東北，湘水自南來入之，亦名湘洪水。至縣北七里，又折西北流，合西南來之安遠江，入雩都縣界。又西北至縣東南，寧都江自寧都來入之。又西合雩水，逕縣南合諸小水，又西南激江水自興國來入之。又西二十里，桃江水自新豐來入之。又西至府城東，環城而北，合於章江。其中灘石參差，舟行甚艱。漢時豫章之水，湖漢爲大，故地理志此水下獨曰東北入江，其彭、廬、盱、蜀諸水皆云入湖漢。豫章水雖亦云北入大江，然不言諸水入此，亦不詳其里數，疑當時尚未知二水之源異流同，姑並著之，而專以湖漢爲經流也。自水經注以豫章水爲正源，而湖漢之名遂隱。

章水。在贛縣西，一名西江。自南安府南康縣界流入，至縣西環城而北，合於貢水。詳見南安府。

長步水。在贛縣西北四十里。源出黄唐山，東流四十里入贛水。又龍溪水，在縣北一百里，源出黄竹嶺，東流入贛水。

贛水。在贛縣北。章、貢二水於此合流，又北入吉安府萬安縣界。漢地理志：豫章水，出贛縣西南，北入大江。水經注：贛水，地理志曰，豫章水導源東北，流逕南野縣北贛川石岨，水急行難，傾波委注六十餘里，逕贛縣東，右會湖漢水。又劉澄之曰：縣東南有章水，西有貢水，縣治二水之間。二水合爲「贛」，因以名縣。陳書高祖紀：南康贛石舊有二十四灘，灘多巨石，行旅者以爲難。元和志：貢水西南自南康縣來，章水東南自雩都縣來，二水至州北合而爲一，通謂之贛水。寰宇記：貢水西北流至贛縣東北，與章水合。章水從南康縣東北流，合西扶、良熱等水，流三十里入贛縣郭，與貢水合爲贛水；從縣北一百九十二里入吉州泰和界。章貢圖經：東江發源新樂山，經雩都而會章水。西江導源大庾縣之聶都山，與貢水會而爲贛，在州治後。北流至萬安縣，爲灘十有八，怪石如精鐵，突兀廉厲，錯峙波面。自贛水而上，信豐、寧都俱有石磧，險阻視十八灘，故俚俗以爲上下三百里贛石。舊志：贛水自府城北北流三百里，歷十八灘，乃至萬安。在贛縣境者，一百八十里，有九灘。曰白澗、天柱、小湖、鱉灘、大湖、銅盆、落瀨、青洲、梁口共九灘，在萬安縣。按：元和志、劉澄之皆以自東來者爲章水，自西來者爲貢水。寰宇記始以東爲貢水，西爲章水，至今仍之。

梁水。在贛縣北一百六十里，接萬安縣界。源出龍頭嶺，西流出梁口灘，入贛水。

雩水。在雩都縣東。寰宇記：源出雩山，在縣東北四十二里。西南流五十里，經縣前，合貢水。省志：在縣北三十二里。

禾溪水。在雩都縣東。相近有水頭水，俱源出九山嶂。又有金溪、下拔二水，俱出縣北鴨公嶂，皆東南流入貢水。

流陂水。在雩都縣南，源出龍坳。其西又有小溪水，俱西北流入貢水。源出趺爛水，繞東溪，經雙橋入貢水。

磜下水。在雩都縣西。源出縣北馬迹仭，南流逕磜下，至麻油坑入貢水。又夢口水、三門灘水，俱流出古木嶂。下耆水，源出縣西北石含山，皆南流入貢水。

曲陽水。源出雩都縣東北一百九十里曲陽山。東南流，有龍山流出之渡水、分水山流出之南溪水入之。又南入寧都州之寧都水。又縣東北有佛婆水，源出黄沙嶺。銀坑水，源出固石山。池田水，源出牛阨嶺。俱東南流入寧都水〔一二〕。

桃江水。在新豐縣東。源出龍南縣西南冬桃山，東北流會諸山所出太平、大龍等水，又東北逕縣西，至縣北宫山下與渥、廉二水合，曰三江口。又北流三十里，逕龍頭灘，入信豐縣界，與黄田江水合。又東北二十里，合方溪水。又東北四十里，合小河水。又東北五十里，逕縣東至縣東北，與北江水合。又東北十餘里至龍湖口，合三江水。又北流二十里至雙溪口，又北二十里至烏漾灘，入贛縣界。又北五十里至羊烏渡，又北八十里入於貢水。在龍南者名桃水，在信豐者名桃江，入贛縣又名信豐江。中多灘險，而龍南之龍頭、信豐之烏漾二灘尤甚，明季至今，開鑿漸平，南雄鹽利，由此通焉。

三江水。在信豐縣東。有三源。一出安遠縣界，西流逕新田，爲新田江。一出會昌縣界，西流爲周坑江。一出會昌、雩都二縣界，西南流與周坑江合，爲寺坪腦江。三江既會，西流四十里，巫水源出巫山，西流入焉。又西十里，禾溪水源出長老山，西流入焉。又西二十里，綿水源出武山，西流入焉。又西二十里，安息江水源出安遠縣界，西北流入焉。又西二十里，至龍湖口入桃江。爲安樂鄉之通津，亦曰安樂鄉水。

小河水。在信豐縣南四十里。源出保昌縣界南大方，東流入縣界，凡八十里入桃江。

方溪水。在信豐縣南八十里。源出定南廳東北一百里南坑坳，名員魚溪水。會龍頭嶺下諸水，西北流入信豐縣界，爲方溪水。又西北經龍洲及内江渡，入桃江。亦名小江口。

黄田江水。在信豐縣西南一百六十里。源出始興、保昌、龍南三縣界，流入縣界黄田務，始通舟楫。共流二百里許，東入桃江。

北江水。在信豐縣北百餘步。源出縣西猶山，東南流至覃塘合大樂水，水出大庾縣界楓山，東南流五十里入焉。又十里至九渡，合二水。一出縣西七十里中亭磧，一出南大方，分流二十里入焉。又折東北流七十里，至城北入桃江。

雙溪水。在信豐縣北。有二源：一出縣北五十里贛縣界東南流，一出縣界東岡下東北流，俱入桃江。

潋江水。在興國縣東。源出縣東北蜈蚣山，西南流，三寮、營前二水自縣東西流入之。過衣錦瀧，樟木水自大鑊嶺西流入之。又逕龍下川至縣東，與北來之瀲水會，名曰平川。又二里過德星橋，又南，廖屋溪水自縣西南東流入之，雲溪水自縣南西流入之。又南逕雩都縣西界，合衣錦、固石、鴨公諸水，又南入贛縣東界。凡二百六十里，入貢水。亦名平固江，又名興國江。

瀲江水。在興國縣北。源出覆笥山，東南流至方口，合方太水。又合寶石、早溪、鰲源、龍上、池源諸水。又南逕縣東，合黄田水。又南至東潤口，與潋江合。方太水源出里山，寶石水源出焦嶺，早溪水源出白羊坳，皆南流入瀲。鰲源水源出君子嶺，龍上水二源，一出瞰潭，一出羊牿碣，俱東流入瀲。池源水源出池源山，南流入瀲。黄田水，即城濠也，源出縣西小春澗，東流環城入瀲。

湘水。在會昌縣東。源出縣南一百二十里打鼓壩，名郎溪，亦名羊角水。西北流，合君山、盤古嶠、墨斗灣、上林、洛口諸水，又西北過龍石，合貢水，爲湘洪水。上流中有十灘甚險。省志：羊角水，舊名郎溪。東達福建武平縣，南達廣東嘉應州，爲會昌襟喉。湘水發源於此。

墨斗灣水。在會昌縣東南一百二十里。源出雁門峽，急流三折如墨斗，故名。又上林水在縣東南五十里，君山水在縣南二十里，洛口水在縣東北六十里，俱流入湘水。

滎陽水。在會昌縣東南。源出軍門嶺南，東南流合上輔水入福建武平縣界，即廣東石窟溪之上源也。

濂江水。在安遠縣南。源出欣山，西北流至縣西北會上濂水，又折東北入會昌縣西界，又東北入貢水。一名安遠江，即古濂水也。寰宇記：廉水源出欣山，西北流，去縣西北五里與縣前上林水合流。古傳飲此水令人廉潔，因名。省志：濂江水，在安遠縣南門外。繞縣治西北，會上濂、里仁、小華江諸水，流至板石，始通舟楫。

大濂水。在安遠縣北。源出縣東北上濂坊，西流經古田坊入欣山水。按：此即寰宇記上林水也。

三百坑水。在安遠縣南。南流入定南廳界，爲九洲河，即古安遠水，廣東東江之上源也。寰宇記：安遠水源出欣山，在安遠縣東南八十里。水南入循州雷鄉縣。舊志：三百坑水，在安遠縣東南四十里。其地有三百坑，水源出焉。南流一百里，至定南廳界，爲九洲河，始通舟楫。又二百五十里，至廣東龍川縣界，爲東江。又九洲河，在定南廳東北百里，自安遠縣流入，合楊枝、横江、下歷、高砂諸水，又南入龍川縣界。諺云：「贛州九十九條河，却有一條通博羅。」指此水也。中有廉子、曲灘、鵝叫三灘，又濱河有猪婆巖，皆險峻。

尋鄔水。在長寧縣東五十里。源出尋鄔保，西南流合水源、馬踶江、河嶺諸水入廣東興寧縣界，爲杜田河，亦東江之上源也。

馬踶江水。在長寧縣南馬踶岡。又河嶺水，在縣南十里。俱東流入尋鄔水。

水源水。在長寧縣北三十五里。源出大陽關東三標保，流逕雞籠山始成河。又東南流繞縣東南，入尋鄔水。

渥水。在龍南縣東。源出縣南歸美、小武當諸山，北流會上皇諸山之水，至縣北合桃水。

太平江水。在龍南縣西南六十里。源出角子、帽、銀諸山，西北流入桃水，亦名羅盤水。又縣西南有大龍江水，源出縣西大龍保諸山，東流入桃水。

洒源水〔一二〕。在龍南縣西北，亦曰瀉源水。源出犁鼻山，東流合禄馬、鷂窑坑諸水，至洒口入三江。在縣北十里，亦曰鎖口。洒、瀉、鎖，音相近也。

濂水。在龍南縣東北。源出定南廳界橫江保，西北流會形華、程嶺、黄土嶺、約溪諸水，至縣東北入桃水。又車子壩水，源出東坑，至盤蘭山下入濂水。

角嶠水。在定南廳北六十里。源出院徑山，西北流經鹹湖，入龍南縣界。又城門水，在縣北七十里。其地兩岸有石壁，屹立如城門，水出其中，故名。相近又有鹹水徑水，源出南坑。俱西北經鹹湖，合龍南之濂水入桃江。

鶴子水。在定南廳東北。源出安遠界，南流入九洲河。相近有湖坑水，東流入河。又沙頭水，在縣東北四十里〔一三〕，源出下歷保，東南流入河。油潭水，在縣東二十里，東流入河。章田溪水，在縣西北。其西又有下池水及西二溪水〔一四〕，皆南至縣西三溪口合流，經縣南又東入河。

蛟湖。在興國縣南里許春口壩，北與靈湖相連。

熱水湖。在龍南縣西南一百五十里新興保，近桃水之源。又有湯湖，土人用以熟牲。

烏村潭。在信豐縣東四十里。懸崖飛瀑，三級而下，聚爲一坎，復從石穴流出爲潭，闊二丈許。

龍潭。在信豐縣。有三。一在縣東九十里雞冠磴，其巔有龍湫，水由巔注，高數十仞，其下爲澗，菖蒲叢生。一在縣東百里，高十丈，泉從石穴飛瀉。一在縣東北二十里星溪。

龍王潭。在興國縣南半里。平川經此，匯而爲潭，極深廣。上有石，突出江心。

仙女潭。在興國縣東北二十里。兩岸對峙，中有巖穴，潭在其下。瀑水懸注，三疊而後至潭，其色黝黑。

衣錦瀧。在興國縣東衣錦鄉東，以鄉名衣錦而名。瀲江所經也。崖石層起，如人跨馬。相近爲獅子灘，有石屹立如獅。又長信瀧，在縣東二十五里。狂瀾奔駛，聲吼如雷。俗號其上灘曰啞灘，以舟過禁聲也；下曰泥灘，以深不可測也。諺曰：「龍下三瀧，舟楫莫當。」明初知縣唐子儀鑿之，其險稍平。

龍頭灘。在龍南縣北三十里，三江水所經，即古百丈龍灘也。灘高水急，亂石離立。且兩崖峭壁，中有龍湫，凡舟行至此，必移所載於岸，空舟方濟。明萬曆四年，知縣王繼孝鑿石開路百餘丈，行者便之。

乾渡洲。在贛縣東磨車灣。積沙如阜，洲見則知諸灘水涸，故名。

小湖洲。在贛縣北七十里。又北十里爲大湖洲，皆突起贛江中。

錫洲。在贛縣北一百里。平起江中，周圍數里，上有居民。又北爲米洲，近江東岸，沙白如米，雁鶩每爲所迷。

瑞洲。在興國縣東門外數武。瀲江東來，濊水北來，中隔此洲，爲縣東障護。

鳳凰池。在府治東南二里。明統志：池中有石竹，相傳嘗有鳳棲其上。又金鯽池，在府治東南。硯池，在贛縣學。

瑞蓮池。在雩都縣治西二百步。明統志：池産異蓮，其葉曰雙捲劍脊，其花曰雙頭丫髻，三萼二十四葉，其實曰覆鐘金鋌。移之他處，輒類常種。俗傳雩山倒影所致。

洗藥池。在興國縣治西北治平觀前。明統志：晉葛洪鑿。

廉泉。在府治東南四里。明統志：劉宋元嘉中，一夕霹靂，忽泉湧出。時郡守以廉名，故曰廉泉。蘇軾有詩。

濂泉。在安遠縣東濂江坊靈寶觀後。澄深清冽，爲境内第一泉。

湯泉。在安遠縣東南符山保山上。初坎沸如湯，手不可探，次坎可煮牲，又次坎始可浴。又有温泉，在縣東南太平保。又温泉在諸縣者有六：信豐、會昌、長寧各一，龍南三。

三潮井。在府治南四里。明統志：水日三潮，潮則溢井口。

校勘記

〔一〕置南康郡　「郡」，原作「尉」，據乾隆志卷二五三贛州府建置沿革（下同卷簡稱乾隆志）及晉書卷一五地理志改。

〔二〕南康記云有金雞出入此穴　「康」，原作「唐」，乾隆志同，據太平寰宇記卷一〇八江南西道虔州改。

〔三〕南康記云　「康」，原作「唐」，乾隆志同，據太平寰宇記卷一〇八江南西道虔州改。

〔四〕交關者前物枋下　「物」，原無，乾隆志同，據太平寰宇記卷一〇八江南西道虔州補。

〔五〕其山一十二面　「二」，原作「一」，據乾隆志及太平寰宇記卷一〇八江南西道虔州改。

〔六〕金盆山　「盆」，原作「岔」，據乾隆志及雍正江西通志卷一三山川改。

〔七〕綒線洞　乾隆志作「麻線洞」，明一統志卷五八贛州府山川作「綟泉洞」。

〔八〕貢水源出汀州新樂山　乾隆志同。按，此引太平寰宇記文與今本多有不同，疑非寰宇記文。

〔九〕入贛縣界西北流八十里　乾隆志同。考輿圖，貢水自雩都縣流入贛縣，乃水自東來，不應入境西北流又至縣東北二十里與章水合流。疑「入贛縣界」四字當在「西流八十里」之後，如此方合。

〔一〇〕貢水今出汀州府西六十里新路嶺　「西」，原脱，據乾隆志補。

〔一一〕俱東南流入寧都水　「流」，原作「繞」，據乾隆志改。

〔一二〕洒源水　「水」，原作「山」，據乾隆志改。

〔一三〕又沙頭水在縣東北四十里　「縣」，乾隆志同。按，字當改作「廳」。本條下文「縣」字同。蓋定南由縣改廳始於乾隆三十八年，史臣抄撮舊志，未隨文改稱，此亦稍見史臣之疏漏。

〔一四〕其西又有下池水及西二溪水　「西二溪水」，乾隆志同。按，此四字未詳，疑「西」上脱「東」字。

大清一統志卷三百三十一

贛州府二

古蹟

贛縣故城。在今贛縣西南，漢縣也。寰宇記：漢高六年，使灌嬰略定江南，始爲贛縣立城以防趙佗。今州西南益漿溪故城是也。東晉永和五年，太守高琰置郡城於章、貢二水間。義熙七年，徙於贛水東。梁承聖元年，復移於章、貢間，即今城是也。又贛縣，晉太康末洪水横流，忽有大鼓隨波而下，入葛姥故城，衆力齊曳不動。卜於其地置縣吉，遂徙以就焉。宋昇明初，移置贛水東三百步。梁承聖初，又遷贛水南。唐貞觀中，徙於今治。

雩都故城。有二：一在今雩都縣東北，漢縣也；一在今縣東南，唐初所遷。寰宇記：雩都，即漢高帝六年使灌嬰防趙佗所立縣也。在郡城東四里，地名東溪。陳永定初，遷於大昌村。隋大業中，復還故郡城。唐武德初，又移歸大昌村。貞觀中，暴水爲患，安撫大使任懷玉奏請置於南康古郡，即今縣城也。縣志：漢縣治曰古田坪，在今縣東北，東溪水繞其後。大昌村，今縣東南宣義鄉唐昌、仙桂里是也。按：明統志謂漢建縣在今縣西北五里，以寰宇記證之，當從縣志在東北爲是。晉初南康治雩都，後遷贛縣，故寰宇記謂之故郡。又按：隋書地理志雩都舊廢，平陳置。歐陽忞輿地廣記亦云晉宋後省，隋復置。寰宇記言陳遷大昌村，是未嘗廢也，二説不同。然隋志爲可據。

南安故城。今信豐縣治。三國吴置南安縣，在今南康縣界。唐析南康，更置南安縣於此。天寶初，改名信豐，後遂因之。元和志：縣北至虔州一百九十五里。寰宇記：唐永淳元年，析南康，更置南安縣，以其地接嶺南，人安俗阜，謂之南安。天寶元年，改天下縣名相同者，採訪使韓朝宗以泉州有南安縣，遂奏改名信豐縣，以人信物豐爲名。

平固故城。在興國縣界。三國吴析贛縣地，置平陽縣。晉太康元年，改曰平固，屬南康郡。宋、齊因之。隋省。按：平固故址無考。今興國縣瀲水亦名平固江，贛縣東舊有平固鎮，其地當在二縣之間。舊志謂在興國縣北百二十里，恐非。

安遠故城。在今安遠縣南，梁置。元和志：安遠縣西北至虔州五百二十里。梁大同中，於今縣七十里安遠水南置安遠縣，隋開皇中廢。貞元四年，刺史路應重奏分雩都縣地置。按：寰宇記云，建中三年，刺史路應奏請析雩都三鄉並信豐一里再置，與元和志不同。今考新、舊唐書，皆作貞元四年，路應爲刺史亦在貞元初，寰宇記誤。又齊書州郡志虔化下云「永明八年罷安遠縣并」，此則齊初所置尋并入虔化者，其地在今寧都界中，與梁所置非一處也。

葛姥城。在贛縣。寰宇記：葛姥祠，在贛縣東北五里。輿地志云，葛姥者，漢末避黄巾賊，出自交阯，資財巨萬，童僕數千，於此築城爲家。没後有靈異，人立祠祈禱。晉太康末徙縣於此。

瀲江鎮。今興國縣治。寰宇記：太平興國中，析贛縣七鄉於瀲江鎮，置興國縣，以年號爲名。九域志：縣在虔州東二百四十里。

九洲鎮。今會昌縣治。寰宇記：太平興國中，析雩都縣六鄉，於九洲鎮置會昌縣。九域志：縣在虔州東四百里。

蓮塘鎮。今定南廳治。本龍南縣地。明嘉靖三十六年，龍南民賴清規據下歷堡以叛，合岑崗、高砂、汶龍諸巢賊出刼。四十五年，巡撫吴百朋討平之。隆慶三年，割龍南縣之高砂、下歷、横江三堡，安遠縣之大石、小石、伯洪三堡，信豐縣之潭慶堡，置縣曰定南，治高砂堡之蓮塘鎮，即今廳也。

百丈戍。今龍南縣治。唐書地理志：虔州有百丈戍。寰宇記：龍南縣，本信豐縣地。僞吴武義中，析信豐順仁鄉之新興一里爲場，壬子歲僞唐改爲縣。宋史地理志：贛州龍南，南唐縣，本名龍南。宣和三年，改虔南。紹興二十三年，改龍南，取百丈龍灘之南爲義。舊志：龍南縣，即古百丈戍。

銀場。九域志：贛縣有蛤湖銀場。又雩都有天井錫場，會昌有援溪錫場，虔化有寶積鉛場。舊志：雩都縣舊有銀場，在縣東北智義鄉佛婆里。今縣東北七十里有銀坑鋪，蓋亦以銀場得名。

勤王壘。在興國縣衣錦鄉。宋文天祥勤王駐兵之壘，累石爲墉三層，其隘上署「都督行府」額，基址尚存。

翠玉樓。在府治後。宋郡守留正建，取蘇軾詩「山爲翠浪湧，水作玉虹流」之句爲名。

白鵠樓。在府治東北八境臺北。又城東南有皂蓋樓，蘇軾皆有詩。

奎文閣。在舊府學内。宋建，以藏高宗御書，名御書閣，元改名。

愛蓮堂。在府治，前臨方池。宋通守羅愿建，取周濂溪愛蓮之意爲名。

清獻堂。在府治内，明洪武初建。宋趙抃嘗守虔州，故取其謚以名。

議道堂。在舊府學内。宋紹聖中，提點刑獄程筠建。左爲松軒，右爲竹軒，李朴爲記。

塵外亭。在贛縣龔公山頂。形勢最高，城郭山川一覽無遺。蘇軾有詩。

鬱孤臺。在府治西南，即賀蘭山，隆阜鬱然孤起，故名。唐郡守李勉登臨北望，改名望闕。宋郡守曾慥增築二臺，南爲鬱孤，北爲望闕，趙抃、蘇軾皆有詩。今縣學在其下。

章貢臺。在府治西北，宋郡守趙抃建。據章、貢二水之會，憑高眺遠，城北水光山色，盡出乎几席履舄之間，形勝與鬱孤對峙稱雄。抃自爲記。

八境臺。在府東北城上，蘇軾虔州八境圖詩引：南康八境圖者，太守孔君改作石城，即其城上樓觀臺榭之所見而作是圖也。東望七閩，南望五嶺，覽羣山之參差，俯章、貢之奔流。雲煙出没，草木繁麗，蘇子乃作詩八章題其上。按：孔宗翰作八境圖，未嘗專以名臺，此後人所爲。明統志載八境臺，而引蘇軾鬱孤臺詩，亦誤。

鳳凰臺。在府城東隅龜岡。

萬壑臺。在安遠縣治内。唐貞元中，郡守路應建。

律田館。在信豐縣東八十里。又利見館、鳳林館，俱在縣東九十里。新陂館，在縣南八十里。俱宋建，久廢。

黄田務。在信豐縣西南一百六十里，宋建。

統制石。在興國縣太平鄉。宋末統制鞏信從文天祥勤王，元帥李恒追至方石嶺，將及，信以短兵接戰，元兵疑有伏，不敢進。信坐巨石，箭雨集被體，屹然不動，至死不僵。後人呼爲統制石，至今行旅過其下必式。

石塔。在信豐縣治北。明統志：塔高九層而無影，影見則災至。

石龜。在興國縣儒林鄉。明統志：石圓如龜，項背俱備，彷彿八卦形象，逐月隨斗杓旋轉。土人疑其怪，移置他所，翌日復歸其處。累驗皆然，因時祀之。

銅鐘。在興國縣大乘寺。明統志：唐末鑄，宋紹興初，一夕忽失之。未幾有客言比者文潭漁者得一鐘，鬻於天寶寺，扣之無聲。僧詣天寶寺，物色得之，贖之不許，乃相約曰：「扣之不鳴，即非寺中物，扣之鳴，即寺中物也。」天寶僧屢擊無聲，大乘僧一擊即鳴，遂載以歸。至今尚存。

關隘

贛關。在贛縣北，東、西兩橋章、貢會流處。明弘治中，設税場於南安折梅亭，正德六年，置關於此，以榷商税。本朝每年遣部員督收，雍正元年，改令巡撫委官管理。

下窑隘。在贛縣南。相近爲文灘隘，路出信豐。又兜坑隘，在縣西，路出南康。廟前隘，在縣西北，路出龍泉。婆婆隘，在縣北，路出萬安。袁屋嶺隘，在縣東北，路出興國。

磜下隘。在雩都縣西北三十五里，接贛縣界。又有龍潭、馬嶺、峽口、牛嶺等五隘，俱在縣西南，與會昌、信豐、贛縣、安遠相通。又葛坳隘，在縣東北九十里。佛嶺隘，在縣東。左坑、豐田二隘，在縣東南。銀坑隘，在縣東北。諸隘皆稱峭險，而豐田、左坑、牛嶺三隘尤最要。

石口隘。在信豐縣東。相近有鵶鵲隘，俱通會昌、安遠二縣。又竹篙隘、平岡隘、陂頭隘，俱在縣南一百里，路通龍南。楊梅隘、九里隘，俱在縣西八十餘里，路通廣東南雄州及大庾縣。

南大方隘。在信豐縣西南，與廣東保昌接界。其北又有九渡水隘，爲行鹽捷徑。又楠木峽隘，在縣西北，路出贛縣南康，尤險仄。

梅窖隘。在興國縣東，亦名梅窖關，路通寧都、雩都，最爲要害。又龍子隘、風車扭隘、螃蠏藪隘、南村洞隘、岫口洞隘，俱在縣東。峽田隘、龍沙廟前隘、垓頭坪隘、墟下隘，俱在縣南。荷樹陂隘、企嶺凹隘，俱在縣西。槎園岡隘、方石嶺隘、楊梅徑隘，俱在縣北。花橋隘、壕頭隘，俱在縣東北。

羊石隘。在會昌縣東南七十里。又湖界隘、清溪隘，在縣南八十里。牛券山隘，在縣西南一百二十里。分水隘，在縣東北六十里。皆稱險要。

南徑隘。在安遠縣南三十里，亦名鎮遠關。四山壁立，中開小徑，通廣東惠、潮諸路。明嘉靖末築城於此。又上濂隘，在縣東五十里，亦名太陽關。蓮塘隘，在縣西南永安坊，亦名致養關。梨嶺隘，在縣西北古田坊，亦名説澤關。楊坳嶺隘，在縣北二十里，亦名西城關。俱萬曆中建。又黄土隘，在縣東南太平堡。牛背崎隘，在縣西南新龍堡。三十六坳隘，在縣西里仁堡。赤珠隘，在縣西北固營堡。

容嶺隘。在長寧縣東腰古堡。又有分水坳，在縣東南頂山堡。地接閩、粤，爲虔州要津。又籐嶺隘，在縣東南南橋堡，與平遠接界。

丹竹樓隘。在長寧縣南丹竹嶺下，與廣東興寧、平遠接界。明萬曆四年，嘗移大墩巡司於此。又老虎隘，在縣南大帽山中，林木深阻，鳥道三十里。猴子隘，在縣西六十里。

南埠隘。在龍南縣東南上蒙堡，與淵頭、岑岡相近。

横岡隘。在龍南縣南一百五十里太平堡，亦名横江隘，東通和平、龍川，南通連平，山徑崎嶇，僅容一馬。明萬曆二十三年，置横江營。本朝順治初，設守備、把總駐此。九年，移置定南廳下歷鎮。

冬桃隘。在龍南縣西南一百五十里冬桃嶺上，路通連平、翁源、始興。明萬曆中置營堡，崇禎初，移下歷巡司駐此。本朝順治初裁，十八年重設堡，以舊營孤僻，改築於東牌岡子頭。相近有黄籐徑隘。又樟木徑隘，在縣西一百五十里，通廣東南雄州。

鴉鵲隘。在定南廳東下歷堡，接和平縣界。其東又有磨刀、銅坑二隘，接龍川、長寧二縣界。又劉夆隘，在劉夆山下，接龍川縣界。陽陂隘，在縣西南砂堡。其西又有龍子嶺隘、黄籐隘，皆接和平縣界。徑腦隘，在縣西北一百二十里，亦往來要地。

潭慶隘。在定南廳北一百里潭慶堡。又員魚隘，在縣北一百二十里員魚溪上，接信豐縣界。坑水衝奔，叢菁深翳，至爲艱險。

桂源鎮巡司。在贛縣北一百二十里攸鎮，接萬安縣界。明初置，在雲泉鄉桂源鋪，正德中遷此，今因之。又舊有長洛巡司，在縣西黄金鋪，明嘉靖中廢。

長興鎮巡司。在贛縣東北一百里。舊名磨刀寨，本朝乾隆四十三年改今名。

興仁巡司。在雩都縣東北一百里，舊名平頭寨。路通閩、廣，當五洞、七徑之衝。宋紹興三年，岳飛平固石洞賊，遂建寨於此。明初置巡司。本朝乾隆四十三年改今名。

楊溪巡司。在信豐縣東南一百里，接安遠縣界。明初置新田巡司，本朝乾隆三十年移駐於此。

衣錦寨巡司。在興國縣衣錦鄉。明初置，今因之。

筠門鎮巡司。在會昌縣南八十里。舊駐湘鄉，本朝乾隆三十年移此。

板石鎮巡司。在安遠縣西北七十里，與信豐縣新田鎮接界，有鋪。明宣德八年置巡司，今因之。

新坪巡司。在長寧縣南九十里。明初置縣南大墩堡，萬曆中移於丹竹樓，後又移此。

下歷鎮巡司。在定南廳東北四十里。明初置巡司，嘉靖中，爲土賊賴清規所據。勦平後，撥指揮鎮守，築城周一百七十餘丈，移巡司駐城中。後罷指揮。崇禎初，廣賊亂，移安遠太平營兵防守，徙巡司於龍南縣冬桃隘。本朝順治九年，又移龍南之横岡營，守備、把總駐此，仍置巡司。雍正十年，改守備爲都司。

平固鎮。在贛縣東。九域志：贛縣有平固、七里、楊梅、合江四鎮。縣志：平固市，在縣東長興鄉。七里市，在大由鄉。楊梅渡，在縣西章水鄉。合江，即章、貢合流處。

黄金鎮。在贛縣西十里，舊置税課局於此。相近又有大壺税課局，縣東又有杜富税課局，俱明初置，久廢。

承鄉鎮。在會昌縣北八十里。明宣德中置巡司，本朝乾隆三十年裁。又縣西舊有河口巡司，明嘉靖中廢。

雙橋鎮。在長寧縣北二十里。明初置巡司，屬安遠縣，萬曆中改屬長寧。今裁。

青塘寨。在雩都縣東北一百八十里。宋岳飛平洞賊後，以其地界寧都、興國，爲三邑之衝，置寨於此。明初置巡司，萬曆十三年廢。又印山寨，在縣東北一百四十里，舊名曲陽，明初亦置巡司，嘉靖中廢。

崖石寨。在興國縣崖石山上。

迴龍寨。在興國縣東北方山佛嶺。明置巡司，本朝乾隆三十年裁。

田背寨。在會昌縣東南一百二十里，接福建武平縣界。明嘉靖二十一年築堡。

江東寨。在龍南東四里。相近有塔下、羊牯二寨。又黄土陂寨，在縣東南三十里。太平寨，在縣東南四十里。又東南有裹鎮、龜湖二寨。鐵砧寨，在縣西七里。將軍寨，在縣西十五里。彈子石寨，在縣北三里。狗鼻窟寨，在縣東北七里。

雞脚寨。在定南廳東五十里。四圍峻絶，止一徑可上。相近有白雲寨。又横石寨，在廳東一百里。青龍寨，在廳東南八十里。

馬頭寨。在定南廳北七十里横江堡。形如馬頭，其頂寬平，可容萬人，登高則四遠皆見。有石井名仙泉。寨下四圍皆水，極深無底，中有數石，陡起水面，登寨者必由此渡。相近又有石寨，四圍石山崒嵂，中突起一峰，皆昔居民所保。其南十里，又有鐵砧寨。

羊角營。在會昌縣南一百二十里，即羊角水隘也。南距廣東，東距福建，爲咽喉要地。明成化十九年，置長沙營、羊角水提備所。嘉靖二十一年築堡。萬曆四年，併長沙營入安遠，於此設羊角水堡。本朝設守備、把總駐守。康熙十年，重築堡城。雍正十年，改守備爲都司。

長沙營。在安遠縣北，明成化十九年置。萬曆四年，自會昌割屬縣境。今爲長沙堡。又太平營，在縣南太平堡。

石背堡。在信豐縣新田鎮東南。地險而民悍，爲新田脣齒。又鎮南堡，在縣西南，路出廣東始興縣界。縣境堡凡四十，而二堡爲要。

黄鄉堡。在長寧縣西北八十里。林木陰翳，鳥道三十里，人煙稀少。明嘉靖中置巡司，本朝乾隆三十年裁。

安息墟。在信豐縣東南六十里，安息水所經。又桃枝墟，在縣西四十里，與黄田、覃塘舊皆置巡司〔一〕，久廢。

攸鎮驛。在贛縣北一百二十里。元時曰攸鎮站，明洪武初改爲驛。本朝乾隆二十一年裁驛務，歸桂源巡司兼管。又水西驛，在縣西，元曰水西站，明初改爲驛，并置遞運所於此，今裁。

桃江驛。在信豐縣東門右，今裁。

津梁

贛關東、西橋。在贛縣北章、貢二水上。東橋本東津渡，西橋本知政渡，宋時始建浮梁。明正德中設閘，二橋並掌之官，以時啓閉。本朝因之。

中書橋。在贛縣西。

雙橋。在雩都縣南雩水入江處。

嘉定橋。在信豐縣東門外。宋建浮橋，明萬曆中甃石，後圮。本朝康熙二年重建。

迎恩橋。在信豐縣北門外。舊名虹橋，明初改今名。

德星橋。在興國縣南五里。

文興橋。在興國縣北十里文溪渡口。

步雲橋。在會昌縣東門外。一名抑洪橋。

文明橋。在安遠縣南門外。

濂川橋。在安遠縣西門外。宋建。明嘉靖中修，改名羅星橋。長十餘丈，爲縣水口關鍵。

太平橋。在長寧縣治，南跨馬踶江。

東江橋。在龍南縣東門外。

魚徑橋。在定南廳北員魚溪上。

隄堰

塔下隄。在龍南縣西南十里，長三百餘丈。本朝順治、康熙年間屢修。

海公壩。在興國縣南一里許。舊名春口，明嘉靖中知縣海瑞所築，以障平川之水。

羊角壩。在會昌縣北三十里。中有穿針、石龍、鈎嘴、倒鬚諸石，水道最險，舟人畏之。

陵墓

漢

劉叔喬墓。在雩都縣南七十二里柴侯山。

唐

鍾紹京墓。在興國縣東北長信里石亭西殷富岡。

張景墓。在安遠縣東北安樂里。咸通八年葬，有碑斷缺。

楊筠松墓。在雩都縣東北八十里藥口，今名楊公壩。

宋

唐國忠墓。在龍南縣西南新興堡東村。

呂大防墓。在信豐縣南山寺之右。

陽孝本墓。在贛縣通天巖。

李朴墓。在興國縣長信里木口村。

曾開墓。在贛縣崆峒山，又有曾楙墓。

鍾佃墓。在龍南縣西一百二十里雷公塘後。

元

陳泰墓。在龍南縣西南馬鞍山。

明

李旭墓。在贛縣西門外。

袁慶祥墓。在雩都縣西三門灘。

黄弘綱墓。在雩都縣西門外。

何廷仁墓。在雩都縣東門外。

李淶墓。在雩都縣三塔坑。

祠廟

八先生祠。在府學西。宋建，祀濂溪周子、二程子。後增胡宏、朱子、張栻、呂祖謙，後又增程珦，爲八先生祠。

王文成祠。在府學右，祀明新建伯王守仁。

精忠祠。在府治南，祀宋岳飛。

清忠祠。在府治宣明樓右，祀宋趙抃、文天祥。

路嗣恭祠。在贛縣南三里。寰宇記：唐大曆九年，嶺南哥舒晃反，嗣恭統五嶺兵，討斬晃於嶺南。師之所處，人不疲勞，爲置生祠，以顯遺愛。

雙節祠。在信豐縣儒學東，祀元縣尹李廉及其子敬。

三程先生祠。在興國縣學內。宋建，祀宋大中大夫程珦及二子明道、伊川。

海忠介祠。在興國縣治西，祀明知縣海瑞。

烈女祠。在會昌縣麗澤門內，祀明平遠知縣王化妻許氏。

英烈祠。在會昌縣西北三十里珠蘭鋪，祀邑諸生劉震，及同時死事者六十人。

忠節祠。在龍南縣學左，祀元縣尹陳泰。

江東廟。在贛縣貢水東五里，以在江之東而名。明統志：即宋嘉濟祠。其神秦時贛縣人，姓石名固，既歿爲神。後人因其靈應，爲著韻語百首，第以爲籤，神乘之以應人卜，無不切中。宋濂有記。

潛靈廟。在贛縣南崆峒山之陽，晉咸康五年太守庾恪建。宋時以祈雨靈應，賜今額。

廣澤廟。在贛縣北儲潭山麓。晉建，宋紹興中賜今額。

雩山廟。在雩都縣北五十里，宋淳熙中建。

寺觀

景德寺。在府城内東南隅。劉宋建，舊名安天寺。明成化中，改爲府學。嘉靖中學徙，復爲寺。輿地紀勝：地勢夷曠，瞰城南山水雄麗。梵宇以間計者二千六百，蓋章、貢蘭若之甲。後被火，十存一二。

慈雲寺。在贛縣東，唐貞元中建。

壽量寺。在贛縣東，梁防禦使盧光稠建。初名延壽，宋祥符中賜今名。元末燬，明洪武中重建。

寶華寺。在贛縣西北一百二十餘里，與興國接壤。唐智藏禪師示寂地。明崇禎末重建。

明覺寺。在雩都縣西門外。舊名福田寺，在大昌村，梁天建中建，唐開元中遷此。宋大中祥符間，賜名妙浄。明末圮，本朝順治十八年修。寺内有吴僧伽真身。

大乘寺。在興國縣治後。唐建，舊名萬年，元至正中賜今名。

妙相寺。在安遠縣板石堡。唐長慶四年建，本朝康熙八年重建。

玉虚觀。在贛縣貢水東。唐建，名開元，宋改今名。

紫陽觀。在雩都縣城東百步。隋建，名清華道院，唐改今名。明正德中，嘗遷縣學於此。

治平觀。在興國縣西門外，晉建。內有葛洪洗藥池及丹井。

萬壽宫。在府治南。本唐紫極宫，宋改玄妙觀，明改今名。

名宦

南北朝　陳

宗元饒。江陵人。宣帝時，遷南康内史。以秩米三千餘斛助民租課，存問高年，拯救乏絶，百姓甚賴焉。

唐

許圉師。安陸人。高宗時，爲虔州刺史。專以寬治，州人刻石頌美。

路應。三原人。貞元初，爲虔州刺史，鑿贛石梗嶮以通舟楫。

張署。河間人。元和中，遷虔州刺史。俗事殺牛，又好放生以祈福祥，署一皆禁絶。使通經士與諸生之旁大郡學鄉飲、喪婚禮，張施講説，民吏從化。度支符州折民户租，歲徵錦六千屯〔一〕，署疏言治迫嶺下，民不識蠶桑，遂得免。

馬總。扶風人。元和中，爲虔州刺史。清廉不撓，用儒術教其俗，政事嘉美。

李渤。洛陽人。穆宗時，爲虔州刺史。奏還信州移稅錢二百萬，免賦米二萬石，廢冗役千六百人。觀察使上狀，不閱歲，遷江州刺史。

宋

楊澈。建陽人。江南平，通判虔州，令就大將曹彬分兵以行。既入境，僞帥郭再興擁兵自固，澈單騎直趨其壘，諭以朝廷威信，再興即奉符受代。澈悉糾城中軍士之勇壯者，凡五百人爲一綱，部送京師。土豪黎、羅二姓聚衆依山謀亂，澈率兵平之，擒二豪械送闕下。

陳從易。晉江人。真宗時，知虔州。會歲大饑，有持杖盜取民穀者。請一切減死論，凡生者千餘人。

程戡。陽翟人。仁宗時，通判虔州。州人有殺母，暮夜置尸他人之門以誣仇者，獄已具，戡獨辨之，正其罪。

陳希亮。青神人。仁宗時，知雩都縣。老吏曾腆侮法，以希亮年少，易之。希亮視事，首得其罪，腆叩首出血願自新，希亮戒而捨之，卒爲良吏。巫覡歲斂民財祭鬼，謂之春齋，否則有火災，民訛言有緋衣三老人行火。希亮禁之，民不敢犯，火亦不作。毀淫祠數百區，勒巫爲農者七十餘家。及罷去，父老送之出境，泣曰：「公去，恐緋衣老人復出矣。」

李先。臨潁人。仁宗時，爲虔州觀察推官，攝吉州永新令。兩州俗尚訟，先爲辨枉直，皆得其平。

余良肱。分寧人。天聖進士，知虔州。士大夫死嶺外者，喪車自虔出，多弱子寡婦，良肱悉力振護。孤女無所依者，出俸錢嫁之。後官至光禄卿。

趙抃。衢州西安人。嘉祐中，知虔州。虔素難治，抃御之嚴而不苛，召戒諸縣令，使人自爲治，令皆喜，爭盡力，獄以屢空。

嶺下仕者死，無以爲歸，抃造舟百艘，移告諸郡曰：「仕宦之家有不能歸者，皆於我乎出。」於是至者相繼，悉授以舟，並給其道里費。

周敦頤。營道人。初試將作監主簿，嘉祐間通判虔州。趙抃守虔，熟視其所爲，執其手曰：「吾向幾失君，今而後乃知周茂叔也。」著太極圖、通書。卒，謚元公，從祀孔廟。

錢顗。無錫人。英宗時知贛縣，以治行聞。

謝麟。甌寧人。登第，調會昌令。民被酒，夜與仇鬬，既歸而所親殺之，因誣仇。麟知死者無子，所親利其財，一訊得實。

孔宗翰。孔子四十六代孫。神宗時，知虔州。城濱章、貢兩江，歲爲水嚙，宗翰伐石爲址，冶鐵固之，由是屹然。詔書褒美。

劉彝。福州人。熙寧中，知虔州。俗尚巫鬼，不事醫藥，彝著正俗方以訓，斥淫巫三千七百家，使以醫易業，俗遂變。

胡銓。廬陵人。建炎中，授撫州軍事判官。未上，會隆祐太后避兵贛州，金人躡之。銓以漕檄攝本州，募鄉丁助官軍捍禦，第賞轉承直郎。

陳剛中。紹興中，胡銓謫廣州，時剛中以啓事爲賀。後爲人所訐，謫知虔州安遠縣，遂死焉。

雷孚。新昌人。紹興中通判贛州。齊述之亂，連坐三千人，州守李耕欲盡誅之。孚曰：「茶寇，述黨也，土人則脅從耳。」耕悟，止戮其黨，餘盡釋之。

趙公稱。隆興中，知贛州。以寬剩錢十萬緡，爲民代輸夏稅。

洪邁。鄱陽人。乾道六年，知贛州。起學宮，造浮梁，士民安之。郡兵素驕，小不如欲則跋扈，郡歲遣千人戍九江，是歲或怵以至則留不復返，衆遂反戈。邁不爲動，但遣一校婉説之，俾歸營，衆皆聽。徐詰什五長，械送潯陽，斬於市。歲饑，贛中熟，邁移粟佐鄰郡。有諫止者，邁曰：「秦、越瘠肥，臣子義耶？」

留正。永春人。淳熙中，知贛州。奏蠲上供米，不報。及爲相，蠲一萬八千石。

林大中。永康人。光宗時，知贛州。

莊夏。泉州人。慶元六年大旱，詔求直言，夏時知贛州興國縣，上封事，召爲太學博士。

柴中行。餘干人。紹興進士，寧宗時知贛州。治盜有方，境内清肅。

陳孔碩。侯官人。嘉定中，知贛州。豪家沿江作碓以射利，水益湍急，常壞舟楫，孔碩盡去之，患乃息。子韡，端平初復知贛州，進江西安撫使，破松梓山，焚其巢，賊首就擒。

楊大異。醴陵人。爲安遠尉。邑有峒寇擾民，官兵致討，積年弗獲，檄大異往治之。大異以一僕負告身自隨，肩輿入賊峒，諭以禍福，皆伏地叩頭，願改過自新，留告身爲質，偕其渠魁數輩出降。

羅必元。進賢人。淳祐中，通判贛州。賈似道總領京湖，尅剥至甚，必元上疏，以爲蠹國脈，傷民命。似道銜之，改知汀州。

何時。樂安人。咸淳中知興國縣。建安湖書院，日課諸生，風教大行。

文天祥。廬陵人。寶祐四年，舉進士第一，咸淳十年知贛州。德祐初，江上報急，詔天下勤王。天祥捧詔涕泣，使陳繼周發郡中豪傑，并結溪峒蠻，使方興召吉州兵，諸豪傑皆應，有衆萬人。

元

楊景行。泰和人。延祐中，授會昌州判官。民素不知井飲，汲於河流，故多疾癘，不知陶瓦，以茅覆屋，故多火災。景行教民穿井以飲，陶瓦以代茅茨，始免於疾癘火災。豪民十人號十虎，干政害民，悉捕置之法。乃創學舍，禮師儒，勸民斥腴田以膳士，絃誦之聲遂盛。

陳泰。茶陵人。延祐中，爲龍南尹。石背峒賊掠境，泰率兵與戰於犁鼻山，敗績死之。

全布延薩里。高昌人。爲贛州路達嚕噶齊，發摘奸惡，一郡肅然。至正十一年盜起，即修城壘，備守禦，募兵三千人，日練習之。屬邑有爲賊所陷者，輒遣兵復之，境内悉安。以功拜江西行省參政，分省於贛。陳友諒既據下流諸郡，遣其將幸文才率兵圍贛，使人脅之降。斬其使，力戰凡四月，兵少食盡。有義兵萬户欲舉城降賊，不從，遂自剄。「全布延薩里」舊作「全普庵撒里」，「達嚕噶齊」舊作「達嚕花赤」，今俱改正。

哈克齊。至正中，爲贛州路總管，守贛有功。城陷之日，賊將脅之使降，哈克齊謂賊將曰：「與汝戰者我也，爾賊毋殺贛民，當速殺我耳。」遂見殺。「哈克齊」舊作「哈海赤」，今改正。

李廉。安福人。至正中，知信豐。紅巾賊起，廉率民兵力戰，亡於陣。其子敬，嗣爲縣尹，誓復父仇，數與賊戰，亦死之。民爲立雙節祠。

明

崔天錫。贊皇人。洪武初，取贛州，即以天錫知贛州。兵燹後版籍蕩然，原額糧五千七百石有奇，至是失額，公私交病。天錫令民具實自陳，復按行封畛，度田廣狹肥瘠，率三十而税一。久之復業，輸糧如初。

宋濂。浦江人。洪武四年，謫知安遠縣，旋召爲禮部主事。

唐子儀。歙縣人。洪武末以文學徵，授興國知縣。教民務農，常出郊躬勸勞之。造士日有程課，寒暑不輟。擢趙王府紀善。

許庸。廣東石城人。永樂初，知會昌縣。性敏決，庭無滯訟。每遇興作，貧者驗丁役力，富者量財供費，民樂趨事。積年，逃卒皆聞風自歸。

李素。蒼梧人。宣德初，知贛縣。邑之橋梁學舍，皆其創修。秩滿，民請留，踰十五年始以憂去。

王學古。交阯人。正統四年，知信豐縣，以廉介稱。撫定石背峒賊，列爲編户。巡撫楊彦謐奏其功，復任九載乃致仕。

張勝。麻城人。天順中，爲雩都典史。長河峒賊竊發，勝率民兵禦之。賊圍急，援兵不至，皆死於陣中。

姜璉〔三〕。蘭谿人。成化七年，知贛州府。繕城隍，改建郡縣學，植良翦惡，治行爲江右第一。

李璡。懷寧人。成化中，知贛州府。郡遭大水，繼以疫，璡竭力賑濟，全活甚衆。閩、廣流寇犯境，率民兵連擊敗之。

王廷珪。郴州人〔四〕。成化中，官贛州同知。流寇犯境，率民兵奮戰，援絶力屈死之。卹恩晉四品階，蔭一子入監讀書。

朱諫。樂清人。弘治進士，正德中知贛州府。大帽山延袤閩廣千餘里，内皆谿谷，賊憑要害，時出爲患。諫率兵歷盤龍嶺諸寨，殲其魁，俘數千人，餘衆悉降。乃散置安遠、龍南諸境，給之牛糧，盡爲良民。

邢珣。當塗人。弘治進士，正德中知贛州府。招降劇盜滿總等，給田廬，撫之甚厚。後討他盜，多藉其力。王守仁征横水、桶岡，珣常爲軍鋒，功最，增二秩。宸濠反，以重賞誘滿總，總執其使送珣，遂從珣共平宸濠。遷江西右參政。著有章貢雜稿。

徐珪。應城人。正德中，歷贛州通判，招降盜魁何積玉。已復叛，下珪獄，尋釋之。後以平盜功擢知州。

李鳳朝。貴州人。嘉靖中，爲信豐主簿。三巢賊賴清規等掠城下，鳳朝督兵出戰，屢破之。追入青村谷，賊據山逆戰，鳳朝奮力先登，爲賊所害。數日得其屍，顏色不變。

李多祚。石首人。嘉靖末，知安遠縣。三巢賊亂，大石、小石、伯洪三堡俱被脅從。多祚率民禦之，與賊戰於下歷，斬首千計。寇平，多方撫循，流亡者皆復業。

陳瀾。麗水人。嘉靖末，知信豐縣。下歷之役，督撫移鎮信豐，官兵四集。瀾區畫軍資，上無廢事，下不病民。創立定南縣，以勤瘁卒於官。

海瑞。瓊山人。嘉靖末，知興國縣。值辛酉亂後，户口多逋亡，瑞勞來安集，條上八議，豁免浮糧，民德之。

葉夢熊。歸善人。嘉靖進士，萬曆初，由户部郎中知贛州府。平黄鄉賊，遷浙江副使。後累官至兵部尚書。

沈振龍。秀水人。萬曆進士，天啓二年守贛州。閩寇適發，振龍立里甲部伍約勒，寇不敢至。避難者麕集，軍士輒縛上幕府，指之爲寇，振龍按其妄，多所開釋。忤上官意，以軼盜劾罷，贛人懷之。

王六如。黄岡人。崇禎舉人，知信豐縣。時寇盜蜂起，兵役數發，輒檄縣中富户充之，咸至破産。六如照糧編派，黠者不得規避。倉庫本吏胥所司，反外僉里民，六如釐正之，永以爲式。邑人祠祀之。

彭期生。海鹽人。明末爲贛州兵備副使，招降峒寇張安等。大兵攻贛州，期生與楊廷麟等悉力拒守，城破，冠帶自經死。時同死於贛者，大學士楊廷麟，總督萬元吉，總理郭維經，給事中楊文薦，御史姚奇胤等數人。本朝乾隆四十一年，賜期生、奇胤謚節愍，廷麟、元吉、文薦謚忠節，維經謚忠烈。

本朝

曹廷偉。陵川人〔五〕。順治初，知定南縣。金聲桓兵至，竭力捍禦，不屈死。子翰明、際盛，從子翊明，僕曹伏新，凡十一人皆遇害。賊平，贈江西按察使僉事，予祭葬，廕一子入監。

郭自修。絳縣人。順治初知安遠縣，調石城。土寇陷城，罵賊遇害。

蘇峻大。順天人。以貢任贛州推官。順治五年，雩都賊曾斌、羅聚奎等嘯聚禾豐山，虔撫劉武元發兵勦之。偵者訛聞城中民與賊通，諸將議先屠城而後擊賊。峻大時以他事過雩都，稔知民無反狀，疾驅至郡，見武元力言之，乃遣飛騎止諸將，移兵獨勦禾豐。民慶更生，爲祠以祀。

吉永迪。陝西人。順治七年，以進士知信豐。時安遠含砂賊乘虚刼城，永迪偵知之，乃夜伏兵於龍頭逕，賊至大敗之。已復奉檄討黄石砦。永迪趫勇絶人，嫻兵略，數以討賊自效，所至有功。

蔡國相。仁和人。順治八年，任定南典史。九年十月，廣賊數萬乘夜突至，國相率兵力戰，殺賊數十，衆寡不敵，爲所擒，猶徒手搏賊而死。

郎永清。奉天鑲黄旗人。順治十年，知贛州府。贛自丙戌城破，復連歲用兵，閩廣民多轉徙。永清勤招徠，嚴約束，復業者日衆。大兵之討李定國、郝尚九也，道經贛，飼馬以行。永清預度城南演武場爲營栅，芻糧畢備，而自往萬安迎大帥，陳説郡當新定，不宜騷動之故。帥感其言，下令不許一兵入城。瑞金、石城被寇害最甚，爲民營室廬，瘞胔骼，歲洊饑，發粟往賑。贛諸生王曰旦爲盜所引，不勝刑，誣服，永清廉其枉，出之。又雪興國民廖安民之獄。在官四年，以兄子廷佐巡撫江西，引嫌去。贛人立祠祀之。

黄里。湖廣人。順治十二年，以舉人知贛縣。請免荒糧一萬三千，缺丁八千七百，留給贛鎮兵米，抵作贛漕，至今兵民食其德。

井廞。文安人。康熙七年，由進士知長寧，蒞治精察。壬子閩寇入境，廞調選鄉勇，委典史鄭之鵬會勦，大破賊於牛門山。

郭毓秀。陝西人。以舉人知贛縣。康熙十三年，逆藩叛於閩粤，大兵出入多道贛，有蜚語謂玉田村民通逆，主兵者謀殲之。毓秀力白其井里自保，不得以大逆誣之，馳入村，毁其壘培，而供輸芻糗倍於他所，謀遂寢。後以戇樸忤上官去。至今人述其事，猶有墮淚者。

賈程誼。上蔡人。順治七年，由進士知龍南縣。時當殘破之後，城垣頽圮，民皆散處村落。程誼至，勞來安集之，建譙樓，竪陰城，造木栅，以固防禦。凡衙署學宫神廟，次第聿新，不費公帑，不斂民財。治民以公明忠厚爲本，月一課士，躬詣文場，諄諄訓迪。卒後，民置主祀之。

龔遂。豐城人。順治十年，任龍南教諭。志趣卓犖，每月課士，以道義相砥礪，多士懷之。

馬鎮。臨海人。康熙九年，知龍南縣。丙辰夏，劇賊楊鎮邦圍縣城，時城中戰守之具倉卒未備。鎮與舉人徐士孜等設法守城，城賴以全。後賊屢入縣境，見守備甚嚴，不敢窺。卒後，士民立主祀之。

鄭世逢。錢塘人。康熙二十七年，知龍南縣。秉性慈愛，教養實心，創立龍城書院，親課諸生，築楊陂隄灌民田。甲申大水，發常平減糶以賑饑，民得安全。

馬雲沖。奉天人。康熙三十二年，以瑞州同知攝龍南縣篆。性耿介，雅意作人，持政簡肅，杜絶賄賂，片言折獄，民不忍欺。去之日，兩袖清風，士民歌思不置。

人物

南北朝　宋

鄧德明。郡人。元嘉末，就豫章雷次宗學。博物洽聞，該綜今古，嘗作南康郡記。此邦文獻，以德明爲冠。

唐

鍾紹京。虔州贛人。初爲司農録事，以善書直鳳閣。景龍中，爲宫苑總監。會韋氏難，紹京率户奴丁夫從，事平，拜中書侍郎，進中書令、越國公。以罪貶，後遷少詹事，卒。紹京嗜書畫，如王羲之、獻之、褚遂良真迹藏家者至數十百卷。

謝俊。贛人。以孝聞。

五代　梁

盧光稠。贛人。光啓元年，南方盜起，州人譚全播與衆推光稠爲刺史，據虔州。天復二年，出兵陷嶺南之韶州。梁初，江南、嶺表悉爲楊吴及南漢分據。光稠獨以虔、韶請命京師，通道輸貢，遂以爲百勝軍防禦，兼五嶺開通使。開平三年卒。

宋

陳炳。贛人。結廬崆峒山中，躬耕樂道，勤於著述。包拯知瑞州，道過虔，師事之。

鍾伷。龍南人，紹京之後。元豐進士，歷知潯州、陽山，考課爲天下第一。除廣西轉運使，以平蠻功，進龍圖閣學士。

陽孝本。贛人。學博行高，隱於城西通天巖。蘇頌、蒲宗孟皆以山林特起薦之。蘇軾自海外歸，過而愛焉，號之曰玉巖居士。隱遯二十年，一時名士多從之游。崇寧中，舉八行，爲國子録，轉博士，以直秘閣歸。

李朴。興國人。紹聖進士，歷西京國子教授，程頤獨器許之。移虔州教授，以嘗言隆祐太后不當廢處瑶華宫，忌者欲擠之死，朴泰然無懼色。徽宗即位，陳瓘薦朴，召對，首言熙寧、元豐以來政體屢變，大臣互相排擊，失今不治，不可勝救。又言士大夫之學，不求諸己，而惟王氏是聽，敗壞心術，莫大於此。蔡京惡之，復以爲虔州教授，又罷爲四會令。高宗初，除秘書監，未至卒。朴自爲小官，天下高其名，蔡京將强致之，力拒不見。中書侍郎馮熙載欲邂逅見朴，朴笑曰：「不能見蔡京，安能邂逅馮熙載？」居官所至有聲。有章貢集二十卷。

曾開。其先贛州人，徙河南府。崇寧進士，建炎中歷禮部侍郎。時秦檜主和議，開當草國書，辨體制非是，論之不聽，遂請罷。檜慰以温言，開引古誼折，又上疏力争，由是罷知徽州。以病免，閒居十餘年卒。檜死，始復待制。開孝友厚族，信於朋友，從游酢學，與劉安世交，故立朝遇事，臨大節而不可奪。

曾幾。開弟。幼有識度，事親孝。初授校書郎，林靈素得幸，朝士争趨之，幾不往。高宗即位，歷浙江提刑。會兄開與秦檜力争和議，檜怒，開去，幾亦罷，僑居上饒七年。檜死，起知台州，召對，授祕書少監。幾承平時已歷館職，去三十八年而復至，鬢髮皓白，衣冠偉然，薦紳推重焉。詔修仁宗寶訓，書成，權禮部侍郎，屢有建白。孝宗初致仕，卒謚文清。幾嘗從劉安世談經論事，又從胡安國游，其學益粹，爲文純正雅健，詩尤工。有經説二十卷，文集三十卷。

王質。興國人，其先鄆州籍。博通經史，善屬文。游太學，與九江王阮齊名。著論五十篇，言歷代君臣治亂，謂之樸論。中紹興三十年進士，爲太學正，忌者譏其年少，好異論，遂罷去。虞允文宣撫川陝，辟質偕行，令草檄契丹文，援毫立就。允文執其手曰：「天才也。」入爲敕令所删定官，遷樞密院編修。允文當國，孝宗命擬諫官，以質鯁亮不回，且文學推重於時，可右正言，時中貴多畏憚質，陰沮之，出通判荆南，改吉州，皆不行。奉祠山居。

陳子敬。贛州人。以貲雄鄉里。嘗從文天祥游，天祥建閫汀州，子敬募集民兵屯皂口，據下流。及天祥攻贛，子敬與合謀，忠效甚著。空坑兵敗，復聚兵屯黄塘砦，連結山砦不降。元軍以重兵襲其砦，砦潰，子敬不知所終。

元

鍾柔。龍南人。篤學，融貫經史，下筆千言。署廣東雷州學正，辭歸講授，從者數百人，咸悦服，稱曰一峰先生。所著有諸經纂説、易詩書衍義、敝帚集數千卷。

明

劉承直。贛縣人。爲國子司業，官至浙江僉事。王禕論其詩尤工，選體出入鮑謝之間。

吕復。興國人。洪武初，以文學徵爲國子典膳。時修元史，命復乘傳至北平采録史事。遷太常典簿，歷太常丞。

李旭。贛縣人。永樂中，由太學生擢監察御史。糾彈不避權要，法曹有疑獄，輒以委之，多所平反。扈從北京，一切創始規制，皆令旭勘覆。歷升湖廣左布政使。

陳勉。雩都人。永樂進士，除御史，出爲廣東副使。仁宗初，用薦擢左副都御史。宣德間，坐失出下詔獄，得釋。信豐諸縣盗起，命勉撫之，招徠三千六百餘人，亂遂定。正統中，歷兩京大理寺卿。景泰初，進南京右都御史，掌院事。致仕卒。勉外和内剛，精法律，吏不敢欺。

袁慶祥。雩都人。國子生，以久次歷事内承運庫。見憲宗任宦官，用財無度，帑藏虚耗，而進寶石掇高價者，月無虚日，乃上章極言其弊。忤旨，杖五十，遣歸國學。後二年舉進士，仕至廣東僉事。所著有松崖集。

何廷仁。雩都人。初慕陳獻章，後師事王守仁。嘉靖元年舉於鄉，復從守仁浙東。守仁令之引掖後進，詞意懇款，立論尚平實。除新會知縣，士民愛之，遷南京工部主事，分司儀真，榷蕪湖税，不私一錢，考滿即致仕。學者稱善山先生。

黃弘綱。雩都人。謁王守仁於贛州。守仁日治軍事，四方從遊者踵至，遣高第弟子先開誘之，而後與講授，弘綱其一也。守仁卒，始登鄉舉，官至刑部主事。守仁之門，從遊數百，善推演師説者，稱弘綱及何廷仁、錢德洪、王畿。時人語曰：「江有何、黃，浙有錢、王。」學者稱洛村先生。

雷濟、蕭庚。皆贛縣人。王守仁鎮虔，知二人有識略，置之幕下。宸濠反，二人爲守仁詐爲兵檄，以撓其進止，又爲僞書反間，離散賊之黨與，出入賊壘，不顧生死。事平，功册俱被忌者削去。未幾庚死，守仁親爲文祭之。濟後官四川龍州宣撫司經歷。

李淶。雩都人。隆慶進士，拜户科給事中。張居正父喪奪情，已又充大婚册使，淶疏言此大典，不宜以新喪將事。居正怒，出爲山東僉事，累遷右副都御史，巡撫江南。致仕歸。

劉思誨。贛縣人。萬曆進士，授臨淮知縣。居六年，治行爲天下第一。擢御史，遷大理丞。魏忠賢擅政，思誨謂中旨頻宣，非所以安元輔，請以票擬屬閣臣。疏入，貶三秩出外。

歐于復。會昌人。萬曆間以孝稱。

盧觀象。贛縣人。萬曆中，授河間府通判。天啓元年，上屯政條議，升河間府屯田同知。左光斗巡撫南畿，議復汪應蛟所創屯政，論者以濱海斥鹵，旱澇不時，勞不償費。觀象力贊之，條陳九議。張慎言代爲巡撫，嘉其才，力薦之。值璫勢熾，告歸，後起爲員外郎。崇禎甲申之變，死之。本朝乾隆四十一年，賜謚節愍。

本朝

易學實。雩都人。幼穎悟好學，與瑞金楊以任、贛縣劉日佺等友善。奉母入山，杜門三十年。所著有犀厓文集、雲湖詩集。

朱家垣。長寧人。順治四年縣初平，城以外猶多負固，縣令申請委用營官。家垣暨張世祥、廖宗旺並以血戰全城，俱入祀鄉賢祠。

凌日章。長寧諸生。因粵寇馬、劉、沈攻城岡，日章率鄉勇禦之。賊大至，奮勇格鬬，歿於陣。入祀鄉賢祠。

潘吉。長寧人。因粵寇周海元潛入寒地山，吉夜襲之，斬賊奪旗，歷有功績。入祀鄉賢祠。

范洵。長寧人。三藩叛，時寇盜蜂起，洵散財倡衆，身當賊鋒，大小十餘戰，寇不敢逼，敘功授守備。丁巳，叛民黎繁祉布散僞劄，洵密令族弟范崇約僞往領劄，賺獲實據呈官，同兵星夜擒殺之，邑賴以安。入祀鄉賢祠。

吴孔興。長寧人。素嫻兵略，三藩叛，隨澄海鎮將招撫萬安諸寇。孔興率數騎達賊營，諭以順逆，僞參將鍾子龍等率衆五千降。功未上，卒，入祀鄉賢祠。

胡大鵬。長寧恩貢。七歲能文，試輒冠軍。遠近就學者雲集，其授徒以涵養、氣識爲先，士習丕變。著有養氣十則。入祀鄉賢祠。

曹世治。長寧歲貢，績學有智略。奸民曹子布作亂，世治設策誘殲，有定變功。同縣羅肇楨，素敦大義，當曹子布倡亂時，責以叛逆，竟被殺。事聞，旌以「大節可風」。又范魏卿、范勳、余國祥、劉鴻珏，俱率鄉勇出死力，與賊搏戰，賊黨遂殲，有血戰功。俱入祀鄉賢祠。

王鼎相。興國恩貢。世受易，潛心體玩，博綜史事，著易經集解、史斷。性至孝，一夕寇至，人皆登樓避之，鼎相獨掖老母，適以救免。母歿，厝葬處去寇尤近，伏柩側哀號不去，寇相戒不犯。父嘗藏千金地穴中，爲鄰所瞯，攫之去，知而不言。入祀鄉賢祠。

文伯達。會昌人。博窺羣籍，以明經歷官南京工部郎中。告歸，未嘗一日廢學，設義館，教鄉黨子弟，親引掖之。入祀鄉賢祠。

李標英。安遠人。性至孝，明季山寇竊發，負母匿深林中，爲賊所獲。標英願以身代母，賊叩其里居姓氏勿諱。賊相戒曰：「此人孝而義，勿入其鄉。」生平慷慨樂施，多所賑卹。入祀鄉賢祠。

鍾元鉉。安遠人。博學强記，積書萬卷，築石湖草堂，泉石幽邃。著有易經統約、石湖詩文集。入祀鄉賢祠。

杜欽駕。安遠人。仕建陽縣丞，告歸。尊賢好士，施衣煮粥，樂善濟貧。邑令于作霖旌以「恭惠」，入祀鄉賢祠。

譚聖誥。贛縣人。孝行著聞，乾隆元年旌。同縣章齊純，雩都朱士昂，興國呂朝動、王可俊，長寧職監曾應運，均乾隆年間旌。

宗超海。贛縣人。知湖北竹谿縣。嘉慶七年，入祀湖北名宦。

流寓

宋

楊方。長汀人。官校書郎。時禁僞學，坐諸子黨罷，僑居贛州，閉户讀書，自號澹軒。

列女

元

陳有諒妻。信豐人，失其姓。紅巾賊起，有諒與女被執，欲污之，不從，皆被殺。

明

蔡氏女。名己貞，會昌人。弘治十七年，賊起，女年十六，義不受污，賊支解之。

陳雁妻周氏。興國人。正德五年，流寇破城，周被掠，不從，乘間自刎。

郭某妻高氏。安遠人。嘉靖中，爲流寇所執，投深潭死。寇退，家人求之，從石巖浮出，顔色如生。

藍鳳暘妻羅氏。會昌人。年十八，夫亡守節。有勢家謀强娶之，赴水死。同縣劉沂妻周氏，年二十守節。嘉靖中，爲山寇所獲，不受辱，赴水死。

劉潛妻胡氏。會昌人。年十九，夫亡無子，家人欲奪其志，胡曰：「彼不過欲得吾夫産業耳。」遂悉與之，止留一老婢自供，日閉門紡績，雖至戚卑幼不輕見也。後旌表，賜粟帛。

謝碧妻羅氏。定南人。嘉靖中，岑岡賊李鑑圍丁坊，碧被殺，擄羅入巢。羅見夫死，披髮跣足，痛哭絶食。鑑令妾女誘勸之，羅紿賊至，以石擊碎其額，厲聲罵曰：「吾夫爲爾殺，吾求一死耳！」賊怒，支解之。子天宥上狀巡按，遣求其屍，給銀葬之。萬曆中旌表。

王達妻劉氏。會昌人。嘉靖四十年，爲賊所掠，强污不從，脅以利刃，罵益厲。賊剖其腹而死。

胡方益妻何氏。雩都人。年二十二，夫死，父母復許寧都富家子。及期，氏潛往夫墓痛哭，躍入池中。水淺，以頭觸入泥中而死。

曾安邦妻孫氏。雩都人。安邦爲南靖訓導，孫隨之官。山賊破城，安邦與其子三俊皆被執，孫遂赴火死。三俊悲號欲從之，賊感動，出孫尸灰燼中，而脱其父子。萬曆中表其閭。

黄堂妻俞氏。信豐人，副使黄大節之母。幼讀書通大義，年十五歸黄，能順適舅姑意。一再産不育，即勸堂納妾者再。舅患瘋痺，姑患乳癰，俞奉侍無少怠，雖腥穢若弗聞，湔滌傅藥，三年以爲常。後連舉二子。妾姚已先舉子，愛之如己出。内外稱其賢孝。

汪國奇妻李氏。會昌人。年二十四夫亡，家貧無子，有富兒謀娶之，不從。姑諭之曰：「守節固美，奈二老爲溝中瘠何！」李乃應命。既嫁三日，夜不解帶，得間自縊死。

楊炯妻柳氏。贛縣人。萬曆中，楊應龍反播州，炯隨征陣亡。有富兒艷其色，强娶之，柳堅不從。富兒入牽其手，柳罵曰：「吾手豈爲人污！」遽引刀斷腕。富兒懼，乃送歸。

鍾有倫妻胡氏。雩都人。崇禎末，與夫避亂石砦，賊至投巖死。

賴魁諫妻葉氏。龍南人。爲賊所掠，投江死。同縣賴元邵妻蔡氏，流賊破城，痛罵不屈，斷四肢而死。

本朝

劉天光妻賈氏。贛縣人，從夫寓汀州。年二十一夫亡，扶櫬歸贛，爲盜所阻，於艱難中得全夫骨歸葬，守節四十餘年。

吴國瑞聘妻郭氏。贛縣人。年十七，未嫁而國瑞夭。氏哀痛矢守，父母不能奪，送歸吴氏。紉針養姑，三十年備盡孝道。立姪維佶爲嗣，撫之極慈。維佶請問起居，止户外，未嘗令入臥室，外人罕見其面。

徐參妻許氏。龍南人。年二十一守節，壽一百一歲。詔旌其閭。

王二愉妻汪氏。贛縣人。夫亡守節。同縣郭賢俊妻陸氏，曾聞琮妻許氏，黄正亨妻湛氏，鍾元祥妻邱氏，王永基妻何氏，羅大位妻吴氏，謝賢士妻周氏，王安兆妻鍾氏，黄信瑞妻郭氏，鍾雲上妻管氏，鄧兑作妻陳氏，劉士焯妻蕭氏，朱擴妻吴氏，吴世宦妻賴氏，曾學孔妻鍾氏，杜欽文妻彭氏，金嗣鶴妻劉氏，胡相道妻劉氏，曾世臯妻袁氏，鍾定沼妻屠氏，郭宗孔妻温氏，袁世灝妻盧氏，曾士康妻戴氏，宋聖璸妻胡氏，鄧維昌妻陳氏，韓鳳詔妻黄氏，蕭焞妻楊氏，處州通判張宏祚妻陸氏，陳大度妻米氏，龍顯樞妻王氏，姚景諒妻劉氏，謝應遴妻黄氏，湛聖民妻李氏，郭成韶妻劉氏，王勷周妻曾氏，謝人桂妻鄢氏，羅聘錦妻周氏，袁嘉禄妻龍氏，李習思妻舒氏，李元琢妻廖氏，貞女陳氏，唐氏，均乾隆年間旌。

鍾育瑶妻曾氏。雩都人。夫亡守節。同縣宋騰波妻温氏，何洵妻李氏〔六〕，程志德妻潘氏，易方菁妻張氏，邱昭桂妻莊氏，温子儒妻易氏，李含九妻舒氏，何方陳妻蕭氏，温士謙妻吴氏，李開訓妻劉氏，王常詔妻康氏，譚明芳妻張氏，均乾隆年間旌。

宋士英妻李氏。信豐人。夫亡守節。同縣謝君講妻吴氏，施天秀妻張氏，李即發妻甘氏，羅天彝妻謝氏，袁惠卿妻朱氏，蕭道儼妻李氏，許武遷妻金氏，袁祖燕妻鄒氏，俞叔度妻樊氏，戴莊渠妻張氏，謝國權妻袁氏，王文佐妻張氏，王棨鑑妻仲氏，何鳳倌妻傅氏，施大綸妻周氏，楊翠玉妻俞氏，謝嶒嶙妻俞氏，郭達文妻廖氏，樊文選妻袁氏，顧之仕妻胡氏，袁允升妻曹氏，錢鎮芹妻何氏，錢國欽妻黄氏，吴仲石妻連氏，戴熙皡妻黄氏，康士楨妻鄒氏，均乾隆年間旌。

廖安矩妻董氏。興國人。夫亡守節。同縣廖世淮妻陳氏，王貽孫妻陳氏，鍾盛焯妻蕭氏，謝仕儀妻楊氏，朱鳳羽妻劉氏，朱幼芳妻劉氏，劉大楫妻鄧氏，凌朝訓妻王氏，謝華東妻楊氏，謝榮東妻古氏，曾旭濂妻杜氏，劉正佐妻李氏，曾省尤妻謝氏，謝逢浪妻鍾氏，王曰能妻劉氏，梁廷英妻湯氏，鍾錫朋妻楊氏，姚欽仁妻鍾氏，鍾猶質妻羅氏，吕實而妻鍾氏，謝光迪妻李氏，劉正儒妻鍾氏，楊積成妻鍾氏，黄河清妻李氏，曾昌堅妻蔡氏，烈婦李占魁妻劉氏，江世昇妻蕭氏，均乾隆年間旌。

胡維儁妻劉氏。會昌人。夫亡守節。同縣胡維新妻鍾氏，鍾玉音妻汪氏，劉明元妻池氏，劉文燦妻歐氏，劉曰岑妻蕭氏，劉錦聯妻謝氏，鄒受先妻曾氏，王元崑妻梁氏，蕭必茂妻余氏，劉明悟妻謝氏，劉萬權妻葉氏，汪洋達妻唐氏，鍾榮宜妻尹氏，周文敏妻陳氏，謝德註妻胡氏，歐承任妻文氏，周道明妻藍氏，文顯邦妻曾氏，曾文明妻劉氏，賴掞妻劉氏，烈婦林展也妻鍾氏，高盤谷妻劉氏，均乾隆年間旌。

孫俊彦妻歐陽氏。安遠人。夫亡守節。同縣郭從龍妻唐氏，堯文尚妻廖氏〔七〕，鍾孝威妻廖氏，古大昌妻劉氏，朱大翔妻劉氏，唐世龍妻藍氏，唐奕照妻梅氏，孫蒼岸妻何氏，賴梅占妻劉氏，魏共梧妻郭氏，劉光寬妻唐氏，劉光炳妻賴氏，雷育軒妻唐氏，魏必宏妻梅氏，魏必魁妻郭氏，魏必章妻黄氏，何洙妻唐氏，堯金振妻鍾氏，黄士烺妻謝氏，謝益泰妻葉氏，廖士賓妻鍾氏，廖羽豐妻鍾氏，唐雲會妻鍾氏，劉恢芳妻古氏，均乾隆年間旌。

謝光藜妻蕭氏。長寧人。夫亡守節。同縣廖鼎鍾妻淩氏，烈婦汪常子妻陳氏，嚴孟元妻彭氏，烈女潘自源女潘氏，均乾隆年間旌。

黄世慶妻廖氏。龍南人。夫亡守節。同縣容上尉妻王氏，賴衡林妻朱氏，黄世錦妻王氏，鍾宏妻王氏，賴斯連妻劉氏〔八〕，胡正馥妻王氏，吴學行妻王氏，陳世登妻譚氏，徐成濤妻賴氏，賴期松妻劉氏，謝柱妻王氏，劉永齡妻李氏，謝上珩妻廖氏，鍾其澄妾王氏，鍾曉崇妻劉氏，曾光耀妻劉氏，謝詒妻賴氏，徐惠妾王氏，廖運景妻賴氏，烈婦黄瀠松妻鍾氏，均乾隆年間旌。

鍾再烈妻王氏。定南人。夫亡守節。乾隆年間旌。

黄啓蕙妻盧氏。贛縣人。夫亡守節。同縣羅修适妻姚氏，李萬任妻朱氏，蕭時俶妻宋氏，貞女姚氏，均嘉慶年間旌。

張名約妻廖氏。雩都人。夫亡守節。同縣烈婦鄧佑桂妻陳氏，貞女謝氏，均嘉慶年間旌。

徐本佐妻李氏。興國人。夫亡守節。同縣徐本位妻鍾氏，曾照瑀妻鄭氏，鍾久岸妻周氏，烈婦周黄氏，謝榮亮妻陳氏，劉廖氏，周興培母王氏，黄章讀妻陳氏，均嘉慶年間旌。

曾肇泰妻蔡氏。龍南人。夫亡守節。同縣曾光奉妻王氏，徐名健妻曾氏，王修膺妻徐氏，徐名綸妻顔氏，徐名仲妻曾氏，徐名晉妻謝氏，徐洪愛妾陳氏，徐名仰妻曾氏，徐名校妻謝氏，徐思桓妻王氏，徐名暐妻鍾氏，徐思讜妻鍾氏，貞女廖氏，均嘉慶年間旌。

仙釋

唐

圓明。蘄黄人。武德中，往曹溪參六祖，道經贛。見一青蛇横道，叱去復來，心忽覺悟，四顧山勢清高，遂以錫杖插其處，祝曰：「曹溪還，此杖存，是吾道場。」三年返，錫杖如故，遂創寺居焉。一日趺化。

智藏。虔州廖氏子，七歲出家。有相者謂之曰：「骨氣非凡，當爲法王輔佐。」年十三，事馬祖於臨川，七年遂受其法。後於龔公山處付授袈裟。元和十二年歸寂，謚大覺師。

五代 梁

曾文辿。雩都人。天文、讖緯、黄庭、内景之書，靡所不究，而地理尤精。梁貞明間，游至袁州萬載，愛其縣北西山之邱，謂其徒曰：「死葬我於此。」及卒，遂葬其地。後其徒在豫章忽見之，駭而歸，啓其藏無有也。

宋

僧伽。姓吴名文祐，信豐人。祝髮爲僧，居雩都明覺寺，飲酒食肉，與市井浮沈。嘗持松梢行歌曰：「趙家天子趙家王。」人皆笑爲狂。蓋謂宋將興也。孫德俊之汀州，謁定應禪師，師曰：「汝雩陽有佛，何爲禮我？」因寄一扇與僧伽。舟還甫艤岸，僧伽即來迎問曰：「吾師寄扇安在？」由是人益敬異，號爲「生佛」。祥符中趺化，後人以金漆堊其身，禱祀輒應。開禧初，封靈濟禪師。明解縉有記。

行本。贛縣農家姜氏子。始生垂眉三尺，不食乳，日自長大。父母怪之，寄僧舍爲徒。七歲猶不能言，召至京師，入宫，忽能語。仁宗令削髮，賜名行本，時年十二。錫賚珍物，并後宫所賜，直千萬緡，還鄉創爲大寺。累年功甫畢，行本對佛合掌，跏趺而逝。

明

劉淵然。贛縣人。幼出家爲祥符宫道士，後詣雩都紫陽觀師趙元陽，傳其法，能呼召風雷。洪武二十六年，召對便殿，賜號高道，館朝天宫。仁宗嗣位，賜號沖虚至道元妙無爲光範演教莊静普濟長春真人。宣德七年，乞骸骨，命送南京朝天宫，卒年八十二。閲七日入斂，端坐若生。

本朝

明了。蓮塘庵僧。不諳文字，或質以經典，輒能答。丙戌上元，語人曰：「後二年，邑有寇難，公等早圖之，老僧將別。」越五日對衆作偈，合掌趺坐逝。及戊子，果如所言。

土産

紵布。唐書地理志：虔州土貢絲布、紵布、竹練。省志：信豐、會昌、安遠皆出葛布，會昌更佳。

石蜜。唐書地理志：虔州土貢石蜜、梅桂子。元和志：貢蜜梅、乾薑。

釉。省志：贛縣北五十里黄龍埠有釉穴，景德鎮用之，以釉瓷器。

漆。省志：贛漆品居廣漆之上，與歙、睦相等。

茶。省志：儲茶出贛縣儲山。

糖。寰宇記：虔州土産。省志：紅糖各邑俱出。

斑竹。唐書地理志：虔州土貢斑竹。明統志：産白竹。省志：今各邑有方竹。

茉莉。明統志：贛州土産。省志：各處皆有。

竹梳箱。寰宇記：虔州土産。按：舊志載唐書地理志：雩都有金。宋史地理志：會昌有銀場。九域志：贛、雩都俱有銀場。唐書地理志：安遠有鐵。又云安遠有銀。九域志：雩都、會昌皆有錫場。今俱廢。謹附記。

校勘記

〔一〕與黄田覃塘舊皆置巡司　「田」，原脱，據乾隆志卷二五四贛州府關隘及明史卷四三地理志補。

〔二〕歲徵錦六千屯　「錦」，乾隆志同，雍正江西通志卷六五名宦、韓愈唐故河南令張君墓誌銘（載韓愈集）皆作「綿」。

〔三〕姜璉　「璉」，原作「漣」，據乾隆志及雍正江西通志卷六五名宦改。

〔四〕王廷珪郴州人　「郴」，原作「彬」，據乾隆志改。雍正江西通志卷六五名宦作「湖廣人」。按，郴州屬湖廣。又按，「王廷珪」似當作「王庭桂」，考明憲宗實録「成化二十一年六月癸巳」條：「贈江西贛州府同知王庭桂爲江西布政司參議，賜誥命。初，福建汀州府武平縣賊首龔法非等合廣東、江西界工群盜入萬安、興國、瑞金等縣境，劫掠富民。庭桂等率兵民襲捕，被害。守臣以聞，兵部請如例褒贈，仍録其一子爲國子監生。」事迹與本條相合。蓋傳録訛變，以「庭桂」爲「廷珪」也。本志卷三七八彬州人物仍作「王庭桂」不誤，惟以「成化」作「景泰」爲異。

〔五〕曹廷偉陵川人　「川」，原作「州」，據乾隆志及雍正江西通志卷六五名宦改。按，陵川屬山西澤州府，雍正江西通志卷一一三人物有曹廷偉其人，所列事實與此條同。

〔六〕何洵妻李氏　「妻」，乾隆志作「妾」。

〔七〕堯文尚妻廖氏　「堯」，乾隆志作「饒」。

〔八〕賴斯連妻劉氏　「斯連」，乾隆志作「期璉」，疑是。

南安府圖

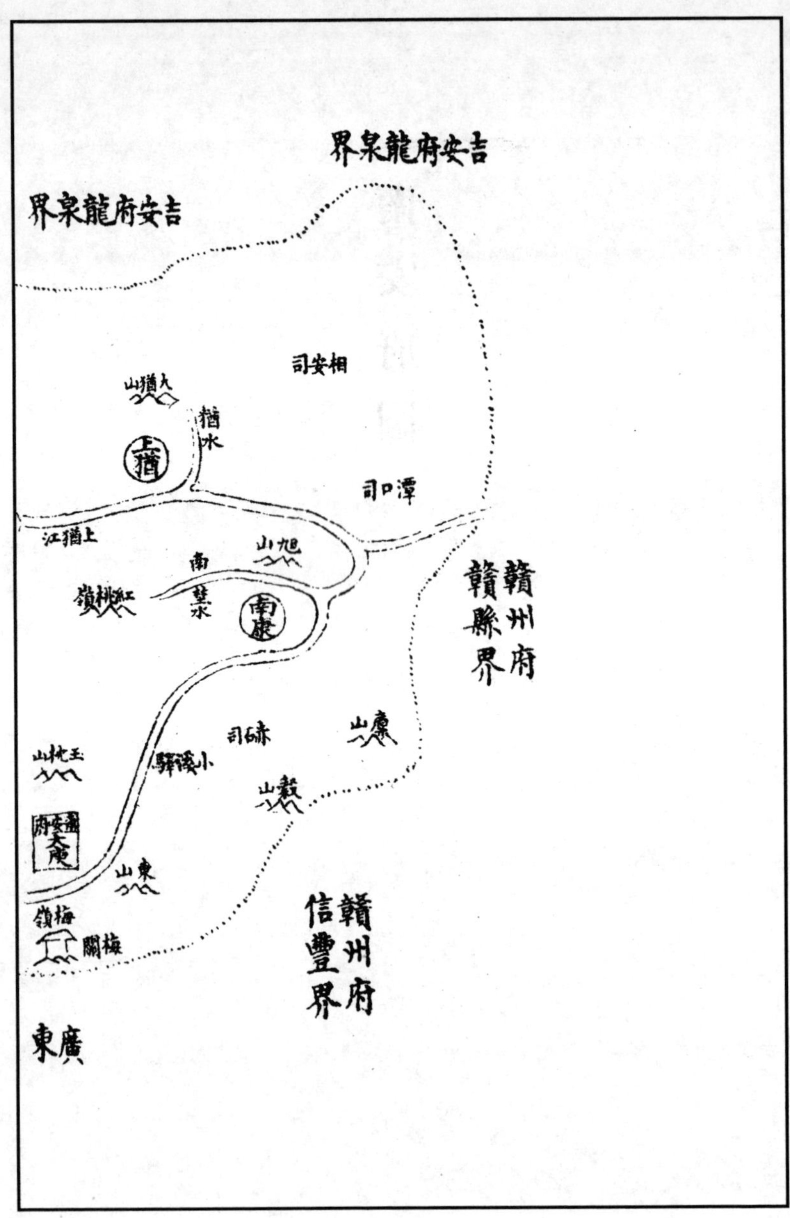
吉安府龍泉界
吉安府龍泉界
相安司
大猶山
猶水
上猶
潭口司
上猶江
旭山
南埜水
紅桃嶺
南康
贛州府贛縣界
赤硃司
小溪驛
玉枕山
南安府大庾
東山
梅嶺
梅關
贛州府信豐界
廣東

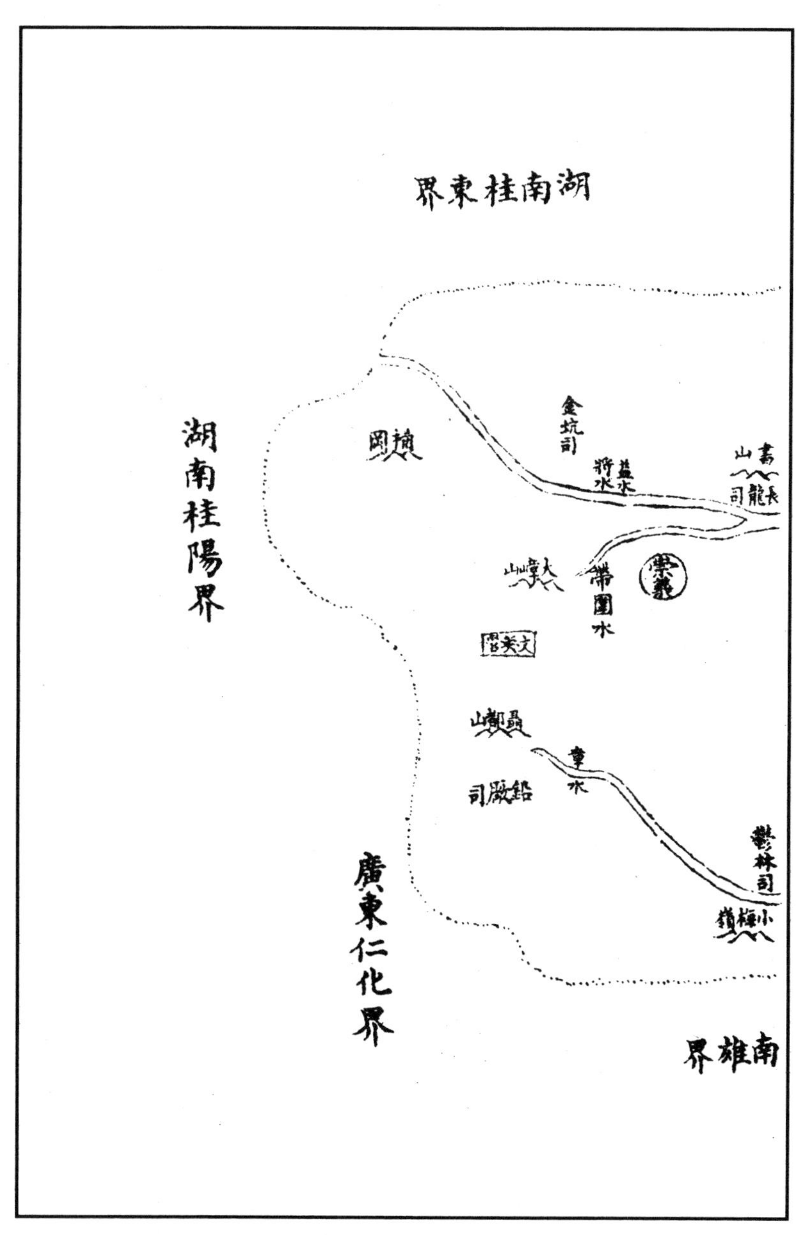
湖南桂東界
湖南桂陽界
廣東仁化界
南雄界
金坑司
長龍司
書山
益將水
崇義
帶圍水
文英
聶都山
章水
鉛廠司
鬱林司
小梅嶺

南安府表

	南安府	大庾縣	南康縣
秦	九江郡地。		南埜縣
兩漢	豫章郡地。	南埜縣地。	南埜縣 屬豫章郡，後漢改「埜」爲「野」。
三國	吳爲廬陵(縣)〔郡〕地。		南安縣 吳置，屬廬陵郡。 南野縣
晉	南康郡地。		南康縣 太康五年改名，屬南康郡。 南野縣 屬南康郡。
南北朝			南康縣 南野縣
隋		開皇十年分置大庾縣。十六年省。	南康縣 省入南康。
唐	虔州地。	大庾縣 神龍元年復置，屬虔州。	南康縣 屬虔州。
五代		大庾縣	南康縣
宋	南安軍 淳化元年置，治大庾，屬江南西路。	大庾縣 軍治。	南康縣 淳化元年屬南康軍。
元	南安路 至元十四年升路。	大庾縣 路治。	南康縣 屬南安路。
明	南安府 洪武元年改府，屬江西布政司。	大庾縣 府治。	南康縣 屬南安府。

續表

上猶縣	崇義縣
南埜縣地。	南埜縣地。
南康縣地。	南康縣地。
上猶縣 南唐保大十年置，屬虔州。	
南安縣 屬南安軍。嘉定四年改名。	上猶縣地。
上猶縣 至元十六年改曰永清。尋復故，屬南安路。	
上猶縣 屬南安府。	崇義縣 正德十二年置，屬南安府。

大清一統志卷三百三十二

南安府

在江西省治西南一千二十里。東西距三百六十里，南北距三百五里。東至贛州府贛縣界一百八十里，西至廣東韶州府仁化縣界一百八十里，南至廣東南雄州界二十五里，北至吉安府龍泉縣界二百八十里。東南至贛州府信豐縣治二百里，西南至廣東韶州府治三百八十里，東北至吉安府治六百二十里，西北至湖南郴州治三百里。自府治至京師六千六百七十五里。

分野

天文斗分野，星紀之次。

建置沿革

禹貢揚州之域。春秋吴南境，戰國屬楚。秦屬九江郡。漢爲豫章郡南埜縣，後漢因之。三國吴分屬廬陵郡。晉太康初，屬南康郡。宋、齊至隋因之。唐分置大庾縣，屬虔州。宋淳化元年，始於大庾縣置南安軍，屬江南西路。元至元十四年，升南安路總管府。明洪武元年，改南安府，屬江西布政使司。本朝因之，屬江西省，領縣四。

大庾縣。附郭。東西距二百七十里，南北距五十里。東至南康縣界九十里，西至廣東韶州府仁化縣界一百八十里，南至廣東南雄州界二十五里，北至崇義縣界二十五里。東南至贛州府信豐縣界七十里，西南至廣東韶州仁化縣治一百四十里，東北至崇義縣界三十里，西北至崇義縣界一百二十里。漢南埜縣地。隋初爲南康縣地。開皇十年，分置大庾縣。十六年，廢爲鎮。唐神龍元年，復置大庾縣，屬虔州。宋淳化初，置南安軍治此。元爲南安路治。明爲南安府治，本朝因之。

南康縣。在府東北一百三十里。東西距九十里，南北距二百三十里。東至贛州府贛縣界五十里，西至大庾縣界四十里，南至贛州府信豐縣界五十里，北至吉安府龍泉縣界一百八十里。東南至贛州府信豐縣界八十里，西南至廣東南雄州界一百二十里，東北至吉安府萬安縣界一百八十里，西北至上猶縣界五十里。秦置南埜縣。漢屬豫章郡。後漢曰南野。三國吴分置南安縣，屬廬陵郡。晋太康五年，改曰南康，與南野俱屬南康郡。宋、齊以後因之。隋初省南野入南康，仍屬南康郡。唐屬虔州。宋淳化元年，分屬南安軍。元屬南安路。明屬南安府，本朝因之。

上猶縣。在府東北一百八十里。東西距九十里，南北距一百十里。東至南康縣界四十里，西至崇義縣界五十里，南至崇義縣界二十里，北至吉安府龍泉縣界九十里。東南至南康縣界二十五里，西南至崇義縣界四十里，東北至吉安府龍泉縣界九十里，西北至湖南郴州桂東縣界一百五十里。漢南埜縣地。隋、唐爲南康縣地。五代楊吴割南康縣西南一鄉，置上猶場。南唐保大十年，升爲縣，屬虔州。宋割屬南安軍，嘉定四年，改曰南安縣。元至元十六年，改曰永清縣，後復曰上猶，屬南安路。明屬南安府，本朝因之。

崇義縣。在府西北一百二十里。東西距二百六十里，南北距一百一十里。東至上猶縣界四十里，西至湖南郴州桂陽縣界二百二十里，南至大庾縣界七十里，北至上猶縣界四十里。東南至南康縣界六十里，西南至廣東韶州府仁化縣界一百二十里，東北至上猶縣界五十里，西北至湖南郴州桂東縣界一百七十里。漢南埜縣地。隋、唐爲南康縣地。宋以後爲上猶縣地。明正德十二年，始析置崇義縣，屬南安府。本朝因之。

形勢

當五嶺之最東，通道交、廣，此其襟喉。南安志。南距交、廣，西距湖、湘。宋范大用生祠記。南控廣引閩，西接郴、桂。深山長谷，隣亘峪洞。元總管府治記。

風俗

儒術之富，與閩、蜀等。宋蘇軾南安軍學記。民氣淳古。元劉尚友上猶縣學記。火耕水耨，勤於生業，儉於衣食。舊郡志。事簡民恬。張鑑重修南安路記。

城池

南安府城。周四里一百三十步，門四。南濱章江，東北帶溪，西濬濠。宋淳化二年始築，在今城之南。元時章水逕城中，分爲二，至元二十九年改築今所。明嘉靖四十年，又於水南别建新城，周二里一百二十八步，門四，北面瀕江，與府城夾江而峙。本朝康熙四十八年，二城俱修，乾隆九年、十一年、二十五年重修。大庾縣附郭。

南康縣城。周三里八百九十四步，門四。南瀕江，東、西、北濬濠。明弘治九年，因舊址改築。本朝順治十四年修，康熙四十四年重修。

上猶縣城。周二里一百五十四步，門四。南瀕江，東、西、北濬濠。明洪武初，因舊址修築，弘治二年甃甎。本朝康熙三十一年修。

崇義縣城。周三里零二步，門四。東、北臨溪，西、南鑿濠。明正德十三年築，本朝康熙三十五年修。

學校

南安府學。在府城内，即濂溪書院故址。舊在城東門外，宋淳化中建，本朝雍正七年遷建今所。入學額數二十名。

大庾縣學。在府城東舊府學東北。宋慶曆中建於府學左，後遷縣治西南，元遷今所。本朝康熙三十九年重建，雍正十一年修。入學額數十五名。

南康縣學。在縣城東南隅。舊在縣治南，宋建中靖國間遷今所。本朝康熙八年重建。入學額數十二名。

上猶縣學。在縣西。宋慶曆中建於縣北，後屢遷。明萬曆三十三年，復遷今所。本朝康熙三十三年重建。入學額數八名。

崇義縣學。在縣治東。明正德中建，本朝康熙二十一年重建，自後屢修。入學額數八名。

道源書院。在大庾縣學東。宋淳祐二年建，祀周子，配以二程子。本朝康熙年間，增祀程珦，亦名四賢祠。

旭升書院。在南康縣北二里。明嘉靖間建，本朝乾隆八年重建。按：舊志載山堂書院，在大庾縣東北四十里，元至元中建。大傅書院，在上猶縣治西北，宋淳祐中建。興文書院，在上猶縣治東一里，明弘治中建。今俱廢。謹附記。

户口

原額人丁八千六百五十，今滋生男婦大小共六十一萬八千九百九十三名口，計十四萬四百六户。又所屯軍男婦大小共一千五百二十二名口，計二百二十二户。

田賦

田地七千四百二頃二十四畝二分有奇，額徵地丁等銀五萬四千三百九十二兩二錢二分。又南安所屯田在大庾縣，共七十二頃三十七畝八分六釐有奇，實徵銀五百二十九兩九錢七分四釐，丁銀一十四兩三錢七分四釐。

山川

獅子山。在大庾縣東一里，形類獅蹲。山腰有清惠泉，其左石壁峭立，俗名赤壁，延袤八十餘丈，南臨章江，爲舟人牽挽之路，明成化十八年，知縣文志貴病其險，募工鑿平之。

大龍山。在大庾縣東三十里。高八里，延亘數里，形若游龍。山頂有幞頭巖，右折有呆婆巖。巖後有錫坑山，山有坪、有泉、有田畝。又崇義縣東八里亦有大龍山。

太平山。在大庾縣東九十里。上有圓坪如盤，有泉出石隙，瀑流數尋，下爲龍湫。左右兩阜，形如龜蛇。

東山。在大庾縣東南二里。隔江山勢特起，俯瞰兩城。上有仙泉，下有小沙河横山下，來會大河，若縈帶然。左折爲亞東山，泉石甚勝。稍南爲南山，有泉下流爲陂。

印山。在大庾縣南二里。四圍皆池，巋然中拱如印。又南三里有五里山，當入廣大路。

天馬山。在大庾縣南三十里梅嶺之東。又東爲貴人峯。又南康縣東南一里亦有天馬山，舊名西嶺，形狀突起，巔甚寬平。

雲臺山。在大庾縣西南一百里，由石溪度諸村而入。山勢甚高，常有雲氣横布。

寶珠山。在大庾縣西三里，形圓如珠。

西華山。在大庾縣西十里。高聳萬仞，石壁峭立。轉磴而上，平衍爲田，前有石澗，水流挂石壁，爲瀑布三十餘丈。南有石洞，可坐十餘人。

鎮龍山。在大庾縣西北六十里。四山環列，内有坪、有溪，下流爲陂，右有龍湫。

金蓮山。在大庾縣北三里。諸峯環拱，狀若蓮花，迎候館在其下。

玉枕山。在大庾縣北五里，地名石人坑，郡之主山也。高三百仞，連延三里，兩麓五巖，次第相屬，俗名五指山，又名華蓋山。

雙秀山。在大庾縣東北二十里。舊名丫山，兩峯尖削，形若馬耳。山産怪石。

玉泉山。在大庾縣東北五十里。兩山對峙如門，從一徑而入，其中夏涼冬煖，士人多肄業於此。

天竺山。在大庾縣東北六十里，與丫山相對。巖壑延亘，林木茂鬱。東有月峯，奇秀特出。又巘山，亦在縣東北六十里。

雲山。在大庾縣東北七十里，接崇義縣界。山高十里，上有靈應水。

東華山。在南康縣東一里。江水經此，瀠洄若帶，因湫石爲長隄。

李家山。在南康縣東四十餘里，接贛縣界。

獨秀山。在南康縣東南二十五里。舊名雞籠山，宋蘇軾愛其峯巒聳鋭改名。下有龍湫。

高靈山。在南康縣東南三十里，與獨秀山對峙，周十餘里。山勢巍峻，躡磴而上，爲三天門，相距各里許。上有平疇，瀑布泉四注。又東數里爲騰龍山，北出九牛驛抵玉潭山，爲往來通徑。

廩山。在南康縣東南六十里龍迴村，與信豐縣接界。上有石高圓如廩。又穀山，在縣東南八十里，高千餘丈，上有池，相傳出五色鯉，即廩山之支峯也。

南臺山。在南康縣南五里。上有巖，可坐千餘人。稍西又一山，曰小南山。

龍山。在南康縣西南四十里，地名鍋坑。山高三百五十丈，横亘四十里，接大庾縣界。

雲主山。在南康縣西南一百里，亦接大庾縣界。形如飛駿，俗名馬山。上有巖容數十人。

石君山。在南康縣西南一百五十里，俗名董嶺，亦接大庾縣界。寰宇記：南康縣有君山，在泥水口。三石形甚似人，中者爲君，左曰夫人，右曰女郎。

西山。在南康縣西一里。又西四里爲潛仙山。

禽山。在南康縣西北六十里，俗曰蒙山。高三百餘丈，綿亘百里，入上猶縣界。禽水出焉。

旭山。在南康縣北一里。巍然高聳，爲縣主山。以日出先照，故名，一名九日嶺。

晝錦山。在南康縣北一百里，舊名大乘山。周亘三十里。

蓮花山。在南康縣北一百七十里巫橋里，亦名巫橋嶺。五峯攢簇，狀若蓮花，上有巖容百餘人。前有橋名仙橋，下有瀑布百丈，瀉於石竇，不知所注。又縣西北五里亦有蓮花山。

丫髻山。在南康縣東北一里。兩峯夾峙，如雙髻然。山頂稍右有池不竭。又東爲鯉魚山，以形似名。大江繞其前，爲縣治水口。

玉潭山。在南康縣東北四十里濱江，地名潭口。下有潭水，瑩潔如玉。

資壽山。在上猶縣東半里。

西雲山。在上猶縣東南十五里，旁有龍井。

方山。在上猶縣南二里。形如覆斗。一名石臺，又名頒誥臺，與古縣治相對。又南山，亦在縣南二里，高聳插霄。

九龍山。在上猶縣西二十五里，山有九峯。

琴龍山。在上猶縣西三十里，地名琴江。下有龍潭。

書山。在上猶縣西八十里。高千餘丈，延亘十餘里，形如書櫃。一名太傅山，以邑人盧光稠嘗居山下，後贈太傅故名。相近又有焦龍山，兩峯對峙，中瀉急湍，下有龍潭。

飛鳳山。在上猶縣西北一里，軒翥如飛鳳。其東有騰龍嶺，舊名歸龍坑，土人以爲龍、鳳二山。皆縣主山也。

大猶山。在上猶縣北二十五里，亦名猶石嶂。聳拔中峙，羣山拱揖其旁。後有月巖，圓竅如月，徑數十尺。又有龍池。

觀音山。在崇義縣南十里，壁立峭絶。

符水山。在崇義縣西南三十里。一名浮竹岡，産竹小而輕。又十里爲天臺山。

傀壘山。在崇義縣西南七十里。數山高低相連若傀壘，故名。有大明水出此。

南源山。在崇義縣西南九十里。高峻綿延，周圍約六十里，接大庾縣界。明統志：在府城西北七十里。飛瀑百丈，其下湫潭，深不可測。

聶都山。在崇義縣西南九十里。山海經：聶都之山，贛水出焉。寰宇記：在南康縣西南二百二十五里，即南䂨溪源也。山出礬石。明統志：在府城西南一百二十里。相傳昔有聶姓者，開都以居民，故名。縣志：高一百六十仞，連亘四十里。西接湖廣界。本屬大庾縣平政鄉，明正德中割屬崇義。山之東有雙鶴巖，一名石室，洞門可二尋，中平廣容百人。别有巖穴相去一二里，玲瓏相通，有泉曰觀音池。

鼂山。在崇義縣西三十里，産茶及水竹。

大嶂山。在崇義縣西五十里。迴環横亘，如簾幙然。延袤百里，前臨絶岸，跨以石橋。腰帶水出此。一名大章山。

五指山。在崇義縣西七十里，亦名五指嶺。五峯相連，尖秀如指。又西有鑊山，西符水所出也。

崇山。在崇義縣北半里。舊名旗山，聳秀特立，明王守仁改曰獨秀峯，後又改今名。

金星嶺。在大庾縣東一里水口，舊名旗山。横亘三里，東北有尖峯屹立。又莊彭嶺，在縣東南十里，亦名扁嶺，周二里許，路通南雄。

大庾嶺。在大庾縣南，與廣東南雄州分界。一名臺嶺，又名梅嶺，爲五嶺之一。後漢書郡國志：南野有臺嶺山。吴録：南野縣有大庾山、九嶺嶠，以通廣州。太康地志：嶺路峻阻，螺轉而上，踰九蹬，二里至頂。下七里，平行十里至平亭。水經注：南康縣涼熱山，即大庾嶺也。五嶺之最東，故曰東嶠山。梁載言十道志：江南名山曰大庾。舊志：初嶺路峻阻，唐開元四年，張九齡開鑿新徑，兩壁峭立，中途坦夷。上多植梅，因又名爲梅嶺。五代以後，驛路荒廢，宋嘉祐八年，蔡挺提刑江西，兄抗漕廣東，乃陶土爲甓，各甃其境，仍復夾道植松，以休行旅，遂成車馬之途。又立關於嶺上，植柱碣名梅關，以分江、廣之界。明成化十五年，郡守張弼病嶺路狹隘，復修新路，始爲寬平。府志：在府南二十五里。嶺東北爲白猿洞，洞北爲梅關。關側爲靈封寺，俗名挂角寺，今爲張曲江祠。祠左有霹靂泉，一名卓錫泉。東有嫦娥嶂，北拱郡治，如屏障然。

雙童嶺。在大庾縣南三十里，即大庾之支隴。舊名三將軍嶺，三峯並秀。

小梅嶺。在大庾縣西南二十五里大庾嶺稍西北，較大庾差平小。相傳唐開元以前入粤之路由此。又名小梅關。

崌嶺。在南康縣東南五十里。峭拔高險，踰嶺即信豐縣界。

紅桃嶺。在南康縣西北八十里，接崇義縣界，有水入江。

羊嶺。在南康縣北一百六十餘里。東與蓮花山並峙，綿亘百餘里，下有泉石旋繞。

舉嶺。在上猶縣西八十里，高拔與書山競秀。

馬迹嶺。在上猶縣西北五十五里。石路多馬迹，故名。又縣北三十里有小梅嶺，相傳爲梅福隱居處，亦謂之梅山。又大雷嶺，在縣北一百四十里。

小回嶺。在上猶縣北三十里，與南康縣接界。

雞嶺。在崇義縣西北一百七十里。

天柱峯。在大庾縣東北五里，高聳參天。

齊雲峯。在上猶縣西十五里。勢干雲霄，南瀕江，土人亦呼爲嶂山。又縣西一百五十里有筆架峯，縣東二十五里有雙秀峯，東北五十里有白塔峯。

月子岡。在大庾縣東五里，形如半月。下有月子塘，潴水常澄。

鐵岡。在大庾縣北一里。舊產鐵，有鐵冶久廢。

青龍岡。在大庾縣東北。寰宇記：在縣東四十里，有陳蕃子孫墓。岡頂嘗有青龍現，因名。縣志：在縣東北三十里，平地突起，迴環高聳。

桶岡。在崇義縣西北二百餘里，與湖南郴州接界。山谷深廣，縱横無際。明正德初爲峯賊所據，巡撫王守仁討平之。

天心巖。在南康縣西北四十里。平田中突起，其中通敞，可坐數千人。

燕子巖。在崇義縣西北一百二十里。

茶嶂。在上猶縣西四十里，石壁峭峻。

蜈蚣峽。在上猶縣西四十里。山勢峻峭，水色深黑。亦名漁翁峽。其前曰米洲，俗以視水高下，可占米價，故名。

白面峪。在崇義縣東北四十里。

鼓樓坳。在上猶縣東南二十五里，與南康縣接界，亦曰古梅坳。高聳奇秀，如樓閣狀。又縣西南四十里有茶瓶坳，與崇義縣接界。縣北九十里有較車坳，徑路紆曲，如較車然。

歐公洞。在大庾縣西十里。山隈有石澗，多菖蒲。又羅漢洞，在舊鬱林鎮西八里，崖石如門，中有石十八若羅漢狀。有清泉，上有石梁長丈餘，危峻，人不敢渡。

浮石。在南康縣西三十里。高二十餘丈，狀如覆鐘，水環其外。宋蘇軾詩「浮石已乾霜後水」，即此。

巾子石。在南康縣北二百餘里。高百餘丈，横亘四十五里。巔有巖，可容五十餘人。中有瀑布泉。石形遠望如巾，故名。

筍石。在崇義縣西北一百五十里。有二，大者高一百丈，小者差低，俱嶄然特立。

章江。在府城南門外。源出聶都山，東流過府東，又東經南康縣南，折東北入贛縣界，即古贛水，亦即豫章水，亦名南江，又名横江、横浦。山海經：贛水出聶都山，東北流注於江。漢書地理志：豫章水出贛縣西南，北入大江。水經注：贛水出豫章南野縣，西北過贛縣東注。庾仲初謂大庾嶠水，地理志曰豫章水，蓋控引衆流，總成一川，雖稱謂有殊，言歸一水矣。其水導源東北流，經南野縣北，又經贛縣東。寰宇記：章水源出大庾縣界聶都山，從南康縣東北流，合西扶、良熱等水，流三十里入贛縣郭，與貢水合。大庾縣志：章江源出聶都山之沙溪洞，如星宿海然。至府東六里有過步灘，水勢湍急，巨石突起。舟行至此極險，舟中人必登岸步過，故以名灘。明成化十五年，知府張弼鑿平險阻。南康縣志：章江在縣南，一名芙蓉江。相傳唐時兩岸多植芙蓉，故名。有浮石在縣西三十里，高二十餘丈，當江流之衝，水環其外，舟行輒漂溺。明弘治中，里人吴登顯鑿石，浚水道由石之南，行者便之。

上猶江。舊名益漿水，源出湖南桂陽縣。東流逕崇義縣北，又東經上猶縣南，亦名縣前水。又東至南康縣東北界，會章江。寰宇記：益漿水在南康縣西五百九十里〔一〕，東流合西符水，至南埜口合涼熱水。明統志：縣前水在上猶縣治南，源發自縣西，會北勝水、横水、禮信水、料水、稍水，流遶縣前，下入南埜水。舊志：源出湖廣桂陽縣東四十里益漿鎮。相近有麟潭水、牛皮龍水，合流爲益漿水。東北流經崇義縣北，又東至上猶縣西五十里，曰琴江口，合禮信水。又東十里經蜈蚣峽，有鬭水至此合流。至縣東合猶水，爲上猶江。

大沙河。在大庾縣南十里。源出大庾山，東北流繞東山麓，下合章江。又小沙水，在縣西南二十五里，源出嶺下鼓樓寨，東流十里入大沙河。又有深坑水，在縣南二十里，源出梅嶺北，亦入大沙河。

平政水。在大庾縣西南五十里。源出廣東仁化縣界長嶺，東流合涼熱水，又七十里入章江。以經平政鄉，故名。

大明水。在大庾縣西六十里。源出崇義縣傀壘山，下流至大明村口入章江。

涼熱水。在大庾縣西一百三十里，東流合平政水。明統志：水源一温一冷，熱水池圍二丈餘，深尺餘，流四步，合涼水東流。按：寰宇記有「涼熱水出聶都山，昔名豫水」，即此。

孤橋水。在大庾縣北一里。源出北營泉竇，南流入章江。又縣西城外有鼻吸河，源出小溪，由濠以達城中。歲久淤塞，明知府張弼嘗浚之。

峒山水。在大庾縣北十八里。源出黄公坑，南流過縣北，出雲津橋入章江。又和溪水，在縣東北三十里，源出巘山。樟槎水，在縣東五里，源出章坑。相近有五羊灘水，源出月村。大里水，在縣東十五里。相近有靈巖水，皆源出丫山。密水，在縣東三十里，源出雲山。池江水，在縣東六十里，源出南康縣雲主山。湛口江水，在縣東南四十里，源出留地坑。皆流入章江。

西流水。在南康縣治東南，舊名六秀水，又名巽水。有二源：一出大坳頭，一出盧源坑。二水合而西流，繞縣學前入章江。

封侯水。在南康縣西南。寰宇記：源出封侯山。水淺不通船，西南入涼熱水。縣志：在西南三十里〔二〕，源出布尾，東流會九江水，又至縣東石門灘入章江。

蕉溪水。在南康縣西三十五里。源出鍋坑，流至浮石入江。蘇軾詩：「蕉溪閒試雨前茶。」即此。

南埜水。在南康縣西北。一名桃水，源出紅桃嶺。下流至南埜口，合蓮塘水入章江。

禽水。在南康縣西北，源出禽山。東流百五十里，至南埜口入章江。

河田水。在南康縣西北一百四十里，源出鉛場。分爲二派，東至縣西北百二十里長龍里，合流爲至坪江。又東至縣東北十里爲瑞陽江，入章江。

塘江水。在南康縣北四十里。源出丫髻嶺及贛縣蛤湖，二水合流，至縣北塘江村，曰塘江。東折至縣東北三十里三江口，入章江。

猶水。在上猶縣東半里，源出大猶山。又縣東三里有造水，源出老寨背，皆南流入益漿水。縣東南二十五里有感坑水，源出涼傘崠龍潭，北流入益漿水。

稍水。在上猶縣南六里。源出石溪稍口，流八十里，至南康縣沙口入章江。

料水。在上猶縣西北三十里料村。源出賴塘坑，南流入益漿水。

禮信水。在上猶縣西北一百五十里。源出禮信鄉石溪，東南至琴江口，入益漿水。

石門水。在上猶縣北一百里。源出百丈峒，東南流入益漿水。

九十九曲水。在上猶縣東北四十里。源出上坪，西南流入益漿水。迴環九十九曲，故名。

西符水。在崇義縣東南五十里。源出縣西鑊山，東南流合南源水。又東入南康縣界，入章江，亦謂之西扶水。

義安水。在崇義縣南六十里。源出大庾縣玉泉山，流經縣東南義安里，故名。下流入西符水。

南源水。在崇義縣西南五十里。源出南源山，東流北折合西符水，曰符口。

潛水。在崇義縣西一百三十里。源出障山洞，流數里入坑，尋復噴出，故謂之「潛」，土人謂之鑽水。下入益漿水。

帶圍水。在崇義縣城北，即横水也。源出大嶂山，自縣西繞城，北會東溪水，入益漿水。又縣東南四十里有桃水，源出紅桃嶺，東北流入益漿水。

天池。在上猶縣北三十里小梅嶺南。

湛泉。在大庾縣東一里，水南入江。

涌水泉。在大庾縣西南四十里。明永樂中，居民見四山雲霧朦朧，往視有泉湧出，可溉田數十畝。

温泉。在崇義縣西二十里，瀠洄達於江渚。

魚目井。在大庾縣治西。有二井，一在西門内，一在城外魚背岡。俗以城形如魚，二井爲魚目。

蘇步井。在南康縣治東蘇步坊下。有石底如盤，開九孔，泉自下湧出。蘇軾嘗經此酌之，故名。

太陰井。在上猶縣東南。其水甘洌，飲之可已瘴癘。

古蹟

大庾故城。在今大庾縣西南。元和志：縣東北至虔州二百二十里。南康記云前漢南越不賓，遣監軍庾姓者討之，築城於此，因以爲名。隋以爲鎮。神龍初，改鎮爲縣。縣志：庾將軍城，在今縣西南二里，漢時將軍庾勝所築。隋置鎮於此。唐時置縣，移治今縣東二里。宋淳化二年置南安軍，始移築今治。

南埜故城。在南康縣西南章江南岸。秦置縣。淮南子云「秦使尉屠睢將五軍，一軍守南埜之嶠」，即此。漢屬豫章郡。後漢曰南野。隋初縣廢。九域志：南康縣有南野鎮，即故縣也。

南康故城。在今南康縣西南。本漢南埜縣地，三國吴析置南安縣。晉太康初，更名南康。元和志：縣東北至虔州八十里。縣志：故城在今縣西南隅一里，後遷今治。

崎頭城。在大庾縣東。舊志：梁大寶初，陳霸先自始興起兵討侯景，度大庾，破蔡路養於南埜，因修崎頭故城，自南康徙居之。九域志：大庾有硤頭鎮，即崎頭之訛也。城在今縣東百里，章江之岸曲處。孫愐曰：「曲岸曰崎也。」

新田城。在大庾縣東北。城池志：庾嶺北四十里爲新田城，又北五里爲鳳凰城，西十里有楊梅城，俱嘉靖四十四年築。其北十里爲小溪城，舊有驛，今遷去，先十年築。東五里爲九所城，亦四十四年築。

峯山城。在大庾縣北小溪城北十五里。縣志：其人善弓弩。明正德中，王守仁選弩手從征猺寇，事平，民恐報復，築城自衛。

村頭城。在上猶縣西北，明嘉靖中居民所築。

九栅故址。在大庾縣南。隋開皇十年，番禺王仲宣反，屯大庾嶺，立九栅，詔裴矩進兵擊破之，即此。元志：今縣西南安庾里有遊仙徑，崎嶇硤石中。六七里乃抵關路，兩山對峙，内有廣谷容寨栅，即九栅故址也。

上猶場。在上猶縣西。本南康縣地。寰宇記：楊吴天祐中，析南康縣之一鄉半爲場，南唐壬子歲改爲縣。縣志：上猶場，本邑人盧光稠所建，在今縣西靈巖寺北。後改爲縣，其治亦在縣西，宋紹興間始移今治。

甲仗庫。在大庾縣治西。名勝志：中藏甲胄刀盾之屬二三百具，城守雜器稱是，蓋宋狄青收儂智高之餘物也。舊志：今爲架閣庫。

錫務。在南康縣。九域志：南康縣有瑞陽錫務。

崇義務。在南康縣北一百六十里。元置，明洪武三年改爲崇義税課局。正統五年，與潭口局同廢。

鐵務。在上猶縣。九域志：上猶縣有上田鐵務。

僉判廳。在府治西。名勝志：府治西有宋僉判處，元因爲南安塞兵萬户府。舊有碑，刊煙瘴藥方其上，今爲民居。

太傅營。在上猶縣西北百里，相傳爲盧光稠故居。宋末，置太傅書院，元時置營。

雲章閣。在舊府學東。宋淳熙間建，以貯經籍。

延松堂。在府城内。宋建，石曼卿書匾。

尊道堂。在府學。宋米芾書匾。

聯瑞堂。在府治東按察分司内。宋紹興中，通判邵拱建，以三見蓮池並花，故名。

清虚亭。在府治内。宋大中祥符中，知軍嚴肅建。

面面亭。在府治内。宋紹興中，郡守趙彴之建，取韓愈詩「面面看芙蓉」句爲名。

緑陰亭。在府城内。宋郡守李夷庚建。亭側有池，池右竹樹森列。

揖秀亭。在府城内。雙秀諸峯，拱揖於前。宋淳熙中，郡守李大正建。

光風霽月亭。在府學三賢祠前，明景泰三年建。舊有朱子書「霽月光風」四字，遂以爲額。

中臺。在府城内。宋周濂溪先生爲軍司理時，嘗居此。明陳獻章應召，夜宿其地，有句云：「不知風月隨儂否，惱殺中臺此獨眠。」

超然臺。在府城内，宋建。下有池，多花木。

陳公臺。在南康縣。宋相陳升之父爲主簿時，以石甃成，建亭其上，扁曰「翠微」。紹興中，邑宰劉將之易今名。

瑞露軒。在南康縣治内。宋令陳廷傑有善政，甘露降於古松，因以名軒。

玉潭館。在南康縣北三十里。又銀渡館，在縣西三十里。俱宋寶祐中建，元廢。

字民銘。在南康縣治内。宋度宗製並書刻於石，其末云：「咨爾令長，守而勿墜。宣朕實意，斯爲愷悌。」

東山寺鐘。在上猶縣西童子堡。明統志：昔有大鐘形旋如蛟，一夕忽飛去，墮寺前相陂潭。見者以告，因遣没人出之，則化爲真蛟，蜿蜒可怖，竟不敢近。至今水泛數十里間，鏜然聲震虚谷，時有見之者，形猶鐘也。

關隘

橫浦關。在大庾縣南三十里大庾嶺上，秦、漢時故關也。史記尉佗傳：元鼎五年，主爵都尉楊僕爲樓船將軍，出豫章，下橫浦。注：「南野大庾嶺三十里至橫浦，有秦時關，其下爲『塞上』。」通典：大庾縣西南有橫浦廢關，現在。明統志：關外頗峻，關内曠谷，可容寨栅。疑即古入關之路。及張九齡開鑿庾嶺，此關乃廢。

梅關。亦在大庾嶺上。舊志：踰橫浦而南，陸行十餘里，山行五六里，盤迴繚曲，躋於嶺巔，界江、廣之交，石壁對峙，是爲梅關。宋蔡挺置，後廢，明正德八年重修。

龍華隘。在大庾縣東八十里，與信豐縣鐵落鍋密邇。又縣東北十里有牛尾隘，二十五里有佛子隘，五十里有樟兜隘，六十里有雲山隘，七十里有宰屋隘，縣東南二十五里有赤江隘，三十五里有雙坑隘，俱屬赤石巡司。

梅嶺隘。在大庾縣南二十里，與廣東南雄州火徑隘相接。又縣西南四十里有遊仙隘，近小梅關，接南雄州界。西十五里有浮江隘，五十里有吉村隘，六十里有沙村隘，七十里有古源隘，西北百里有内良隘，皆屬鬱林巡司。

峿嶺隘。在南康縣東南五十里。又相近有李家山隘。

鼓樓隘。在南康縣西北五十餘里，接上猶縣界，亦名古樓堡。

疋袍隘。在上猶縣西北八十里，有猴嶺崔巍横亘，路通湖南郴州桂陽縣羅木山。又有小徑，可通南韶諸路。其東爲平富隘，又東爲盧王隘，大雷嶺下有大雷隘。爲縣北五隘〔三〕。又縣南振德里有賴塘隘，縣西南三十里有上稍隘，皆控扼要處。

横水隘。在崇義縣東太平里，其南爲十八面嶺。又穩下隘，在縣南，去府治百里，亦名穩下堡。小坑隘，在縣西南四十里。其西又有闕田、流泱二隘。

聶都隘。在崇義縣西南聶都山下，爲縣境險要。又長流隘，在縣西北雁湖里。相近有古亭隘，臨古亭河，可通舟楫，直達上猶縣。

鬱林鎮巡司。在大庾縣西。明洪武三年置於聶都村，正德中割村入崇義縣，因寓治浮江隘。嘉靖三十六年，爲廣寇所掠，復移近郡城黄泥巷，今因之。

赤石嶺巡司。在大庾縣東北百餘里，明洪武二十二年置。舊治峯山里，弘治元年移小溪城，正德中復移於峯山新城。後又移而南，治峯山里水西村，今因之。

相安鎮巡司。在南康縣北一百二十里。舊爲相安寨，明洪武三年改置巡司，今因之。

潭口鎮巡司。在南康縣東北四十里玉潭山下。明置巡司，今因之。又元時有潭口務，明洪武三年，改潭口税課局，久廢。

鉛廠巡司。在崇義縣西南一百二十里。舊在縣西南四十五里鉛山，明正德十四年置。嘉靖二十六年，移治聶都，居三省之界，今因之。

金坑巡司。在崇義縣西北二十里過步營。明初設巡司於上保，正德十四年，王守仁以上保、石溪、爛泥坑路通湖南郴、桂〔四〕，徙司治之。本朝乾隆十七年移駐。

長龍巡司。在崇義縣東北尚德里江頭。明正德十四年，置於縣東南四十五里隆平里〔五〕，嘉靖中遷此，今因之。

浮龍鎮。在上猶縣西一百里。元至元中，置巡司於縣西浮龍鎮，後移於太傅村，本朝乾隆十七年裁。

蓮塘寨。在南康縣西四十里。又縣西北九十里有赤岡寨，縣北五十里有同巡寨，一百里有太平寨，蓮花山上有蓮花寨，俱宋、元時置，久廢。

金坑寨。在崇義縣北，東至上猶縣六十里。明正德三年置有小城。又華山寨，在縣西北八十五里雁湖里。

文英營。在崇義縣西南，去聶都山三十里，去大庾縣百三十里。舊名文英隘，亦曰文英堡。本朝設守備駐此，雍正十年改設都司。又西十里地名百擔坵，與廣東之仁化、湖南之桂陽、桂東三縣接界，亦設兵戍守。

西下堡。在南康縣東十里。又縣境有牛牯、龍迴、甘竹、麻斜〔六〕、李姑、油槽、塘江、石塘、擔柴、湖頭、沙溪等十餘堡，俱元、明時鄉民所置。

横浦驛。在大庾縣南横浦橋之南。舊有水、馬二驛，明洪武三年併爲一驛。本朝乾隆二十一年裁。

小溪驛。在大庾縣東北七十五里。舊在縣東北六十里，濱江，明正德十二年遷於峯山新城。今因之。

南埜驛。在南康縣城東南。舊爲王村驛，亦曰芙蓉驛，明初改置南埜水馬驛，今裁。又有九牛水驛，在縣東北四十里，明初與潭口巡司同置，久裁。

津梁

横浦橋。在府城南門外。元延祐中建，至正中改名平政。明嘉靖中復改平川。本朝康熙四十六年修。

青雲橋。在府城東南，舊名雲津橋。

小沙橋。在大庾縣南五里山。南唐開元時，開嶺路初設，明景泰中甃以石。

宜男橋。在大庾縣西南一里沙洲壩。

三橋。在大庾縣北，宋嘉定間郡守劉强學建。

塘江橋。在南康縣北四十里。宋乾道間，上猶人劉權建，路通上猶。

惠政橋。在上猶縣東半里。宋建，跨猶水，舊名游龍，又名七星，後圮。元爲浮橋，改今名。

神橋。在上猶縣西南。宋咸淳間，邑人造木橋。跨縣前三江上，春漲每多漂溺。元時縣尹趙明改由新路以避其險，造橋於此，成功甚速，故名。

芙蓉渡。在南康縣治東。舊有浮橋，元建，今名通濟橋。

琴口渡。在上猶縣西五十里。

隄堰

新陂。在大庾縣。明正統間，知府郭誠開荒原，鑿渠引水溉田，民享其利。

陵墓

唐

謝肇墓。在上猶縣北勝堡。相傳肇唐末累官百勝軍防禦使，有平蠻功。

宋

解潛墓。在大庾縣西四里。

元

謝節婦墓。在上猶縣治東一里官路旁。

祠廟

張總管祠。在府城内，祀元末總管張昉。

張鄧二守祠。在府治西。明弘治中建，祀知府張弼。正德中，以知府鄧應仁合祀。

東坡祠。在大庾縣學右。宋淳祐間建，有宋蘇軾像。

張丞相祠。在大庾縣大庾嶺雲封寺，祀唐張九齡。

寓賢祠。在大庾縣南玉池坊。舊在寶積寺後，名五賢祠，祀宋程珦、蘇軾、劉安世、江公望、張九成。明成化中遷今所，增祀劉黻，更今名。

王陽明祠。凡四：一在大庾縣玉池坊，名報功祠，久廢。一在南康縣旭山，一在上猶縣學後，一在崇義縣學東。

忠義祠。在上猶縣儒學後，祀宋縣令李申巽。

龍君廟。在城東一里。宋張九成因軍境炎熱，多癘疫，禱雪於此。

寺觀

寶界寺。在府城内西北。宋皇祐初建，名福田院，後改寶界。西廊有鐵漢樓，因劉安世寓居於此，故名。

普化寺。在大庾縣東三十五里龍山。唐咸通中建〔七〕，宋賜額。

雲巖寺。在大庾縣雙秀峯南。唐建。

嘉祐禪寺。在大庾縣治東北。隋開皇初建，唐改名大雲寺，宋改名清泉寺，後復舊名。

祖印寺。在南康縣西青泥鋪。本朝順治年間建。

大中祥符寺。在南康縣治東北。宋建。

寶乘寺。在上猶縣治東資壽山下。楊吴時建。

龍歸寺。在上猶縣西北。又名鷲峯寺，宋建。

極樂寺。在上猶縣北小路村。又名梅峯寺，唐置。

玄妙觀。在府治西。宋端拱初建。

仙臺觀。在南康縣西門外。宋大觀中建。

聖濟院。在上猶縣東南。中有拂雲亭，棟宇壯麗，甲諸蘭若。

萬年觀。在上猶縣西南一里。唐建，初名玉仙觀，宋改今名。相傳宋時道士王守中於此仙去。

六祖院。在南康縣東門外。唐貞元中建。宋蘇軾南遷過此，改名傳法寺。

名宦

宋

程珦。河南洛陽人。通判南安軍。時周敦頤爲掾，珦與語，知其爲學知道，因使二子顥、頤受業焉。

周敦頤。營道人。調南安軍司理參軍。有囚法不當死，轉運使王逵欲深治之，衆莫敢争。敦頤獨與之辨，不聽，乃委手版歸，將棄官去，曰：「殺人以媚人，吾不爲也。」逵悟，囚得免。

蔡挺。宋城人。知南安軍。時大庾嶺下南至廣，驛路荒遠，室廬稀疏，往來無所庇。挺課民植松夾道，以休行者。

劉安世。魏人。哲宗時，章惇用事，尤忌惡之，黜知南安軍。

徐鹿卿。豐城人。爲南安軍教授。先是，周敦頤、程顥與其弟頤，皆講學是邦，鹿卿申其教，由是禮義之學復明。立養士綱條，學田多在溪峒，異時征之無藝，農病之，鹿卿撫恤，無逋租者。其後盜作，環城皆燬，惟學宫免，曰：「是無撓我者。」

李申巽。宋末知上猶縣。元兵攻城，申巽偕李梓發堅守至七十五日。城陷，與梓發俱死之。

元

張昉。東平人。南安路總管。始至，即訪閭閻疾苦，奏罷不急之科，作石隄以禦水患，凡有利於民者，爲之無遺。民立祠祀之。

汪澤民。婺源人。爲南安路總管府推官。鎮守萬户多爾濟持官府短長，郡吏王甲毆傷屬縣，長官訴郡，同僚畏多爾濟，託故不視事。澤民獨捕甲繫之獄。多爾濟賂巡按御史，受甲家人訴，欲出之。澤民正色與辨，御史沮怍，乃卒罪王甲。「多爾濟」舊作「朶兒赤」，今改正。

明

吴履。蘭溪人。洪武初，授南康丞。南康俗悍，履周知民情僞，有所摘發，一縣驚服，相率斂迹。乃改從寬大，與民休息。知縣周一中巡視田野，爲部民所詈，捕之不獲，盡繫其鄰，履閲獄立釋之。一中益怒，履曰：「犯公者一人耳，今繫者衆而捕未已，急且有變。」一中乃解。邑有淫祠，每祀有蛇出户，民指爲神。履捕巫責之，沈像於江。爲丞六年，百姓愛之。

高敏道。安陽人。永樂初，以給事中左遷，知上猶縣。賦役均平，民皆安樂。

郭誠。通州人。正統中知南安府，開大庾荒原，鑿渠灌溉，民享其利。

張弼。江南華亭人。成化中知南安府。地當兩廣要衝，姦人嘯聚爲患，悉捕滅之。役重民疲，力爲均節。以時治橋梁道路，毁淫祠百數十區，建爲社學，且祀先哲之嘗莅兹土者。謝病歸，士民爲立祠。

鄧應仁。南海人。弘治末，知南安府。爲治尚德化，不事鞭扑。在郡數載，唯攜一童自隨。既去，民思之，有肖像祀於家者。

趙鶴。江都人。正德中，爲南安同知。時峒賊犯境，鶴率兵迎敵，寇奄至，舁到營，鶴危坐曉以大義。賊曰：「若盡如公，吾輩豈至此乎！」護送歸。

支體義。全州人。嘉靖中，知大庾縣。先是，流寇兩至。體義請發公帑，築水南、新田、鳳凰山等六城以爲保障，民恃以安。

宋本忠。山陰人。崇禎末，任南康典史。流賊逼城，本忠晝夜巡防，城賴以固。後竟殉難。

本朝

梁爾壽。涇陽人。康熙十七年，知崇義縣。兵燹後民多失守，爾壽多方招徠，貸贛州漕米，以濟民之歸集者，與以牛種牲畜。縣學廢，出貲倡建之。

馬化龍。奉天人。康熙二十年，知南安府。革浮耗，禁科派，倡修文廟，開設義學，政聲大著。

張爲焕。太倉人。康熙中，知崇義縣。時兵變，楚粤盤踞峒穴者猶未盡戢。爲焕仿王守仁横水方略條件行之，表險要，置士兵，編閭伍，嚴保甲，風俗稍馴，乃興學課士。以老乞歸。

人物

宋

李梓發。上猶人。德祐初，爲南安巡檢。元達春統兵圍上猶，梓發與縣令李申巽據城拒之，元兵不能克，解去。文天祥表梓發爲團練使督撫諮議。已而元參政賈居貞復引兵數萬圍之，梓發堅守不懈，及城陷，舉室自焚。同時唐仁、黄賢、張伯子、劉淵子、張南仲、陽清叟，皆死之。「達春」舊作「塔出」，今改正。

明

譚翼。大庾人。洪武進士，授龍溪丞。彗星見，論時政，謫戍南寧。建文初，升龍溪知縣，尋擢兵部郎中，與同年黄子澄、練安善。燕師至，同郎署諸人赴火死。妻鄒氏、子仕謹俱自縊。

蔡運。南康人。建文中，歷官四川參政，勁直不諧於俗。罷歸，復起知賓州，有惠政。永樂初，以不屈論死。本朝乾隆四十一年，賜謚節愍。

劉永。大庾人。永樂進士，授刑部主事，歷郎中。以大學士楊榮薦，授荆州知府，一郡稱治。劾楚藩不法，械繫詔獄。得釋，復原官。前後歷十四年，卒於任。

張九逵。大庾人。弘治進士，歷南京禮科給事。劉瑾誅，疏劾賂瑾致大官者，悉罷之。除瑾矯制諸苛法。擢湖廣參議，改廣西，督軍征蠻，冒瘴卒。

王鑾。大庾人。正德初進士，歷都水主事，出轄徐沛牐河。忤織造中官史宣，逮繫詔獄，以言官論救還職，分司南旺。有樊麟者，倚中官廖堂姪廖鵬勢，詐稱敕使，贓賄巨萬。鑾發其姦，送京師伏誅。爲郎中，所省羨餘悉歸之公。嘉靖初，遷武昌知府，以與楚王争茶税事，遂請終養歸。鑾爲人剛廉，不畏强暴，不恤利害，遇權要必與之抗，人以爲難。

本朝

劉如昌。大庾人。幼孤家貧，事母盡孝。嘗出行遇賊，欲殺之，如昌跪泣曰：「死勿敢避，奈老母何？」言訖大慟，賊憐而釋之。又出行遇虎，虎不爲害。及母卒，哀毁盡禮，每雷雨，輒詣墓側哀號，至老不改。年八十卒。

劉永慶。大庾人。天性純孝，尤篤於義。與同縣易明宇友善，明宇病亟，託以妻子。永慶曰：「是吾分也。」後明宇家産蕩盡，永慶贍其妻子，爲營婚葬，復分己産之半并童僕給之。

謝啓昆。南康人。乾隆進士，改庶吉士，授編修，累官廣西巡撫。性行純良，才能稱職。卒於官，恩給卹典。

戴衢亨。大庾人。乾隆戊戌進士，殿試第一，授修撰，累官至太子少師、體仁閣大學士。秉性忠直，實心任事，誠悃無欺。卒於官，敕賜祭葬，贈太子太師，謚文端，入祀賢良祠。

朱國藩。大庾人。由恩貢通判湖州。州有白糧，舊係民運，每爲積蠹所侵，累歲逋負。國藩疏陳其弊，舊累遂除。貧虧糧額者，勉爲稱貸代輸，民感其德。入祀鄉賢祠。

李用梅。南康人。以歲貢任上饒訓導，造士有方。致仕歸，三修學宫，賑饑濟困，不惜傾囊。南安衝途，度嶺夫按糧起役，南康糧多役煩。用梅集同志請於當道，始免差累。入祀鄉賢祠。

王宏璧。南康廩生，考授州同。幼失怙恃，哀動鄉里，及葬，遭暴漲溺水，若有神助，得不死，人稱其孝感所致。生平急公仗義，遷建學宫，忠臣蔡運墓爲人竊據，宏璧請復之。歲歉，賑其饑者，藥其病者，賻其不能具棺者。入祀鄉賢祠。

流寓

宋

江公望。睦州人。爲左司諫。蔡京爲政，編管南安軍。

張九成。錢塘人。爲秦檜所惡，謫居南安軍。在南安十四年，每執書就明，倚立庭甎，歲久雙趺隱然。廣帥致籯金，九成曰：「吾何敢苟取？」悉歸之。

解潛。藍田人。爲邊帥。中丞李文會附秦檜，言其本趙鼎客，不從和議，謫居南安凡十九年。疾革，張九成往視之，潛泣曰：「平生仗忠義，爲秦檜所斥，此心唯天知之。」九成曰：「無愧此心足矣。」即豁然而逝。

劉黻。樂清人。淳祐中，丁大全劾奏丞相董槐，將奪其位。黻以太學生赴闕上書，忤執政，送南安軍安置。黻至南安，盡取濂洛諸子之書，摘其精切之語，輯成十卷，名曰濂洛論語。

列女

元

徐人妻謝氏。上猶人。年二十夫死，家貧孀居。夫黨陰許爲富人鍾子茂妾，謝聞之，不勝悲憤，訴於縣。縣不爲理，乃號慟終日，自縊死。大德中，廉訪使至縣察之，乃表其墓。

明

陳宗球妻史氏。南安人。夫死將殉，有期矣，尚爲姑釀酒。姑曰：「婦已決死，生存無多日，何辛苦爲？」對曰：「正爲日短，故釀以奉姑。」將死，告舅曰：「婦有喪，幸勿鬆棺。」遂縊。

胡玉妻何氏。上猶人。年十九，夫死，家無擔石。何辛苦織紝，孝事舅姑，撫遺孤祥澤。時有富人蔡某，强欲求婚，何聞之，斷指以明誓。卒年八十九。

劉應朝妻吴氏。上猶人。萬曆中，值山寇亂，懼辱，抱女投江死。

郭氏父妻易氏。南康人，寓居大庾。崇禎辛未，流寇犯境，破水南，被執不從，見殺。

本朝

張世通妻曾氏。上猶人。世通死，有曾某冒族人，逼氏改嫁，不從，抱子投贛江死。順治中旌。

賴尚珠妻郭氏。南康貢生郭良工女。年二十二，夫亡守節。孝養舅姑，課遺孤成立。康熙四十九年旌。

許將愈妻鄧氏。名標秀，南康人。未婚死節，康熙五十六年旌。

鍾應璧妻戎氏。南康人。夫亡守節。同縣盧鑑妻周氏、盧大遇妻李氏、盧天祐妻劉氏、朱錫遴妻吴氏、鄧懷萬妻許氏、周仲庸妻郭氏、鄧鳳池妻高氏、鄧標祥妻張氏、朱錫迪妻戎氏、蔡明通妻王氏、何應鑑妻郭氏、李日升妻楊氏、郭文玿妻曾氏、蔡天祐妻蕭氏、吴良梅妻賴氏、朱加貴妻陳氏、古銘達妻李氏、廖騰妻張氏、黄冕妻洪氏、葉成章妻劉氏、盧鎮廷妻陳氏、明煒妻胡氏、朱士枚妻郭氏、王宣偉妻藍氏、曾士宫妻張氏、黄詩軾妻朱氏、吴肇基妻嚴氏、賴萬禎妻蔡氏、明煌妻譚氏、蒙景洪妻梁氏、王錫瓚妻賴氏、朱玉榜妻蕭氏、蕭九炤妻王氏、李天章妻王氏、何嘉千妻盧氏、賴萬永妻王氏、朱錫瑄妻李氏、葉琊生妻黎氏、鄧眂明妻許氏、鄧孔霄妻周氏、張貞錦妻劉氏、謝元諭妻楊氏、張貞稷妻鄧氏、葉凌雲妻李氏、邱文亨妻黄氏、邱元亨妻藍氏、歐陽依皇妻郭氏、歐陽帝選妻劉氏、鄧擴武妻朱氏、蔡萬桂妻劉氏、賴恒深妻蕭氏、湯紹連妻劉氏、朱文清妻蕭氏、盧來儀妻王氏、林郁文妻蔡氏、李日昌妻蔡氏、鍾英泮妻郭氏、梁大鳴妻劉氏、鍾家模妻朱氏、賴恒仁妻王氏、歐陽令濟妻何氏、陳翰序妻范氏，烈婦劉㜲積妻黄氏，烈女黄大間妻黄氏，貞女黄氏，均乾隆年間旌。

陳禮妻何氏。上猶人。夫亡守節。同縣吴榮傑妻曾氏、陳昌憲妻曾氏、劉開烈妻曾氏、曾樵妻劉氏、鍾位盛妻方氏、尹湯聘妻盧氏、鍾廷璧妻劉氏、蔡世浩妻彭氏，烈婦劉子隴妻黄氏，均乾隆年間旌。

鍾世祚妻明氏。崇義人。夫亡守節。同縣周文殊妻王氏、周高馗妻王氏、黄德禄妻廖氏、黄麟妻楊氏、楊秉芳妻李氏、王有道妻黄氏、王宏申妻張氏、廖相琳妻甘氏、謝憲和妻郭氏、蕭琛妻陳氏、郭崇塤妻蕭氏、郭崇域妻康氏，均乾隆年間旌。

劉龍淇妻謝氏。大庾人。夫亡守節，歷久不渝。嘉慶十一年旌。

鄧芳煇妻馮氏。南康人。夫亡守節。同縣李同林妻蔡氏、周便挺妻彭氏、黎其琮妻朱氏、董學模妻朱氏，均嘉慶年間旌。

蔡世棟妻吴氏。上猶人。夫亡守節。同縣陳棕柄妻方氏，均嘉慶年間旌。

康祖增妻王氏。崇義人。夫亡守節。嘉慶十九年旌。

仙釋

宋

巢道人。上猶人。初遇異人，授以辟穀法，常經月不食。自言年九十，顔如童子，日行三百里，盛暑烈日，曾不畏避。忽一日詣所親曰：「吾明日歸去。」果端逝。里人異之，以爲尸解。

德賢。上猶人，號棲真尊者。治平中，結庵丫山。元豐五年九月，忽自圖其容於壁間，對衆説偈曰：「片雲歸洞本無心，流水下山非有戀。」言訖而化。

法總。潼川人。有禪學。紹興中至南安，與謝堯咨友善。一日語謝曰：「我明日入寂，更十三年，同爲極樂遊。」至明日浴畢，更衣，跏趺而化。焚之有舍利飛颺，觀者如堵。後十三年，謝果卒。

土産

茶磨石。方輿勝覽：南安郡産茶磨石，以石門之石爲之。明統志：出上猶縣，蒼礐縝密，以磨盤與輪同璞者爲佳〔八〕；脈紅如縷，極鮮明者最難得。土人以白脈者爲銀線，黄脈者爲金線。縣志：本出聶都山，元時採鑿過多，遂竭。

竹紙。省志：出大庾縣。

箭竹。扁竹。仙茅。明統志：俱大庾縣出。按：舊志載唐書地理志：南康大庾有錫。宋史地理志：南康有瑞陽錫務。又唐書地理志：大庾有鉛。宋史地理志：上猶有上田鐵務。今俱無。謹附記。

校勘記

〔一〕益漿水在南康縣西五百九十里　乾隆志卷二五五南安府山川（下同卷簡稱乾隆志）同，太平寰宇記卷一〇八江南西道虔州

「九十」下有「一」字。

〔二〕在西南三十里　「三十里」，乾隆志作「五十里」。

〔三〕爲縣北五隘　按，文中僅列四隘，乾隆志同。考讀史方輿紀要卷八八江西六，上猶縣北五隘除文列四隘外，尚有洞口隘，在疋袍隘西。

〔四〕王守仁以上保石溪爛泥坑路通湖南郴桂　「郴」，原作「彬」，據乾隆志改。

〔五〕置於縣東南四十五里隆平里　「東」，原脱，據乾隆志及讀史方輿紀要卷八八江西六補。

〔六〕麻斜　「斜」，原作「科」，乾隆志同，據雍正江西通志卷三四關津及讀史方輿紀要卷八八江西六改。按，同治南安府志卷二關隘亦作「麻斜」。

〔七〕唐咸通中建　「咸通」，原作「炎通」，乾隆志同，唐無「炎通」年號，據雍正江西通志卷一〇一寺觀改。

〔八〕以磨盤與輪同璞者爲佳　「璞」，原作「堞」，據乾隆志及明一統志卷五八南安府土産改。

寧都直隸州圖

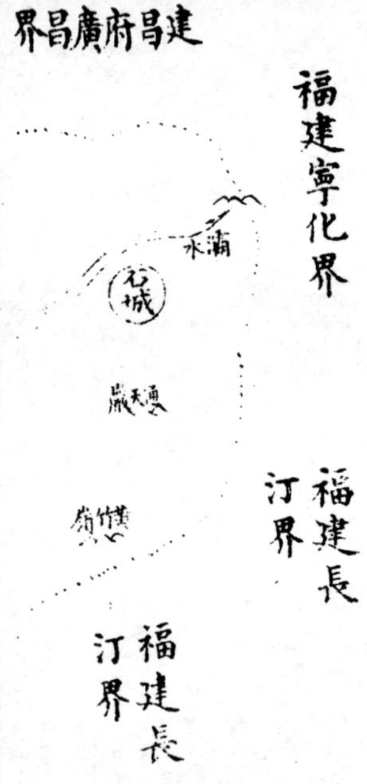

建昌府廣昌界
福建寧化界
石城
福建長汀界
福建長汀界

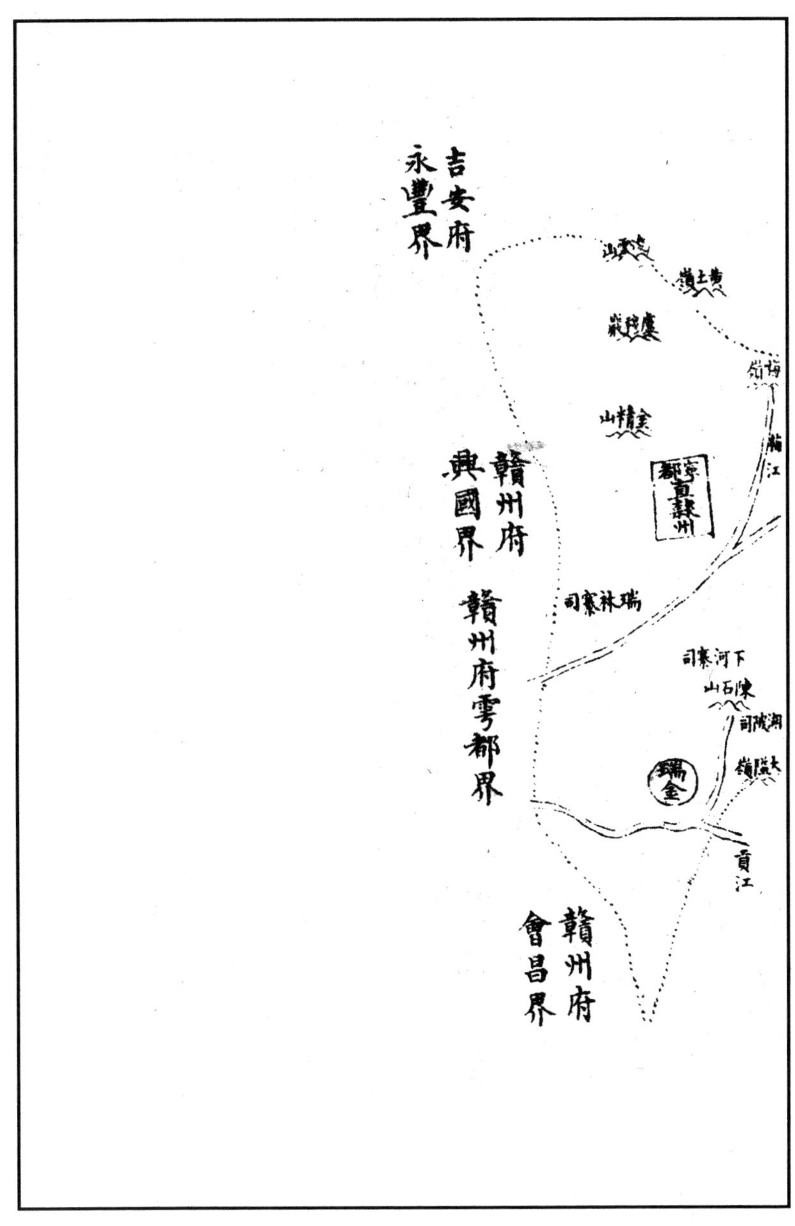
吉安府
永豐界
贛州府
興國界
贛州府
雩都界
贛州府
會昌界
寧都直隸州
瑞金
瑞林寨司
下河寨司
貢江

寧都直隸州表

	寧都直隸州	瑞金縣	石城縣
秦	九江郡地。		
兩漢	雩都縣地。	雩都縣地。	雩都縣地。
三國	陽都縣吳寶鼎三年置，屬廬陵南部都尉。		
晉	寧都縣太康元年改名，屬南康郡。		
南北朝	寧都縣 虔化縣宋大明五年分置，屬南康郡。		
隋	虔化縣開皇十八年改名，屬虔州。大業初屬南康郡。省入。		
唐	虔化縣屬虔州。	天祐九年置瑞金監。	石城場。
五代	虔化縣	瑞金縣南唐保大十一年改置，屬虔州。	石城縣南唐保大十一年改置，屬虔州。
宋	寧都縣紹興二十三年復故名，屬贛州。	瑞金縣屬贛州。	石城縣屬贛州。
元	寧都州大德三年升州，屬贛州路。	瑞金縣大德元年屬會昌州。	石城縣屬寧都州。
明	寧都縣洪武二年仍爲縣，屬贛州府。	瑞金縣洪武二年屬贛州府。	石城縣屬贛州府。

續表

揭陽縣吴置。
陂陽縣太康五年改名，屬南康郡。
陂陽縣
省入寧都。

大清一統志卷三百三十三

寧都直隸州

在江西省治西南一千五百六十里。東西距一百五十五里，南北距二百六十里。東至福建汀州府長汀縣界一百十五里，西至贛州府興國縣界四十里，南至贛州府會昌縣界二百二十五里，北至建昌府廣昌縣界三十五里。東南至福建汀州府長汀縣界一百三十里，西南至贛州府雩都縣界七十里，東北至建昌府廣昌縣界六十里，西北至吉安府永豐縣界一百五十里。本州界東西距一百里，南北距一百六十五里。東至石城縣界六十里，西至贛州府興國縣界四十里，南至瑞金縣界一百三十里，北至建昌府廣昌縣界三十五里。東南至瑞金縣界八十里，西南至贛州府雩都縣界七十里，東北至建昌府廣昌縣界六十里，西北至吉安府永豐縣界一百五十里。自州治至京師六千零三十里。

分野

天文斗分野，星紀之次。

建置沿革

禹貢揚州之域。春秋屬吴，戰國屬楚。秦屬九江郡。漢雩都縣地，屬豫章郡。東漢初平二年，析置廬陵郡，亦爲雩都地。三國吴寶鼎三年，置陽都縣，屬廬陵南部都尉。晋太康元年，改曰寧都，隸南康郡。宋大明三年，以虔化屯别置虔化縣，並屬南康郡。齊、梁、陳因之。隋平陳，廢虔化縣。開皇十八年，改寧都曰虔化，屬虔州。大業初，屬南康郡。唐屬虔州。宋初因之，紹興二十三年復改曰寧都，屬贛州。元大德三年，升爲寧都州，屬贛州路。明洪武二年，仍爲縣，屬贛州府。本朝初因之，乾隆十九年，升爲直隸寧都州，領縣二。

瑞金縣。在州南一百三十里。東西距一百里，南北距二百五里。東至福建汀州府長汀縣界二十里，西至贛州府雩都縣界八十里，南至贛州府會昌縣界七十五里，北至本州界一百三十里。東南至福建汀州府長汀縣界十里〔一〕，西南至贛州府會昌縣界八十里，東北至石城縣界八十里，西北至本州界九十里。漢雩都縣地。唐天祐元年，置瑞金監。五代南唐保大十一年，升爲縣，屬虔州。宋屬贛州。元大德元年，改屬會昌州。明洪武初，仍屬贛州府。本朝初因之，乾隆十九年，改屬直隸寧都州。

石城縣。在州東一百里。東西距七十五里，南北距一百七十里。東至福建汀州府寧化縣界三十五里，西至本州界四十里，南至福建汀州府長汀縣界一百十里，北至建昌府廣昌縣界六十里。東南至福建汀州府寧化縣界三十五里，西南至瑞金縣界六十里，東北至福建汀州府寧化縣界六十里，西北至本州界四十里。本漢雩都縣地。三國吴分置揭陽縣。晋太康五年，改曰陂陽，屬南康郡。宋、齊以後因之。隋開皇十三年，省入寧都縣，名石城場。五代南唐保大十一年，始置石城縣，屬虔州。宋屬贛州。元升寧都爲州，以石城屬之。明屬贛州府。本朝初因之，乾隆十九年，改屬直隸寧都州。

形勢

東有佛祖嶺，西有金精山。奇螺之石拱於南，梅江之水繞於北。明陳勉寧都拱辰橋記。贛十縣水多飛流奔湍，行崖峽間，寧都獨平川漫流。明羅玘送平令之任寧都序。瑞金地接閩汀，在屬邑最爲僻遠。董越綿江分館記。四山如城，龍淵虎壘。石城形勝志〔一〕。

風俗

民善治生，有勤儉風。士知務學，無浮靡習。寧都舊志。山多田少，稼穡之外，間爲商賈。瑞金舊志。

城池

寧都州城。新、舊二城相屬，南爲舊城，周四里九十步，門六。唐太和六年，知縣王揆始築。北爲新城，明崇禎中邑人温國奇等創築，門七。合舊城共周八里，十三門，濠周九里，廣三丈五尺。本朝屢經修葺，嘉慶八年重修。

瑞金縣城。周五里，門四。東阻綿水，南阻貢水，西、北爲濠，延袤二里。元至正十三年築，明成化中甃石，本朝康熙五十八年修。

石城縣城。周二里二百八步，門五。東阻大溪，西爲濠。宋建炎末土築，明成化二十三年甃石。本朝屢經修葺，乾隆五十七年、嘉慶十年重修。

學校

寧都州學。在州西城外。宋崇寧中建，在州治東，紹定中遷此。明正德十三年，復徙州南，萬曆三十二年復故址。本朝康熙三十七年修。入學額數二十二名。

瑞金縣學。在縣治西，宋建，後屢遷。明嘉靖三年遷今所。本朝康熙二十年修，雍正七年重修。入學額數十四名。

石城縣學。在縣治西南。宋初建，在縣東北太極觀左，後屢遷。明弘治四年遷今所。本朝順治六年遷於南門内，康熙四十六年仍遷故址。入學額數十四名。

梅江書院。在州北拱辰橋。宋淳祐六年建，元至正十年修，危素有高明樓記。後屢修。

文成書院。在瑞金縣西，祀明王守仁。

琴江書院。在石城縣治南，宋建，本朝乾隆八年重建。按：舊志載綿江書院，在瑞金縣，明嘉靖間建，今廢。謹附記。

户口

原額人丁一萬七千六百七十一，今滋生男婦大小共八十二萬四千二百二十六名口，計十三萬八十七户。又所屯軍男婦大小共一萬二百八十五名口，計一千四百四十二户。

田賦

田地一萬三千一百八十頃八十五畝有奇，額徵地丁等銀五萬一千二百七十四兩七錢三分，米一萬四千二百九十九石六斗一升六勺。

山川

翠屏山。在州東二里，一名巽峯山。山勢蜿蜒，界梅江而止。下有長谷，其支曰佛祖嶺。

石華山。在州東四里，屹立秀特。

雲蓋山。在翠屏山東五里。

武頭山。在州東四十里。本名虎頭，唐時避諱改名。發脈自閩中，突起高嶂，盤亘數十里。其巔有大池，水色如丹。其峯有沙顆，光麗如珠。其支曰珠湖三峯。

螺石山。在州南十里，其狀堆旋如螺。其巔有崖曰寶獅。

官人山。在州西十里。四面壁立，横通一線，登者攀躋而上。其頂平曠，有巖如抱，曰蒙巖；有泉如練，曰蒙泉。左一巖，人呼輒應，曰虛崖〔三〕。右一泉，積瀦不竭，曰哀泉。二峯幽閟不露，曰潛峯。山之麓有泉有湖。兩山夾澗，可一里許，景奇絶，俗稱小桃源。

蓮花山。在州西二十五里，峯巒矗峙如蓮。頂有三峯，中有仙女洞，下有龍湫。

金精山。在州西北十五里，即石鼓山。名山記：金精山十二峯，峯頂皆石，望之如陣雲。其中石洞可容萬人，道家列爲三十五福地。省志：金精山，爲邑西鎮山，相傳吴芮所鑿。奇峯不可枚數，其著名者凡十二，曰蓮花、合掌、仙桃、凌霄、黄竹、披髮、望仙、三巘、伏虎、翠微、瑞竹、石鼓。

東華山。有二。一在州西北二十里，山勢崔巍，上有飛瀑。一在石城縣東北四十里，一名白水嶺，跨福建寧化縣界，高萬仞，尖削插天。絶頂有三仙祠，下有温泉、飛瀑。

桃林山。在州西北二十五里。環山皆桃，雜以佳卉茂竹。其下泉流縈紆，又有龍湫。

濛山。在州北二十五里。山間雲氣濛濛，懸崖飛瀑，有巖十餘處，大小各極其妙。

淩雲山。在州北，一名平山。寰宇記：平山在寧都北二百三十里〔四〕，山頂侵雲。唐天寶六年，敕改名淩雲山。遥見撫、吉二州。左右石峯插峙，下有龍湫，其深叵測，涓滴有聲，曰衙鼓洞。相連者曰大名山，爲撫州華蓋山發脈處。

吟山。在州北一百二十里。寰宇記：虔化水出吟山，接撫州崇仁縣界，在虔化縣北二百四十里。

軍門山。在瑞金縣南二十里，綿亘五里。又縣南四十里有螺石山，人迹罕到。

雲龍山。在瑞金縣南五十里。其山純石，高十里，泉竇甚多，遇旱不涸。其南、北二門最險。

石門山。在瑞金縣西四十里。巨石峻峭如門，止容一騎。

銅鉢山。在瑞金縣西北五十里，俗呼龍發山。廣三十里，高十五里。巉巖高聳，雖天氣清朗，烟霧常幕其頂。下有龍井，又有龍湫。

瑞雲山。在瑞金縣北六十里。中有瑞雲洞，壁有竇，燃炬可入，莫窮所際。

陳石山。在瑞金縣東北。山巖深廣十丈餘，上有將臺、點兵寨，内有劍門、九曲洞、龍湫、龍池，外有天柱、劍峯、玉峽、水簾、注水巖。

琉璃山。在石城縣東五里，又名仙姑嶺。相傳秦漢間有劉華女瑶英於此啖異味，得仙而去。

筍石山。在石城縣東十里。其山皆石，望之若丹霞。左右有洞，從石門入，仰視一竅若牖，天光直入洞中，其上聳絶。

廖家山。在石城縣東三十里。峭拔幽邃，人迹罕到。

中華山。在石城縣南六十里。一名鼇龍山。産茗極佳。

八卦山。在石城縣西南。上下有三湖，皆以龜名，故曰八卦。

西華山。在石城縣西五里，舊名烏石嶂。高千仞，上有五龍巖，懸水數仞，下有小潭受之，深不可測。其後有白雲巖，可容數百人。

寶山〔五〕。在石城縣北三十里，有兩峯如圭。

樓蓋山。在石城縣北六十里。明統志：楊真人煉丹處，石几、石牖猶存。

牙梳山。在石城縣北七十里，接廣昌及寧化縣境。有三十六面，上有天池。

黃土嶺。在州北一百八十里，與宜黃縣分界。

梅嶺。在州東北。漢武帝元鼎五年，閩越反，帝使諸校屯豫章梅嶺以待命，即此。蕭德言括地志：嶺在虔化縣東北一百二十八里，古多梅樹，故名。今謂之修嶺。

大隘嶺。在瑞金縣東二十里，接長汀縣界，險隘特甚。又北隘嶺，在東北七十里，亦接長汀界。

劍嶺。在瑞金縣西南十里，橫斜如劍。又郎當嶺，在縣西八十里，接雩都縣界。

大嶂嶺。在瑞金縣西北五里。又龍子嶺，在縣西北二十里，下有龍窟。石螺嶺，在縣北三十里，頂有湖，方二畝，曰仙女湖。又焦嶺，在縣北一百三十里。

黃竹嶺。在瑞金縣東北八十里，一名黃竹隘，路通長汀。

遥嶺。在石城縣東北八十里，灞水所出。

白茅峯。在州西三十里蓮花山左。上生白茅，腰有龍潭。又州南五十里有圭峯。

筆架峯。在瑞金縣南十五里。三峯並列，狀如筆架。

寶蓋峯。在瑞金縣西北二十里，形如寶蓋。又縣西北一百里有齊雲峯。

高陵峯。在石城縣西三十五里。重岡複嶂，蜿蜒數十里。

東陽巖〔六〕。在州西南八里，高峻插天。其麓有泉石竹木之勝。

青陽巖。在州西南十里。中有龍湫，澄清徹底。其南爲方竹巖，以產方竹故名。

盧穆巖。在州北一百二十里，崛起千仞。山腰石户如甕，廣袤十丈。左壁復有一竇，持炬從竇入，深廣半之。其巔有泉，甚清冽，相傳唐盧穆於此仙去，故名。

黄安巖。在瑞金縣西四十里。一名月圓巖，一名皇恩巖。深廣容百人，横濶十餘丈，前有二潭，曰小龍、曰龜池。輿地紀勝：皇恩巖有龍穴，水中有二珠，每秋霽月澄，珠時出游，水際瑩然，亦神異也。

九仙巖。在瑞金縣西北五十里，深廣三里許。

洪石巖。在石城縣南四十里。攀磴而入，石門寬衍如屋。絶頂有石泉。其北爲出米巖，南爲獅子巖，四面峭壁，路止一線。相近又有梅子、龍頭、牛蹶、三仙、金雞等巖，皆深廣。又縣西南五十里有滴水巖。

通天巖。在石城縣南十五里。石壁嶙峋，深若巨室。洞中惟一竅，上通鳥道，盤旋而上，其巔乃方若平原。前後石數十丈，皆似龍鱗，雖雕繪不及。有泉，味極清冽。

五龍巖。在石城縣西五里。兩崖奇峭，潭倚山隈。輿地紀勝：貞觀中，樵採者見龐眉五老柱杖依巖傍，躡而從之，無有也，止見五龍交戲潭中，樵者驚走。

龍霧嶂。在瑞金縣東北三十里。一名龍鳳嶂。上有仙女池。

大夫嶂。在石城縣南三十里。中有三十六巖。宋崇寧中，進士陳光邦讀書於此，因名。相近又有夫人嶂。

桃陽崠。在瑞金縣東南十里，接長汀縣界。又鵝公崠，在縣東北四十里，接石城縣界。俱險惡。

古樓崠。在石城縣東南一百里，接長汀縣界。

篔簹谷。在州西北七里，與金精山相望。地多修竹。谷口有飛來、獅子二峯，有泉曰瓢泉。

魚骨磜。在石城縣東七十里。萬山間石巖倒垂，小潭深靚，巖上飛瀑，下蔽潭口。

雲石。在州東南二十里，狀如陣雲。巖谷幽勝，林木奇異。其巔廣百餘丈，有巨湖，其對峙者爲螺江，秀峙梅江。

石梁。在石城縣南三十里。兩石夾澗，上架修梁，一名仙女石，亦以劉瑶英得名。

寧都水。在州東南。源出州東北梅嶺，名梅川，南流逕麻源、丁坡、梅口，合黄土嶺諸水。又南至洛口，合安樂、新吉、蜜石諸水，又南合清音水，曰三江口。又析西南流合白河、白鹿二水，又西南入雩都縣界，合曲陽、佛婆、銀坑、池田諸水，東南入貢水。

案：寰宇記虔化縣有虔化水，源出吟山，在縣北二百四十里。本名雩都水，入雩都縣界。今寧都水匯諸小水流逕二縣，與寰宇記合，其即虔化水無疑。虔化、寧都，乃先後改名異耳。舊志於寧都水外別列虔化水，云在雩都縣西五里，亦名虎陂，誤矣。

清音水。在州北二十里。源出天株山，東流與潭水合，是爲西江。又東逕州北合梅川，以流逕清音里而名。又桃溪水，在州西北二十五里，源出桃林山，合石人嶺水入西江。又新吉水，在州西北一百十里下流，合李家山、大樹嶺二水入梅川。

龍溪水。在州北一里。源出蓮花白茅峯，合小桃源水入梅川。又小溪水，在州東北二里。鼇溪水，在州東北三十里，源出修嶺。白沙水，在州東南二十里，源出武峯麓。俱西流入梅川。

綿江水。在瑞金縣東。源出縣東北陳石山龍池，東南流至縣南，合於貢水。案：舊志謂有二源，一出福建汀州白頭嶺，不知此貢水上源也。又謂源出石城秋溪，亦誤。

浮圖水。在瑞金縣西南十里。源出福建長汀縣界，山麓西流逕縣界羅田，亦曰羅水，又西入貢水。又淩溪水，在縣西南三十五里〔七〕，源出香山，南流入貢水。灞水，在縣西北四十里，源出銅鉢山，東南流入貢水。

秋溪水。在石城縣南六十里。源出福建汀州府界，西北流徑秋口渡，折西南入瑞金縣北界，南合大柏水，北合智水，逕瑞林司北，名瑞林河。又西會白鹿水，入州界。

長橋水。在石城縣西南。源出福建汀州府界，西北流入大溪。又古樟水，在縣西十里，源出州界，東南流至縣西五里，曰古樟口。陳坊水，在縣西三十里，源出州三仙崍，流徑陳坊入大溪。

琴、灞二水。俱在石城縣。灞水在縣北，源出遥嶺，西流至灞口合琴水。琴水，源出鷹子岡，西南流至灞口，合爲大溪，亦曰琴水江。環縣城而西，會南來之長橋水、北來之古樟、陳坊諸水，入州界爲白鹿水。又西寒溪、蜀田、團水徑黄口觀，瑞林河自東南來會。又西至黄村，入梅川。

璜溪。在州南三十里，即梅川分流。形如半璧，下流仍合。

樟樹潭。在州南。南康記云漢時有人於此潭邊伐大樟樹爲龍舟艚，斫而出血，伐人並皆沉死，因號樟樹潭。州志：州有九樟，爲州古蹟，一在潭富村，蓋即樟樹之遺也。

釣洲〔八〕。在州南二十里。彎環曲折，形如釣鈎。地纔數百步，舟行遲回，必半日始達，爲梅川之關鎖。又雙魚洲，在州南一里。二洲浮卧江中，狀如游魚，巨浸不没。

靈泉。在州治金精山。兩巖合峙，瀑布自巔飛注，下入石竅，泉極清洌。

陸公泉。在瑞金縣西南東明觀前。輿地紀勝：泉因陸藻得名。政和中，藻被召，留詩泉上，曰「軒前山色依然緑，軒下泉聲漱玉寒」。

茶壺灘。在瑞金縣西南十五里。峭石横截江中，驚波怒浪，勢如傾瀉，最爲險阻。又浮橋龍灘，在縣西南十三里，險次壺灘。

古蹟

寧都舊城。有三。一在州南五十里白鹿營，吴時陽都縣故治也。一在州北楊田營，晉太康初所徙，或以爲即故揭陽縣也。一在縣東北三十里太平里，地名徐觀，劉宋昇明中所徙。今治地名雪坪，隋開皇中所徙。按：晉志南康郡失載寧都縣。陽都，宋書作「楊都」，元和志作「吴寶鼎三年，置新都」。今從舊唐書、寰宇記作陽都，而寶鼎三年則從元和志。又舊唐書、元和志、寰宇記皆謂本漢贛縣地，然中隔雩都，於地理不合。今州志作雩都縣地，較是。

虔化舊城。在州西。劉宋大明五年，分寧都縣虔化屯地置虔化縣，屬南康郡。齊、梁、陳因之。隋時並入寧都，因改寧都爲虔化。州志：虔化故城，在州西五里。按：通志謂寧都舊縣在今縣東北，隋徙今治，而州志載虔化故城其近如此。以隋志考之，疑平陳之時先廢虔化入寧都，至開皇十八年，又徙寧都治虔化舊縣，故遂改名虔化，蓋今治正宋、齊時之虔化縣也。

陂陽舊縣。在石城縣西。寰宇記：在虔化縣東一百五十里。吴嘉禾五年，置揭陽縣，晉改爲陂陽縣，以陂陽水爲名。隋開皇十三年省入寧都。按：石城縣志今縣西舊爲陂陽鄉，蓋因故縣爲名。寧都東南亦爲陂陽鄉，與石城之陂陽相接。然據寰宇記道里，當屬石城。

瑞金場。今瑞金縣治。唐書地理志：雩都，天祐元年置瑞金監。寰宇記：瑞金縣，在虔州東南三百五十里，本瑞金場淘金之地也。僞唐升爲縣。

石城場。今石城縣治。寰宇記：石城縣，本石城場，僞唐改爲縣。舊志：以四山多石，聳峙如城而名。

銀場。在瑞金縣。九域志：瑞金有九龍銀銅場。又宋史：天聖四年，以虔州石城產銀，置義豐場。其故址在今縣西南界。

淩雲亭。在州治金精山。明統志：正統間建，蓋漢女仙張麗英飛升之所。

熙熙臺。在州治南百步。平原中崛起一阜，宋時建臺其上。

毓秀臺。在瑞金縣北二里。上有閣，明萬曆時建。

昇仙臺。在石城縣太極觀後。名勝志：相傳宋大中祥符間，徐、王二道士昇仙於此。

揖仙閣。在石城縣東。舊名雙溪，宋寶慶時建。

衷愉故宅。在州北二十里君子峯下。

黄芝園。在瑞金縣南里許。名勝志：雲龍山麓嘗產靈芝，有黄雲覆之。

關隘

東隴隘。在州東八十里。又田埠隘，在州東五十里。白鹿隘、長勝隘，俱在州南五十里。排雲隘，在州西南三十里，有鋪接贛州雩都縣界。青塘隘，在州西北四十里。秀嶺隘，在州東北六十里。又州北石涂嶺隘，山谷崄巇，巖洞幽深，防禦最切。

大黄沙隘。在瑞金縣東南，路通汀州。相近有小黄沙隘。又塔徑隘，在縣西南八十里，接會昌縣界，極險。窄車、斷墳隘，在縣北，路通長汀。相近又有日東、陳畬二隘。又平地崠隘、桐木徑隘，俱在縣北陳鄉。

灞口隘。在石城縣東北十里，灞、琴二水合流處。又南嶺隘，在縣東北六十里，通福建寧化、建昌府廣昌。藍田隘，在縣西南七十里。鐵樹坳隘，在縣北六十里。相近有羊畚隘，路通建昌府廣昌。

下河寨巡司。在州治東南八十里，路通瑞金。

瑞林寨巡司。在瑞金縣西北九十里，與寧都接界。

秋溪寨。在石城縣南六十里。一名秋溪隘。

探石寨。在石城縣西南十里。兩寨對峙，各有石磴，絶處用木梯相接，頂開石門。又石耳寨，在縣南十五里，形勢陡絶，旁有石磴，頂有石門。賴家寨，在縣西南四十里，地勢絶險，捫蘿而上，可容數百人。

捉殺寨。在石城縣西門外一里。明初置巡司在縣北，嘉靖初移此。本朝乾隆四十一年，改名赤江巡司。

鎮淮堡。在石城縣東南，地名淮上，路通福建長汀、寧化。

津梁

拱辰橋。在州北，宋建。明嘉靖間重建。

迎恩橋。苦竹橋。俱在州東。

花橋。舊名龍山，在州北。

雲龍橋。在瑞金縣南，舊名綿福〔九〕。明嘉靖間甃石，本朝康熙年間修。

羅溪橋。在瑞金縣東北。元建。

壬溪橋。在瑞金縣東北三十里。明萬曆間建，後屢修。

徐口橋。在瑞金縣東北二十餘里。本朝康熙四十七年建。

嚴坑橋。在瑞金縣西五里，爲雩都、會昌要津。

瑞昌橋。在石城縣西門外。宋建。

小石橋。在石城縣北門外。又名會賢。

若班龍橋。在石城縣長上里。

隄堰

環玉陂。在州治五里。發源白鵝寨，灌田無算。久湮，明隆慶間修復，何源有記。

上、下湖陂。古爲湖陂灞，今稱浮田塅，在瑞金縣西南十里。又建湖陂，各灌田二千畝。歲久隄岸奔塌，本朝康熙年間完築如初。

東山寺灞〔一〇〕。在瑞金縣。明萬曆間知縣潘舜歷築。

陵墓

唐

劉越馭墓。在州南松下里。

馮祥興墓。在瑞金縣羅溪山南。

南唐

袁愉墓。在石城縣石上里聳岡。

宋

胡埜墓。在州南萬斛里。

崔克墓。在州北黄金坑。

曾原一墓。在州治北門外準提庵左。

賴夢雷墓。在瑞金縣獅子岡。

陳敏墓。在石城縣浮湖灞〔一一〕。

明

陳勉墓。在州南歸仁里。

董越墓。在州東河東山，梅江之濱。

董天錫墓。在州南松下里璜坊。

胡易墓。在州南門外延春谷。

丁積墓。在州南一里。

曾應遴墓。在州治文明門外浮藍渡。

楊以傑墓。在瑞金縣常鄉十八峰。

楊以任墓。在瑞金縣常鄉大尾田。

郭烈婦墓。在瑞金縣西北智鄉里田坊。

陳皓墓。在石城縣東南仙源坊大坪頭。

祠廟

忠臣祠。在州文明門内，祀唐張巡。

萬令祠。在瑞金縣治北。明正德中建，祀死難知縣萬琛。嘉靖中，以死難義勇鍾華鐸等十四人從祀。本朝順治中，以死廣寇義勇李開上、李生艷，死江賊楊耀明等百餘人俱附祀焉。

孚惠廟。在州北，祀五代都督嚴夏，曾原一記。

寺觀

崇福寺。在州治南。晉建，名寶林寺，宋大中祥符中賜今額。

安國寺。在州西八里。南唐建，州人衷愉爲碑記。

青蓮寺。在州治西蓮花山。宋建，寺多奇蹟。本朝康熙五年修。

勝因寺。在瑞金縣西一里。唐開元初建，明萬曆七年修。

東山寺。在瑞金縣北一里。舊名浄衆寺，唐天祐中建，明萬曆間修。

太玄觀。在州治東門外。唐建，明洪武初重建。

太極觀。在石城縣東北三里。縣志：宋大中祥符中，道士徐繼先、王齊沖舉於此。元末燬，明洪武中重建。

名宦

唐

王揆。黄岡人。泰和六年令虔化。築子城，濬濠池，建廨舍，創始之功居多。

宋

李寘。郴州人。紹興二十六年知寧都。時梅江無梁，涉者病溺，寘作橋以濟，民爭趨役。將代，猶夙夜董勸，畢役而行。父老搆祠祀之，楊萬里爲之記。

沈木。崇德人。嘉定進士，知石城縣。時汀寇入境，巡司以同姓者指爲賊。木察其非是，破械與約，使捕熊子開等以自白〔一二〕，已而果縛以獻，人服其明。

陳霖。果州人。嘉定中爲瑞金尉。盜起江、閩，霖迎敵力戰，盜縛之以去，不屈遇害。

趙紃夫。福州人。紹定四年，以贛尉攝寧都事。時石城寇黄元仲僭號狂逞，紃夫葺城濠爲守禦計。賊圍城，登臺射之，稍退，率兵追北，遂禽元仲，臠於市。明年還職，父老磨石紀其功。尋知本縣，在任能聲益著。

趙時僋。紏夫從子。景定中知寧都。先是，磜下賊廖四猖獗，勢將逼城，僋在道聞警，單騎疾馳至邑，募義丁禦，斬其渠首，遂圍賊砦，縱火焚之殆盡。

元

達寶。蒙古人。泰定中，尹寧都。時羣醜嘯聚，境内獨恃以安。奏免虚糧五百餘石，均平其庸調征輸。至正中，升本路達嚕噶齊。「達嚕噶齊」舊作「達嚕花赤」，今改正。

明

莊濟翁。永春人。洪武四年，知寧都縣。勸農興學，閭巷小學生徒亦令朔望聽講，遠近聞風而化。

周昂。曲江人。正統時，知寧都縣。閩寇鄧茂七倡亂，昂豫爲武備，與賊戰，屢有擒獲。論功升贛州府通判。

萬琛。宣城人。弘治中，知瑞金縣。劇寇來劫，琛率民兵迎敵，力屈被執，駡賊而死。贈光禄少卿。

王天與。興寧人。正德中，以進士知寧都。從王守仁征横水、桶岡諸寨有功，從討宸濠，冒暑疾作，卒於軍。

王鈇。侯官人。嘉靖進士，知瑞金縣。創鄉校，聘名儒爲羣士師，文教聿興。鄰寇竊發，鈇多方備禦，賊不敢犯。

趙勳。番禺人。嘉靖中，知瑞金縣。安遠、黄鄉賊摽掠四境，勳單騎入賊巢，開誠諭之，縛倡亂者以獻。

崔惠。晋江人。任石城教諭。正統十三年，叛賊陳椿入陷縣，惠被執投火死。

本朝

郭自修。絳縣人。順治初知安遠縣，調石城。土寇陷城，駡賊遇害。

錢江。嘉興人。順治進士，知瑞金縣。邑有劇盜三，曰陳其綸、許勝可、僧超忠，江悉力俱平之。

郭堯京。高陵人。順治間知石城縣。先是，大盜陳其綸與諸賊沿鄉肆劫，堯京募鄉勇伏險堵截，其綸授首，餘賊潛遁，俘掠難民悉獲放還，民賴以安。

宋必達。黄岡人。順治進士，康熙間知寧都。邑久罹寇燹，多流亡，必達盡蠲逋賦以徠之。滇逆部將韓大任兵犯吉安，虔屬震恐。乃簡習義勇，團練約束，賊掩至，揮義勇横擊之，賊解圍去。

萬蹶生。武進人。康熙間知寧都。三逆變起，吉、汀之間賊黨潛伏，蹶生踵前令宋必達鄉勇之制，多方禦之。既而郡兵與省會兵大集，蹶生制置有方，民得不病。

李德明。巴陵人。爲贛州府照磨，攝石城縣事。時耿精忠據閩叛，石城最近閩之汀州，已嘗爲賊所陷。德明增修陴隍，爲固守計。僞將陳益擁來攻，一戰馘之。未幾僞將劉應麟引兵三萬圍城，德明率衆力拒，五戰皆捷。視事三年，受代去。

王維威。富平人。任石城典史。閩賊來攻，與李德明竭力守禦，二旬乃解。劉應麟以兵再至，維威與戰，破之。

人物

後五代　南唐

衷愉。虔化人。本姓哀，仕南唐賜姓。有學識，尤善真、草書。累官禮部尚書。李氏降宋，愉耻事二姓，歸隱於東陽巖，黄冠野服終其身。

廖偃。虔化人。祖爽、父匡圖，仕皆至刺史。偃少倜儻，喜奇節，通左氏春秋、班固漢書。授萊州刺史，會明州叛，潭州亦潰。偃所部多潭人，中夜作亂，偃率親卒力戰，不能支，極駡而死。元宗下制哀悼，贈右領衛大將軍，謚曰節。

宋

黎仲吉。寧都人。淳化進士。天禧中，叩閽言事，迕丁謂，授洪州文學。謂罷相，召對，改袁州户曹，解職歸隱，時稱方外高人。

孫立節。寧都人。皇祐進士。王安石行新法，立條例司，語立節曰：「條例司須得開敏如子者。」立節笑曰：「當得勝我者，若我輩人，亦不肯爲是官矣。」安石默然。後爲桂州節度判官。宜州守王奇與蠻戰死，被旨鞫吏士有罪者，經制使謝麟收十二人欲殺之。立節持不可，十二人得不死。子勰、勴，皆從蘇軾游。勰有父風，知岳州以勁直聞。勴亦博學工詩。

劉鵬。瑞金人。元豐進士，爲諫議大夫。值蔡京用事，連疏論之。子舉夔，靖康初知北靖州，陷於金，死之。

胡埜。寧都人。居喪廬墓，哀毀不勝。大觀中進士，教授婺州，方寇陷城，舉家被害。

曾興宗。寧都人。肇慶推官。慶元初禁僞學，興宗以嘗師事朱子罷歸，自信益堅，未嘗少挫。

陳敏。石城人。父皓，有才武，以破贛賊功，官承信郎。敏精騎射，以薦擢閤門祗候。時閩地多寇，以敏爲統制，駐漳州，按諸郡要害分兵扼之，盜發輒獲。贛州齊述叛，敏不俟命，領所部馳七日抵贛，圍其城，踰月朝廷命李耕以諸路兵破之。累功封武功縣男，除破敵都統制。孝宗時，戍高郵兼知軍事，與金人戰射陽湖，敗之，追至泲城，復敗之。召爲左騎衛上將軍，移守楚州，復爲江西路總管，歷光州觀察使卒。

陳繼周。寧都人。淳祐三年貢於鄉。咸淳十年，詔徵勤王，文天祥方守贛，與計方略，遂留幕中，晝夜調度。繼周雖弱不勝衣，而年德服人。差充江浙置制司主管機宜，以所部夜襲元兵於南栅門，殺傷相當。質明猶戰，力竭，赴水死。

曾逢龍。寧都人。開慶進士。景炎初，元吕師夔攻廣州，通判李性道以城降。制置使趙溍舉逢龍爲韶州判，將兵與熊飛合攻廣州，殺性道。師夔復破南雄，溍遣逢龍往救，力戰敗績，死之。

尹玉。寧都人。以捕盜功爲贛州三砦巡檢。秩滿，從文天祥勤王。及天祥至平江，調玉同淮將張全拒元兵，戰於伍牧。全敗先遁，玉手殺數十人，箭集於胄如蝟。援絶，力屈被執，元兵横四鎗於其項，以梃擊之死。餘兵猶夜戰，殺人馬蔽田間，無一降者。贈濠州團練使。

元

廖人俊。寧都人。父死於寇，母被掠，人俊方七歲，獨與祖母陳居。既長，誓求父骨，得於叢塚間。又聞母在滄州，徒步往求，則已歿。祖母孀居七十一年，壽九十九，人俊事之以孝聞。吴澄有文記其事。

蕭士贇。寧都人。篤學工詩，尤愛李白詩，爲補注行於世。有冰崖集。

明

董越。寧都人。少孤貧，奉母孝。成化五年授編修，孝宗即位，遷右庶子，使朝鮮，多所撰述。累官南京工部尚書，卒謚文僖。所著有圭峯文集、使東日録。

丁積。寧都人。成化進士，新會知縣。至則師事邑人陳獻章，爲政以敦風化爲本，善政不可勝紀。卒於官，士民無不號慟。

曾柏。寧都人。事親盡孝，里人至今稱曾孝子。

胡易。寧都人。弘治進士，初授給事中，論内監黷貨，有旨下獄覆按，竟得直。又因星變上疏，語極切至，風采凛然。以奔母喪哀毁，卒於途。

楊以任。瑞金人。崇禎進士。淡於進取，辭縣職，改應天教授。金陵士争趨之，矜爲楊門弟子。升國子博士，卒。其制義至今海内傳誦。

楊以傑。瑞金人。萬曆舉人，知都勻府。值苗作亂，以傑佐督撫討之，斬九千餘人。招撫竄亡，復業二萬餘口，民立廟祀之。

彭錕。寧都人。楊廷麟之次贛也，以錕署兵備僉事。廷麟一子，才九歲，屬之汀州故人。及廷麟死，其僕自汀負子歸錕，錕挈其孤避入廣昌山中，久之歸寧都。大兵至，錕使其弟奉母及楊氏孤出避，曰：「以此累汝，汝莫死，死則負我。」遂與妻氏共縊。數年，楊氏孤返清江，竟得全。本朝乾隆四十一年，賜謚節愍。

曾嗣宗。寧都人。州學生。楊廷麟募兵，嗣宗傾家貲三千金饗士，從師吉安。敗退保贛州，將入城爲死守計，廷麟謂曰：「事急矣，毋從我。」嗣宗曰：「與公共事，奈何乘危舍去？」卒入城俱死。本朝乾隆四十一年，賜謚烈愍。

楊燧。寧都人。崇禎末，授雲南臨安通判，以病辭。楊廷麟督師入贛，邀燧偕行，燧曰：「吾年已六十餘，衰疾不可用。」命從子文琦從廷麟視師，自避亂山中。及廷麟與文琦殉義，燧聞痛哭不食，未幾冠帶自經死。本朝乾隆四十一年，賜謚節愍。

本朝

李騰蛟。寧都人。與臨川陳際泰、羅萬藻爲文字會，後同丘維屏入翠微，與魏禧兄弟爲易堂交，諸人皆兄事之。以經學教授鄉里終。

丘維屏。寧都人。弱冠爲諸生，後隱居翠微峯，講學於易堂，其學原本六經。有周易勦說。

魏禧。寧都人。結廬金精之翠微峯，與南昌彭士望、林時益，同邑李騰蛟、丘維屏、彭任、曾燦及兄祥、弟禮等九人爲易堂學，皆躬耕自食，切劘讀書。禧才學尤高，遂以古文名天下。康熙十七年，舉博學鴻詞，以疾辭。有文集二十二卷、詩八卷，左傳經世若干卷。兄祥，爲諸生，改名際瑞，敏捷强記，於兵刑農穀禮制律法，皆能窮析源委。嘗佐浙撫范承謨幕，後館總兵哲爾肯所，以說滇逆將韓大任降，爲所害。有集十卷。弟禮，少受業於禧，刻苦自勵，後遍遊海內，歸隱翠微終。三人既齊名，更爲伯子、叔子、季子以自號，人亦以此稱之。

許泰瀾。石城人。孝行著聞。同縣賴吉諒、温秀逵、賴上進、鄧國望，貢生賴克信，職監姜大傅，監生賴昌維，均乾隆年間旌。

丘鯨。寧都歲貢。性敦孝友，奬引後進汲汲若不及，動以古誼相規勸。爲人解紛排患，常先事彌縫，竟無知者。入祀鄉賢祠。

黄日曦。石城選貢。讀書尚氣節，爲一邑倚賴。與同郡魏際瑞兄弟稱文字交。己丑，張自盛破城，日曦徒跣七日夜走贛乞師，中途爲賊所獲，以計得脱。導官兵至，賊遁，城得全。生平樂善好義，拯人於厄，不自見其德。入祀鄉賢祠。

流寓

本朝

吴參。貴池人。父尊周，明末武進士，遯迹爲僧。或傳在南嶽，參往求弗得。南昌彭士望與其父有舊，參喪妻，子正名才數歲，託士望鞠之。變姓名爲姬適，訪求幾遍天下，終不遇，乃從士望於寧都，躬耕以食。以父出亡，終身不再娶。精理學，著裏言一編，後卒於杭州。正名復居寧都，以文章爲李騰蛟、魏禮高弟子。

柴紹炳。仁和人。常從父任至寧都，與魏禧兄弟遊，講學易堂，以躬行實踐爲規。結廬白茅峯，有終焉之志，後以父卒，扶櫬歸里。

列女

宋

賴仲元妻葉氏。石城人。建炎四年，盜起虔化，攻石城。仲元客游於外，葉以舅姑年老，不能避。寇至，逼之不從，罵甚厲，賊斷其喉而死。

元

廖國器妻陳氏。寧都人。少寡守節。值寇亂，子死，婦被擄，陳育幼孫人俊，愛不忘教。人俊長，能孝養，陳氏安之。年九十餘，詔旌其門，仍賜粟帛。

明

熊本妻。失其姓，寧都人。生七歲而母卒，事後母甚孝。年十九歸本，姑病風攣，日夜扶持不怠。三子鼎、渙、晉。僞漢兵起，遣使徵鼎，母曰：「敗可立待，慎毋往。」元省臣以書招之，又曰：「元運將終，不可爲也。」及鄧愈取江西，聘鼎從事，母曰：「聞江表有真主，是可依也。」其明達如此。

曾立清妻賴氏。寧都人。年二十二夫亡，視殮畢，即自縊以殉。

聶顯華妻王氏。寧都人。顯華疾亟，王願以身代，遂自縊死。

曾氏二烈婦。俱寧都人。鄧氏，曾志顔妻，夫將終，先自縊死。謝氏，曾志聖妻，夫死，明日自縊死。

葉以清妻陳氏。寧都人。嘉靖中，爲流賊所掠，義不受辱，觸石垣而死。

陳氏女。石城人，陳成貴女。許配胡氏子，未歸而胡卒。女聞之，持刃自刺，父母急救得免。人聞其賢，求婚者衆，乘間閉門自縊。

許宗慶妻劉氏。瑞金人。嘉靖四十年，流寇至，宗慶挈家避陳石山寨。寇攻之急，劉告母曰：「此寨不守，吾其死。」越四日寨破，投崖死。時有劉尚卿妻鍾氏，許受誥妻鄧氏，李常森妻劉氏，皆同死焉。又有謝棟妻郭氏，以不從賊被支解。

羅歷生妻賴氏。寧都人。未嫁而歷生卒，女告父母曰：「羅家貧，盍返其聘物以助其喪？」已而誓不嫁，父母未許，遂自縊。

龔朝士妻賴氏。石城人。賊與龔有夙怨，執其翁姑與夫，將殺之。賴求贖不許，求以身代死，亦不許。因大罵，遂俱遇害。

葉芊妻謝氏。寧都人。崇禎末，避亂於鄉，賊至，度不可脱，以子授夫使速去。謝遂被掠，賊將犯之，謝笑曰：「吾一女子何往，請沐浴妝畢，侍左右可乎？」賊大悦，許之。謝入房，以剃刀自刎死。

本朝

曾氏三烈婦。寧都人。楊氏，諸生曾士檽妻〔一三〕。子婦温氏，諸生師旦妻。蔡氏，裔芹妻。順治七年城破，婦姑三人同縊於門樓。兵入見尸驚歎，禮拜而去。時蔡氏合巹甫三月，年十六。方縊時，蔡忽下，姑顧曰：「有悔心耶？」對曰：「姒當居左，毋失序。」於是請姑居中，温左蔡右而死。

毛貫易妻廖氏。瑞金人。夫殁，欲以身殉，爲姑所持。久之，姑以貧奪其志，廖陽諾，竊往夫墓慟哭，歸仰藥死。雍正五年旌。

廖克任妻王氏。寧都人。夫亡守節。同州曾爲龍妻彭氏，邱時乘妻魏氏，曾何妻彭氏，邱克之妻彭氏，邱園妻蔡氏，曾次常妻温氏，富民知縣彭兆逵妾王氏，魏家維妻盧氏，蘇舜榮妻陳氏，曾方華妻胡氏，李於棟妻彭氏，丁非作妻彭氏，胡忠琦妻魏氏〔一四〕，温榮妻曾氏，黎兼一妻李氏，曾啓相妻李氏，王幼清妻蕭氏，連岳一妻楊氏，李蘭石妻張氏，曾謨妻蔡氏，羅素俅妻曾氏，連倩玉妻楊氏，陳子瑛妻彭氏，李亮臣妻符氏，蕭二酉妻侯氏，彭亦僑妻曾氏，彭又程妻連氏，張宗一妻蔡氏，董亦琴妻甯氏，彭訓廷妻曾氏，彭歸田妻温氏，李煥若妻曾氏，羅有倫妻李氏，曾錫九妻温氏，李幼尹妻楊氏，廖遜長妻李氏，曾亮儕妻熊氏，羅欽茂妻李氏，謝泰謚妻彭氏，曾循也妻李氏，李豪拔妻羅氏，何唐佐妻胡氏，曾名樑妻廖氏，陳日如妻彭氏，胡虞佐妻廖氏，蕭小范妻章氏，蕭鼎文妻李氏，謝九千妻羅氏，廖步青妻姜氏，胡遜上妻蕭氏，彭煥如妻曾氏，羅騰波妻李氏，蕭行三妻黄氏，吴小程妻甯氏，李泰鴻妻許氏，王步原妻曾氏，楊興侃妻李氏，曾時烈妻彭氏，曾顯珂妻鄧氏，曾文石妻鄧氏，彭人俊妻楊氏，廖步川妻王氏，張廷真妻曾氏，張文善妻廖氏，陳卓軒妻葉氏，傅蘊三妻彭氏，曾立廷妻蔡氏，李侶剛妻廖氏，李侶僑妻曾氏，曾榞妻彭氏，劉近山妻甯氏，曾全侶妻魏氏，胡觀儀妻楊氏，胡四瑛妻羅氏，李咸宜妻賴氏，曾獻組妻連氏，温秀千妻廖氏，黄日表妻郭氏，懷仁知縣彭作霖妾周氏，郭以源妻廖氏，吴振璠妻李氏，郭含英妻彭氏，郭罕儀妻封氏，廖德尚妻胡氏，魏式儔妻李氏，蘇雲驊妻彭氏，李德倫妻魏氏，張體純妻鄭氏，楊參兩妻李氏，張麟瑞妻曾氏，均乾隆年間旌。

劉浩然妻陳氏。瑞金人。夫亡守節。同縣陳尚志妻鄧氏，鄒學律妻劉氏，楊以佖妻袁氏，劉世延妻康氏，賴聖學妻陽氏〔一五〕，劉芳聯妻朱氏，楊兆濂妻賴氏，陳宗達妻謝氏，楊其寬妻毛氏，楊方翟妻謝氏，賴聖鋭妻林氏，羅大璜妻鍾氏，賴聖麟妻劉氏〔一六〕，賴聖銓妻彭氏，楊枝益妻吴氏，張仁暉妻謝氏，張仁昳妻劉氏，陳嘉濬妻楊氏，賴聖傳妻陳氏〔一七〕，楊於松妻劉氏，鍾秉煒妻劉氏，楊於仕妻鍾氏，陳年枝妻謝氏〔一八〕，謝禄理妻潘氏，陳鵬妻何氏，楊於紱妻朱氏，楊其琚妻賴氏，楊於絢妻歐氏，陳昌銖妻宋氏，賴顯揚妻鄧氏，均乾隆年間旌。

曾光斗妻温氏。石城人。夫亡守節。同縣黄國瑞妻孔氏，賴嘉謨妻閆氏，温文宗妻李氏，許宗炳妻白氏，黄先偉妻劉氏〔一九〕，劉大楚妻陳氏，陳慶棣妻楊氏，賴上達妻劉氏，劉滌波妻廖氏，黄先庚妻鍾氏，張正彝妻劉氏，陳同志妻王氏，陳自洪妻賴氏，賴吉亮妻黄氏，張立甲妻羅氏，鄧鍾岫妻李氏，林登遇妻劉氏，許麟妻李氏，周先礽妻陳氏，周兆晅妻雷氏，周兆暍妻范氏，李久我妻陳氏，鄧大宏妻温氏，吴永寧妻程氏〔二〇〕，劉重選妻賴氏，賴錫五妻劉氏，李時巡妻陳氏，黄先松妻劉氏，陳時雍妻賴氏，温雅喧妻劉氏，賴兼五妻黄氏，黄之任妻管氏，賴仲恩妻徐氏，賴永敏妻陳氏，賴昌統妻黄氏，羅國珍妻吴氏，陳崇伸妻黄氏，賴昌淑妻夏氏，賴吉將妻張氏，賴昌駒妻黄氏，陳茂才妻林氏，陳容川妻李氏，姜國聘妻黄氏，李大謨妻陳氏，黄德琳妻李氏，陳崇純妻甯氏，陳崇繹妻賴氏，李光裕妻黄氏，賴應傑妻胡氏，温仲篪妻劉氏，傅英漢妻曾氏，鄧人驥妻賴氏，烈婦朱方秀妻鍾氏，劉上騰妻張氏，均乾隆年間旌。

謝薪傳妻何氏。寧都人。夫亡守節。同州胡元芳妻温氏，魏紹驍妻郭氏，曾以庭妻彭氏，謝明惠妻廖氏，曾名楷妻劉氏，廖紹誠妻曾氏，廖睦渠妻姜氏，郭德予妻賴氏，連式和妻温氏，劉珍文妻龔氏，楊會斯妻彭氏，李存真妻葉氏，賴運溥妻陳氏，邱瑞璋妻盧氏，丁序敬妻陳氏，彭令牲妻曾氏，魏經衢妻謝氏，烈婦賴承頊妻池氏，楊芳備妻彭氏，曾萱本妻李氏，生員楊芳俠妻彭氏，州同彭育華妻謝氏，儒童廖藴原妻魏氏，廖全六妻曾氏，郭景陶妻贛氏，張步登妻邱氏，貞女曾氏，均嘉慶年間旌。

楊其昌妻鍾氏。瑞金人。夫亡守節。同縣劉昱妻曾氏，陳年楷妻廖氏，詹武蘭妻蕭氏，陳年橋妻蕭氏，武生鍾敷霖妻楊氏，均嘉慶年間旌。

温儒龍妻黄氏。石城人。夫亡守節。同縣賴克揩妻陳氏，温家宗妻黄氏，賴景堯妻連氏，黄尚敏妻賴氏，陳澄暉妻鍾氏，陳芳聯妻賴氏，曾正河妻李氏，陳慶佳妻胡氏，陳就成妻黄氏，陳國賢妻賴氏，賴運溥妻陳氏，温儒文妻陳氏，陳殿臣妻温氏，潘成六妻賴氏，黄泰妻張氏，均嘉慶年間旌。

仙釋

漢

劉瑶英。秦末女子，隨父華避亂石城琉璃山。因食異果，遂絶粒，貌容頓改，獨跨一白鶴往來。後仙去，人名其山爲仙姑嶺。

張麗英。字金華，張芭女，入山得道。吴芮聞而聘焉，麗英弗許，曰：「吾爲金星之精，降治此山。」言訖，紫雲鬱起，失女所在。金精山以此名。

土産

夏布。寧都州出。

茶。省志：岕茶出寧都紫雲峯，香味第一，不可多得。儲茶出自儲山，香味亦佳。

雪笋。省志：寧都㘭方所産，三月採取，皚白似雪。

蔹笋。省志：産寧都會同鄉。五月中生，味極甘美。按：舊志載省志：唐置瑞金監，縣以此名。九域志瑞金有銀場，又云瑞金縣有銅場。則金、銀、銅並瑞金土産。今俱無，謹附記。

校勘記

〔一〕東南至福建汀州府長汀縣界十里　乾隆志卷二五六寧都州建置沿革（下同卷簡稱乾隆志）省去「福建汀州府」五字，按，據例當省。下句「贛州府」三字亦當省。又按，石城縣下文例亦多有未合。

〔二〕石城形勝志　「形」，原作「彭」，據乾隆志及雍正江西通志卷四形勝改。

〔三〕曰虛崖　「崖」，乾隆志作「巖」。

〔四〕平山在寧都北三百三十里　「寧都」，乾隆志同，太平寰宇記卷一〇八江南西道虔州作「虔化」。按，樂史修太平寰宇記時，其地地名仍因唐舊作虔化，宋改爲寧都是在紹興二十三年。一統志以後稱改前稱，非當。

〔五〕寶山　雍正江西通志卷一三山川同，乾隆志作「圭山」。

〔六〕東陽巖　乾隆志作「白雲巖」。

〔七〕又淩溪水在縣西南三十五里　「三十五」，乾隆志作「五十五」，未知孰是。

〔八〕鈞洲　乾隆志及讀史方輿紀要卷八八江西六皆作「鈎洲」。

〔九〕舊名綿福　「綿」，原作「錦」，據乾隆志及雍正江西通志卷三四關津、嘉靖瑞金縣志卷一橋梁改。

〔一〇〕東山寺灞　「灞」，乾隆志及雍正江西通志卷一六水利皆作「壩」。

〔一一〕在石城縣浮湖灞　「灞」，乾隆志及雍正江西通志卷一〇〇丘墓皆作「壩」。

〔一二〕使捕熊子開等以自白　「開」，原作「問」，乾隆志作「間」，據明一統志卷三九嘉興府人物及雍正江西通志卷六五名宦改。

〔一三〕諸生曾士橒妻　「橒」，乾隆志同，雍正江西通志卷一〇二列女作「樗」。

〔一四〕胡忠琦妻魏氏　「琦」，乾隆志作「倚」。

〔一五〕賴聖學妻陽氏　「陽」，乾隆志作「楊」。

〔一六〕賴聖麟妻劉氏　「麟」，乾隆志作「麒」。

〔一七〕賴聖傳妻陳氏　「聖」，原無，據乾隆志補。

〔一八〕陳年枝妻謝氏　「枝」，乾隆志作「校」。

〔一九〕黃先偉妻劉氏　「劉」，乾隆志作「陳」。

〔二〇〕吴永寧妻程氏　「寧」，原作「安」，據乾隆志改。按，本志避清宣宗諱改字也。